KB070530

유길준의 사상 세계

동아시아 문맥과 지적 여정

나남
nanam

포스텍 융합문명연구원
문명학 총서 03

유길준의 사상 세계

동아시아 문맥과 지적 여정

2021년 2월 20일 발행
2021년 2월 20일 1쇄

지은이   이혜경 외
발행자   趙相浩
발행처   (주) 나남
주소   10881 경기도 파주시 회동길 193
전화   (031) 955-4601 (代)
FAX   (031) 955-4555
등록   제 1-71호 (1979.5.12)
홈페이지   http://www.nanam.net
전자우편   post@nanam.net

ISBN 978-89-300-4054-9
ISBN 978-89-300-8001-9 (세트)

포스텍 융합문명연구원 **문명학** 총서 03

유길준의 사상 세계

동아시아 문맥과 지적 여정

이혜경 외 지음

나남
nanam

The Intellectual World of Yu Kilchun in an East Asian Context

by

Yi, Hye Gyung

nanam

서론
지키는 일과 바꾸는 일

유길준兪吉濬(1856~1914)은 대단히 중요한 사람이다. 대한민국이 민주주의와 자본주의를 뼈대로 한 국가를 세우고 운영해 온 것은 100년이 안 되지만, 그 이전부터 그 역사는 시작되었고 유길준은 그 역사의 선두에 선 사람이다. 그는 이른 시기에 일본 유학과 미국 유학을 경험했다. 미국에서 학교를 다니면서 그리고 유럽여행을 하면서 그는 서양 근대문명을 자신의 눈으로 직접 봤으며, 조선에 앞서 서양 근대문명을 받아들여 아시아의 새로운 맹주로 떠오르던 일본을 직접 봤다. 그는 최대한 보고 최대한 배우고자 했다. 조국의 명운이 위협받는다는 급박함이 학습의 촉진제가 되었을 것이다. 배운 것을 조국을 위해 사용할 수 있는 기회가 그에게 뜻대로 주어진 것은 아니지만, 이후 조선에서 서양 근대문명을 이해하고 수용하는 일은 그가 일찍 열어 놓은 길 위에서 출발했다.

유길준이 서양 근대문명을 이해한 방향이 당시 조선 사람들에게 지대한 영향을 끼쳤다는 점에서 그가 중요하기도 하지만, 유길준 자신이 보여 준 이해의 양상이 그대로 당대 조선인을 대표하는 것이기도 하다는 점에서 역시 그는 중요하다. 그러한 중요성 때문에 현대 한국의 전사前史로서 근대사를 연구하는 영역에서 유길준은 중요한 인물로 다뤄져 왔다. 이질적인 문명을 수용하면서 보여 준 특수한 논리 혹은 독해讀解는 한국 근대사에 면면하게 흐르는 것이면서, 현재 우리가 서 있는 표층의 바로 아래에서 여전히 우리를 규정하는 것이기도 하기 때문이다. 이러한 점에서 유길준 연구는 유길준의 공과功過를 판단하고 평가하는 것보다는, 자아성찰의 성격을 갖는 것이라 생각된다.

서양 근대문명이 성취한 가치는 '과학'과 '민주'로 대표되기도 하나, 실제로 그 문명을 초기에 경험한 아시아인에게 그것은 자본주의와 결합해 세계로 팽창하는 제국주의의 얼굴을 하고 있었다. 유길준은 그 문명이 가진 여러 얼굴을 보았지만, 그에게 가장 중요했던 문명의 의미는 나라를 부강하게 하는 방법이라는 점이었다. 특히, 그들의 부강함은 조선의 국권을 위협하는 것이었기에 절실하게 배워야 했다.

유길준은 조선이 더는 중화주의적 질서가 지배하는 천하가 아니라 독립된 국가가 국제관계를 맺는 세계 속에 놓여 있다는 것을 인지하고, 그 세계에서 조선을 재정비하여 독립국가로 살아남는 길을 모색했다. 실력을 갖추는 것만이 독립을 유지하는 길이라는 권력정치의 현실도 인지했다.

유길준은 '문명화'를 주로 '개화開化'라는 말로 불렀는데, 그에게 개화란 "온갖 일과 온갖 사물이 지극한 선, 지극한 아름다움의 경지에 이르는 것"이었다. 즉, 개화는 이상적이고 보편적인 가치였다. 그러므로 서양 근대문명은 개화의 표준이 아니었다. 그는 개화가 반드시 서양을 배움으로써만 가능하다고 생각하지 않았으며, 개화가 유학적 세계와 모순된다고 생각하지도 않은 듯하다. 그런 점에서 볼 때, 유길준에게 근대적 사유와 전통적 사유가 복합되어 있다는, 기존의 대부분 연구가 언급하는 유길준 평은 오히려 너무나 당연하다.

기존의 것과 새로운 것을 공존시키려는 노력, 그 노력 속에서 피하기 어려운 불협화음은 자신의 시대를 성실히 마주하려는 사람이라면 누구든 피할 수 없을 것이다. 실제로 어느 시대든 변화는 늘 일어나고 있으며, 기존의 것과 새로운 것의 충돌은 일상적인 일인지도 모른다.

어떤 생활인도 논리적 정합성整合性을 유지하면서 일상을 영위하지는 못한다. 다만 그 삶에서 거리를 유지하고 조망할 수 있는 위치에 있을 때, 그 안에서는 볼 수 없었던 것이 보일 뿐이다. 우리가 유길준을 평가할 수 있는 것도 그 정도의 의미라고 생각한다. 우리는 우리가 서 있는 곳을 판단하기 위해 유길준을 분석하고 평가한다. 그래서 유길준이 공존시켜 놓은 것들에서 불협화음을 찾아내고, 모순이라고 진단한다. 그 시대 서양문명의 수입논리로서 동아시아에 공통적으로 등장했던 '중체서용中體西用'도, 지금의 우리는 논리적으로 정당화하기 어려운 결합방식이라고 주장한다.

우리가 논리 위에서 사는 것이 아니라 할지라도, 적어도 어떤 비논리 혹은 불합리를 안고 있는지 그리고 그 연원을 찾을 수 있는지 알고 싶기 때문에, 우리는 그러한 작업을 한다. 그래야 현재 우리가 서 있는 곳을 확인하고 그 길이 어디로 향하는지 가늠할 수 있기 때문이다. 이러한 작업 역시 우리가 처한 환경에 제약되는 것임을 안다. 유길준의 사유思惟를 유길준 자신보다 백여 년 후의 우리가 더 잘 볼 수 있도록 환경이 허락해 준 것처럼, 우리가 놓인 환경은 다른 환경보다 열악한 것일 수도 있다. 또한 개인적 관심과 시각이 그 환경을 규정하는 요소가 될 수도 있다. 유길준에 관한 현대의 많은 연구가 유길준의 다른 일면을 조명하고 평가하는 것은 그 차이에서 올 것이다.

다양한 시각을 많이 축적하는 것은 환경의 제약을 극복하는 하나의 길이 될 것이다. 이 책 역시 다른 시각을 제공하기를 바라며 세상에 내놓는다. 지금까지 유길준 연구는 대부분 한국사나 한국문학, 한국정치사상사 분야에서 이루어졌다. 이 책에 참여한 다섯 명의 연구자는 일본과 중국의 근대 분야에서 연구 이력을 시작한 사람들이다. 이 특성은 비교적 용이하게 일국사를 넘어 유길준과 한국 근대를 바라보게 해주었으리라 생각한다. 유길준을 보기 전에 이미 동시기 다른 곳의 사정을 보았기 때문이다. 그래서 시작부터 유길준이 놓여 있는 배경을 더욱 넓게 볼 수 있었다고 생각한다. 한국 근대는 일본 근대와 분리해서 생각할 수 없고, 동아시아 근대는 세계사의 한가운데 있었다. 그 점에서 이 책은 조선-한국의 근대를 바라보는 데 또 하나의 유의미한 시점을 제시하리라 생각한다.

우리가 일본의 근대 시기에 익숙하다는 특징은 구체적으로 각 장에서 유길준이 읽었던 또는 읽었을 일본 서적을 소개하고 유길준의 저술과 비교하는 방식으로 드러난다. 이러한 작업은 차후 동아시아의 다른 중요한 나라인 중국을 같이 다루고, 더 나아가 세계사적 연관을 밝히는 데로 나아가야 할 것이며 이를 과제로 남겨 둔다.

이 책은 8개의 장으로 이루어졌고, 이를 크게 둘로 나눴다. 제1부에는 유길준이 달라진 세상을 적극적으로 대면하고 능동적으로 변화를 도모했던 이야기들을 모았다. 제2부에는 유길준이 의도하지 않았지만 달라지지 않을 수 없었던 것들, 그것들이 의지적으로 변화시키려 했던 것들과 어떤 모습으로 공존했는지를 조명한 이야기들이 모여 있다. 그 의미를 담아, 제1부와 제2부에 각각 "변화를 주도하다"와 "의도하지 않은 변화들"이라는 제목을 붙였다.

제1장, 이예안의 "유길준의 세계 이해와 조선의 좌표: 《세계대세론》과 근대적 개념들"은 유길준의 초기 저작인 《세계대세론》이 대단히 의미심장한 책이라고 전한다. 그 안에서 유길준은 중화적 세계에서 벗어나 '세계'로 편입되어야 한다는 것을 인지하고, 그 '세계' 안에서 조선이 어떤 위치에 자리 잡아야 하는지를 모색했다. 그가 세계

를 설명하는 개념의 분류틀로 사용한 '특수'(유길준의 용어로는 '수이殊異')와 '일반'은 조선이 지켜야 할 것과 바뀌어야 할 것을 유길준이 무엇으로 생각했는지 드러낸다. 유길준에 의하면 '종교'는 특수한 것이고 '자유'는 일반적인 것이며, '개화'는 고유하면서도 변화 가능하며 일반으로 이끄는 힘이다. 조선의 '종교'라고 생각하는 유교의 권위는 조선에 특수한 것으로서 유지하면서, 문명을 향해 움직여 가겠다는 것이 그의 구상이었다고 생각된다. 국제법 질서의 세계에서 조선의 주권·독립·평등을 주장하기 위한 근거로 제시된 '자유'는 일반의 이념으로 자리매김되는데, 이 일반적 이념의 우산 속에서 조선의 자유가 보장되기를 바랐던 유길준의 염원을 느낄 수 있다.

제2장, 김태진의 "유길준의 《정치학》을 통해 본 근대 동아시아 '정치학'의 수용 과정"은 도쿄대 강의록이었던 라트겐의 《정치학》을 유길준이 같은 이름으로 편역한 배경과, 편역하면서 달라진 내용을 천착함으로써 유길준이 정치학이라는 학문에 무엇을 기대했는지를 밝힌다. 일본이 라트겐을 초빙한 것은 독일식 국가학으로 정치학 체제를 바꾸려는 의도에서였으나, 라트겐은 과학으로서의 사회학을 지향한 학자였다. 그는 과학이 형이상학과 형이하학의 결합이라 생각했으며 철학과 역사, 이론과 실천의 결합을 꿈꾸는 사람이었다. 이 글은 일본에서 라트겐의 역할과 《정치학》의 정치사회적 의미를 고찰하는 것에서 시작해, 유길준이 옮긴 라트겐의 강의록에서 서론이 사라진 의미를 짚는다. 특히, 라트겐이 중요하게 다룬 '형이상학'과 '형이하학'의 결합이라는 부분을 유길준은 누락했는데, 이는 유

길준이 정치학을 학문으로서가 아니라 유학적 '정사政事'의 개념으로 받아들였음을 보여 주는 것이라 논한다.

제3장 "유길준의 7년전쟁사 저술에 나타난 국민 창출론"과 제4장 "유길준의 《폴란드 쇠망전사》·《폴란드 말년전사》에 나타난 국민 창출론"은 유럽의 전쟁사를 소개한 유길준의 편역서를 국민 창출의 의도를 가진 책으로 해석한 최정훈의 글이다. 이 두 장은 각각 유길준의 《프로이센 프리드리히 대왕 7년전사》와 《폴란드 쇠망전사》를 중요한 텍스트로 분석하는데, 두 책은 모두 일본의 저술가 시부에 다모쓰의 책에 기초해 만들어진 것이다. 상당 부분 번역이며 유길준의 독창적 해석이 첨부되어 있다. 최정훈은 이를 유길준의 창작물로 해석하면서, 이 두 책을 통해 유길준이 의도했던 것을 적극적으로 읽어 낸다. 이 두 장에서 최정훈은 《서유견문》이 전달하고 있는 교육과 입법에 의한 국민 창출의 방법 말고도, 유길준이 다각도로 국민 창출을 위해 고심했다고 역설한다.

제3장에서 《프로이센 프리드리히 대왕 7년전사》는 소국 프로이센이 외세의 위협에 둘러싸인 위기의 순간에, 프로이센 민중이 프리드리히 대왕의 군사적 유능함에 지도되어 국민적 정체성을 자각하고 국민으로 탄생하는 과정을 소개하려는 유길준의 의지가 담겨 있는 것으로 해석된다. 프로이센의 7년전쟁 이야기가 위기에 처한 소국이 성공적으로 나라를 지키고 동시에 국민을 창출한 모범을 보여 준다면, 《폴란드 쇠망전사》는 반면교사이다. 정치적 권력을 갖지 못한 폴란드 인민은 폴란드의 국가적 위기를 남의 일 보듯이 보았

다. 폴란드가 분할되는 비극을 겪은 후에야 폴란드 인민은 자유의 기치를 들고 민중을 규합한 영웅 코시치우슈코를 구심점으로 하여 국민의식을 가진 민중으로 거듭난다. 유길준은 폴란드의 사례로 국민 창출이 너무 늦으면 안 된다는 교훈을 전달하고자 했다. 그러나 조선 역시 그 교훈을 유용하게 사용하지 못할 운명에 처한다.

이 4편의 글은 유길준이 조선을 구조하기 위해 어떤 방향으로 움직이고자 했는지 보여 준다. 물론 이 4편이 유길준이 의지적으로 지향한 적극적 행동을 포괄적으로 보여 주는 것은 아니다. 유길준의 의지적 활동의 핵심 부분이 정치 영역과 교육 영역이었음은 이미 기존의 연구에서 충분히 밝혀졌다. 이 4편의 글은 유길준의 눈과 의지가 정치개혁과 교육개혁 영역을 넘어 더 멀리까지 가 있었음을 보여 줄 것이다.

제1부의 4편의 글이 유길준의 의지적 활동을 보여 준다면, 제2부에 묶인 4편의 글은 그 의지적 변화와 동거하는 고수固守 혹은 관성慣性이라 할 만한 것들이다. 고수 혹은 관성이라고 해도, 이미 진행되고 있는 변화와 연동되어 어떤 방식으로든 변화하고 있었다고 해야 할 것이다. 기존의 것들에 일어나는 균열도 변화라고 할 수 있으므로 "의도하지 않은 변화들"이라 불러도 좋을 것이다.

제5장, 김태진의 《서유견문》에서의 '양생/위생' 개념: "양생하는 규칙"의 논리 구조"는 《서유견문》이 긴 시간에 걸쳐 만들어진 책으로 다른 의견들이 공존하고 있다는 점에 주의하면서, 제11편 "양

생하는 규칙"을 분석한다. '양생'이라는 말은 《장자》 안의 용어이지만, 일본인이 처음 'sanitation'을 번역했을 때부터 '위생'과 함께 번역어로 혼용되었다. 이 글은 일본에서의 용례, 후쿠자와 유키치 책 안에서의 쓰임 등에 영향을 받은 유길준의 양생 개념에는 근대적 '공중보건'의 의미도 있지만 전통적 개념도 혼재해 있음을 논한다. 그리하여 "양생하는 규칙"은 정부가 주도하는 위생제도나 위생행정의 차원이라기보다, 기존의 직분 관념과 결합해 전체의 양생을 위해 각자의 양생에 힘써야 한다는 논리와 함께 개인의 건강을 지키는 새로운 방식에 초점이 맞춰져 있다고 말한다. 이러한 양생이 제11편의 다른 절인 "편당偏黨하는 기습"이나 "생계 구하는 방도"와 함께 묶인 이유는, 그것들이 그가 직접 서양에서 본 새로운 것들이기 때문일 것이라는 짐작도 전해 준다.

제6장, 이새봄의 《노동야학》에 나타난 국민 만들기 논리: 유길준이 본 대한제국의 '하등사회'"는 최근에야 그 존재가 알려진 유길준의 후기 저작 《노동야학》을 다룬다. 이 책은 후기 저작인 데다 다른 유길준 저작과 달리 유길준의 창작이라는 점에서, 기울어 가는 나라를 부여잡으려 백방으로 애썼던 지난날들을 뒤로하고 유길준이 그 자신의 생각을 표출한 책으로 생각된다. 이 책은 제목이 보여 주듯 산업사회에서 새로운 계층으로 등장한 '노동자'를 대상으로 한 책이다. 유길준은 유학적 세계에서는 볼 수 없었던 '사회'라는 인간관계의 새로운 축을 설정하고, 그 안에서 다시 '하등사회'를 구성하는 노동자를 대상으로 교육자를 자처한다. 노동자는 자조自助하는 인간

으로서의 '직업'을 가진 독립된 주체로서 국가의 일원이 되어야 할 사람이라고 역설하는 유길준은 한편으로 그들의 직업활동은 임금에 대한 충성과 의무에서 이루어지는 것이라 말한다.

제7장, 이예안의 "유길준의 종교와 국가: 조선의 자유·독립을 향한 근본 가르침"은 종교에 얽힌 유길준의 복잡한 인생역정을 추적한다. 유길준은 '종교宗敎' 개념이 'religion'의 번역어라는 것을 알고 있었지만, 동시에 한자어가 갖는 의미대로 받아들이기도 했다. 그리하여 도덕과 정치를 지도하는 근본 가르침으로 국가의 명운을 좌우하는 것이라 생각했다. 처음에는 유학을 종교라고 생각했다. 후에 종교를 초월적 신이 영혼을 이끄는 특성을 갖춘 것이라 이해했을 때 유학은 종교의 영역에서 내보내졌지만, 그 시점에서 의미 있는 종교로 선택된 기독교에도 근본 가르침이라는 의미는 그대로 유지되고 있었다. 이때 유길준에게 종교(즉, 기독교)는 구세주의 가르침에 따라 영혼의 구원을 믿고 그럼으로써 죽음을 불사하고 조선의 자유와 독립을 위해 싸우게끔 인도하는 것이었다는 점에서, 유교보다 더욱 근본적인 가르침을 의미했다. 이 글은 이전에 별로 주목되지 않은 유길준의 종교 개념을 그의 국가관과 밀접한 관련 속에서 논한다.

제8장, 이혜경의 "'직분' 개념으로 보는 유길준의 주권의 원천: 후쿠자와 유키치와의 비교를 통해"는 '권리' 개념이 초기 이해될 때의 굴곡이 오히려 상대적으로 친숙하게 느껴졌던 '직분'을 통해 드러났음에 주목하고, '직분'에 대한 이해의 굴절이 당시 조선에나 유길준에게 가장 첨예한 주제였던 '주권'의 이해에 어떻게 반영되는지를 검

토한다. 일본이나 조선에서 '의무'라는 조어가 만들어지고 정착되기 전까지, 종래 사용되던 '직분'이라는 용어가 번역어로 채택되었다. 'duty'의 번역어로서 직분은 천부인권을 인정하는 것과 동시에 인정해야 하는 '인간으로서 갖는 직분', 그리고 천부인권을 제도적으로 실현하기 위해 정부와 나눠 가진 '인민으로서의 직분' 등의 의미를 갖는다. 그러나 번역된 '직분'만을 본 유길준은 종래의 성리학적 의미에 깊게 매여 있었던 것으로 보인다. 이 글은 유길준의 '직분' 개념 사용 용례를 검토함으로써, 유길준이 천부인권을 수용하지 않았고 천부인권에 바탕을 둔 국민주권을 고려하지 않았다고 주장한다.

2021년 2월 20일
필자들을 대신하여
이 혜 경

일러두기

1. 이 책에서 유길준의 사상 문헌은 주로 兪吉濬全書編纂委員會 編, 《兪吉濬全書》I~V, 일조각, 1971에서 인용하고 있으나, 각주에서 본 전서의 서지사항을 기입할 때는 서명, 각 권 번호, 그리고 쪽 번호만을 표기하는 것으로 약기한다.
2. 후쿠자와 유키치의 사상 문헌의 경우 富田正文・土橋俊一 編, 《福澤諭吉全集》, 1~21卷, 岩波書店, 1958~1964에서 인용하되, 각주에서 본 전집의 서지사항을 기입할 때는 마찬가지 방식으로 약기한다.
3. 유길준의 저작을 포함해 사상 문헌을 본문 안에 인용한 경우, 현대 한국어로 번역하여 싣는다.

차례

제1부

변화를 주도하다

1

유길준의 세계 이해와 조선의 좌표*

《세계대세론》과 근대적 개념들

이예안 한림대 한림과학원

1. 새로운 세계 속에서
조선을 어떻게 자리매김할 것인가?

백거 유만주兪萬柱(생몰년 미상)에게 한학을 배우던 소년 유길준은 환
재 박규수朴珪壽(1807~1877)와의 만남을 계기로 학문적 전환기를 맞
이했다. 박규수에게 건네받은 위원魏源(1794~1857)의 《해국도지海
國圖志》(1842)를 통해 새로운 세계에 눈떴으며, 이런 세계 속에서 경
서를 읽고 시문을 짓는 과거공부가 조선에 도움이 되지 않는다는 것

---

* 이 글은 이예안(2018), "유길준 《세계대세론》의 근대적 개념 이해와 개항기 조선:
   우치다 마사오 《여지지략》과의 비교를 단서로", 〈한국학연구〉 64, 139~168쪽을
   수정·보완한 것이다.

을 깨달았다. 이후 유길준은 박규수의 사랑방을 출입하면서 신지식을 배우고 김윤식, 어윤중, 유진황, 김옥균 등과 접했으며, 박규수 사후에는 민영익, 김옥균, 홍영식, 박영효, 서광범 등과 교류하면서 개화에 관심을 가지기에 이르렀다. 그리고 1881년 조사시찰단 일행으로 일본으로 건너가, 후쿠자와 유키치福澤諭吉(1835~1901)의 게이오 의숙義塾에서 수학하면서 더욱 본격적으로 신지식을 습득할 기회를 만났다.

일본 유학 기간 동안 흡수한 신지식 그리고 그를 바탕으로 전개한 사유를 유길준은 1883년 귀국 직후 《세계대세론世界大勢論》을 통해 표출했다.[1] 처음으로 조선 땅을 벗어나 일본에 발을 디딘 그가 바라본 세계는 어떤 모습이었을까? 이 책 제목에 상징적으로 드러나 있듯 그는 조선에서 전통적으로 사용해 온 '천하'와 대비되는 '세계'를 게시하고, 세상을 '리理'의 관점에서 통합적으로 파악하는 성리학적 사유와 구별되는 것으로 '대세'가 있음을 말하고 있다.[2] 한자어 '세계'는 본디 불교 용어였으나 점차 일반적인 '인간 세상'의 의미를 포괄했으며,[3] 메이지 초기에 들어 'world', 'globe', 'earth'의 번역어

1 정식 출판되지 않았으며 필사본으로 전해졌다. 유길준(1883), 《세계대세론》; 《유길준 전서》 Ⅲ, 일조각.

2 허수(2013), "세계대세론", 한림과학원 편(2013), 《동아시아 개념연구 기초문헌 해제》 Ⅱ, 선인, 104~110쪽.

3 예를 들어 《조선왕조실록》에서 '세계'는 초기에 "미륵세계"(彌勒世界, 〈세종실록〉 80권, 세종 20년 2월 19일), "대천세계"(大千世界, 〈세조실록〉 32권, 세조 10년 3월 11일) 등 불교 용어로 등장해, 점차 "오늘의 세계"(今日世界, 〈영조실

로서 지구상의 지리적 공간 개념으로 정착한 참이었다. **4** 《세계대세론》에서 '세계'는 지구상의 여러 나라로 이루어진 지리적 공간 개념으로 사용되고 있다. 유길준은 "세계대세론"이라는 제목을 통해 조선이 속했던 중화질서적 '천하'를 벗어나 지구적 확장성을 가진 '세계'를 지향하며, 거기에는 거스를 수 없는 '대세'가 있다는 이해를 시사하고 있다.

그렇게 새로운 세계 속에서 조선을 어떻게 자리매김할 것인가? 이것이 《세계대세론》에서 유길준이 대답하고자 한 궁극적인 문제였다. 그렇기에 그는 우치다 마사오內田正雄(1839~1876)의 《여지지략輿地誌略》**5**을 주요 전거로 활용하면서도 《세계대세론》에서 완전히 새로운 논의를 전개하고 있다. 이 책은 제목에서부터 《여지지략》과

　　록〉 98권, 영조 37년 11월 8일), "편안하고 한가한 세계"(安閑世界, 〈정조실록〉 13권, 정조 6년 6월 2일) 등 일반적인 인간 세상을 가리키는 의미로 확장되었다.
　　조선에서 '세계'가 지구상의 지리적 공간 개념으로 등장한 초기 용례는 〈한성순보〉에서 확인된다(예: "논주양"(論洲洋), 1883. 10. 31.; "구라파주"(歐羅巴洲), 1883. 11. 10. 등). 《세계대세론》의 집필 시기가 1883년 상반기임을 고려하면, 유길준이 사용한 '세계' 개념은 조선에서 지구상의 지리적 공간 개념으로 사용한 최초의 용례로 추측된다. 일본의 에도 말기 및 메이지 초기에 전개된 '세계' 개념의 역사에 관해서는 다음을 참조. 石塚正英(2003), 《哲學・思想飜譯語事典》, 柴田隆行 監修, 論創社, 182~183쪽; 박근갑(2014), "역사・문명・진보: 후쿠자와 유키치와 유길준의 시간 인식", 〈사총〉 83, 169~201쪽.
4　惣郷正明・飛田良文 編(1986), 《明治のことば辭典》, 東京堂出版의 "世界" (세계) 항목 참조.
5　內田正雄(1870), 《輿地誌畧》 1~4권, 文部省. 일본 국립국회도서관 近代デジタルライブラリー. http://dl.ndl.go.jp/info:ndljp/pid/761771.

같은 지리서의 성격이 아님을 표방하는데, 이러한 《세계대세론》의
방향성은 《여지지략》과 비교하면 더욱 선명하게 부각된다. **6**

첫째, 체제의 차이이다. 유길준이 전거로 삼은 《여지지략》 "총론"

---

6 선행연구에서 《세계대세론》은 개항기 조선에 문명개화론 및 서양 정치사상 등을
소개한 가장 초기의 글로 평가되었다. 유길준의 문명개화론에 대한 논의는 방대하
다. 예를 들어 이광린(1990), 《한국 개화사상 연구》, 일조각; 정용화(2004),
《문명의 정치사상: 유길준과 근대 한국》, 문학과지성사; 노대환(2012), 《문명》,
소화; 金鳳珍(2004), 《東アジア〈開明〉知識人の思惟空間 — 鄭觀応 · 福澤諭
吉 · 兪吉濬の比較研究》, 九州大出版會; 月脚達彦(2009), 《朝鮮開化思想と
ナショナリズム: 近代朝鮮の形成》, 東京大出版會 등을 참조. 예를 들어 정용화
는 이 책이 조선에 문명진보사관을 처음으로 선보였으며, 그럼으로써 "동아시아에
서 전통적으로 야만이라 불려 왔던 서양을 문명이라 부르고, 자신이 속한 동아시
아를 오히려 그보다 못한 것으로 보는 — 위정척사파와는 달리 — 관점의 역전을 보
이고 있다"고 평가한다(117쪽).

한편, 최근 연구에서 《세계대세론》이 우치다의 《여지지략》 "총론"(이하 《여지
지략》)을 주요 전거로 삼아 집필되었다는 사실이 밝혀졌다. 박한민은 《세계대세
론》에서 《여지지략》의 어떤 부분을 참고하고 어떤 부분을 제외했는지를 실증적으
로 비교 · 검토했으며〔박한민(2013), "유길준 《세계대세론》의 전거와 저술의 성
격", 〈한국사학보〉 53; 최덕수 외(2015), 《근대 한국의 개혁 구상과 유길준》, 고
려대 출판문화원〕, 쓰키아시 다쓰히코는 전거와의 비교를 통해 《세계대세론》에서
조선의 문명과 독립을 문제 삼고 있음을 논증했다〔月脚達彦(2013), "兪吉濬《世
界大勢論》における〈獨立〉と〈文明〉: 內田正雄《興地誌略》との比較から", 〈東
洋史研究〉 72(3)〕. 또한, 이들 논의에는 후쿠자와의 《西洋事情》 및 《時事小
言》 등의 영향이 보인다는 지적도 있다〔月脚達彦(2009), 위의 책, 28쪽; 박한민
(2013), 위의 논문, 78~79쪽 참조〕.

이들 두 연구로부터 알 수 있듯, 유길준은 《세계대세론》에서 《여지지략》을 전
거로 삼되, 내용을 취사선택하고 이를 자료로 활용하면서 새로운 논의를 구성하고
있다. 이에 대해 필자는 유길준의 《세계대세론》 집필 목적이 새로운 '세계'를 제시
하고 그 속에서 '조선'을 자리매김하는 데 있었다고 보고, 이를 논증하고자 했다.

은 "천문부", "지리부", "방제부邦制部"의 순서로 구성되어 있다. 7 이와
비교해 《세계대세론》에서는 《여지지략》에서 후반부에 둔 "방제부"
를 처음 부분으로 가져오고, 《여지지략》에서 전반부에 둔 "천문부",
"지리부"를 뒷부분에 배치했다. 유길준이 세계 각국에 관한 설명에
중점을 두고자 했음을 알 수 있다. 또한, 그렇게 세계 각국을 열거하
는 가운데 '조선'을 삽입하여 제시하고 있다는 점에서 세계 속에서 조
선을 설명하고자 했음을 알 수 있다.

둘째, 절의 차이이다. 절을 비교해 보면 《여지지략》의 "방제부"
는 총 6개 절 "세계인구의 대략 및 인종의 구별", "언어문자", "교
법", "의식의 수용 및 개화의 등급", "정치 및 국체의 구별", "인류의
기원 및 세계역사의 대의"로 구성되어 있다. 이와 비교해 《세계대
세론》은 총 9개 절 "인종수이殊異", "종교수이", "언어수이", "정치수
이", "의식거처수이", "개화수이", "세계역사일반", "세계대세일반",
"자유대략"을 제시하고 있다.

즉, 《여지지략》의 절에 대해 《세계대세론》에서는 근대적 개념을

---

7 《여지지략》 1권 "총론"의 구성은 다음과 같다. 우선 서론에 해당하는 "地球總說"이
있으며, 이어서 "天文部"("地球ノ形狀及自轉ノ說", "経度緯度及時刻ノ差", "地
球五帶ノ區分", "地球黄道ノ運行及四季ノ変化", "附録"), "地理部"("世界ノ大
別及ヒ五大州ノ幅負", "晝夜理", "地球表面ノ形狀及ヒ區別", "海水ノ運動及ヒ
大氣風雨寒暑等ノ畧說", "附録")을 두어 지구과학 관련 지식을 소개한다. 마지
막으로 "邦制部"를 두어 "世界人口ノ大畧及ヒ人種ノ區別", "言語文字", "教法",
"衣食ノ需用及ヒ開化ノ等級", "政治及國體ノ區別", "人類ノ始及ヒ世界歷史ノ
大意"에 관해 설명한다.

전면에 내세워 재편하면서, 이들을 '수이殊異'(특별, 특이) 와 '일반一班'으로 분류해 제시하고 있다. 세계 각국은 '인종', '종교', '언어', '정치', '의식거처', '개화'에 관해 '수이'하며, '역사', '대세', '자유'에 관해 '일반'이라는 이해를 유길준은 시사하고 있다. 근대적 개념을 통해 새로운 '세계'를 설명하면서, 세계 각국 사이에 다름과 같음이 존재한다는 이해를 명시한 것이다. 당시 일본에서 새롭게 유통되기 시작한 개념들, 그리고 조선에서는 더욱이 새로운 개념들은 새로운 세계에서 각국의 수이와 일반을 설명하고 그 사이에서 조선을 가늠하기 위한 인식의 축으로 재해석되고 있다.

세계를 구성하는 개념들에 관한 수이와 일반의 구분은 조선을 전제로 개념의 기대지평이 전망될 때, 한편으로 확고하지만 다른 한편으로는 때때로 경계가 허물어진다. 유길준이 제시하는 바에 의하면, 세계 각국의 '인종', '종교', '언어'는 고유하며 불변이다. '정치', '의식거처', '개화'는 기본적으로 고유하지만 변화할 가능성을 내포하며, 그 변화 가능성은 '정치', '의식거처', '개화'의 순서로 점차 커진다. '역사', '대세', '자유'는 세계에 일반적인 것이다. 그는 바로 이러한 세계 각국의 수이와 일반 사이에서 조선의 위치를 가늠하고자 한 것이다. 특히, '종교', '개화', '자유' 개념에 관한 설명에는 각각을 세계 각국의 '수이', '수이'와 '일반'의 교차, '일반'으로 제시하면서 그 관계 속에서 '조선'을 파악하려는 사고가 분명하게 드러나 있다.

다음으로는 《세계대세론》에서 유길준이 '종교', '개화', '자유'를 어떻게 이해했는지, 그리고 이들 근대적 개념 이해를 통해 새로운 세계와 개항기 조선을 어떻게 제시하고자 했는지를 《여지지략》과 비교하면서 살펴본다. 개항기 조선은 세계질서의 전환기에 어떻게 조선의 고유성을 유지하는 동시에 변화를 추구하면서 세계일반으로 진입할 수 있을 것인가? 이 물음에 대한 1883년 유길준의 대답을 다음에서 들어 보자.

2. 세계 각국에 고유·불변인 것: 종교

《세계대세론》의 '수이' 논의는 첫 번째 절 "인종수이"에 이어 두 번째 절로 "종교수이"가 배치되어 있다. 이후 "언어수이", "정치수이", "의식거처수이", "개화수이"의 순서로 이어진다. 앞서 서술했듯 《여지지략》과는 기본 체제가 다르며 절의 배치 순서와 절의 이름도 다르다. 《세계대세론》에서 '수이'로 제시된 사항들은 기본적으로 각국의 자연적·지리적 환경 및 조건에 따른 소여所與의 것으로 설명된다. 그런 가운데 다시 고유하며 불변인 '인종', '종교', '언어'와 고유하지만 변화 가능성을 내포하는 '정치', '의식거처', '개화'로 구분된다. '종교'는 '인종', '언어'와 함께 각국에 고유하며 불변인 요소로 제시된 것이다.

　《세계대세론》 "종교수이"에서 《여지지략》 "교법"에 의거해 번역한 부분은 세계의 주요 종교로 유교, 불교, 브라만교, 천주교, 개신교, 그리스정교, 유대교, 이슬람교를 소개하고 해당 국가를 제시한 부분이다. **8** 그런데 각 종교가 성행한 나라를 열거할 때, 유길준은 원문에 없는 '조선'을 삽입하고 있다. 즉, 유교는 "우리나라 및 중국 등", 불교는 "인도의 세일론섬錫蘭島 (현재 스리랑카) 및 후인도后印度, **9** 중국, 우리나라, 일본 등"에서 성행한다고 제시한다. 또한, 유교와 불교는 《여지지략》에서는 다른 종교를 설명한 뒤 가장 마지막 부분에 언급되는데**10** 유길준은 "우리나라", 즉 조선의 종교로서 가장 앞 부분에 배치한 점도 특징적이다.

우선 주목하고 싶은 점은, 우치다가 '교법教法'이라 말한 것과 비교해 유길준이 '종교'라는 용어를 사용한 점이다. 여기에서 사용된 '종교'는 개항기 조선에서 근대적 용법으로 등장한 최초의 용례로 추측된다. 조선에서 근대적 종교 개념이 처음 출현한 것은 1883년 11월 〈한성순보漢城旬報〉에서라고 말해져 왔지만, **11** 《세계대세론》에서의

---

8 유길준(1883), "종교수이"(宗敎殊異), 앞의 책; 《유길준 전서》Ⅲ, 9∼13쪽. 內田正雄(1870), "敎法", 《興地誌畧》1, 31丁裏∼34丁裏.

9 《세계대세론》의 "세계대세일반"에서는 후인도(後印度)에 속하는 나라로 안남, 타이, 버마, 라오스, 영국령 버마의 5개국을, 전인도(前印度)에 속하는 곳으로 영국령 인도, 프랑스령 인도, 포르투갈령 인도 및 니삼, 카슈미르, 네팔, 부탄 등 소국을 들고 있다(65∼67쪽). 김희연·박한민, 《세계대세론》원문 역주와 번역", 최덕수 외(2015), 앞의 책, 320∼321쪽 참조.

10 유교에 관해 우치다는 다른 종교를 열거한 마지막 부분에서 "또 유교가 있다. 오로지 인류의 도를 강구하는데 지나(支那)에서 행해지며 차츰 이웃나라에 파급되었다"라고 간략하게 언급하는 데 그치고 있다. 이와 비교해 유길준은 유교를 종교로 취하는 나라로 중국과 조선을 제시하고, '유교'의 '인류의 도'를 '종교'의 '입교본의' 로 파악해 부연 설명하고 있다.

11 장석만(1992), "개항기 한국사회의 "종교" 개념 형성에 관한 연구", 서울대 종교학

사용을 한발 앞선 것으로 봐야 할 것이다. 한편, 메이지 초기 일본에서는 'religion'의 번역어로 '종문宗門', '신교神敎', '종교宗敎', '신도神道', '법교法敎', '교법敎法', '종지宗旨', '교문敎門' 등 다양한 번역어가 고안되었으나, '종교'가 널리 사용되기 시작한 것은 1880년 무렵으로 보인다.[12]

유길준이 우치다에 의거해 '교법'을 사용하지 않고 '종교'를 사용한 것은, 그의 유학 기간 중 '종교' 개념이 유통되기 시작한 일본의 상황에 영향을 받은 것이라 할 수 있다. 이러한 조선과 일본의 개념 상황으로부터 확인하고 싶은 것은, 유길준이 '종교'를 어떤 관습적 용법으로 사용한 것은 아니었다는 점이며, 그를 포함한 조선의 지식인에게 '종교'가 새로운 개념이었으리라는 점이다.

유길준에 따르면, '종교'는 입교의 본의를 "권선징악勸善懲惡"에 두며 따라서 "반드시 천과 신을 말하여 어둡고 어두워 모르는 가운데 화복禍福을 의탁해 정하고 하민下民의 불선하고 불의한 행실을 금하

철학 박사학위논문, 39쪽. 또한, 당시 드문 예로서 '종교'가 사용되는 경우가 있었는데, 그때의 의미는 특정 종교를 가리키는 것이며 일반 개념으로서 종교를 지칭하는 것은 아니었다고 지적된다(39쪽).

12 이소마에 준이치, 《근대 일본의 종교 담론과 계보: 종교·국가·신도》, 제점숙 역(2016), 논형, 84~89쪽; 渡辺浩(2016), ""宗教"とは何だったのか", 《(増補新装版) 東アジア王權と思想》, 東京大學出版會, 275쪽; 星野靖二(2012), 《近代日本の宗教概念》, 有志舍, 51쪽 이하; 장석만(1992), 위의 논문, 38쪽. 1880년대 일본의 종교 개념 상황에 대해서는 "제7장 유길준의 종교와 국가", 321~322쪽을 참조.

며 충효의 윤리를 타일러 힘쓰게" 하는 것이다. 13 '종교'는 권선징악
을 목적으로, 천과 신을 들어 화복을 주관케 함으로써 하민의 행실
을 바로잡고 충효의 윤리를 권장하는 것으로 정의되어 있다. 그리고
이러한 이해로부터 '종교의 수이'는 다음과 같이 말한다.

> 종교의 수이는 국가 이해에 관계되는 일이 적지 않다. 대개 인생의 빼
> 어난 이치를 헤아려 보니 정신과 형체, 두 가지를 갖춘 데 있다. 종교
> 는 정신에 속하고 기술은 형체에 속한다. 그러므로 기술로 형체를 관
> 장하고 종교로 정신을 관장하는 것이다. 14

첫머리에 유길준은 '종교의 수이'가 '국가 이해'와 관계가 크다고
언명한 다음, 그 이유를 다음과 같이 설명하고 있다. 즉, '인생'이란
'형체'와 '정신'의 2대 요소로 이루어져 있는바, '형체'는 '기술'로써
관장하며 '정신'은 '종교'로써 관장한다. '종교'는 인민의 정신적 측면
을 관장하는 것이며 따라서 국가 이해에 직결되는 것이라는 이해를
전제로, '종교의 수이'가 요청되고 있는 것이다.

그런데 문제는 '형체'를 관장하기 위해서는 '기술'을 채용하면 충

---

13 쓰키아시는 이 부분과 관련해, 유길준이 조선의 종교로서 '유교'를, '국·가'를 위
한 '충·효'를 주지로 한다는 점에서 중시했다고 언급한다〔月脚達彦 (2013), 앞의
논문, 110쪽〕. 그런데 앞서 확인할 수 있듯 유길준은 '종교' 그 자체의 의의를 권
선징악과 충효의 윤리를 권장하는 것으로 보고 있다.
14 유길준(1883), "종교수이", 앞의 책; 《유길준 전서》 III, 9쪽.

분하지만, '정신'을 '종교'로 관장하는 일은 그렇게 간단하지 않다는 데 있다. 이 점에서 유길준은 각국에서 종교가 특별함을 거듭 강조하면서, 그런 '종교의 수이'가 지켜지지 않을 때 국가적 위기에 처하게 됨을 다음과 같이 경고한다.

형체의 관장은 기술을 채용하면 그만이지만, 정신의 관장은 종교의 노예가 되어 종교를 위해 나라를 잊고 가정을 잊기에 이르는 자가 있다. 종교의 수이함이 이와 같으니 어찌 국가 이해에 관계가 없다 할 것인가. 요컨대 각국에 본래 전해 내려오는 종교가 있어서 교육을 장려하고 윤기倫紀를 문란하지 않게 하는 것이다. 이 때문에 각국이 마땅히 오직 본래 있는 종교를 고수하고 타국 종교의 전파를 방어하여 자국 인민으로 하여금 타국 종교의 노예가 되지 않게 해야 한다. 이 일이 어찌 뜻있는 자의 책임이 아닐 것인가. **15**

유길준은 세계 각국이 "본래 전해 내려오는 종교"로 인민을 '교육'하여 '윤기'를 지켜 왔다고 믿는다. 따라서 각국은 전래의 고유한 가르침으로서 '종교'를 견지해야 하며, "타국 종교의 전파"를 방지하고 배척해야 한다. '타국 종교'를 따르는 것은 곧 "타국 종교의 노예"가 됨을 뜻한다. '종교의 수이'가 지켜지지 않을 때, 즉 자국의 인민이 자국의 종교가 아닌 타국의 종교를 따를 때, 인민의 정신은 '타국 종

15 유길준(1883), 위의 책; 《유길준 전서》 III, 9~10쪽.

교의 노예'가 되어 그로 인해 "나라를 잊고 가정을 잊"을 위험성을 초래한다는 경고이다.

여기에서 각국 '종교'는 국교와 근접한 의미로 배타성을 가진다. 이러한 종교 이해 아래 유길준은 '종교의 수이'를 강조하는 것이다. 여기에 명시되지는 않지만, 이러한 논의는 병인양요(1866) 및 신미양요(1871)를 거친 조선의 상황에서 보면 서양의 기독교 유입으로 인해 국가적 혼란을 겪었다는 비판으로 읽힌다.[16] 서구에서 그들 전래의 '종교'로서 기독교가 인민 교육의 기능을 하고 국가 질서를 유지해 왔다면, 조선의 '종교'로서 유교 및 불교가 있다는 것이다. 조선은 유교를 중심으로 "본래 있는 종교"만을 견지해야 하며, 이로써 인민의 정신을 교육하고 윤기를 바로잡아 국가를 위하는 길이 된다는 것이다.

또한 유길준이 세계 각국의 종교를 분류하고 설명할 때, 중립적으로 서술하는 방식에 주목할 필요가 있다. "종교의 좋고 나쁨을 논의하는 일"은 "무익"하다.[17] 그는 자국 조선의 '종교'로서 유교 및 불

---

16 "세계역사일반"에서는 유럽의 종교전쟁을 거론하면서, "이상 전쟁의 근본은 모두 교법(敎法)에 관계"한다고 지적한다(《유길준 전서》 III, 56쪽).

17 유길준(1883), "정치수이"(政治殊異), 앞의 책; 《유길준 전서》 III, 20쪽. 이 말은 "정치수이"에서 세계 각국이 각자 불변의 '국체'가 있는바, 그에 적합한 '정치'를 취할 것이며 '정치' 자체에 '좋고 나쁨'이 있는 것은 아니라는 것을 방증하기 위한 예로 언급되었다. "정치의 좋고 나쁨을 논의하는 것은 종교의 좋고 나쁨을 의논하는 것과 같아서 모두 무익하다", 즉 '종교'도 '정치'도 그 자체로 나쁜 것은 없고 각자의 '국체'에 맞는 것을 취할 것이며 맞지 않는 것은 배척해야 한다는 사고이다. 다만

교를 다른 종교보다 우선해 배치했다. 하지만 이들을 포함해 브라만교, 천주교, 개신교, 그리스정교, 유대교, 이슬람교에 관해 서술할 때 우열을 두지 않고 담담하게 설명할 뿐이다. 그때 서양의 기독교는 단지 종교 중 하나이며, 비판의 대상으로 간주되지 않는다. 세계 각국에서 전래해 온 각각의 '종교'는 각국 인민의 정신교육과 윤리기강 확립을 위해 올바르게 기능했으며 앞으로도 그럴 것이라는 신념, 그리고 그 '종교'들에는 우열이 있는 것이 아니라 '수이'하다는 생각이 그것이다. 이런 신념과 생각은 《세계대세론》에서 '세계'를 제시하고 그 가운데 '조선'을 설명하는 데 출발점을 이루고 있다.

3. 고유한 것의 변화 가능성: 개화

《세계대세론》의 "개화수이"에서 제시한 야만, 미개, 반개半開, 문명이라는 개화의 4등급 구분 및 설명은 기본적으로 《여지지략》의 "의식의 수용 및 개화의 등급"에 의거한다.18 그에 따르면 개화의 등

'정치'에 대해서는 "서양 역사책을 보면 소인정치(少人政治)를 바꿔 다인정치(多人政治)를 두는 곳이 많으니 이에 의거해 보면 다인정치가 소인정치보다 선미함을 알 수 있다"라고 부언하고 있다.

18 표지의 목차로는 "개화수이"(開化殊異)로, 본문 중의 절 제목으로는 "開化殊異는 四級에 分ᄒᆞ니라"로 표기되어 있다. 본문은 《유길준 전서》 III, 27~36쪽. 《여지지략》의 "의식의 수용 및 개화의 등급"(衣食ノ需用及ビ開化ノ等級)은 34丁裏~ 40丁表. 《여지지략》에서는 각 등급에 대한 표현이 조금 다르게, '蠻夷', '未開ノ

급은 인류에 대한 지각 및 기본 욕구에 대한 절제 여부, 의식주 및 산업, 정치 등의 형태, 소유, 화폐, 법률, 문자 등의 유무, 촌락 및 방국 성립 여하, 풍습의 좋고 나쁨 등에 따라 구분된다. 특히, 풍습과 관련해서는 잔인함과 폭력성이 만연한 미개 등급, 이와 달리 예의를 중시하고 인정교제의 외면은 온후하나 중심은 잔인한 자가 많은 반개 등급, 그리고 허식하는 모양이 적고 염치의 풍이 많은 문명 등급으로 설명된다.

그런데 《여지지략》과 《세계대세론》을 비교하면, 유길준이 개화의 각 등급에 대한 설명 중 '야만'과 '미개' 부분은 원문을 충실하게 번역한 반면, '반개'와 '문명' 부분은 원문을 대폭 첨삭하면서 새로운 논의를 전개하고자 시도하고 있음을 확인할 수 있다. 다음으로는 '반개'와 '문명'을 중심으로 살펴보자.

우선, 《여지지략》에서 '반개'의 특성으로 서술한 부분을 유길준은 충실히 번역하여 농공상의 병행, 기술문학의 강습, 타국과의 무역 등과 함께 미개한 인민에 비하면 월등히 "예의를 중시하는 풍습"을 거론한다. 그런데 이러한 특성을 가진 반개의 나라로서 《여지지략》에서 "지나, 페르시아, 터키 등"이라고 언급된 것을 유길준은 "아시아 동부 및 아시아 서부, 페르시아, 유럽, 터키 등"이라고 수정해 제시한다. '반개'에 속하는 나라로 '지나'를 삭제하고 '아시아 동부'로 기입함으로써 중국뿐 아니라 조선 및 일본을 포괄한다는 이해

民', '半開ノ民', '文明開化ノ民'으로 되어 있다.

를 보이는 것이다. 그리고 이로부터 유길준은 조선이 포함된 등급으로서 '반개'를 설명하고자 한다.

유길준이 《여지지략》의 내용을 취사선택하고 수정한 대목 가운데, 다음 세 부분을 주목할 만하다. 첫째, 유길준이 《여지지략》에 의거해 반개한 인민의 고유한 습속을 다음과 같이 비판한 부분이 있다. "대개 반개한 인민의 고유한 습속은 하나같이 구법을 잘못된 믿음으로 지키고 개화에 진보하기를 희망하지 않으며, 스스로를 높이는 마음이 크고 스스로를 믿는 버릇이 지나쳐 자기 나라가 세계에서 제일이라 생각하고 다른 나라를 오랑캐라 부른다." 이 문장은 《여지지략》에서는 앞서 열거한 반개의 나라들에 대해 수구주의 및 중화주의를 비롯한 자국중심주의를 비판한 것으로 이해할 수 있다. 반면, 《세계대세론》에서는 그에 더해 조선의 수구주의와 소小중화주의에 대한 비판을 포함하는 것으로 읽힌다. 즉, 반개의 조선은 구법에 속박되지 말 것이며, 구습을 바로잡고 개화로의 진보를 지향해 세계와 마주할 필요가 있다는 것이다.

둘째, 《세계대세론》에서 《여지지략》의 내용을 삭제하거나 변경한 부분으로부터, 반개로서 조선을 안배하고 평가하고자 한 의도를 엿볼 수 있다. 우선, 《여지지략》에는 반개에 대한 비판 가운데 "인정人情에 반하는 바 적지 않고 이학理學을 강구하지 않으며 허탄虛誕에 혹닉惑溺하여 지식이 빈약하다"고 서술한 문장이 있다. 이 부분은 《세계대세론》에서 일단 번역은 되었으나 삭제선이 그어져 있다. 최종적으로 이 문장이 '조선'이 속한 '반개'에 대한 설명으로 적합하지 않다는 판단을 내렸다고 볼 수 있다. 조선이 '인정'에 따르지 않고 '이학'을 강구하지 않으며 '지식'을 가벼이 여긴다는 서술에는 납득할 수 없었던 것이리라. 또한, 《여지지략》에서 "허식을 귀하게 여기고"라는 문장에 대해서도 《세계대세론》에서는 일단 번역되어 있었으나 역시 삭제되었으며 그 대신에 "좌담을 많이 하고"라고 수정한 표시가 있다. 이 또한 조선의 상황에 대한 판단이 작용한 결과라고 볼 수 있다.

셋째, 《여지지략》의 "옛날부터 전해 내려온 의식체제 이외에는 절실히 여기지 않는다"는 문장은 《세계대세론》에서 처음부터 번역되지 않았다. 이 문장의 생략은 상이한 두 가지 의미로 해석할 수 있다. 우선, 유길준의 '종교' 이해 등을 고려하면 "옛날부터 전해 내려온 의식체제"를 고수한다는 지적이 반드시 비난에 해당한다고 볼 이유는 없다. 오히려 이러한 특성은 상황에 따라 긍정적으로 평가할 여지가 있다. 또한, 이 문장은 개화로의 진보를 추구해야 할 반개 조선이 안고 있는 문제점을 지적한 것으로 해석할 수도 있다.

또한, 《세계대세론》에서 《여지지략》의 취지를 번역하여 "또 나라 안의 온갖 사무는 모두 군주정부에서 결단하고 인민은 정치에 참여하는 권리를 부여받지 못하는 것을 통례로 삼으니, 이 점은 문명한 인민과 다르다"라고 서술한 부분이 있다. 그 직후에 유길준은 다음 문장을 첨가했다. "하지만 실상은 인민을 교육하지 못해 지식이 고명하지 못한 까닭에 참정권을 부여하면 국정이 도리어 문란해진다." 우선 반개의 정치체제는 군주제이며 문명국과 달리 인민에게 참정권을 부여하지 않는다고 서술했지만, 이어서 교육받지 못해 지식이 깨이지 않은 인민에게 참정권을 부여하는 것이 정치적 혼란을 야기하기 때문이라고 설명한 것이다. 이로부터는 현재의 반개 조선에서 인민 참정권 부여는 부정하지만, 교육을 통해 인민 참정권이 실현될 미래의 문명국 조선에 대한 기대를 읽을 수도 있겠다.[19]

미래를 향한 유길준의 시선은 이어지는 '문명'에 대한 설명에서 더욱 선명하게 드러난다. 그는 앞서와 같이 '반개'를 설명한 직후 "네 번째는 문명이니, 반개의 지위를 벗어나 한 발 나아가면 문명이다"라는 문장을 첨가해 '문명'에 관한 설명을 시작하고 있다. 인간 진보의 결과로서 문명개화를 이해하는 입장은 《여지지략》에서도 기본적으로 같다. 이에 더해 유길준은 '문명'의 처음 부분에 이 문장을 삽입함으로써, 반개에서 벗어나 문명으로 진입한다는 등급 이동을 더욱 선명하게 부각하고 있다.

"개화수이"의 '문명' 서술에 관해 우선 주목할 점은 유길준이 《여지지략》의 "문명개화의 민民"에 관한 서술의 4분의 1 정도를 번역하는 데 그치고, 이어서 '개화'에 대한 자신의 논의를 본격적으로 전개하고 있다는 점이다. 《여지지략》 "문명개화의 민"의 나머지 4분의 3은 《세계대세론》 "자유대략"에서 참고하고 있다. 이 문제는 다음의

---

[19] 유길준의 일본 유학 기간은 일본에서 1881년 정변을 계기로 메이지 정부와 자유민권파를 불문하고 전국적으로 국회 개설을 기대하면서 관련 논의가 이루어지던 시기였다. 《세계대세론》에 보이는 이상과 같은 인민 참정권 부여에 대한 유보는, 당시 일본의 논의 중 점진주의적 입장에 영향을 받은 부분도 있으리라 추측된다.

"4. 세계대세일반의 또 하나의 원리: 자유"에서 검토하겠다.

유길준이 《여지지략》 "문명개화의 민"의 4분의 1에 해당하는 부분에 의거해 서술한 내용은 다음과 같다. '문명'의 상태란 농공상이 번성하고 문학기술에 열심인 유럽 국가와 미국을 말한다. 그 나라 인민은 조화력造化力의 압제를 받지 않고 학술과 물리를 연구하고, 구법과 문벌을 따르지 않고 현명함과 학술을 귀하게 여긴다. 각각 인정, 풍속, 국체는 다르지만, 대개 허식이 적고 염치의 풍습이 많다. 법령이 명백하고 형벌이 관엄하니 정치는 다수결로 정한다. 20 이 가운데 "정치는 다수결로 정한다"는 문장은 유길준이 첨가한 것이다. 정치는 반개에서 문명으로 이행함에 따라, 전제에서 다수결로 변화한다는 이해를 보여 준다.

한편, 《여지지략》에서 "사해만국 모두 우의로써 널리 교제하기를 좋아한다"는 문장을 유길준은 생략하고 있다. 유길준의 국내외 정치 인식은 "시종일관 '홉스적'인 상황인식을 하고 있었던 것"으로 지적되는데, 21 여기에서 그의 '문명' 이해는 '우의'에 의해 세계평화를 유지하는 것과는 거리가 있는 것이라 추측할 수 있다.

여기에 이어서 유길준은 독자적으로 '개화'에 관한 서술을 다음과 같이 시작한다.

---

20 유길준(1883), "개화수이", 앞의 책; 《유길준 전서》 III, 33~34쪽.
21 정용화(2004), 앞의 책, 356쪽.

앞에서 개화를 4개 등급으로 구분했다. 그러나 대체로 개화는 흐르는 물의 본원과 같아서 흐를수록 점점 커지며, 떨어지는 돌의 속력과 같아서 떨어질수록 배로 증가한다. 그러므로 등급을 나눠서 말하는 것은 임의로 구획하는 것에 불과하다. 요컨대 문명과 반개, 반개와 미개, 미개와 야만이라 부르는 것들 사이에 결코 경계구역이 있는 것이 아니다. 또 오늘날 유럽 국가들 및 미합중국 등을 문명개화라 한다. 하지만 이들이 결코 개화의 극치가 아니라 다만 현재 개화의 진행이 멈추지 않을 따름이니, 진정한 개화[眞開化]가 어떤 것인지 아직 모른다. 옛사람이 오늘날의 문명을 미리 알지 못한 것처럼, 오늘날의 사람 또한 결코 훗날의 개화를 미리 알지 못한다 할 것이다.[22]

이 부분은 유길준의 '개화' 개념 이해가 선명하게 드러난 곳으로서 주목된다. 선행연구에서는 여기에서 그가 '개화' 개념을 진보적 시간관념으로 제시하고, 그 끝에 '진정한 개화'를 '미래의 기대지평'으로 바라본다는 점이 지적되어 왔다.[23] '개화'를 "흐르는 물"과 "떨어지는 돌"에 비유하며 나아갈수록 세력이 증대하고 가속한다고 설명한 부분에서는 분명 진보적 시간관념을 확인할 수 있다. 개화의 궤도를 따르는 시간의 흐름 속에서 야만에서 미개로, 미개에서 반개로, 그리고 반개에서 문명으로 모든 국가는 진보해 갈 따름이라는 것이다.

주목하고 싶은 점은, 유길준이 '개화'를 '수이'로서 설명하는 동시

---

22 유길준(1883), 앞의 책; 《유길준 전서》 Ⅲ, 34~35쪽.
23 정용화(2004), 앞의 책, 131~139쪽; 박근갑(2014), 앞의 논문.

에 '일반'으로 이해할 여지를 열어 놓고 있다는 점이다. 그는 '개화'의 모습이 본디 "흐르는 물"이나 "떨어지는 돌"과 같은 것이기에, 4개 등급 사이에 실은 "결코 경계구역이 없다"고 단언한다. 즉, 세계 각국은 야만, 미개, 반개, 문명의 각 등급에 있으며 각각 다음 단계를 향해 진보하지만, 그러한 4개 등급의 설정은 엄밀하게 구획된 것이 아니라 임의적인 것에 불과하다는 것이다. 여기에서 유길준은 각국의 '개화'를 '수이'로 설명하는 동시에 그 등급 구분을 임의적인 것이라 해석함으로써 세계 각국 모두가 다음 단계의 '수이'를 향해 전진하는, '개화'의 세력 그 자체를 '일반'으로 제시하고 있는 것이다. [24]

그리고 이렇게 현재의 '수이'가 더 나은 등급의 '수이'로 진보한다는 믿음과 그러한 '개화'의 세력이 세계의 '일반'으로 제시되는 지점에서, 유길준은 '개화'와 '문명'의 의미를 다시 묻는다. 그에 따르면, 오늘날의 유럽 국가와 미국이 '문명개화'라 불리지만 그들이 결코 '개화의 극치'는 아니며, 단지 '현재 개화'가 앞선 것에 불과하다. '개화'는 미래에도 계속 진행될 것이므로 현재 서양의 '문명개화'는 '오늘날의 문명'에 불과하다는 판단이다. 그렇지만 현재로서는 미래에 도래할 "진정한 개화가 어떤 것인지 아직 모른다"고 답한다. 이렇게 유길준이 '개화'에 관해 '수이'와 '일반'을 교차하면서 제시하는 미래

---

24 '개화'의 흐름을 "흐르는 물"의 증대나 "떨어지는 돌"의 배속과 같은 자연법칙에 비유한 것으로부터 '개화'를 불가항력적인 보편원리로 보는 유길준의 사고를 엿볼 수 있다.

로의 지평에는 서양 중심의 '현재 개화', '오늘날의 문명'과는 다른 모습으로서의 '진정한 개화'가 기대되는 것이다.

그렇다면 현재 반개의 등급에 있는 조선은 어떻게 하면 좋은가. 유길준은 "우리 동방 동포형제 수천만 제공諸公"을 향해 다음과 같이 말한다. "이상 4개조 등급의 수이를 분별하여 자기 나라 조정의 치욕과 모멸을 망각하지 말 것이며, 관습과 풍속의 조성을 소홀히 하지 말 것이며, 타국이 문명에 진취한 연유를 관찰하여 우리나라의 개화 진보를 도모"할 것. 25 현재 조선은 반개의 등급에 있으며 이와 달리 타국은 문명의 등급에 진취해 있음을 직시해야 한다는 말이다. 그리고 조선은 이에 대한 자각을 바탕으로 타국에게 받은 치욕과 모멸을 잊지 말 것이며, 바람직한 관습과 풍속을 조성하며 타국이 문명을 이룬 원인을 분석해 조선의 개화 진보를 추진해야 한다는 제언이다.

그때 조선의 개화 진보는 반드시 '현재 개화'의 모습을 추구하는 것은 아니다. 조선은 우선은 반개에서 '오늘날의 문명'으로의 진입을 목표로 설정하지만, 더 나아가 미래에는 그 너머에 진정한 '문명'을 추구해 '진정한 개화'를 향할 것이기 때문이다. '진정한 개화'의 모습이 어떤 것인지 유길준은 분명하게 답하지 않았지만, 조선이 타국에게 모욕을 당하고 있다는 현실 인식과 '문명'에 관한 설명을 겹쳐 보면 그 기본적 이념을 헤아릴 수 있다. 즉, 타국이 문명의 이름으로 조선을 능멸하지만, '문명'이란 타자를 대하는 데 폭력과 잔인

---

25 유길준(1883), "개화수이", 앞의 책; 《유길준 전서》 III, 35~36쪽.

함이 아니라 예의와 염치로써 하는 것이 아니었던가. 그렇지 않다면 앞선 자라고 하더라도 진정한 문명이라고 부를 수는 없다. **26** 그러한 부당함과 부조리에 대한 분노, 그리고 모멸감으로부터 유길준은 현재의 이른바 '문명'과 '개화'를 '오늘날의 문명', '현재 개화'로 한정하고 예의와 염치에 근거하는 미래의 '진정한 개화', 진정한 '문명'을 전망하고 있는 것이다.

4. 세계대세일반의 또 하나의 원리: 자유

이와 같이 유길준은 '개화'에 관해 현재 세계 각국의 등급은 구분되지만 미래에는 그 경계가 허물어지고 문명개화의 양태 자체가 변화할 가능성을 제시한 다음, 이를 기점으로 '세계'의 '일반'에 관한 설명으로 전환한다. "세계역사일반"에서는 고대문명의 발생부터 종교전쟁, 미국독립전쟁, 프랑스혁명까지를 다루면서 세계 각국 사이의 전쟁과 정복·피정복의 역사를 '일반'으로 소개하고 있다. **27**

---

26 장인성은 유길준의 국제정치관에 대해 " '정리'와 '공도에 입각한 원칙주의, '시세'와 '처지'를 고려한 상황주의", '문명주의'와 더불어, " '신의'를 중시하는 규범주의"가 기묘하게 결합된 것이라 평가하면서, 특히 패도적 국제정치 상황에서도 "신의와 예"를 고집하는 규범주의적 자세가 강하다고 지적한다. 장인성 (1999), "유길준에 나타난 '도덕'과 '정치': 자기-타자인식의 정치적 사유", 〈국제문제연구〉 23 (1), 58~102쪽, 특히 97쪽 참조.

27 유길준 (1883), "세계역사일반"(世界歷史一斑), 앞의 책;《유길준 전서》 III, 37

그리고 다음 절 "세계대세일반"에서는, 그러한 전쟁의 역사의 결과로 세계 각국이 '독립국', '반속지', '속국' 상태에 도달했음을 제시하면서, 특히 여러 '독립국'이 각각 어떤 정치체제를 취하는지 언급한다. 예를 들어 중국은 '독립제치獨立帝治', 러시아는 '독립왕치獨立王治', 영국, 이탈리아는 '독립입헌왕치', 프랑스, 미국은 '독립공화정치' 등이다. '조선'은 선두에 언급되어 있지만, 단지 "조선, 즉 우리 나라다"(朝鮮 卽 我國이라)라고 제시되며 더 이상의 설명은 없다. 다만 "세계대세일반"의 마지막에 세계 각국에는 이와 같이 대소와 강약이 있지만 강대국이라도 "외국의 경멸과 모욕"을 받을 수 있고 약소국이라도 "외국의 존경"을 받을 수 있으니, 당세에 뜻을 둔 자는 잘 살피라는 당부가 있다. 세계가 반드시 힘의 논리에 의해 움직이는 것은 아니며, 그런 세계 가운데 조선을 포함한 약소국이 존중받을 길이 있다는 말이다. **28**

이어서 위치한 것이 "자유대략"이다. 이 절은 《세계대세론》에서 여러모로 독특한 의미를 가진다. 무엇보다 《여지지략》에 없는 절을 만들어 새로운 내용을 제시하고 있으며, 이 절 설명의 마지막에서 앞서 서술한 내용을 "세계대세일반"이라고 언명하고 있다는 점에서 그렇다. 즉, 유길준은 앞의 절 "세계대세일반"의 내용에 대해, 그와는 다른 또 하나의 '세계대세일반'에 관한 논의를 "자유대략"의 절을

~60쪽.
28 유길준(1883), "세계대세일반", 위의 책; 《유길준 전서》 III, 61~88쪽.

통해 전개하고자 한 것이다. 내용은 크게 다음 세 부분으로 나눌 수 있다. ① '일신의 권리'와 '일국의 권리' 개념을 정의한 부분, ② 세계 각국의 인구 수, 국토 면적, 육군 및 함선 숫자 등 병력 상황을 열거한 부분, ③ 국제법 및 조약에 의한 세계질서를 설명하면서 임오군란(1882) 배상문제에 관해 시사한 부분이 그것이다.

이에 쓰키아시 다쓰히코는 유길준이 "전적으로 '일국의 권리'"에 관심을 두고 "'국권'의 기본이 병력에 있다는 점"과 "공법(국제법)의 효용"을 주장한다고 평가하면서, 세계 각국의 병력 상황 소개 및 국제법 관련 내용이 각각 후쿠자와의 《시사소언時事小言》과 《서양사정》에 의거한 것임을 지적했다. 29 또한, 유길준이 자유 및 권리에 대해서는 언급에 그칠 뿐 내용상 전개하지 않았다고 평가한다. 30 이러한 지적은 전반적으로 타당하며, 특히 "자유대략"은 그 제목에도 불구하고 '자유'에 관한 논의를 본격적으로 전개하지 않은 것처럼 보인다.

그렇다면 유길준은 왜 굳이 "자유대략"이라는 제목 아래 '일신의 권리'를 제시한 다음, '일국의 권리'를 중심으로 세계 각국의 병력 상황과 국제법, 그리고 임오군란의 배상 문제를 언급했을까? 이 문제에 관해 필자는 "자유대략"의 첫 부분에 제시된 '일신의 권리'와 '일국의 권리'의 개념 정의에 주목할 필요가 있다고 생각한다. 즉, '일

29 이 장의 각주 6 참조.
30 月脚達彦(2009), 앞의 책, 34쪽.

신의 권리' 개념에 주목하면 근대적 자유에 관한 이해가 그 바탕을 이루고 있으며, 그러한 '일신의 권리'를 확장한 곳에 '일국의 권리' 논의가 전개되고 있음을 알 수 있다. 이러한 관점에서 "자유대략"의 논의를 검토할 때, 유길준이 제시하고자 한 '세계대세일반'을 파악할 수 있으리라 생각한다.

우선, 전거로서 《여지지략》과의 관련성부터 살펴보자. 앞서 언급했듯 《여지지략》의 "문명개화의 민"에 대해 유길준은 그 전반부 내용을 "개화수이"에서 '문명'을 설명하기 위해 참조했다. 그리고 그 후반부의 '자유'에 관한 내용은, "세계역사일반", "세계대세일반"을 서술한 다음으로 가져와 "자유대략"에서 참조한다. 이러한 배치는 '자유'는 '개화수이'로서가 아니라 '세계대세일반'으로 설명해야 한다는 유길준의 이해에 기인한 것이라고 볼 수 있다. 이러한 이해를 바탕으로 유길준은 "자유대략"에서, 《여지지략》의 '자유'에 관한 언급을 힌트로 삼으면서도 그와는 완전히 다른 새로운 내용을 제시한다.

《여지지략》의 해당 부분은 다음과 같다. 즉, 문명국에는 헌법이 있어 군주전제가 불가능하며 민은 군주의 노예가 아니라 주인으로서 소유물을 가지는데, 이를 "독립불기獨立不羈 또는 자유フリドーム"를 얻은 것이라 말한다. 그 뜻은 "방자 무뢰한 것이 아니라, 단지 조리에 반하지 않는 일은 사람들이 자기 뜻에 따라 행하고 정부의 억제를 받지 않는다"는 것이다. 결사結社, 출판, 종교의 자유 및 소유권을 인정하는 것이 그러한 것인바, 이는 "반개의 나라"에는 없다. 《여지지략》에서 '자유'는 '문명국'만의 특징이며, 국내의 정치사회적 차원

에서 설명되어 있다. **31**

　이와 비교해 유길준은 "자유대략'의 첫머리에서, 아득한 세월과 변천을 거쳐 '개화의 경역'에 들어간 나라는 '문명'의 진보에 따라 "인민이 각자 일신의 권리 및 일국의 권리를 확장하는 기풍이 성행"한다고 하면서, **32** '일신의 권리'에 대해 다음과 같이 정의한다.

　대개 일신의 권리라 하는 것은 무슨 일이든 원하는 바를 행함이 국가의
　정법을 문란케 하지 않고 타인의 사물에 손해를 끼치지 않는다면 논할
　필요도 없이, 무슨 일이든지 자신의 뜻에 따라 행하고 그만두어 자유
　로울 수 있음이다. 그러므로 정부라도 인민의 행위와 일이 헌법 율칙
　에 위배되지 않는 한 국가의 위력으로 이유 없이 처벌하지 못한다. **33**

　유길준은 우선 "무슨 일이든 원하는 바를 행함"이라고 말하며 근대 자유주의의 핵심인 개인의 욕망 추구를 긍정한다. 그리고 그 행

---

31 內田正雄(1870), 앞의 책 1권, 38丁裏~40丁表.
32 이 부분은 "자유대략'(自由大畧)에서 처음으로 두 가지 권리가 언급되는 부분이
　며, 처음에 "일신의 권리(權理)"로 썼던 것이 "일신의 권리(權利)"로 수정되었으
　며, 이후에는 후자의 표기법으로 통일되어 있다. 김봉진 및 정용화는 유길준의 '권
　리'(權理) 표기법을 'right'의 번역어로 주목하고 평가하면서, 한편 이것이 후쿠자
　와 《시사대세론》의 '권리'를 참조했을 가능성도 시사하였다〔김봉진(2004), 《東
　アジア〈開明〉知識人の思惟空間—鄭觀応・福澤諭吉・兪吉濬の比較研究》,
　212쪽 각주 18; 정용화(2004), 앞의 책, 333~336쪽〕.
33 유길준(1883), "자유대략', 앞의 책;《유길준 전서》Ⅲ, 89쪽.

위에 "국가의 정법을 문란케 하지 않"는 범위 내에서 용인된다는 단서를 달고 있다. 또한 "타인의 사물에 손해를 끼치지 않는 한"이라고 말해, 타인의 자유를 침해하지 않는 범위 내에서라는 원칙을 단서로 달고 있다. 그리고 이런 조건 충족 위에 "무슨 일이든지 자신의 뜻에 따라 행하고 그만두"는 것을, 즉 "자유로울 수 있음"(自由ㅎ기을 得)이라고 제시한다. 이러한 것을 '일신의 권리'라고 유길준은 정의하는 것이다.

이러한 '자유'로부터는 'freedom'과 'liberty'의 번역어로서 근대적 자유 개념의 의미를 읽을 수 있다. **34** 《여지지략》을 통해 접한 '자유'도 그중 하나일 것이다. 아울러 여기에서는 당시 일본에서 널리 읽혔던 《자유지리自由之理》의 취지, 즉 자신의 자유는 타인의 자유를 침해하지 않는 한 향유 가능하다는, 이른바 밀John Stuart Mill (1806~1873)의 '자유의 원칙'에 가까운 의미를 확인할 수 있다. **35** 유길준은

---

34 이 책의 다른 부분에서는, 종교전쟁 이후 "오직 사람들의 자유에 맡겨 물론 어떤 종교든 자기 뜻에 따라 받들게 한다"고 말하고 있어(《유길준 전서》 III, 56~57쪽), 당시 유길준이 '자유'를 '종교의 자유'와 같은 근대적 개념으로 이해하고 있었음을 확인할 수 있다.

35 John Stuart Mill (1859), *On Liberty*, London: John W. Parker and Son, West Strand, pp. 7~30. '자유'는 자기의 자유와 타인의 자유의 상호 존중과 규제 속에 가능하다는 유길준의 이해는 이후 《노동야학 독본》까지 이어진다. "自由(자유)는 字意(글자 뜻) 대로 스사로 말매암이니 스사로 말매암이라 ㅎ는 일은 말삼대로 解(풀)진대 하고 싶흔 일을 ㅎ고 하고 싶지 아닌 일은 아니ㅎ다 홉이오녀 그러ㅎ나 사람이 獨(호올)로 이 세상에 사지 아니흔 즉 엇디 이러흔 리치가 잇시리오 그러ㅎ나 또 사람이 호올로 사지 아니ㅎ는 고로 이러흔 리치가 업지 못홀지니라"(《유길

'자유'를 무슨 일이든지 자신의 뜻에 따라 행하되, 개인의 욕망 추구에 있어 타인을 침해하지 않으며 법의 범위 내에서 향유하는 '일신의 권리'로 설명하고 있다.

이렇게 유길준은 '자유'를 '일신의 권리'로 정의한 다음, '일국의 권리'에 관한 논의를 전개해 간다. 이후 '자유'라는 말은 사용되지 않으며, 따라서 이 개념을 둘러싼 본격적 논의가 전개되지 않은 것처럼 보인다. 선행연구에서 "자유대략"에 드러난 유길준의 '자유' 이해를 주목하지 않은 이유도 여기에 있을 것이다. 그러나 조선의 전통적 '자유' 개념의 의미와 "자유대략"이 서술된 시대 배경을 함께 살펴보면, 여기에서 유길준이 '자유' 개념에 대한 새로운 이해를 보여 주고 있으며 이를 통해 '일신의 권리' 그리고 '일국의 권리'에 관한 설명을 시도하고 있음을 알 수 있다.

조선의 전통적 '자유' 개념을 선행연구에 따라 간략하게 정리하면 크게 다음 3가지 층위로 나뉜다. 첫째, '자유'는 성리학의 주요 개념에서 벗어난 것이었던 까닭에 정치철학적으로는 탐구되지 않았으며, '스스로 말미암음'이라는 그 자구字句의 의미에 따라 '심리적 해방감'이나 '남의 견제를 받지 않는 상태'라는 일상적 개념으로 사용되었다.[36] 둘째, 조선의 국제정치 영역에서 '자유'는 핵심 개념 중

준 전서》 Ⅱ, 324쪽 이하).

36 강동국(2012), "근현대 한국에서 국제정치영역의 자유개념", 하영선·손열 엮음, 《근대한국의 사회과학개념 형성사》 2, 창비, 205쪽.

하나로 여겨졌다. 그 이유는 조선 개창 이래 명·청에 의해 자소사대 이외의 영역에서는 조선의 '자유'가 선언되어 이에 근거한 관계가 지속되었기 때문이다. 셋째, '자유'는 서양의 국제법 질서가 들어오면서 요청된 'independence'의 번역어 중 하나로 사용되었다.[37]

이러한 개념 상황을 아울러 보자면, 유길준은 "자유대략"에서 전통적 자유 개념을 비판적으로 재해석하면서 '자유'를 근대적 권리로서 자리매김하는 시도를 하고 있다고 볼 수 있다. '자유'를 '일신의 권리'로 정의한 데 이어, '일국의 3대 권리'를 다음과 같이 제시한다.

또 국내 정치는 일체 스스로 행하여 타국인이라도 국내에 내왕하는 때는 본국의 법률로 관할하고 추호도 사정을 봐주지 않으니 이를 일국의 주재권이라고 말한다. 또 무릇 나라가 각자 독립해 개국하고자 하면 개국하고 쇄국하고자 하면 쇄국하여 나라 안의 정사를 대소 가리지 않고 타국의 간섭과 침략을 추호도 받지 않으니 이것을 일국의 독립이라고 말한다. 또 각국이 모두 동등하니 대체로 나라의 대소가 있고 병사의 강약이 있지만 우리가 예를 다하면 저들이 답하며 서로 형이 되고

---

37 강동국(2012), 위의 책, 206~210쪽. 강동국은 개항기 조선에서 'independence'의 번역어로 '독립', '자주', '자유'가 경쟁하다가 1880년대 중반 조청(朝淸) 관계의 변화를 계기로 국제정치영역에서 자유 개념이 현저히 약화되면서, 국제관계에서 'independence'의 번역어로 '독립', 국내 정치에서 'liberty/freedom'의 번역어로 '자유'가 정착되어 갔다고 지적한다. 유길준의 "자유대략"에서 '자유'와 '독립'은 그 과도기에서 두 개념이 구분되면서도 연결되어 있는 것으로 자리매김할 수 있다.

아우라 불러 조금도 존비의 분별을 두지 않으니 이를 일국의 동등권이라고 말한다. **38**

즉, 유길준은 '일국의 3대 권리'를 국내 정치는 스스로 행하며 자국 법률로 국내 거주 외국인을 재판할 '일국의 주재권', 개국 및 쇄국 여부를 포함해 국가정사 모두 타국의 간섭 및 침략을 받지 않을 '일국의 독립(권)', 세계 각국은 대소와 강약에 관계없이 예의와 우애로 교제하며 존비의 구별을 두지 않는다는 '일국의 동등권'이라고 설명하고 있다. 앞서 그는 '일신의 권리'란 무슨 일이든지 자신의 뜻에 따라 행하되 그 추구에 있어 타인을 침해하지 않으며 법의 범위 내에서 향유하는 '자유'로 설명했다.

이러한 자기와 타자의 관계에 대한 이해는 '일국의 권리'에 관한 설명에서 자국과 타국의 관계에 대한 이해로 확장된다. 즉, 자국의 정치는 스스로의 의사와 법률에 따라 행하고 타국의 간섭과 침략을 받지 않으며, 모든 국가는 대소와 강약에 관계없이 대등한 관계에 있다는 이해이다. 유길준의 '일국의 권리' 정의는 '일신의 권리'로서 '자유'라는 근대적 개념 이해를 전제로 확장된 것이며, 이를 통해 사대질서적 '자유'의 의미를 불식하는 동시에 새로운 세계질서 속에서 '주재권', '독립권', '동등권'을 제시한 것이다.

그 위에 유길준은 이 '일신의 권리'와 '일국의 권리'를 문명국 인민

---

38 유길준(1883), "자유대략", 앞의 책; 《유길준 전서》 III, 89~90쪽.

이 대내적 · 대외적으로 주장하는 권리라고 지적한다. 39 또한 현재 문명국에서는 저서, 신문, 잡지 등의 논설에서 일제히 "권리 주장"을 하며 또 교제 및 행사 등에서도 "권리 주장"이 실제로 있으니, "오늘날 세상을 칭하여 인권국권세계人權國權世界"라 한다고 말한다. 여기에서 유길준은 문명국 인민의 권리로서 '일신의 권리'를 '일국의 권리'와 함께 중시하며, 이 두 가지 권리를 불가분한 것으로 설명하고 있다. 그리고 이 두 가지 권리에 대한 주장이 일반적으로 이루어지는 세상을 '인권국권세계'라고 천명한 것이다. 이러한 것이 그가 이 절에서 "자유대략"의 제목 아래 제시하고자 한 바람직한 '세계대세일반'의 모습이다.

이제 문제는 이들 권리를 어떻게 확장하는가이다. 유길준에 따르면 '인권'은 정치를 수양하고 행실을 정제함으로써 확장 가능한 한편, '국권'은 병력을 양성함으로써 확장 가능하다. 그런데 조선은 특히 치외법권, 관세자주권, 군사주둔권에 관해 침해받은바, 그 실상

---

39 이와 같이 '일신의 권리'와 '일국의 권리'를 연계하여 보는 이해는, 《서유견문》(西遊見聞)에서 '인민의 권리'와 '방국의 권리'를 연장선상에 보는 이해로 전개된다 (《유길준 전서》 I, 105~129쪽). 이러한 유길준의 논리에 관해, 개인-가족-사회-국가의 연속성 또는 일체성이 지적되는 한편, 이는 근대 자유주의 원리와 전통 유교 원리를 복합적으로 추구한 것이라 평가된다〔장인성(1999), "유길준에 나타난 '도덕'과 '정치': 자기-타자인식의 정치적 사유", 8쪽; 정용화(2004), 앞의 책, 245~248쪽〕. 이에 대해 필자는 유길준이 두 가지 권리를 연계해 사유하는 근거가 더욱 근본적인 부분에서 '자유'라는 원리에 대한 확신에서 출발했다는 점에 주목한 것이다.

은 "일국의 3대권을 손실해 광영을 보유하지 못"한 상태이며 그 원인은 "우리나라에 병력이 없는 까닭이다"라고 단언한다. 세계열강의 병력에 의해 조선의 국권이 침탈당하고 있다는 위기감으로부터 유길준은 다음에서 '일국의 권리' 주장을 위한 두 가지 길을 제시한다.

그 가운데 하나가 "자유대략"의 두 번째 내용에 해당한다. 미국, 프랑스, 독일, 영국, 러시아, 이탈리아, 네덜란드, 일본의 인구수, 육군 수, 군함 수를 나열하여, 세계 각국의 병력 상황을 제시한 부분이다.[40] 이 부분은 조선의 국권 침탈 현실을 전제로 하면서 외국 병력 상황을 검토한 것으로, 앞 절 "세계대세일반"의 내용에 가장 직접적으로 대응하는 부분이기도 하다. 그렇지만 유길준은 병력 상황을 제시한 뒤에, 세계 각국에 군사가 있더라도 병사조련의 정밀함 및 병기제조의 완성도에서 떨어지면 군사라 부를 수 없다고 지적한다. 이 말은 그다음에 이어지는 내용과 아울러 보건대, 임오군란 시 조선의 군사상태에 대한 비관으로 읽을 수 있다. 즉, 현재 조선의 국권은 병력을 통해서는 보전할 수 없다는 이해이다.

유길준은 조선이 국권을 보전하는 방법을 국제공법과 조약에 기대했다. "자유대략"의 세 번째 내용에 해당한다. 여기에서 그는 전적으로 병력에 의거했던 과거와 달리, 오늘날에는 전시戰時에는 공

---

40 유럽 각국과 일본의 병력을 표시한 부분은, 후쿠자와의 《時事小言》을 전거로 한 것이다〔月脚達彦(2009), 앞의 책, 28쪽; 박한민(2013), 앞의 논문; 최덕수 외 (2015), 앞의 책, 79쪽〕.

법에 의거하여 일을 추찰推察하고 평시平時에는 양국 사이에 조약을
체결하여 화친과 교역을 도모해야 한다고 제시한다. 그 위에 유길준
은 오늘날 외교 문제에 관해 '갑국'과 '을국'의 입장을 예로 들어 원론
적으로 서술한다. 하지만 그 내용이 임오군란의 배상문제에 관한 것
임은 쉽사리 추측할 수 있다. 41

그는 예컨대 양국 조약에 의해 전권을 가진 '공사 한 명'을 상대국
에 파견하여 주재하는 것이 통례라 하면서, 이러한 "개화의 사리와
문명한 물정"을 모르고 "완고하게 수구"하여 외국인을 적시하며 공
사관을 습격하거나 인명 피해를 입힌 경우에는 이에 대해 사과하고
배상해야 한다는 내용을 서술하고 있다. 또한 교역의 규모에 따라
'영사'는 복수 파견할 수 있음을 말한다. 42 그리고 "자유대략"의 마
지막 문장에서 "이상이 지금 세계대세일반"이라 확인하고 있다.

이 부분에서 유길준은 국제공법 및 조약에 비추어, 임오군란에 관
해 조선의 일본 공사관 습격 및 인명 피해에 대해 사과 및 배상할 것
을 시사하고 있다. 조선의 국권 보전이 이상적으로는 인권국권세계
에서 실현되기를 바라는 한편, 현실의 세계대세일반인 병력 확장이
조선에 불가하다는 판단에서 국제공법 및 조약을 요청한 것이다. 그

---

41 선행연구에서도 공통적으로 이 부분에서 유길준의 서술이 임오군란에 관한 것임을
    지적하고 있다. 月脚達彦(2013), 앞의 논문, 120쪽; 박한민(2013), 위의 논문,
    94~96쪽.
42 공사 및 영사 파견, 담당 업무에 대한 서술은 후쿠자와의 《西洋事情》을 전거로 한
    것이다〔박한민(2013), 위의 논문, 78~79쪽〕.

에 따르면 조선의 배상을 인정하는 것이 되지만, 이는 장차 조선의 권리 주장을 위한 길을 열어 두기 위해서였다고 이해할 수 있다.[43]

한편, 일본에 대해서는 국제공법 및 조약에 비추어 질책하고 있지 않지만, 애초에 유길준의 관심이 자유와 일신의 권리로부터 일국의 권리를 주장하는 데 있었음을 상기할 필요가 있다. '일국의 권리'란 '일신의 권리'로서의 '자유'에 기반을 둔 것으로, '주재권', '독립권', '동등권'이다. 문명국의 인민이라면 이러한 권리 주장은 당연한 것이며 지금은 인권국권세계이다. 그러나 강화도조약 이래 제물포조약에 이르기까지 일본은 치외법권, 관세자주권, 군사주둔권 등을 남용함으로써 조선의 국권을 침해했다. 일본은 문명국의 도리를 거스른 것이며 '세계대세일반'에 역행했다는 점에서 더욱 근본적 측면에서 비판의 대상이 되고 있는 것이다.

권리의 일반원리로서 '자유'의 의미는 이 지점에서 분명해진다. 세계의 모든 사람과 모든 나라는 타자에 대해 '자유'에 근거한 권리를 가진다. 여기에 조선도 예외는 아니다. 따라서 조선은 타국에 대해 '일국의 권리'를 당위로 주장할 수 있다. 그런 권리 주장은 강대국이 병력에 의거해 약소국을 침탈하는 사태에 대한 비판을 이끌어 낸다. '자유'에 근거한 권리 주장과 인권국권세계에 대한 기대는, 힘

---

43 같은 취지를 유길준은 《서유견문》에서 국제공법과 권리에 근거해 강대국의 횡포는 비난받을 것이며 약소국의 수모는 보호받아야 함을 서술하고 있다(《유길준 전서》 I, 117쪽).

의 논리에 의거한 '세계대세일반'을 상대화하는 동시에 국제법 질서와 조약체제를 '세계대세일반'으로 제시하는 것을 가능하게 한다. 유길준은 조선의 '일국의 권리'가 이러한 '자유'의 일반원리가 작동하는 세계 속에서 비로소 보전될 수 있다는 이해를 보여 주고 있다.

5. 개항기 조선의 지형

'세계'란 어떤 것인가? 그 한가운데에서 조선은 어떻게 자기정체성을 지키는 동시에 변화를 도모하면서 세계일반으로 진입할 것인가? 유길준이 일본 유학에서 귀국한 직후 집필한 《세계대세론》은 이와 같은 난제에 답하고자 한 것이었다. 그는 우치다의 《여지지략》을 주요 전거로 삼아 세계 각국의 경우를 비교하고 설명하면서, 그 안에 독자적으로 '조선'을 위치시켜 이 문제에 관한 탐색의 발판으로 삼았다.

유길준의 논의의 특징은 무엇보다 그가 마주한 근대적 개념에 대한 이해를 통해 세계와 조선을 파악하고자 한 점에 있다. 당시 일본에서 새롭게 유통되던 개념, 그리고 조선에서는 더욱이 새로운 개념을 주체적으로 파악하려는 분투奮鬪를 확인할 수 있다. 그는 각 개념에 관해 '수이'와 '일반'을 횡단하면서 독특한 회로를 설정한다. 개념에 대한 이해를 축으로 삼아 '세계' 속에 '조선'을 위치시키고자 했던 것이다. 그 결과 《세계대세론》은, 《여지지략》이 지리서로 평가되는 것과 비교해, 유길준의 사유를 풀어낸 사상서思想書로 읽을 수 있다.

　이상으로 유길준의 '종교', '개화', '자유' 개념 이해에 주목해 유길준이 이들 개념을 통해 파악한 세계와 개항기 조선의 지형을 검토했다. 세계 각국에서 '종교'의 '수이'를 전제로 하면서 '조선의 종교'로 유교 및 불교를 제시하는 사고는, 서양은 물론 중국으로부터도 일정한 거리를 유지하면서 조선을 위치시킬 수 있게 한다. 유교는 중국에서 유래한 것이지만, 조선에 전래하여 관습이 된 이상 '조선의 종교로서 유교'라고 유길준은 말하고 있다. 그가 주목한 것은 기원이 아니라 관습이었다. 그 점에서 유길준이 제시하는 조선의 종교는 중국의 유교와는 별개의 것으로, 조선 인민에게 권선징악과 충효의 정신을 가르치는 것으로서의 조선의 유교를 의미한다.

　'개화'를 둘러싸고 설정된 '수이'와 '일반'의 중층성은 조선의 위상에 관해, 특히 서양과의 관계를 선명하게 보여 준다. 애초에 유길준은 《여지지략》의 야만, 미개, 반개, 문명 등급에 관한 내용을 수정할 때, 반개의 등급으로 '아시아 동부'를 삽입해 중국뿐 아니라 조선 및 일본을 포함했다. 그렇지만 한편으로 그는 이러한 등급 구획을 임의적이라고 설명하며, 각 등급에 속하는 나라가 모두 각각 다음 등급을 향해 진보하는 세력을 '일반'으로 그린다. 이에 따라 근대 서양의 '문명개화'는 반드시 '개화의 극치'가 아니며, '오늘날의 문명', '현재의 개화'에 불과한 것으로 제시된다. 그리하여 오늘날 반개의 조선이 나아갈 길은 우선은 근대 서양의 문명개화를 목표로 하겠지만, 미래에는 그를 넘어선 '진정한 개화'를 전망하는 것이다. 개화의

4등급이라는 현재의 '수이'는 미래를 향한 진보라는 '일반'에 의해 재해석되어 그 너머에 '진정한 개화'가 설정되어 있는 것이다.

이렇게 시공간을 가로지르면서 조선을 상대화하는 관점에서 , '자유'는 '일신의 권리' 및 '일국의 권리' 주장을 근거 짓는 개념으로 제시된다. '일신의 권리'가 각자 원하는 바를 자신의 뜻에 따라 행하되 법률을 준수하고 타인의 자유를 침해하지 않는 범위 내에서 행하는 '자유'인바, '일국의 권리'는 각국이 원하는 바를 자국의 뜻에 따라 행하되 국제공법 및 조약을 준수하고 타국의 권리를 침해하지 않는 범위 내에서 행하는 '주재권', '독립권', '동등권'이라는 것이다.

이를 통해 유길준은 조선의 국권보전 방안을 모색하고자 한 것이다. 즉, 세계가 병력 확장에 의거해 '일국의 권리'를 주장하는 '세계대세일반'에 대해 이와는 또 다른 '세계대세일반'으로서 한편으로는 '인권국권세계'를, 그리고 다른 한편으로는 국제법 질서의 세계를 제시한 것이다. 여기에서 '자유'는 권리의 일반원리로 떠오른다. 근대적 권리로서 제시된 '자유'는 '일신의 권리'의 핵심일 뿐 아니라 '일국의 권리'로서 조선의 주권·독립·평등을 정당한 것으로 주장할 수 있게 해주기 때문이다. 이러한 권리 주장에 의해 유길준은 조선이 종래의 사대질서적 '자유'에서 탈피할 것, 그리고 일본의 국권 침탈을 비판할 것을 가능하게 한다. 이상과 같은 것이 1883년 《세계대세론》에서 유길준이 '종교', '개화', '자유' 개념 이해를 통해 파악한 세계와 개항기 조선의 지형이다.

그런데 이러한 그의 이해는 이후 미국 유학을 경험한 후 집필한

《서유견문》에서 적지 않은 변화를 보여 준다. 간략하게 언급하자면, 이 책에서 유길준은 '인민의 권리'로 '종교의 자유'를 말하는 한편,[44] 여전히 각국 종교의 수이를 말한다. 특히, 가톨릭에 대해서는 조선 및 베트남을 침략하려 했던 점에서 비판하지만, 프로테스탄트에 대해서는 그럴 염려가 없는 것으로 경계를 완화한다.[45] 개화에 관해서는 '개화한 자', '반개화한 자', '미개화한 자'의 3등급으로 구분한다.[46] 이를 다시 《세계대세론》과 비교해 말하자면, 《서유견문》에서는 종교의 수이의 구별이 약화되고, 야만과 문명의 구별 대신 개화의 연속성이 강조되었다. 또한, '방국의 권리'로 '독립'이 거론되는 한편, 이와 별도로 '인민의 권리'로서 '자유'가 제시된다.[47] '독립'과 '자유'가 별개의 개념으로 정립되면서 '자유'의 적용 범위가 '일신의 권리'로 말해지고, 그로부터 '자유'는 조선의 국제정치 영역에서 배제된 것이다.

유길준이 《세계대세론》에서 근대적 개념 이해를 통해 세계와 개항기 조선을 어떻게 파악했는가라는 문제에 대해, 이 글에서는 '종교', '개화', '자유' 개념을 중심으로 검토함으로써 한 측면을 제시하

---

44 유길준(1895), "4편 인민의 권리", 《서유견문》(西遊見聞), 交詢社;《유길준 전서》 I, 143~145쪽.
45 유길준(1895), "13편 태서종교(泰西宗敎)의 내력", 위의 책;《유길준 전서》 I, 358~367쪽.
46 유길준(1895), "14편 개화의 등급", 위의 책;《유길준 전서》 I, 395~404쪽.
47 유길준(1895), "3편 방국(邦國)의 권리", 위의 책;《유길준 전서》 I, 105~119쪽 및 "4편 인민의 권리", 위의 책;《유길준 전서》 I, 129~149쪽.

고자 했다. 이 문제에 전체적으로 답하기 위해서는 이 세 개념 이외에도 《세계대세론》에 제시된 다른 개념들을 아울러 검토할 필요가 있을 것이다. 그 위에 《서유견문》과의 비교를 통해, 유길준의 개념 이해가 변화함에 따라 그의 세계 및 조선 인식이 변화하는 그 궤적을 그릴 수 있을 것이다. 이때 개념들은 그때마다 재해석되어 새로운 인식의 축으로 위치하며, 세계와 조선에 대한 새로운 이해를 촉구하고 있는 것이다. 이러한 문제에 대해 이 글에서는 그 출발점을 확인하고자 했다.

2

유길준의《정치학》을 통해 본
근대 동아시아 '정치학'의 수용 과정*

김태진 동국대 일본학과

1. 유길준은 어떤 학생, 어떤 번역자였나?

도쿄대학에서 정치학을 처음으로 강의한 독일 경제학자 카를 라트
겐Karl Rathgen (1856~1921) 은 일본의 학생에 대해 다음과 같은 술회를
밝히고 있다.

> 학생들은 불명료한 관념, 잘못된 이론에 빠져 있습니다. 학생들은 필
> 요한 사실적 기초를 제공받지 못하고 주입당하고 있습니다. 예를 들면
> 학생들의 역사적 지식에 관해 알기 위해, 제가 한 학생에게 프랑스혁

---

* 이 글은 김태진(2019), "유길준의 《정치학》을 통해 본 근대 동아시아 '정치학'의
수용 과정", 〈사이〉(SAI) 27, 119~157쪽을 수정·보완한 것이다.

명의 원인에 관해 질문합니다. 그도 잘 알고 있습니다. 국왕이 "인민의 권리를 유린했다"는 것입니다. 나는 그에게 "그것은 어떤 권리입니까, 국왕은 어떻게 그것을 유린했습니까"라고 캐묻습니다. 백지입니다. "혁명 전의 정부란 어떠한 것입니까, 혁명에서 국가의 제도는 어떻게 되었습니까?" 재차 질문해도 마찬가지입니다. 어떤 질문을 해도 뭐 하나 확실한 답을 만나지 못합니다. 언제나 '인민의 권리', 권력 분립, 허버트 스펜서의 '진화'에 관한 단편적이고 황막荒漠한 이념뿐입니다. 물론 책임은 학생에게 있는 것이 아니라 그 자체로 불완전한, 일본과 미국의 교사에 의한 경쟁으로 더럽혀진 교육에 있습니다. 그리고 학생들은 일본의 것보다 유럽의 것을 잘 알고 있습니다. 최근까지 시험에서 일본의 공公의 상태에 관해 질문하는 것은 금지되었기 때문입니다. 1

본국 독일에 보낸 1882년의 편지에 기록된, 일본 학생에 대한 라트겐의 소감이다. 그가 보기에 일본 학생은 자신의 머리로 생각하는 것이 아니라 이론을 외우는 것에만 열심이었다. 강의를 기억하는 것으로 충분하다고 생각해 스스로 연구하는 자세가 없어, 매번 피상적 논의에 그친다고 라트겐은 아쉬워했다. 2 물론 이것이 라트겐 개인

---

1   瀧井一博(2001), "帝國大學 體制と禦雇い敎師カール・ラートゲン-ドイツ國家學の傳道",〈人文學報〉84, 225~226쪽 재인용.
2   그는 최초로 일본에서 세미나를 도입한 인물이기도 했는데, 실패로 돌아갔다. 瀧井一博(2001), 위의 논문, 228쪽.

만의 소감일 수 있을지라도, 이는 당시 일본에서 새로 도입된 정치학을, 아니 학문 자체를 받아들이는 한 단면을 보여 주는 사례일지 모른다. 그렇다면 시간적 차이가 있기는 하지만 조선에서 정치학은 어떤 식으로 받아들여졌을까?

라트겐이 도쿄대학에서 강의한 내용은 리노이에 다카스케李家隆介와 야마자키 데쓰조山崎鐵藏에 의해 일본어로 번역되어 1891~1893년에 《政治學》으로 출판되었다.[3] 유길준의 《정치학政治學》은 이를 한국어로 중역한 것이다.[4] 라트겐의 책은 상권 〈국가〉편, 중권 〈헌법〉편, 하권 〈행정〉편 등 3권으로 구성되어 있는데, 유길준은 이중 상권 〈국가〉편 전체의 293항 중 260항까지를 거의 그대로 충실하게 번역하고 있다.[5] 그렇다면 번역에서 보이는 유길준의 이해 수준은 어떠했을까? 물론 유길준이 라트겐의 수업을 직접 들었던 것은 아니었지만, 만약 그에게 수업을 들었다고 가정해 보면 유길준은 라

---

3 ラートゲン, 《政治學: 一名・國家學國家編》, 李家隆介・山崎哲藏 譯(1891), 明法堂; ラートゲン, 《政治學: 一名・國家學憲法編》, 李家隆介・山崎哲藏 譯 (1892), 明法堂; ラートゲン, 《政治學: 一名・國家學行政編》, 李家隆介・山崎哲藏 譯(1893), 明法堂. 이외에도 행정학 강의인 ラートゲン(1885), 《行政學講義錄》上, 獨逸學協會; ラートゲン 講述(1892), 《行政學》, 八尾書店 등이 남아 있다. 유길준의 《정치학》과 구별하기 위해 라트겐의 강의록은 《政治學》으로 표기한다.

4 라트겐의 《政治學》은 펑쯔요우(馮自由)에 의해 중국어로도 번역되어 1902년에 출판되었다. 那特碪, 《政治學》, 馮自由 譯(1902), 廣智書局.

5 고쿠분 노리코(2000), "한국에서의 서양법사상 수용과 유길준", 〈한일관계사연구〉 13, 175쪽.

트겐에게 어떤 학생으로 평가받았을까? 이 장에서는 유길준의 《정치학》 번역을 통해 조선에서의 정치학 수용 과정을 살펴보고자 한다.[6]

유길준의 《정치학》에 대해서는 "전체적으로 책 전체의 내용도 별로 새로운 것이 아니었다. 이 정도 수준의 이론은 1870년대 이후 조선에 부분적으로 또는 단계적으로 들어왔다. … 《서유견문》에도 들어와 있었다. 주권재민의 이론, 천부인권론, 사회계약론, 의회제 및 정당정치 이론, 참정권 이론, 입헌군주제의 이론 등이 그 점을 말한다"[7]는 것에서 볼 수 있듯 여느 교과서적 논의와 별다른 것이 아니라는 평가가 있어 왔다. 오히려 "이런 근대 정치학을 일반인이 볼

6 유길준의 《정치학》과 관련한 연구로는 윤병희(1988), "유길준의 입헌군주제론: 미정고 《정치학》을 중심으로", 〈동아연구〉 13, 45~67쪽; 이조영(1991), "유길준의 군주론 연구: 《서유견문》과 《정치학》을 중심으로", 〈동아연구〉 22, 237~274쪽. 1980년대 후반까지는 《정치학》이 라트겐 책의 중역본임이 밝혀지지 않았다. 번역과 관련된 본격적인 연구로는 고쿠분 노리코(2000), 위의 논문; 國分典子(2010), "ドイツ憲法學から日本憲法學への影響: 人格説と進化論の機能", 〈聖學院大學總合研究所紀要〉 49; 國分典子(2012), 《近代東アジア世界と憲法思想》, 慶應義塾大學出版會; Eun-Jeung Lee(2016), "Yu Kil-chun's translation of Karl Rathgen's 'Political Science'(Chŏngch'ihak) and its relevance to modern day Korean social science", in Marion Eggert & Florian Pölking(eds.), Integration Processes in the Circulation of Knowledge: Cases from Korea, Peter Lang 참조. 유길준 선행연구에 대한 종합적 정리로는 최덕수(2015), "해방 후 유길준 연구의 성과와 과제", 《근대 한국의 개혁 구상과 유길준》, 고려대 출판문화원 참조.
7 김학준(2002), 《한말의 서양정치학 수용 연구: 유길준·안국선·이승만을 중심으로》, 서울대 출판부, 82쪽.

수 있는 국한문혼용체로 번역 소개한 데서 의미를 찾을 수 있을 것"
이라는 평가에서 보이는 것처럼, 유길준의 《정치학》은 내용상의 특
징보다는 문체상의 특징 혹은 일반 인민의 계몽의 목적에 유효했으
리라는 차원에서 파악되었다. 8

그러나 유길준의 《정치학》의 의의를 단순히 문체상의 특징이나
서구 지식을 대중에게 소개하려 했다는 차원으로만 한정할 수는 없
다. 유길준의 《정치학》은 당시 사용되던 강의록을 중역한 것이기
때문에 내용상으로는 그다지 새로운 것이 없을 수 있다. 하지만 번
역의 과정에서 일어나는 일종의 '변용'에 주목할 필요가 있다.

최근 유길준 연구에서도 '번역'의 문제는 중요하게 다루어지고 있
다. "번역에는 언제나 사상이 수반되어 왔다. 어떤 주제를 번역할 것
인지, 그리고 누구의 책을 번역할 것인지 결정하는 단계에서부터 번
역자의 의도가 개입한다는 것은 널리 알려진 사실이다. 여기에 번역
자의 오해와 오역, 나아가 주관까지 덧붙여지면 원본과는 이질적인
텍스트가 등장하게 마련이다. 번역에는 분명 '원본'이 존재하지만 양
자의 관계는 일방적 이식과 전파가 아닌 셈"9이라는 지적은 유길준

---

8 김영명(2012), "유길준과 한국적 정치학의 태동", 〈비교민주주의연구〉 8(2),
   133~162쪽. 물론 그 역시 유길준의 '한국적' 정치학의 특징으로, 한국 문제를 중
   심으로 하여 외국의 논의를 가져오는 한국적 시각, 독립에 대한 강조를 들고 있다.
9 서명일(2017), 《서유견문》 19~20편의 전거와 유길준의 번역", 〈한국사학보〉
   68, 96쪽. 이외에도 장인성은 유길준의 사상을 스코틀랜드 계몽사상인 존 힐 버튼
   (John Hill Burton, 1809~1881)으로부터 후쿠자와 유키치를 거쳐 오는 과정에서
   오는 번역에서의 사상적 변용과 관련해 분석했다. 장인성(2019), "유길준의 문명

에게 번역 행위가 갖는 의의를 정확히 짚어 내고 있다. 유길준에게 번역이란 단순히 학습의 과정만이 아니라, 자신의 사상을 의식·무의식적으로 표현하는 '매개'였던 것이다.

《정치학》과 관련해서도 유길준의 번역본을 라트겐의 텍스트와 상호 대조하는 논의가 없었던 것은 아니다. 10 그러나 선행연구에서는 유길준에만 초점을 둔 나머지, 라트겐의 사상적 측면에는 관심을 덜 두었던 것이 사실이다. 본 연구는 라트겐의 텍스트 전체에 대해, 그리고 그의 학문적 태도에 대해 고찰하여 조선에서의 정치학 도입의 특징을 살펴보고자 한다. 왜냐하면 라트겐을 이해해야 독일에서 일본으로, 그리고 일본에서 조선으로 넘어오는 과정에서 일어나는 사상 변용의 측면을 이해할 수 있기 때문이다. 그럴 때만이 유길준의 《정치학》 번역을 단순히 흔한 교과서적 내용의 소개라는 과소평가나 '한국적' 정치학의 태동이라는 과도한 의미 부여를 넘어, 번역의 의의 역시 제대로 자리매김할 수 있을 것이다.

선행연구에서의 가장 큰 문제는 유길준의 《정치학》 번역서 내용을 그대로 유길준의 사상으로 받아들이면서 논지를 전개했다는 점이다. 그러나 번역서의 내용에 대해 유길준이 어느 정도 동의했는가를 판명하기는 사실상 불가능하다. 실제 번역서의 내용을 유길준이

사회 구상과 스코틀랜드 계몽사상: 유길준, 후쿠자와 유키치, 존 힐 버튼의 사상 연쇄", 〈개념과 소통〉 23, 189~235쪽.

10 고쿠분 노리코(2000), 앞의 논문; 國分典子(2010), 앞의 논문; Eun-Jeung Lee (2016), 앞의 책.

전적으로 받아들인 사상이라고 추정할 수는 없으며, 어느 특정 부분에 동의했기 때문에, 혹은 다른 목적으로 번역했을 가능성 역시 고려해야 하기 때문이다. 그런 점에서 《정치학》의 내용을 바탕으로 유길준이 이에 완전히 동의했다는 가정 아래 유길준의 정치적 지향점을 분석하는 데는 신중할 필요가 있다.

그렇다면 번역된 내용 중 어떤 내용이 추가되었는지, 나아가 어느 부분이 삭제되었는지가 더 중요한 의미를 가질지도 모른다. 특히, 유길준이 삭제한 부분은 그 의도 자체를 명시적으로는 밝힐 수 없지만 이를 검토하는 것은 유길준의 사상, 나아가 조선에서의 정치학의 수용과 관련해서도 중요한 문제라 하겠다. 즉, 이번 장에서는 일본에서 라트겐의 역할과 《政治學》의 정치사회적 의미를 고찰하고, 이를 바탕으로 유길준의 번역에서 첨삭과 삭제의 의미를 밝힘으로써, 조선에서 정치학이라는 학문의 수용의 특징을 밝히고자 한다.

2. 유길준의 《정치학》 번역: 그는 무엇에 주목했는가?

유길준이 어떤 경위로 라트겐의 저서를 접했는지는 불분명하다. 하지만 번역 시기는 대략적으로 일본 망명 시기인 1895년과 1907년 사이로 추정된다.[11] 잘 알려져 있듯 유길준은 일본 망명 시기에 여러 역사서를 번역했다. 귀국 후 《프로이센 프리드리히 대왕 7년전사》,

《영국·프랑스·러시아·터키의 크리미아전사》는 1908년 광학서
포廣學書舖에서 발간되었고, 《유길준 전서》에 실린 《폴란드 쇠망전
사戰史》와 《이탈리아 독립전사》 역시 이 시기에 번역했다. 이때
《프로이센 프리드리히 대왕 7년전사》와 《폴란드 쇠망전사》는 시
부에 다모쓰涉江保의 책을, 《영국·프랑스·러시아·터키의 크리미
아전사》와 《이탈리아 독립전사》는 마쓰이 히로키치松井廣吉의 책을
번역한 것이다. 12 이 책들의 일본 내 출판 연도가 1895~1896년 사
이라는 점을 고려했을 때, 그가 라트겐의 《政治學》을 번역한 시기
역시 다른 역사서를 번역했을 일본 망명 시기와 거의 겹칠 것으로
예상된다.

그렇다면 그는 왜 《政治學》을 번역하기로 했을까? 일단 당시 조
선에 제대로 된 정치학 교과서가 없었던 것이 일차적 동기일 것이

---

11 《정치학》의 원고 중 일부가 〈만세보〉 1907년 3월 7일에 게재되었기 때문에 그 이
    전에 번역한 것임은 분명하지만, 이를 번역한 정확한 시기는 불분명하다. 윤병희
    는 유길준의 다른 번역본들 역시 1908년 귀국 후 곧바로 출간되었다는 점 그리고
    번역서들의 원본이 대략 1895~1896년에 출간된 서적임을 감안해, 망명 기간이
    었던 1895년과 1907년 사이로 추측한다. 윤병희(1988), 앞의 논문, 48~50쪽.
12 역사서 번역에 관해서는 이 책의 3, 4장을 참조. 단, 저자 명의를 마쓰이로 한 《영
    국·프랑스·러시아·터키의 크리미아전사》와 《이탈리아 독립전사》의 실제 저자
    역시 시부였다는 사실은 다음 연구에서 지적된 바 있다. 山本勉(2015), "明治時
    代の著述者澁江保の著述活動: 出版物〈万國戰史〉を中心に", 〈佛敎大大學院
    紀要文學硏究科篇〉43, 94~98쪽. 그의 일본 망명 시기의 인적 관계에 관한 연구
    는 Masutani Yuichi(2016), "A study on Yu Kilchun and his network of ac-
    quaintances(1881~1907)", *International Journal of Korean History*, 21(2) 참조.

다. 당시 조선도 일본에서 출판된 국법학이나 국가학 책을 많이 번역해 출판하던 시기였지만,13 정치학 교과서로서 '정치'라는 이름을 내건 책은 없었다.14 유길준이 〈만세보〉에 《정치학》의 앞부분을 게재했던 시기는 1907년 3월로, 이는 이치시마 겐키치市島謙吉의 《政治原論》(1899) 앞부분을 번역한 "정치원론"이 〈조양보〉 1906년 11월 제9호, 12월 제10호, 제12호에 소개되던 시기, 그리고 안국선이 《정치원론》(번역본)을 1907년 10월에 출판한 것과 거의 같은 시기였다. 즉, 조선에서 정치학과 관련된 교과서가 소개되기 시작한 시기였던 것이다.15

---

13 대표적으로 유길준의 동생이었던 유성준의 《법학통론》(1905), 유길준이 서문을 쓴 주정균의 《법학통론》(1908), 나진·김상연의 《국가학》(1906), 안종화의 《국가학강령》(1907), 정인호의 《국가사상학》(1908), 김상연의 《국법학》(1907), 유치형의 《헌법》(1907~1908), 김상연의 《헌법》(1908), 조성구의 《헌법》(1907), 정인호의 《헌법요의》(1908) 등이 있다. 각각의 책이 바탕으로 한 일본 및 중국의 원서에 관해서는 權純哲(2011), "大韓帝國期の'國家學'關係書籍について", 〈埼玉大學紀要〉 47(2) 참조.

14 물론 당시 국가학, 국법학 책에서 서양의 정치이론을 설명하는 내용이 없었던 것은 아니다. 대한제국기의 정치학, 법학 관련 교과서의 내용에 대해서는 김학준 (2000), 앞의 책; 김효전(2007), 《근대 한국의 국가사상》, 철학과 현실사; 權純哲(2011), 위의 논문; 權純哲(2012), "大韓帝國期の'國家學'書籍におけるブルンチュウリ·梁啓超·有賀長雄の影響", 〈埼玉大學紀要〉 48(1) 등 참조.

15 〈조양보〉에 실린 번역은 역자에 대한 소개 없이 원서의 일부분만 번역되었다. 안국선의 번역과 약간씩 어휘를 달리하는데, 김효전은 안국선이 이를 번역한 것이거나 출판 시 이를 참고한 것으로 추측한다. 안국선의 《정치원론》에 대해서는 김효전 (2004a), "안국선 역술, 《정치원론》의 원류 (1)", 〈인권과 정의〉, 332; 김효전 (2004b), "안국선 역술, 《정치원론》의 원류 (2)", 〈인권과 정의〉, 333 참고.

안국선의 《정치원론》은 이치시마의 책을 편의적으로 삭제하면서 번역한 것으로, 책 앞에는 조창한趙彰漢의 서문이 붙어 있다. 서문에서 그는 이 책이 "우리나라에서는 예전에는 없던 책"으로 "국민을 위하는 사람은 반드시 연찬研鑽해서 지득知得하지 않으면 안 된다"고 강조한다. 왜냐하면 이 책이 "국가의 성쇠와 치란이 전적으로 정치의 명明과 불명不明에 달려" 있음을 알려 주기 때문이다. 당시 〈황성신문〉과 〈대한매일신보〉에서도 이 책을 광고하며 "인류는 정치적 동물이라. 정치사상은 인민이 국가를 구성한 요소니 국민 된 자가 정치를 알지 못함이 어찌 가하겠는가. 하물며 지금 정치를 쇄신하는 시대에 더욱 이 학문을 연구할 필요가 있고 각 학교 교과서로 사용하기에 적당하니 여러분은 조속히 구매하여 열람하기를 요함"이라고 정치학의 필요성을 강조했다.[16]

이는 유길준의 《정치학》 번역 의도 역시 추측할 수 있게 해준다. 즉, 그가 도입하고자 했던 '정치학' 역시 망국의 위기 속에서 이론 차원보다는 실용적 차원에서의 학문으로 접근했을 것이다. 하지만 이것만으로는 많은 정치학 책 중에서 왜 하필 라트겐의 저서가 선택되었는지에 대한 해답은 되지 못한다. 그런 점에서 그가 번역 과정에서 추가 혹은 삭제한 부분을 살펴볼 필요가 있다. 왜냐하면 그것이 어쩌면 이 책을 번역하기로 한 동기를 밝혀 줄 실마리가 될 수 있

[16] 조창한의 서문과 〈황성신문〉, 〈대한매일신보〉 광고는 김효전(2004a), 위의 논문, 156~163쪽에서 재인용.

기 때문이다.

이와 관련한 선구적 연구로 고쿠분 노리코國分典子는 유길준의 번역이 단순히 라트겐의 저서를 그대로 가져온 것이 아니라 독자적 해석을 추가했음을 논하고 있다. 첫째로, '국체와 정체'를 다루는 장 가운데 유길준은 '이론적 분류'의 앞부분에 자신의 설명을 삽입했다는 것이다. 유길준이 "종래 철학자들이 고금동서를 통해 완전무결한 국체를 구성하고자 사려를 다해 고안한 것은 많았으나 대개 '그림의 떡', '공중의 누각'과 같은 것이며 목적을 달성한 것은 아니"라고 말하며, 그 이유는 국가의 형식이 "각국의 자연적, 사회적, 교화적 요소 및 역사적 발달 등 일체의 각종 사정"에 의해 변하는 것이기 때문이라고 한 부분이다.[17] 고쿠분은 이에 대해 유길준의 관심이 바로 사회의 역사적 특수성에 있었다고 평가하며, 이것이 라트겐의 역사주의적 입장을 잘 수용할 수 있는 바탕이 되었다고 주장한다.[18]

둘째로, 국체의 '역사적 분류' 가운데 봉건국가에 관한 상세한 서술에서 유길준이 독자적으로 설명을 보충하고 있다고 주장한다. ① 유럽 봉건국가의 근본이 되는 프랑크왕국의 국가 형태에 관한 설명, ② 봉건제에서 군주 혹은 신하가 교대되었을 때 새로운 서약에 의한 관계의 정립이 필요하다는 점, ③ 토지에 대한 권리가 고유 권리로서 본래의 봉건제의 봉토와는 다른 성격을 갖게 되는 점, ④ 사족士

---

17 고쿠분 노리코(2000), 앞의 논문, 178쪽.
18 고쿠분 노리코(2000), 위의 논문, 179~180쪽.

族은 원래 자유가 없었으나 점차 사회의 변천에 따라 승진하여 제후에 속하게 된 점 등이다. 19

셋째로, 라트겐의 저서에서 "봉건국가의 쇠멸"이라고 이름 붙인 부분을 "봉건국가의 변천"과 "봉건국가의 쇠망" 두 부분으로 나누어 서술하며, 봉건국가의 변천과 쇠망의 원인을 자세하게 실례를 들어 설명을 추가한 부분이다. 20

그리고 이 둘째와 셋째 측면은 봉건국가에 대한 관심이 유길준에게 특별했던 것을 보여 주는 것으로, 봉건국가의 쇠망과 제한군주제의 성립의 서술에 유길준의 역점이 주어졌던 것으로 판단한다. 또한 이것이 《서유견문》에서 군주제이든 대통령제이든 가장 중요한 것은 "인민의 마음을 합하여 일체를 이루고 그 세력으로 사람의 도리를 보수하기에 있는 것"이라고 강조하는 부분과 맥을 같이한다고 보고 있다. 21

또한 고쿠분은 번역하지 않은 부분에도 주목한다. 유길준이 번역하지 않은 부분으로서 "국가의 개념"이라는 제목으로 국가에 대한 여러 이론의 설명 중 라트겐이 상세히 설명한 '블룬칠리설'이 빠져 있다는 것이다. 22 라트겐의 원문은 다음과 같다.

19　고쿠분 노리코(2000), 위의 논문, 178~179쪽.
20　고쿠분 노리코(2000), 위의 논문, 179쪽.
21　고쿠분 노리코(2000), 위의 논문, 180~181쪽
22　고쿠분 노리코(2000), 위의 논문, 176쪽.

이른바 근세의 국가라는 개념을 분석하여 그 요소를 설명하는 사람은 얼마 되지 않는다. 그럼에도 그 분석의 정치하고 명료함, 설명이 빈틈 없고 신중함은 독일의 최근 석학인 블룬칠리의 것을 인정하지 않을 수 없다. 그리하여 다음에 블룬칠리 씨의 소론의 개요를 게재해 그 시비를 관찰한 후에, 오인吾人의 소회를 개진하고자 한다. 23

유길준은 이 대목에서 블룬칠리Johann Kasper Bluntschli(1808~1881) 의 이름을 삭제한 채 "근세에 국가의 개념을 분석하여 그 요소를 설명하는 자는 그 정곡을 얻은 자가 있음을 아직 보지 못했다. 청컨대 오인吾人의 견해를 진술하리라"24라고 옮기고, 라트겐이 제시한 국가의 요소로 ① 다수 인민, ② 일정한 강토, ③ 정치조직, ④ 공동목적, ⑤ 독립주권을 소개한다.

하지만 원문에서 라트겐은 블룬칠리가 설명하는 국가의 요소로서 ① 다수의 인민, ② 확정의 토지, ③ 국민의 통일, ④ 주치자·피치자의 구별, ⑤ 유기성, ⑥ 국가의 인격성, ⑦ 국가의 남성성男性性을 열거한 후, 이에 대해 "요컨대 블룬칠리의 국가 개념은 매우 상세하다고 할 수 있다. 그러나 아직 대순大醇하고 소비小疵가 없다고 할 수 없다. 만일 이와 같은 견해를 대과大過가 없게 하려면, 오인은 국가의 요소를 다음과 같이 인정할 수 있다"고 하면서 본인의 생각을 말

---

23 ラートゲン, 앞의 책; 李家隆介·山崎哲藏 譯(1891), 236쪽.
24 유길준(?), 앞의 책; 《유길준 전서》 Ⅳ, 750쪽.

하고 있다.

그런데 유길준은 블룬칠리에 대한 라트겐의 소개를 삭제하고, 라트겐 본인의 논의만을 옮기고 있는 것이다. 고쿠분은 이에 대해 블룬칠리의 이론을 더욱 발전시킨 라트겐의 설을 번역한다면, 굳이 블룬칠리의 이론을 따로 실을 필요를 느끼지 않았을 수 있다고 추측한다. 더 중요하게는, 유길준의 《정치학》 중 삭제된 부분들이 공통적으로 국가 유기체설 또는 인격설에 기초한 국가 개념의 기술과 관련된 부분이라는 점 역시 지적한다. 그리고 이는 유길준의 현실주의적 인식이 국가는 남성이라고까지 주장하는 블룬칠리의 설과는 잘 맞지 않았기 때문이라 추측한다. [25]

이은정 역시 고쿠분의 논의를 인용하며 유길준이 당시 훨씬 영향력이 있던 블룬칠리의 책 대신 라트겐의 《政治學》을 번역하기로 선택한 것은 의도적이었다고 지적한다. 즉, 앞서 제시한 추가와 삭제된 부분에서 유길준의 정치적 제도에 대한 사회적이고 역사적인 요인들의 영향력에 대한 강조점을 볼 수 있으며, 이것이 역사학파 라트겐을 블룬칠리 대신 선택한 이유였다는 것이다. [26]

그러나 여기서 고쿠분이 지적한 추가나 삭제했다고 주장하는 부분은 사실, 유길준에 의한 것이 아니라 라트겐의 저서가 재판으로 발행되었을 때 추가 또는 삭제되었던 부분이다. [27] 라트겐의 《政治

---

25 고쿠분 노리코(2000), 앞의 논문, 177, 182쪽.
26 Eun-Jeung Lee(2016), 앞의 책, pp. 233~234.

學》은 1891년 2월 28일에 메이호우도明法堂에서 출판된 판본뿐 아니라, 같은 곳에서 1892년 4월 6일 출판되고, 1894년 3월 8일에 정정 재판訂正再版으로 출판된 판본이 존재한다. **28** 그리고 재판이 발행되면서 앞서 고쿠분이 유길준의 《정치학》에서 추가되었다고 한 부분들이 삽입되었고, 번역에서 누락되었다고 한 부분들이 삭제되었다. 유길준은 1894년 재판본을 그대로 옮긴 것뿐이었다. 즉, 고쿠분의 논의가 원본과 번역본의 차이를 면밀하게 비교한 선구적인 연구임에도 불구하고, 라트겐의 《政治學》 1891년 판본과 1894년 재판본의 차이를 알지 못해 이를 유길준에 의한 자의적 추가나 삭제로 해석했던 것이었다.

따라서 1891년 판본에서 추가 또는 삭제된 부분으로부터 유길준이 역사주의적 입장에 서 있었다거나, 봉건국가의 쇠망과 제한군주제의 성립에 중점을 두어 내용을 독자적으로 추가했다는 주장, 또는 국가 유기체설이나 인격설에 기초한 국가 개념을 의도적으로 삭제했다는 주장은 잘못된 것이라 할 수 있다. 나아가, 이러한 유길준의 의도 때문에 블룬칠리 대신 라트겐의 책이 선택되었다는 주장 역시 재

---

27 각각에 해당하는 내용은 ラートゲン, 《政治學: 一名・國家學 上卷 國家編》, 李家隆介・山崎哲藏 譯(1894), 86~87, 109~110, 120~127쪽. 이외에도 고쿠분이 지적한 "국가인성설" 절에서의 부분 삭제 역시 재판본에서 삭제된 내용이었다.

28 1891년 출판본과 1892년 출판되고 1894년 정정 재판된 출판본의 차이(이하 1891년 판본, 1894년 재판본)는 내용상 추가와 삭제된 부분 외에도, 본문의 내용을 요약하는 두주를 단 점이나, 각 장의 제목을 각 페이지에 명기하고 있다는 점을 들 수 있다.

고될 필요가 있다. 물론 이러한 주장들이 결론적으로는 타당할 수 있을지는 몰라도, 적어도 추가나 삭제를 통해 뒷받침될 수는 없다. **29**

그렇다면 실제로 《政治學》의 번역 과정을 추측하기 위해서는 우선 라트겐이 어떤 인물이었는지, 그리고 일본에서 정치학의 수용 과정에 어떤 역할을 한 인물이었는지를 살펴보는 것이 순서일 것이다.

3. 사라진 서론: 정치학은 어떤 학문인가?

실제로 유길준의 번역본에서 사라진 부분은 라트겐의 서론이다. **30** 이 서론은 1891년 판본에도 존재하며, 1894년 재판본에도 수정을 거쳐 총 18쪽의 분량을 차지할 만큼 라트겐에게 정치학이란 어떤 학문인지를 설명하는 중요한 대목이었다. 서론에서 라트겐이 강조하는 바에 대해서는 일본인 역자 야마자키가 《政治學》 앞에 쓴 "정치학 소인小引"에서 잘 정리하고 있다. 그는 "소인"에서 "정치학은 멀게

---

29 본 글이 원래 게재되었던 "유길준의 《정치학》을 통해 본 근대 동아시아 '정치학'의 수용 과정", 〈사이〉(SAI) 27 (2019)에서도 이 판본의 차이를 미처 알지 못하고 글을 작성했다. 기존 연구를 따라 유길준이 추가 또는 삭제한 부분이라고 작성한 기존 원고에 오류가 있었음을 밝힌다. 이 책에서는 기존 원고의 논지를 전면 수정하여 작성했다.

30 고쿠분 역시 서론이 삭제되었음을 지적하며 이 부분을 생략한 이유를 앞서의 국가 유기체설 삭제의 의미 속에서 함께 설명하고 있다. 고쿠분 노리코(2000), 앞의 논문, 176~177쪽.

희랍의 플라톤〔布羅當〕, 아리스토텔레스〔亞利斯當〕 두 대가에 연원하는데, 그 후 2천여 년 동안 앞으로 나가지 못하고 한 걸음 나가면 열 걸음 물러나는 상황"을 보여 "이름은 과학이라 칭해도, 실은 난잡한 정리론政理論"에 지나지 않았음을 지적한다. 하지만 "40~50년 전에 구주 정치사회의 일신과 함께, 구래의 정치학도 그 진면목을 일변·일약하여 과학의 자리에 도달"하기에 이르렀다고 말한다.31 야마자키가 파악한 구주 정치학의 진보는 다음 세 가지 특징으로 정리되는데, 이는 라트겐의 정치학의 특징을 잘 보여 주는 대목이다.

첫째, '이론과 사실의 조화'다. "이론에 반하는 사실은 우연의 사실로서, 필연의 사실이 아니다. 사실에 따르지 않는 이론은 가공의 망상으로, 진정한 이론이 아니다. 따라서 이론과 사실은 마치 차의 두 바퀴, 새의 두 날개가 서로 기대는 것 같이, 원앙과 나비가 서로 짝을 이루는 것"이어야 한다.

둘째, '철학파와 사학파의 합체'다. 그가 보기에 이른바 역사파는 전적으로 역사적 사실의 모집에만 빠져, 이를 개괄하는 법을 알지 못했다. 반면, 철학파는 오직 심리적 이상만을 기초로 하여 이것이 사회의 사실에 증거로 하는 바를 알지 못했다. 그러던 것이 마침내 1840년경에 이르러 비로소 양 학파의 합체를 이루어 "역사적 현상은 철학의 광명을 빌리지 않으면 그 진상을 나타낼 수 없고, 철학적 관념은 역사의 재료를 얻지 못하면 그 정확을 보장할 수 없어, 양자는

---

31 ラートゲン, "小引", 앞의 책, 李家隆介·山崎哲藏 譯(1894), 1~3쪽.

실로 정치학의 좌우익"으로서 자리 잡게 되었다는 것이다.

셋째, '국가에 대한 비평적 고찰〔考窮〕'이다. 근세 정치학의 특징은 정교한 국가 비평으로, 현실 국가의 사실을 심사함에 그치지 않고, 이를 비교·분해·추상화·개괄하여 국가 이상을 구성함에 있다. 이 같은 비평은 국가에 대한 견해를 달리하거나 고찰 방법을 달리하여 각기 학파를 나누어 서로 공격함으로써 국가의 진리를 발견하고자 하는 것이다. 야마자키는 국가의 견해를 달리하는 학파로서 철학파, 군권파, 신권파, 민권파로, 고찰의 방법을 달리하는 학파로서 역사학파, 법리학파, 심리학파, 비교학파, 분석학파로 나누고 있다. 32

이에서 볼 수 있듯 야마자키가 "소인"에서 강조하는 구주에서의 새로운 정치학의 핵심은 이론과 사실의 조화, 철학과 사학의 조화, 국가 비평의 학파적 종합에 있다. 종래의 정치학은 오직 '내계內界의 이상'에 근거해 '외계外界의 사실'을 방기함으로써 대부분 모두 허망함에 빠져 "천만언의 대의론도 오직 바보가 꿈을 말하는 것" 같고, "한우충동汗牛充棟의 대저작도 공중의 누각"에 지나지 않아 "책상 위의 완구玩具"를 제공하는 것에 불과했다.

그러던 것이 독일 제국의 등장과 함께 정치학자가 속속 배출됨에 따라 19세기 중엽에 이르러 정치학은 갑자기 새로운 국면에 도달했다. 라트겐의 위치 역시 이러한 관점에서 파악된다. 그의 논의는

---

32 ラートゲン, "小引", 위의 책, 李家隆介·山崎哲藏 譯(1894), 3~7쪽.

"지금까지의 고찰법의 오류를 발견해 다시 이론의 기초를 과거 및 현재의 사실에서 취하여, 과거의 사실은 역사에 비추어 보고 현재의 사실은 통계로서 조사하여 판단함에 엄정한 논리식을 갖추었다. 이로써 이론과 사실이 비로소 합체함에 이르러, 정치학의 바다는 갑자기 구래의 면목을 일신하여 정치사회는 자못 장족의 진보를 이루게 되었다"는 것이다. 33

야마자키가 새로운 정치학의 핵심으로 파악한 부분은 라트겐의 저서에서도 중요한 의미를 갖는 것이었다. 라트겐의 관심은 단순히 이론을 설명하는 것이 아니었다. 앞서 일본 학생들이 이론에 경도되는 것을 경고한 점 역시 이러한 그의 생각에서 비롯된다. 그가 이론을 무시하는 것은 아니었지만, 정확히 말하자면 이론이란 이를 사실의 분석에 어떻게 적용할 것인가라는 관점에서만 중요한 것이었다. 이론을 설명하는 것은 단순히 이론을 알기 위해서가 아니었다. 이론을 적용하기 위해서는 각각 다른 이론을 주장하는 학파의 위치를 먼저 파악하고, 그 이론들이 나온 역사적이고 사회적인 배경을 먼저 이해할 필요가 있기 때문이었다. 34

여기서 또 하나 주목해야 할 점은 책의 시작 부분인 서론 제1절의

---

33 ラートゲン, "小引", 위의 책, 李家隆介・山崎哲藏 譯(1894), 4~5쪽.
34 그런 점에서 이는 놓쳐서는 안 되는 중요한 지점이다. 라트겐의 저서가 강의록의 형태를 띠고 있기 때문에 각각의 이론에 대해 저자의 큰 개입 없이 소개되고 있다고 볼 수도 있다. 그러나 이 이론들의 배치에서 중요하게 봐야 할 것은 그 이론들을 가지고 저자가 어떤 식으로 해석하고 개입하려 하는가이다.

"형이상학"에 대한 라트겐의 관점이다. 이는 유길준의 《정치학》에서는 빠져 있는 부분으로, 라트겐의 《政治學》의 시작은 다음과 같다.

정치학은 형이상학의 일부에 속하는 과학이다. 따라서 정치학의 의의를 정확히 이해하고자 한다면 먼저 형이상학의 의의를 명료히 회득會得할 필요가 있다. … 진리의 지식을 목적으로 하는 학문은 그 성질상 크게 두 부분으로 나눌 수 있다. 즉, 형이상학과 형이하학이다. 형이상학 연구의 방법은 이미 내계內界에 존재하는 사실의 지식을 회고·자각하는 데 있고, 형이하학 연구의 방법은 오관五官으로 지각하는 외계外界의 사실에 따라 관찰·시험함에 있다. 35

여기서 라트겐은 형이상학의 결점은 형이하학을 기초로 삼아 해결해야 한다고 주장한다. 사회생존의 실제는 형이상학과 형이하학이 상호 교착하지 않을 수 없어, 무형적 현상은 유형적 현상을 기초로 해야 한다는 것이다. 라트겐에게 정치학은 단순히 형이상학적 논의가 아니라, 그것이 과학으로서 형이하학의 근거에 어떻게 기반을 두는가가 중요했다. 즉, '이론과 사실의 조화', '철학파와 사학파의 합체'에 있다. 그렇게 보면 단순히 정치학 또는 국가학을 기능적 학문으로서만이 아니라, 학지의 전체적 구도 속에서 파악하려 했던 라트겐의 의도가 서문에 담겨 있는 것으로 볼 수 있다.

---

35 ラートゲン, 앞의 책, 李家隆介·山崎哲藏 譯(1894), 1~2쪽.

정치학이란 무엇인가를 설명하는 대목은 형이상학을 논하는 다음 부분에 제시된다. 정치학이란 과학 혹은 과학의 종합체로, 과학이 정치학의 기초가 되어야 한다는 것이다.

1. 정치학은 토지 및 자연력이 국가구성의 영향〔影況〕을 주는 점에 관해서는 지리학geography에 의거해야 한다.
2. 정치학은 국민을 구성하는 자연적 사실에 관해서는 인류학anthropology에 의거해야 한다.
3. 정치학은 공동심, 애국심 및 이기심 등 항상 사회의 조직, 특히 국가의 형체를 유지하고, 이를 변경하는 복합 현상에 관해서는 심리학psychology에 의거해야 한다.
4. 정치학은 때때로 정치조직의 기초가 되는 족민族民의 발달을 연구함에 관해서는 인종학ethnology을 참조해야 한다.
5. 정치학은 사회생활의 기능에 관한 제과학을 끊임없이 참고해야 한다.
6. 정치학은 국가 외에도 사회적 조직에 관한 과학들을 반드시 참조해야 한다. 36

이 부분은 라트겐에게 중요한 부분이 아닐 수 없다. 정치학을 어떤 식으로 설정하는가의 문제는 좀더 심각하고 중대한 문제, 즉 정

---

36 ラートゲン, 위의 책, 李家隆介·山崎哲藏 譯(1894), 8~12쪽.

치학의 본질 및 그 학문의 방식과 관련되기 때문이다. 그가 굳이 책의 본 내용에 들어가기에 앞서 형이상학과 형이하학의 관계를 길게 설명하면서 정치학을 시작하는 것은 앞서 "소인"에서 야마자키도 지적하듯 정치학을 과학으로 자리매김하기 위한 것이었다.

이어서 그는 정치학의 종류를 보통普通정치학, 국내정치학(또는 국법학), 국외정치학으로 구별하고 있다. 이때 보통정치학은 보통정치역사 및 통계학, 보통정치이론(또는 정치철학), 정치도덕학(또는 정략학政略學)으로, 국내정치학은 헌법학, 행정학으로 세분화한다. 즉, 정치학이 단순히 어느 한 분과 학문으로서, 가령 통치의 기술이나 행정의 측면만을 논하는 것이 아니었다. 37 그렇다면 이러한 측면에서 《政治學》의 특징을 무엇으로 볼 수 있을까? 그리고 이는 당시 일본에서 정치학이라는 학문을 수용하는 데 어떤 의미를 가지고 있을까?

이와 관련해, 독일 국가학 도입의 의도와 라트겐의 학문 확립이라는 관점에서 논의된 연구들을 참조할 필요가 있다. 38 그것은 라트겐을 단순히 독일학의 수용이라는 측면만 강조했던 기존 논의를 재검토할 수 있게 해주기 때문이다. 이를 설명하기 위해 다시 라트겐의 고용 과정부터 살펴볼 필요가 있다.

---

37 ラートゲン, 위의 책, 李家隆介·山崎哲藏 譯(1894), 12~16쪽.
38 대표적으로 Erik Grimmer Solem(2005), "German social science, Meiji conservatism, and the peculiarities of Japan history," *Journal of World History*, 16(2).

4. 독일 국가학에서 일본 국법학으로,
   그리고 조선 정치학으로

라트겐의 고용 과정과 관련해서는 노자키 도시히로野崎敏郎의 논문에 소개되고 있다. **39** 라트겐은 도쿄대학에 법학부가 개설된 1882년부터 1890년까지 8년 동안 국법학國法學을 강의한 인물로, '일본 정치학의 비조鼻祖'로까지 불린 인물이었다. 그렇다면 그는 어떻게 도쿄대학에서 정치학을 강의하게 되었을까? 노자키는 이를 독일식 학제의 도입과 관련해 논하고 있다. 메이지 14년의 정변으로 향하는 과정에서 이노우에 고와시井上毅가 1881년 각종 헌법의견과 함께 "인심교도人心敎導 의견안意見案", "독일서적번역 의견意見"에서 프로이센식 학문의 도입을 주장했음은 주지의 사실이다. **40** 그런데 여기서 중요한 것은 라트겐의 고용이 단순히 새로운 정치학 담당 교수를 충원하는 문제가 아니라 정치학이란 무엇인가, 그리고 무엇이어야 하는가 하는 당대 지식인의 문제의식과 관련되어 있다는 점이다. 당시의 도쿄대 법학부장 하토리 이치조服部一三는 다음과 같이 말하고 있다.

---

39 野崎敏郎(2004), "カール・ラートゲンの渡日と東京大學", 〈近代國家と民衆統合の研究: 祭祀・儀禮・文化〉, 203~241쪽.

40 野崎敏郎(2004), 위의 논문, 217쪽. 이외에도 당시 독일학으로의 경도에 대해서는 瀧井一博(2001), 앞의 논문, 219~246쪽; 山室信一(1984), 《法制官僚の時代: 國家の設計と知の歷程》, 木鐸社 등 참조.

정치학(혹은 정치학과)은 국체의 보호와 국리國利를 홍하게 할 인재의 양성을 위해 만들어진 것인데 지금은 주로 '소시올로지'를 가르치고, 정치가의 실무는 가르치지 않는다. 마치 쓸데없이 공리空理를 말하는 변사辯士를 양성하는 것과 같다. 정부가 설립한 도쿄대학에서 이것을 진정한 정치학인 것처럼 가르치는 것은 폐해가 크다. '소시올로지'는 구미에서도 신기한 일설에 지나지 않는 것으로, 더욱이 일본과 같이 국정이 다른 나라에서 가르쳐야 할 것은 아니다. 철학자의 사변은 걸핏하면 신기함을 좋아하는 폐단에 빠지는데, 그 설의 폐해가 자신에게 미치지는 않는다. 그러나 정치의 세계에서는 다양한 사태에 신속히 대처하지 않으면 안 되며, 판단을 그르치면 그 폐해는 자신에 미친다. 따라서 철학자는 정치가가 될 수 없다. '지금 대학의 교과는 철학으로, 이를 배운 자가 어떻게 정치가가 될 수 있겠는가'. '소시올로지'는 철학에서의 새로운 설이지만, 이것을 배운 자가 정치학자가 될 수는 없다. 일본 인민은 신기함을 좋아하고, 자중自重의 기력이 없이 한자의 기풍으로부터 불평의 정담政談만 많고, 실무가는 적다. 서양 실학의 융성에도 '근래 공담空談을 좋아하는 무리가 다시 서방에서 배출되는 것과 같다'. 교육자는 여기에 유의해야만 한다. '지금의 정치학과를 묵수墨守하면서 실학자를 구하는 것은 마치 나무에서 물고기를 구하는 것과 같다. **41**

---

41 服部翁顯彰會 編(1943),《服部一三翁景傳》, 47~49쪽. 野崎敏郎(2004), 위의 논문, 218쪽에서 재인용.

주목해서 볼 것은 여기서 '사회적인 것'과 '국가적인 것'이 구별되어 있다는 점이다. 당시 독일식의 사회과학 도입은 국가학의 필요성에서 시작되었다. 이때 사회적인 것을 정치적인 것과 구별하는 발상은 당시 메이지의 정치 상황과 관련해 중요하다. 결국 이것이 주권론 논쟁이나 메이지 정변과 관련해 민권파의 논의와 대척점에 있기 때문이다. 당시는 나카에 조민中江兆民(1847~1901)이 루소Jean-Jacques Rousseau(1712~1778)의 《사회계약론》을 번역한 《민약론》(1874)을 이른바 민권론자들이 널리 돌려 읽던, 그리고 이에 대해 보수파의 경계심이 강해져 가던 시기였다. **42** 이는 주지하듯 1881년의 이른바 메이지 14년 정변과 관련해서 영국식 의회정치를 추구하던 오쿠마 시게노부大隈重信(1838~1922)가 쫓겨나고 독일식 재상宰相정치를 추구하던 이토 히로부미伊藤博文(1841~1909) 등이 정권을 잡는 시기와 관련된다. 이러한 상황 속에서 도쿄대학 내에서도 학제의 변화가 일어난다.

1877년 도쿄대학 창설 시, 문학부는 사학·철학·정치학으로 구성된 제1과와 화한和漢문학과인 제2과로 구성되었다. 그 후 1879년에 제1과 전공에서 사학이 빠지고, 이재학理財學이 추가되어 정치학은 철학과 동일 학과 내에 동거하는 상황이었다. 앞서 보았듯 이를 끊어 내는 것이 가토 히로유키加藤弘之(1836~1916)나 하토리 이치조

---

42 1881년 가네코 겐타로에 의해 루소를 비판하는 버크의 번역본 《정치논략》의 출판과 관련해 高瀨暢彦 編(2000), 《金子堅太郎《政治論略》研究》, 創文社 참조.

2. 유길준의 《정치학》을 통해 본 ~ '정치학'의 수용 과정 87

의 당면 목표였다. 그리고 실제로 1881년 9월 문부성은 제1과(철학과), 제2과(정치학 및 이재학과), 제3과(화한문학과)로 재편한다. 게다가 종래와 같이 다른 과를 겸수하는 것도 폐지되어, 제2과의 학생은 소정의 전 과목을 이수해야 하는 것으로 정해져 철학계의 과목은 제2과로부터 완전히 일소되었다.

도쿄대학의 정치학 강의 담당자는 초년도에는 결원이었지만 1878년 이래로는 쭉 페놀로사Ernest Fransico Fenollosa(1853~1908)가 담당했다. 페놀로사는 하버드대학에서 스펜서Herbert Spencer를 전공한 인물로, 영국식 정치학을 강의했다. 그가 강의에서 사용한 교과서로는 스펜서의 《사회학 원리》, 《사회정학Social Statics》, 배젓Walter Bagehot의 《물리학과 정치학》, 모건Lewis Henry Morgan의 《고대사회》, 리버 Francis Lieber의 《공민의 자유와 정치》, 울시Theodore Dwight Woolsey의 《정치학Political Science》 등이었다. 43 페놀로사를 이 과목으로부터 강판시키고 독일인 교원으로 교체하는 것이 하토리 등의 목표였다.

하지만 페놀로사가 정치학 교수로 고용되어 있었기에 그를 정치학 강의로부터 물러나게 하는 것은 고용계약의 큰 변경을 의미했다.

---

43 佐々木硏一朗(2014), "明治期の東京大學における政治學教育に關する一考察: カリキュラムを中心に", 〈政治硏究論集〉40, 25~26쪽. 그는 메이지 시기 도쿄 대학 정치학 교육내용을 정치학을 담당했던 교원별로 나누어 분석하였다. 시기별로 보자면 페놀로사의 영미식 정치경제학, 라트겐의 독일식 국가학, 스에오카 세이이치(末岡精一)의 국법학, 고바 사다타케(木場貞長)의 독일식 국가학, 오노 즈카 기헤이지(小野塚喜平次)의 현실정치 분석이라는 특징으로 구별하고 있다.

그 결과, 원래 퇴직할 예정이었던 철학교수의 후임에 페놀로사를 넣고, 신임인사를 독일에서 데리고 오는 것으로 절충되었다. 학기 중에 새로운 교원을 충원할 만큼 강한 의지를 갖고 있었음을 엿볼 수 있다. 학술의 독일화는 그 자체가 목적이 아니라, 일본 고유의 국가체제, 교화체제의 방향성을 탐구하기 위한 방법을 독일학으로부터 얻고자 한 것이었다. 44

이는 페놀로사의 강의가 사회학에 가깝고, 현실 정치와 관계가 멀었다고 그들이 판단했음을 보여 준다. 앞서 하토리의 발언에 따르자면 페놀로사의 강의는 '철학'에 가까운 것으로서, '정치가의 실무'와 먼 '공담'에 가까운 것으로 보였던 것이다. 당시 헌법 조사를 갔던 이토 히로부미가 슈타인의 강의에 감명을 받고, 독일식 학제 도입으로 방향을 결정한 것은 유명하다. 슈타인은 국가학을 통해 정치, 행정, 입법의 주도권initiative을 쥐는 슈타츠만Staatsmann, 즉 정치가이자 관료를 양성하고자 했고, 대학이란 이를 양성하는 국가기관이어야 했던 것이다. 45 그러나 현실적인 국가학으로서 정치학을 가르치기를 원한 메이지 관료들의 이러한 생각은 라트겐의 실제 강의와 얼마나 맞았을까?

라트겐의 전공은 엄밀히 말해 정치학이 아니었다. 그의 박사학위

---

44 野崎敏郎(2004), 앞의 논문, 219~221쪽.
45 瀧井一博(1999), 《ドイツ國家學と明治國制: シュタイン國家學の軌跡》, ミネルヴァ書房, 207쪽.

논문은 "독일에서의 시장의 형성"(1881) 으로, 경제생활의 편성과 당시 공법 구성과의 연관이 주제였다. 한마디로 말하자면 시장 형태사에 가까운 것이었다. 물론 19세기의 학문이 지금과 같이 국가학·행정학·경제학이라는 분야로 완전히 구분되는 것은 아니었다. 하지만 젊은 라트겐의 관심사는 경제생활의 메커니즘과 그에 대한 국가 관여, 그리고 국가로부터 상대적으로 자립한 도시가 갖는 의미였다. 자유와 자치가 현대 경제에 중요한 의미를 이루고 있음을 강조한 것이 그의 박사학위논문의 주제였다.

그가 일본에 오기로 결심한 계기 역시 독일과는 다른 사회적·문화적 기반에서 봉건경제를 타파하고 자본주의화 단계에 있던 국가에서의 '경제와 국가', '자유경제와 시장 정책'이라는 그의 연구 주제를 심화시키기 위한 수단이었다. 46 이는 그가 일본에서 주로 강의한 내용이 행정학, 특히 그중에서도 자치제도의 도입과 관련된 점과도 연관된다. 47

또 하나 강조해야 할 점은 다키이 가즈히로瀧井—博가 지적하듯 라트겐이 단순히 실무자가 아니라 방법론의 중요성을 강조하는 학자였

---

46 라트겐에 대한 소개와 그의 제자들과의 관계, 이후 일본학과 관련된 연관성에 대해서는 野崎敏郎(2000), "カール·ラートゲンとその同時代人たち: 明治日本の知的交流", 〈社會學部論集〉 33, 17~34쪽 참조. 사카타니 요시오(阪穀芳郎) 를 비롯해 그의 제자들이 주로 일본의 재정 문제를 담당하는 인물이었음을 상기할 필요가 있다.

47 勝田有恒(1977), "カール·ラートゲンの《行政學講義録》: ドイツ型官治主義の導入", 《明治法制史政治史の諸問題》, 手塚豊 著, 慶應義塾大學出版會.

다는 점이다. 일본의 대학에는 방법론이 부재하다는 것이 그의 문제의식이었음은 앞서도 지적한 바 있다. 그는 본국에 보내는 서한에서도 역사 연구의 방법을 문제로 삼고 있는데, 그에게 국가학이란 역사적인 것이어야만 했다. 이는 기존의 역사적 사유와도 방법적으로 구별되는 것이었다. 그런 점에서 라트겐의 역사적 의의는 단순히 독일학의 도입에 있는 것이 아니라, 이론 일변도의 일본 정치학에 방법론을 도입하려 했다는 점에 있다는 지적을 참고할 필요가 있다. **48**

그는 당시까지 일본 지식인의 마음을 사로잡았던 스펜서의 사회진화론이나 버클Henry Thomas Buckle (1821~1862) 의 문명사관을 비판했다. 이들은 주로 민권파 지식인에게 환호를 받아 급진적 개혁사상의 전거가 되었지만, 라트겐에게 '역사'는 전적으로 다른 함의를 갖고 있었다. 그는 일본의 학생 대부분이 대단한 반체제파라는 점에 놀라, 대학이 정치적 선동의 장이 되는 것에 위화감을 표명했다. 권력에 대한 나이브한 거부반응은 라트겐에게 적절한 입장처럼 보이지 않았다. 그러나 이것이 단순히 기계적인 행정관료를 기르기 위한 국가기관으로서의 대학이라는 입장에 그치는 것도 아니었다. 라트겐은 항상 학문이 실무에 종속되는 것을 경계해, 실무가 학문에 지배되어야 함을 강조했다. 지식인으로서 그가 이상으로 삼은 입장은 오히려 체제의 내측에서, 구체적 정책의 국면에서 정부를 지도할 수 있는 고문관으로서의 그것이었고, 따라서 체제 내재적인 것이었다.

---

48 瀧井一博(2001), 앞의 논문, 234쪽.

독일 역사학파가 사회정책에 직결되어 있듯 단순한 체제 바깥에서의 비판으로서가 아닌, 또한 행정관료의 기술적 양성도 아닌 학술적 방법으로 접근해야 한다는 태도를 취했던 것이다. **49**

라트겐은 가토 히로유키 등이 정치학과에서 추진하려 했던 블룬칠리의 국법학과는 다른 학문을 시도하려는 점을 분명히 했다. 그는 자신의 논의가 블룬칠리에 의거하면서도 '일반국법학'을 '비교국법학'으로 재편성하는 것이라고 적고 있다. 그의 강의는 국제國制의 일반이론을 소개하면서도 각 제도의 설명에 유럽 여러 나라에서의 역사적 경위와 현실의 운용을 덧붙이는 것을 잊지 않았다. 오히려 방점은 이 후자 쪽에 놓여 있었다고도 말할 수 있다. 라트겐에 의한 국가학 도입의 의의는 당시까지 이론 일변도였던 일본 고등교육의 정치인식에 경험과학적 방법이라는 관념을 전달했다는 점이었다. **50**

다시 처음의 질문으로 돌아가 보자. 그렇다면 유길준이 라트겐을 번역하기로 한 의도는 무엇이었을까? 유길준은 왜 당시 많은 정치학 혹은 국가학 책이 있었음에도 굳이 라트겐의 책을 번역하기로 선택했을까? 이은정은 이에 대해, 라트겐이 블룬칠리식의 논의와 대척점에 있었고, 이 때문에 당시 훨씬 영향력이 있던 블룬칠리 대신 라트겐을 선택한 것이었다고 지적한다. 즉, 라트겐은 본인의 학문이 추상적이고 이데올로기적인 질문에 집중하는 국법학Staatsrecht / Staatslehre

---

49 瀧井一博(2001), 위의 논문, 230~231쪽.
50 瀧井一博(2001), 위의 논문, 231쪽.

이 아닌, 보다 실용주의적 목적인 국가학Staatswissenschaft에 가까운 것임을 스스로 밝히고 있는데, 이것이 유길준이 라트겐을 선택한 이유였다는 것이다. "유길준이 조선에서 알려지길 원했던 것은 당대 독일 '국법학'에서 넘쳐 났던 정치철학의 사유가 아니었으며, 공공제도의 실용적 작동에 있었다. 그는 능력 있고 믿을 수 있는 공공제도를 도입함으로써 조선을 부국강병의 국가로 만들고자 했다"[51]는 것이다.

메이지 관료들의 라트겐 초청 의도와 관련해 보면 이은정의 지적은 타당할 수 있다. 그들은 공허한 이론이나 철학이 아닌, 그리고 사회와 관련된 것도 아닌, 실용적 학문으로서의 국가학을 라트겐에게 요청했다. 그런 점에서 라트겐을 초청한 이들의 의도는 확실히 실용주의적 국가학의 수용에 있었다. 유길준도 이러한 문제의식을 공유하고 있었을 것이라는 추정은 일면 타당하다. 그러나 이것이 라트겐의 저술 및 그의 사상적 지향점과 맞는지는 앞서 라트겐의 학문을 보았을 때 재고의 여지가 있다. 블룬칠리와 라트겐의 학문을 국법학과 국가학으로 나눌 근거는 불충분하며, 라트겐에게 국가학은 실용적 학문 차원으로만 한정되는 것이 아니기 때문이다.

그리고 이은정은 이것이 유길준이 전통적 정치관과 관련되어 있다고 주장한다. 즉, 유길준은 정치를 정사政事와 동일시했다는 것이다.[52] 전통적 통치술로서의 정사라는 관점이 라트겐의 저서에 친근

---

51 Eun-Jeung Lee(2016), 앞의 책, pp. 232~233.
52 Eun-Jeung Lee(2016), 위의 책, p. 233.

감을 느끼게 한 요인이었다는 평가다. 그러나 이는 앞서 보았던 라트겐의 관점과는 다르다. 메이지 관료들에게 실용학문으로서의 정치학이라는 학문의 도입 의도가 있었던 것은 분명하지만, 이것이 라트겐의 생각과 일치한다고 보기는 힘들기 때문이다. 라트겐이 실용주의적인 학문을 추구했다는 점은 맞을 수 있지만, 적어도 이러한 실용적 관점이 《政治學》 교과서에 그대로 담겨 있다고 볼 수는 없다. 당시 《政治學》을 어떻게 받아들였는가는 역자의 범례에서 찾아볼 수 있다.

> 본서는 독일어로 할 때는 국가학Staatswissenschaft이라 하고, 영어로 할 때는 정치학political science이라 한다. 전 대학교수 라트겐 박사가 법과대학 학생에게 강의한 것으로, 주로 독일 및 영국의 양 헌법을 재료로 해서 기타 유럽 국가들 및 일본의 헌법을 참조해 오직 입헌군주제의 국가, 헌법 및 행정의 원리를 설명한 것이다. 따라서 그중에는 종종 반드시 우리 헌법 법리에 해당하지 않는 것이 없지 않지만, 그럼에도 지금 헌법 실시의 첫걸음과 관련해 국가의 원리를 밝히고, 서양의 헌법에 통하는 추요樞要가 있어 박사의 승낙을 얻어 역술한다. 53

만약 유길준이 정사적 관점에서 라트겐이 보다 적합하다고 생각했다면, 이는 라트겐이 그렇기 때문이라기보다는, 유길준이 중요하

---

53 ラートゲン, 앞의 책, 李家隆介·山崎哲藏 譯(1894), 범례, 1쪽.

게 보지 않고 생략한 라트겐의 《政治學》 서문의 내용이 보여 주듯 라트겐의 사상에 대한 이해 부족 때문에 생긴 결과일 수는 있다.

따라서 당시 정치학 강의를 맡고 있었던 라트겐이 실제 품었던 생각을 유길준이 파악했기 때문에 라트겐의 저서를 골랐다고 보기는 힘들다. 적어도 기존 연구는 유길준이 라트겐의 《政治學》을 번역하면서 추가와 삭제를 한 내용을 바탕으로 블룬칠리가 아니라 라트겐을 선택했다고 추론했다는 점에서도 잘못된 근거에 바탕을 두고 있다. 이러한 추가와 삭제는 유길준의 의도라기보다는, 번역을 수정하면서 재판본을 발간한 이들의 작업이기 때문이다.

그런 점에서 라트겐의 사상이 유길준이 전달하고자 했던 의도에 부합했기 때문이 아니라, 도쿄대학의 강의노트였다는 점을 그의 저서가 선택된 일차적 동기로 추측하는 것이 타당할지 모른다. 앞서 보았던 안국선의 《정치원론》(1907)은 첫 쪽에 '도쿄전문학교 참고서'임을 명기하고 있는데, 이 책은 그가 도쿄전문대학에서 재학 당시 배웠던 책으로 원서의 저자 이치시마가 강의 때 사용한 것이었다. 당시 신식 학문으로서의 정치학이 관료를 등용하는 시험과목에 편입되는 과정에서 정치학 교과서에 대한 수요가 증가했고, 이는 정치학 교과서의 번역에 대한 수요를 의미했다. 안국선 역시 돈명의숙 敦明義塾에서 강의용 교재로 이를 사용했다.[54] 유길준 역시 직접 라트겐의 강의나 책으로부터 배우지는 않았지만, 이러한 수요에 맞추

---

[54] 김효전(2004a), 앞의 논문, 156~157쪽.

어 정치학 서적을 번역했을 것으로 보인다.

이는 왜 블룬칠리가 아니라 라트겐이 선택되었느냐의 질문과도 연관된다. 당시 정치적·사상적 영향력으로는 블룬칠리가 라트겐보다 압도적이었던 것이 사실이다. 그러나 유길준에게 두 사상가의 논의를 비교해 조선에 더 적합한 정치학을 소개할 여유 또는 능력은 없었으리라 판단된다. 또한, 이은정이 주장하듯 라트겐의 논의가 블룬칠리보다 전통적 정사에 가깝다는 지적은 실제 두 사람의 사상을 비교해 보면 반드시 사실은 아님을 알 수 있다. 야마자키의 "소인"에서도 이 둘은 동일하게 역사학파로 묶이고 있다.

역사학파. 이 학파는 원숙한 석학 사이에서 행해지는 이른바 구학파舊學派로서, 그 학조學祖는 베를린대학 교수 사비니이다. 그 고찰법은 귀납논리법으로, 국가의 이론을 구성함에 모두 역사적 사실로부터 이를 귀납하지만, 이를 설명함에 연역논리법 역시 사용한다. 이로써 이 학파는 사실 나열의 통폐通弊가 없고 또한 공상허정空想虛誕에 빠지는 상환常患이 없이 원숙하고 착실한 학파이다. 이 학파는 지금 유명한 석학 홍유碩學鴻儒를 망라하고 있어, 베를린대학 교수 그나이스트, 벨기에대학 교수 라보레, 행정학의 대조大祖 슈타인, 국가학의 태두 블룬칠리, 예일대학 총리 울시 및 본서의 저자도 이 학파에 속한다. **55**

---

55 ラートゲン, 앞의 책, 李家隆介·山崎哲藏 譯(1894), 12~13쪽.

앞서 설명했듯 야마자키는 고찰의 방법을 달리하는 학파로서 역사학파, 법리학파, 심리학파, 비교학파, 분석학파로 구별하는데, 블룬칠리와 라트겐은 모두 역사학파로, 즉 귀납법과 연역법을 동시에 사용해 국가의 이론을 구성하며, 이로써 단순히 사실을 나열한다거나 공상한 논리에 빠지지 않을 수 있다는 점을 강조하고 있다. 그런 점에서 라트겐이 블룬칠리의 강의에서 비교적 측면을 조금 강조하거나 이론적 논의에 대해 경계한 측면은 있어도 둘 사이의 국가론을 대조적으로 보기에는 무리가 있다. 라트겐 역시 그가 《政治學》 국가편을 작성하면서 참고한 목록을 제시하면서, 블룬칠리의 《근세 국가학》 1권과 《독일 국가학》을 들고 있다.[56] 따라서 유길준의 생각이 전통적 정사라는 측면에 가깝다는 지적은 옳을 수 있지만, 그것이 블룬칠리 대신 라트겐을 선택한 이유가 될 수 없다는 점에서 이은정의 논의는 반만 옳다.

5. 블룬칠리와 라트겐의 사이: 유기체설의 삭제

주지하듯 블룬칠리는 근대 동아시아에서 국가학과 관련해 가장 널리 인용되던 사상가였다. 일본에서 대부분의 공법학자와 정치학자가 블룬칠리를 인용한 것은 물론, 중국에서 블룬칠리의 학설은 주로

---

56 ラートゲン, 위의 책, 李家隆介・山崎哲藏 譯(1894), 17쪽.

량치차오에 의해 전개되어, 57 "정치학 대가 블룬칠리의 학설"58이라
는 글은 조선 지식인이 가장 많이 참고한 글이기도 했다.

국가란 단지 인민을 모은 것이 아니고, 단지 창고와 제도가 있다는 것
도 아니다. 거기에는 의지가 있어야 하고, 또한 행동이 있어야 한다.
무어라 명명할 수 없지만, 억지로 명명한다면 유기체라고 할 수 있다.
그러나 국가가 유기체라는 것은 동식물이 천연적으로 그러한 것과 다
르다. 대개 인간의 힘을 빌려 창조되어 누적된 연혁을 거쳐 비로소 건
립된다. 그 연혁의 연원은 두 가지이다. 하나, 국가의 고유한 습성과
외계 사물의 자극으로 인해 생긴다는 것이다. 둘, 우두머리가 내리는
명령의 시행에 신민의 의지가 뒷받침되어 생긴다는 것이다. 이것이 천
연물과 다른 점이다. 비록 만들어지는 것은 다르지만 유기체라는 점은
같다. 59

---

57 량치차오의 블룬칠리 수용에 관한 일반적인 내용에 대해서는 川尻文彦(2009),
"梁啓超の政治學: 明治日本の國家學とブルンチュリの受容を中心に", 〈中國
哲學硏究〉 24, 74~96쪽 참고.

58 량치차오의 《政治學大家伯倫知理之學說》(1903)은 그가 '中國之新民'이라는 필
명으로 〈신민총보〉 제 39·40호 합본에 게재한 글로, 이는 아즈마 헤이지(吾妻兵
治)가 번역한 《국가학》(1899)을 베끼다시피 한 것인데, 아즈마의 번역본은 히라
타 도스케(平田東助)와 히라쓰카 데이지로(平塚定二郎)의 일역본인 《국가론》
(1889)을 한문으로 재번역한 것이다. 그러나 최근 연구에 의하면 량치차오가 〈청
의보〉에 게재한 《국가론》(1899. 4~1899. 10)이 블룬칠리의 히라타 번역본을 주
로 하고, 아즈마의 중역본을 참고했음이 지적된다. 承紅磊(2015), "《淸議報》所
載'國家論'來源考", 〈史林〉 3, 86~90쪽.

59 梁啓超(1970), "政治學大家伯倫知理之學說", 〈飮氷室文集〉 13, 臺灣 中華書

량치차오가 블룬칠리의 논의를 가지고 오는 부분은 일본의 번역본과 거의 일치한다. 그러나 그가 일본의 번역본을 그대로 베끼기만 한 것은 아니었다.[60] 그중에서도 량치차오가 블룬칠리의 유기체론을 글의 가장 전면에 내세운 점은 특기할 만하다. 히라타 도스케의 번역본과 이를 한역한 아즈마 헤이지의 한역본에서 이 부분은 원래 제2장 제5절에 위치한다. 하지만 량치차오는 이 부분을 블룬칠리의 핵심적 원리로 파악하고, "정치학 대가 블룬칠리의 학설" 글의 가장 첫 부분에 위치시킨다. 물론 블룬칠리의 논의에 국가의 유기체적 성격이 작은 비중을 차지하는 것은 아니지만, 량치차오는 이를 전면에 내세움으로써 국가의 유기체적 성격을 블룬칠리의 가장 핵심적 논지로 여겨지도록 만들었다. 이처럼 유기적 성격을 갖는 국가라는 '인격'을 만들어 내어 여기에 근대적 주권을 부여하는 것이 량치차오의 목표였다.

이러한 유기체적 사유가 당시 조선에도 큰 영향을 주었던 것은 주지의 사실이다. 블룬칠리의 책에 대한 언급이 명시적으로 등장하는 최초의 국가학 책은 나진과 김상연의 《국가학》(1906)이다. 이 책은

___

局, 70쪽.

60 그러나 량치차오의 번역본이 이즈마의 번역본에서 그대로 베끼다시피 했다는 기존의 평가는 재론의 여지가 있다. 량치차오가 선택한 번역어나 그가 추가로 설명하는 부분은 그의 생각을 보여 주는 측면이 분명히 있기 때문이다. 그런 점에서 承紅磊가 량치차오의 《국가론》 분석을 통해 지적하듯 그가 단순히 일본의 번역본 논의를 그대로 따른 것은 아니었다. 承紅磊(2015), 앞의 논문, 89쪽.

김상연이 도쿄전문대학 유학 때 배웠던 블룬칠리의 강의록이었다. 또한 안종화의 《국가학 강령》(1907)은 명시적으로 량치차오의 블룬칠리 번역을 중역한 것임을 밝히고 있으며, 정인호의 《국가학 사상》(1908) 역시 량치차오의 블룬칠리 번역을 재번역한 것이었다. '블룬칠리'는 조선에서 새로운 국가학을 대표하는 이름이었던 것이다. 그리고 그때 유기체는 이미 일본에서는 낡아 버린 개념이었지만 조선에서는 새로운 개념이었다. 61

그런데 국가를 신체(유기체)에 유비하는 이러한 발상은 이후 법학적 사고에 의해 차츰 사라지며, 국가 요소적 설명이 등장하고 있음을 볼 수 있다. 당시 매체들에 소개된 국가에 대한 정의를 검토해 보면 공통적으로 국가 또는 토지, 인민, 통치권 혹은 정치기구를 들며 설명했다. 62 즉, 조선에서는 국가를 유기체로 설명하는 논의가 등장하는 동시에, 이를 비판하는 논의가 함께 나왔다. 국가 유기체 설명은 하나의 비유에 그치는 것일 뿐 법률적 관점이 아니라는 지적, 63 또는 옛날의 학자는 국가의 성질을 설명하면서 유기체설을 주장했으나 이런 자연과학적 논의는 오류를 피하기 어려워 법학상의

---

61 대한제국 시기 블룬칠리의 국가학의 영향에 대해서는 權純哲(2012), 앞의 논문을 참고.
62 유성준의 《법학통론》에서 국가는 '국가·인민·통치권'을, 주정균의 《법학통론》은 '인간·토지·권력'을, 〈만세보〉에 연재된 《국가학》에서는 '토지·인민·정치기구'를, 《국민수지》에서는 '인민·토지·정치조직' 등을 근대 국가의 요소로 설명하고 있다.
63 설태희(1908), "헌법서언"(憲法緒言), 〈대한협회회보〉 3.

견해로는 적당하지 않다는 설명이다. **64** 국가 유기체설은 인류의 공동목적을 달성하기 위해 여러 기관을 설정하고, 이 기관들의 일정한 작용을 통해 전체의 존립 및 발달을 이끌어 내기 위한 것으로 일견 타당해 보일 수 있으나, 이는 학리에 맞지 않는 말로 국가의 정당한 견해라 부르기는 어렵다는 것이다. **65** 이처럼 근대 국가 개념은 국가 유기체라는 서구적 개념을 수용하면서 하나의 집합으로서 일체성을 강조하는 논의로 동원되었지만, 동시에 법학적 국가 관념에 의해 비판받았다. **66**

유길준이 번역한 《政治學》 1894년 재판본은 이러한 블룬칠리의 유기체설에 대한 논쟁이 삭제된 것이었다. 그렇다면 원래의 1891년 판본의 블룬칠리에 대한 논의에서는 무엇이 강조되고 있었는지 살펴보자. 라트겐은 블룬칠리의 논의를 "국가란 일정의 강토에서 정치조직을 갖는 다수인민의 도덕적이고 유기적 집합으로, 인격 및 남성성을 갖는 것이다. 이를 약언約言하면 국가란 일정의 강토에서 정치조직을 갖는 국민적 법인"으로 정리한다. 하지만 이에 대해 라트겐은 '노망두찬鹵莽杜撰', 즉 논의가 거칠고 오류가 있다고 지적하고 있다. 라트겐은 사물의 원소를 요소要素, 상소常素, 우소遇素 등 세 종

---

64 법률독서인(1909), "국가의 법률상 관념", 〈대동학회월보〉 14.

65 주정균(1908), 《법학통론》, 경성일보사, 102~103쪽; 김효전(2007), 앞의 책, 153쪽에서 재인용.

66 물론 법학적 사고에서 유기적 관념이 사라진 것은 아니다. 가령 유치형, 《헌법》, 한국학문헌연구소 편(1981), 《한국근대법제사료총서》 7, 아세아문화사, 3~5쪽.

류로 나누는데, 이때 요소란 사물의 성립조건으로, 상소란 사물의 성립으로 인해 당연 존재하는 자연의 성질로, 우소란 우연히 부착한 특질로 분류한다. 이를 통해 국가 개념에서도 다수의 인민, 일정의 강토, 국민의 통일 및 주치자와 피치자의 구별은 국가의 '요소'에 해당하지만, 국가의 유기적 인격 및 남성성은 국가의 성립으로 인해 존재하는 부수의 '성질'인 상소일 뿐 국가 구성의 '조건'이 아니라고 설명한다.

라트겐이 보기에 블룬칠리는 이처럼 국가의 요소와 상소를 서로 섞어 버렸을 뿐만 아니라, 국가의 2대 요소를 빠뜨렸다. 이때 블룬칠리에게 빠진 국가의 2대 요소란, 첫째 공동목적이다. 블룬칠리 역시 국민의 통일을 인정하고, 그 목적의 공동성을 언급한다. 그러나 라트겐이 보기에 공동목적이 먼저 있고, 그 후에 조직이 따르는 것이 자연적 이치이다. 공동목적은 통일조직이 아니라면 이를 집행할 수 없고, 통일조직은 공동목적이 아니라면 지리멸렬함을 면할 수 없기 때문이다. 하지만 블룬칠리에게 공동목적은 부차적으로 존재한다고 그는 보았다.

블룬칠리가 빠뜨린 둘째는 독립주권이다. 다수의 인민이 일정한 강토에서 공동목적으로 정치단체를 조직함에도, 독립의 의지를 갖고 불기不羈의 행위를 할 수 없으면 타국의 부용국附庸國이 되거나 그 피보호국이 되어, 이를 자치체라고는 할 수 있어도 진정한 국가라 할 수는 없다. 진정한 국가는 안으로 최고무한의 권력을 갖고, 밖으로 불기독립의 권력을 가져야 한다는 것이다.

그리하여 라트겐은 블룬칠리가 제시한 국가 요소의 7가지, 즉 ①
다수의 인민, ② 확정의 토지, ③ 국민의 통일, ④ 주치자·피치자
의 구별, ⑤ 유기성, ⑥ 국가의 인격성, ⑦ 국가의 남성성 중에서
①, ②는 그대로 두고, ③ 국민의 통일과 ④ 주치자·피치자의 구별
을 정치조직과 공동목적, 독립주권으로 대체하고, ⑤ 유기성, ⑥
국가의 인격성, ⑦ 국가의 남성성을 삭제한 것이다.[67]

그렇다면 역자들은 1894년 재판에서 왜 블룬칠리의 유기체설에
관해 삭제했던 것일까? 하나의 가능성은 가토 히로유키라는 존재
다. 1894년 재판본에는 당시 제국대학 총장이었던 가토 히로유키加
藤弘之(1836~1916) 의 서序, 당시 법제국 부장 히라타 도스케平田東助
(1849~1925) 의 찬撰, 법제국 참사관 이시즈카 에이조石塚英藏(1866~
1942) 의 서序가 달려 있는데,[68] 이 책이 당시 법제국과 제국대학의
의도에 부합하는 형태로 역자들에 의해 수정되었을 가능성 역시 없
지는 않다. 가토는 블룬칠리의 *Allgemeines Staatsrecht*(1852) 를 《국
법범론》(1872) 으로 직접 번역해 천황에게 가르쳤던 바 있다. 그 책
에서 가토는 블룬칠리의 유기체적 국가 이론에 관해 자세하게 설명
한다.[69] 그러했던 그가 《강자의 권리의 경쟁》(1893) 의 집필 단계에

---

67 ラートゲン, 앞의 책, 李家隆介·山崎哲藏 譯(1891), 236~248쪽.
68 각각의 작성 날짜는 1892년으로 되어 있다. ラートゲン, 앞의 책, 李家隆介·山
崎哲藏 譯(1894), 서(序).
69 "블룬칠리가 저술한 국가학 사전[辭書]의 국가 부분에서 국가의 성질과 활물(活
物) 의 성질이 같은 이치를 세 가지 들고 있으니 다음과 같다. 그 대의를 초역해 본

오면 블룬칠리의 주장을 권리와 권력을 분리해서 보는, 심히 웃기는 주장이라 비판한다. **70**

이같이 권리와 권력(강자의 권리)을 전적으로 그 본성을 달리하는 것처럼 생각하는 학자의 설은 마치 열과 따뜻함을 전혀 다른 종류로 여기는 것과 같은 것으로 심히 가소로운 것이라 하겠다. 예를 들면 블룬칠리가 말하는 바와 같은 것이다. 그가 권력을 주장하는 바의 논지는 우리의 자유권 주의와는 전혀 빙탄상용氷炭相容하지 않을 수 없는 것이다. 무릇 권력주의를 옳다 여기는 학자는 우리 사회를 주인과 종의 관계로부터 성립하는 것으로 여겨, 우리 모두가 자유평등의 권리를 가지는 까닭을 알지 못한다. 이 같은 학자가 자유의 인민이라 칭하는 것은 노예를 해방함에 따라 자유를 얻는 것을 가리키는 것에 지나지 않는다. **71**

문의 참고로 제공한다. 첫째, 국가의 직관들이 있는 것은 마치 활물에 오관사지(五官四肢)가 있는 것과 같다. 직관들은 모두 고유의 정신을 갖춰 각종의 주무(主務)를 다룸으로써 더불어〔相共〕국가 전체의 활존(活存)을 돕는 것은 마치 오관사지가 각종 고유의 관능(官能)을 갖춰 상합(相合)해 체구(體軀)의 생존을 돕는 것과 같다. 둘째, 국가에 공적인 의사(意思)와 제도가 있는 것은 마치 활물에 정신과 체구가 있는 것과 같다. 셋째, 국가가 특히 하늘의 법칙〔天律〕에 따라 흥망성쇠하는 것은 마치 활물이 하늘의 법칙에 따라 생장소장하는 것과 같다", 加藤弘之, 《國法汎論 卷之一》(1872), 15쪽.

70 가토의 블룬칠리에 대한 관점의 변화에 대해서는 고쿠분 노리코, "근대 일본에서의 진화론과 국법학의 관련성", 한림대 한림과학원 편, 《두 시점의 개념사: 현지성과 동시성으로 보는 동아시아 근대》, 푸른역사, 2013, 102~103쪽. 이 시기의 가토의 생각의 변화에 대해서는 김도형, "'優勝劣敗'에서 '天則'으로: 《人權新說》과 《强者の權利の競爭》 사이의 加藤弘之", 《史叢》, 89, 2016 참조.

이 시기에 오면 가토에게 블룬칠리의 논의는 강자의 권리를 인정하지 않는 낡은 사상이 되어버렸다. 가토 또는 당시의 법제국 관리들이 재판과정에서 교열에 참여했다면 블룬칠리의 논의를 소개하는 대목을 삭제하는 하나의 이유가 되었을지 모른다.

그러나 1894년 재판본에서 추가 또는 삭제된 부분들을 전체적으로 보면 재판본에서의 수정이 블룬칠리의 논의를 삭제하는 것에 초점이 있다기보다는, 논지를 더욱 분명하게 전달하기 위해 반복되는 부분을 삭제하고 그다지 논의에 핵심적이지 않겠다고 판단되는 이론적 논쟁의 부분을 정리한 측면이 크다. 그 과정에서 라트겐이 먼저 블룬칠리의 이론을 소개하면서 이를 비판하는 논지로 전개된 대목이 사라진 것이다.

그럼에도 유길준과 관련해 중요한 지점은 당시 국가학에서 가장 대표적이었던 논자였던 블룬칠리의 논지와 그에 대한 라트겐의 해석과 비판이 사라진 1894년 재판본을 봄으로서, 당시 정치학에 대한 이론적 논쟁 지점들까지 소거된 채 수용되었다는 점이다. 실제로 유길준은 당시의 블룬칠리 논의에 크게 관심을 보이지 않았던 것으로 보인다. 라트겐이 국가인성설國家人性說을 설명하는 대목에서 "인류 고유의 성질 가운데 발현하는 것으로 블룬칠리, 울시를 시작으로 근세 독일의 대가가 함께 제창하는 설"[72]이라며 블룬칠리의 이름을

---

71 加藤弘之, 《强者の權利の競爭》, 哲學書院(1893), 54쪽.
72 ラートゲン, 앞의 책, 李家隆介・山崎哲藏 譯(1894), 256쪽.

언급하는 부분을 유길준은 부란초富蘭楚라고 옮기고 있다. **73** 여기서 부란초는 독일의 법학자 프란츠Konstantin Frantz (1817~1891)를 가리키는 것으로 추정된다. **74** 그런데 야마자키가 쓴 "소인"에서도 국가의 견해를 달리하는 학파의 분류 중 프란츠를 국권파, 블룬칠리를 민권파로 분류한 만큼 둘의 사상적 차이는 분명했다. **75** 물론 유길준이 단순 실수로 블룬칠리의 이름을 잘못 번역했을 가능성을 배제할 수는 없지만, 그는 근세의 사회를 설명할 때 블룬칠리가 등장하는 부분에서 "불운추리佛雲抽利"**76**로 번역하고 있다. 적어도 유길준은 당시 블룬칠리 논의에 큰 관심이 없었던 것처럼 보인다. 이는 유길준

---

73 유길준(?), 앞의 책; 《유길준 전서》 IV, 745쪽. 라트겐 《政治學》의 중국어 번역본에서는 이 부분이 栢倫知理로 되어 있다. 那特磿, 《政治學》, 馮自由 譯 (1902), 廣智書局, 106쪽. 그런 점에서 또 다른 가능성으로서 유길준이 중국어 번역본을 참고했을 가능성은 낮다. 이는 펑쯔요우가 번역어를 바꾸면서, 글의 내용에 역시 자신의 견해를 추가하고 있는 점들과 비교해도 차이를 보인다. 가령, 유길준은 라트겐의 설명대로 베를린(白林)―파리(巴里)―콘스탄티노플(君士坦丁堡)―워싱턴(華盛頓)―동경(東京)―런던(倫敦)―비엔나(維納)―로마(羅馬)―북경(北京) 순으로 지리를 설명하지만, 펑쯔요우는 순서를 바꿔 북경을 제일 앞으로 끄집어내고 있다〔那特磿, 위의 책, 馮自由 譯(1902), 10쪽〕. 라트겐의 《政治學》 중국어 번역에 대해서는 孫宏雲(2011), "那特磿的政治學及其在晚淸的譯介", 〈中華文史論叢〉 103 참고.

74 한석태의 역주본에서도 이를 '프란츠'로 옮기고 있다. 유길준, 《정치학》, 한석태 역주(1998), 경남대학교 출판부, 148쪽. 프란츠는 *Vorschule zur Physiologie der Staaten* (1857)을 저술한 인물로, 문부성은 1884년 이 책을 《국가생리학입문》으로 번역한 바 있다. 자유민권운동을 제어하고 그 논리적 근거를 암소(暗消) 하기 위해 이른바 '독일학'을 양성한다는 목표를 두고 번역한 것이었다.

75 ラートゲン, "小引", 앞의 책, 李家隆介·山崎哲藏 譯(1894), 10~11쪽.

76 유길준(?), 앞의 책; 《유길준 전서》 IV, 465쪽.

에게 국가 연원의 문제나 국가 요소의 문제를 둘러싼 여러 이론적 논쟁이 관심 밖이었기 때문일 수 있다.

6. 읽히지 못한 교과서 《정치학》

유길준의 《정치학》은 〈만세보〉 1907년 3월 7일 자에 "정치학 국가편"이라는 제목으로 실린다. **77** 여기에서는 제 1편 '국가의 요소', 제 1장 '자연적 요소' 중 제 1절 '기후'와 제 2절 '지형'만 소개되고 있다. 제 1절 '기후' 부분은 당시 정치학 서적의 일반적 기술이 그러하듯 기후가 인간의 생리에 어떤 영향을 주는지, 그리고 이것이 어떻게 정치제도에 영향을 주는지를 설명하는 부분이다. 그러나 〈만세보〉에서는 제 1, 제 2까지만 실려 있을 뿐, 정작 제 3의 '심리상 이러한 문제가 어떻게 정치적 생활에 영향을 주는지'의 대목은 실려 있지 않다. 또한 제 2절 '지형'에서도 (갑)'산야', (을)'수리'를 건너뛰고 (병) '연해선沿海線'으로 넘어간다. 제 1절과 제 2절을 왜 생략한 채 실었는지, 그리고 왜 여기서 중단되었는지는 밝혀지지 않았다.

---

77 윤병희는 이를 누군가가 유길준이 망명생활을 하는 동안 일본에서 가져와 〈만세보〉에 실은 것이라 추측하고 있다. 〈만세보〉의 사장 오세창, 편집인 권동진 등은 유길준과 상당한 친분이 있던 사람으로서 유길준과 일본에서 망명생활을 같이하기도 했다. 따라서 이러한 사람들에 의해 이루어졌을 가능성을 제시한다. 윤병희 (1988), 앞의 논문, 47쪽.

윤병희는 "이것은 내용의 일부를 빼기 위해서 일부러 한 것이 아니라 실수로 인해 빚어진 것 같다"[78]고 평가하고 있지만 그렇게 보기에는 너무 많은 내용이 누락되어 있다. 또한 목차상으로 봐도 갑, 을을 건너뛰고 병으로 넘어가는 것은 실수로 보기에는 의문이 남는다. 오히려 제1편, 제2편을 소개하고자 했지만 너무 많은 분량을 실을 수 없기 때문에 의도적으로 중간을 삭제한 것으로 추정하는 것이 타당해 보인다.

그리고 이때 삭제된 부분은 그가 정치학을 사회과학적으로 분석하고자 한 라트겐의 논의를 다시 전통적 입장으로 되돌리고 있는 것처럼 보인다. 왜냐하면 서론에서 정치학을 지리학·심리학과 연결했던 라트겐의 《政治學》과의 차이는 분명해 보이기 때문이다. 또한 마지막에 미완으로 명기한 것으로 보면 더 연재할 생각이 있었던 것으로 보이는데, 다른 글들이 연재를 이어 가고 있는 것과 비교해 정치학의 연재가 1회로 중단된 점은 특이하다.[79] 이후 나머지는 미발표 원고로 《유길준 전서》에만 남아 있다. 유길준이 왜 이 번역 연재를 그만두었는지, 《정치학》 원고를 왜 출판하지 않았는지는 확인 불가능하다.

하지만 이런 이론적 논의를 하기에는 상황이 너무 급박하게 돌아

---

78 윤병희(1988), 위의 논문.
79 유길준(?), 앞의 책; 《유길준 전서》 IV, 397~411쪽. 그러나 이 중 7쪽이 누락되어 있다.

가고 있다고 유길준이 판단했던 것은 아니었을까 추측해 볼 수 있다. 그는 라트겐이나 일본의 번역자와 달리 전문적 학자보다는 관료적 정체성을 가진 인물이었다.

그리고 이는 더욱 중요한 질문과 관련된다. 유길준에게 정치학이란 무엇인가, 아니 어떤 학문으로 인식되었는가 하는 질문이다. 그는 《서유견문》의 "학업하는 조목條目"에서 학문에서 가장 중요한 것은 실상實狀이라 주장한다. 그는 이치를 탐구하지 않고 시문의 공부만 즐겨 '이용利用하는 책략'과 '후생厚生하는 방도'가 없는 허명의 학업과, 사물의 이치를 밝혀내고 온갖 사물을 실용實用할 수 있도록 전력하는 실상의 학업으로 나누고, 서양 학문을 실상 있는 학문으로 규정했다. 그리고 학문의 분야를 농학, 의학, 산학(수학), 정치학, 법률학, 물리학, 화학, 철학, 광물학, 식물학, 동물학, 천문학, 지리학, 인신학人身學, 고고학, 언어학, 병학, 기계학, 종교학으로 나누고 각각의 학문을 설명했다.

여기서 정치학이란 "정사하는 경제"〔政事ᄒᆞᄂᆞᆫ 經濟〕의 학문으로, "정부의 일체 제도〔規模〕가 여기에 포함되지 않는 것이 없다"고 정의한다. 80 그런 점에서 라트겐의 논의가 '과학'으로서의 새로운 정치학의 도입을 핵심으로 한다면, 유길준에게 정치학이란 정부의 정책을 집행하는 전통적인 '정사'의 입장에 가까운 것은 분명해 보인다. 유길준은 라트겐의 저서를 통해 정치학을 소개하고 있지만, 그

---

80 유길준(1895), 《서유견문》, 347~349쪽; 《유길준 전서》 I, 367~369쪽.

에게 정치학이란 라트겐과 달리 근대적 학문의 틀 속에 있는 것은 아니었다. 이러한 내용이 담긴 서론이 유길준의 번역에서 사라진 이유였을지 모른다.

그런 점에서 라트겐에게 유길준의 번역은 지금의 관점에서 보자면 좋은 번역이 아님은 분명하다. 이는 라트겐이 강조했던 19세기 새로운 정치학의 등장과는 배치되는 것이었다. 기존의 학문과 다른 새로운 학문체계의 도입, 학문적 엄밀성, 비교사적 국가론이 라트겐에게는 중요했다. 그러나 유길준에게 정치학을 이론과 연관해 보는 것은 전혀 낯선 방식이었고, 당시 조선에서 별로 필요 없다고 생각했을지도 모른다.

라트겐의 강의가 일본과 조선에서 번역과 중역을 거치는 과정은 동아시아에서의 정치학 수용 과정의 일면을 보여 준다. 즉, 독일의 정치학이 일본으로 건너오면서 한 번의 뒤틀림, 그리고 이것이 다시 조선에 넘어오면서 두 번의 뒤틀림이 일어났다. 이는 번역 과정에서 필연적으로 일어날 수밖에 없는 선택과 배제, 변용 과정에서 생길 수밖에 없는 것이다. 그런 점에서 유길준은 라트겐에게 엄밀한 의미에서는 좋은 제자가 될 수 없을지 모른다.

유길준은 라트겐의 설명 자체에 대해 오해한 지점은 크게 보이지 않지만, 정작 그가 강조하고자 했던 바에는 관심을 두지 않았다. 하지만 유길준에게 학문의 방법론을 강조하는 엄밀한 의미에서의 정치학은 관심의 대상이 될 수 없었다. 아니, 정치학이라는 학문 자체는 학문으로서가 아니라, 현실에서 작동하는 차원에서만 의미가 있었다. 그런 점에서는 라트겐이 느낀 일본 학생에게 보인 '황막한' '이념'에 매몰되지 않은 좋은 제자였을지도 모른다.

3

유길준의 7년전쟁사 저술에 나타난
국민 창출론*

최정훈 하버드대 동아시아지역학 석사과정

1. 번역과 창작 사이

이 장은 유길준의 전쟁사 저술 《프로이센 프리드리히 대왕 7년전사普魯士國厚禮斗益大王七年戰史》(1908, 이하 《7년전사》) 에 드러난 정치사상을 분석한다. 《7년전사》는 메이지 일본의 저술가 시부에 다모쓰澁江保(1857~1930) 의 《프리드리히 대왕 7년전사フレデリック大王七年戰史》(1896) 의 번역에 기초한 저술이다. 7년전쟁(1756~1763) 은 프로이센이 유럽 대륙에서 자국을 포위한 오스트리아 · 러시아 · 프랑스 등과 맞서 싸워 승리를 거둔 놀라운 사건으로, 흔히 프로이센이 유럽

*　이 글은 최정훈(2018), "시부에 다모쓰(澁江保) 와 유길준(俞吉濬) 의 7년전쟁사 저술에 나타난 국민 창출론", 〈일본사상〉 35, 303~337쪽을 수정 · 보완한 것이다.

국제정치 세계의 대국으로 부상한 전환점으로 평가된다.[1]

시부에와 유길준의 저작은 7년전쟁 기술과 해석에 관한 한 매콜리Thomas Babington Macaulay (1800~1859) 등 서양 역사가의 견해에 큰 영향을 받았다는 점에서 일견 독창성이 결여된 듯 보인다. 그러나 그들은 일본과 한국의 담론 공간에 새로운 사고를 제시했고, 수용 맥락을 고려해 그러한 사고에 색다른 의미를 부여했으며, 번역자로서 상이한 언어체계 간 매개물 역할을 넘어 자신의 생각을 덧붙여 원저를 해석했다. 이러한 점에서 그들의 저작은 연구할 가치가 있을 것이다.

선행연구 가운데 시부에 다모쓰나 유길준의 《7년전사》를 집중적으로 연구한 글은 거의 보이지 않지만, 유길준의 《7년전사》에 대한 단편적 분석은 어렵지 않게 발견할 수 있다. 첫째, 《7년전사》의 전반적 내용과 저술 취지를 계몽사상 혹은 계몽절대주의와 연관 지어 해석한 시도가 있다. 정용화는 《7년전사》에서 "조선에서도 계몽군주가 출현하여 외세의 침략을 물리치고 안으로 '불학무지'한 인민들을 보살피고 교육撫育하여 문명개화를 이루기를 바라는 간절한 소망"이 드러났다고 분석하고, 이 저작을 유길준의 정치학 이론서 《정치

---

1   주지하듯, 7년전쟁은 프로이센과 그 적대국이 유럽 대륙에서 벌인 전쟁 외에도, 영국과 프랑스가 북아메리카와 인도에서 동 시기에 벌인 전쟁을 가리키기도 한다. 특히, 최근 영어권에서의 7년전쟁 연구는 후자에 집중하는 경향이 있으나, 이 장의 주인공인 유길준의 논의에서 초점은 어디까지나 대륙에서의 전쟁이므로, 이 장에서도 논의를 그 측면에 한정하기로 한다.

학政治學》(미간 원고)과 연결 지었다. 이헌미 역시 유사한 취지에서 《7년전사》가 프리드리히 2세의 "계몽절대군주"로서의 면모에 주목한 저술로 파악했다. **2** 그러나 《7년전사》의 본문에 이를 뒷받침할 만한 내용은 거의 없으며, 이들의 분석은 적절하다고 보기 어렵다. **3** 정용화나 이헌미의 오해는 학문세계에서 유길준의 《7년전사》를 진지하게 다뤄 오지 않았음을 반영한다.

---

2 정용화(2004), 《문명의 정치사상: 유길준과 근대한국》, 문학과지성사, 309쪽; 이헌미(2012), "반역의 정치학: 대한제국기 혁명개념 연구", 서울대 외교학 박사 학위논문, 145쪽.

3 카를 라트겐(Karl Rathegen, 1856~1921)의 강의록 《政治學》을 역술한 유길준 의 《정치학》에서 프리드리히 2세를 절대주의 시대에 입헌주의의 초석을 놓은 인물 로 평가하는 것은 사실이다. 하지만 《7년전사》는 정치학 이론서가 아니며, 프리 드리히 2세의 계몽절대군주로서의 측면을 거의 비추지 않는다. 유럽사 연구에서 프리드리히 2세를 '계몽절대군주'라고 부르는 이면에는, 그가 볼테르(Voltaire, 1694~1778) 등과 교우하여 '계몽사상'의 영향을 받아 개혁적 통치를 이뤘다는 해 석이 깔려 있다. 그러나 시부에나 유길준의 《7년전사》는 프리드리히 2세가 볼테 르와 교우한 기록에 큰 관심을 보이지 않는다. 게다가 주지하듯이 《반마키아벨리 론》(Anti-Machiavel, 1740) 등에서 드러난 프리드리히 2세의 '계몽사상가'로서의 면모는 1~2차 실레지엔전쟁, 7년전쟁, 폴란드 분할 등 국제정치적 사건에서 유독 배반되었다고 비판되곤 한다. 또한, 정용화는 프리드리히 2세가 인민 교육에 공헌 한 점으로 인해 그를 '계몽군주'와 연결 짓는 듯하지만, 프리드리히 2세 치세의 교 육은 《7년전사》의 주된 관심도 아닐뿐더러, 대왕이 프로이센 교육에 기여한 정도 는 다분히 논쟁적이다. 1880년대 메이지 일본의 담론 공간에는 오히려 프리드리히 2세가 교육정책에 소극적이었다는 비판이 이미 소개되어 있었다. ルードウッヒ ハーン(1887), "普國興王布利特隣大王ノ傳大王治下ノ教化, 學問及技術", 〈獨 逸學協會雜誌〉 41, 29, 35쪽. (이 자료를 구하는 데 도움을 준 박고은 씨에게 감 사를 표한다.)

둘째, 유길준의 《7년전사》에서 유길준의 권력정치적·현실주의적 국제정치사상을 읽어 내려는 시도가 있었다.[4] 이러한 방향의 지적에는 문제가 없으나, 이들 연구는 《7년전사》 본문의 서사를 본격적으로 분석하는 데까지 관심을 두지는 않았다.

셋째, 유길준의 《7년전사》가 시부에의 《7년전사》의 어휘, 어구, 문장을 번역한 양상에 대한 연구가 있다.[5] 그러나 이는 주로 어학적 관심에서 수행된 연구로, 두 사람의 저작에 드러난 정치사상적 내용에 대한 것은 아니었다.

이 장은 유길준의 번역 문헌을 그 자체로 하나의 창작물로 전제하고 《7년전사》의 사유와 그 독창적 기여를 분석한다. 번역자는 번역 작업을 수행하면서 원 저작의 의미를 다른 언어체계로 투명하게 옮기는 매개자가 아니다. 번역 이론가 로렌스 베누티Lawrence Venuti가 지적하듯 번역은 언어·문화 간 유사성을 산출하는 작업이지만, 이 작업의 이면에는 그만큼 많은 언어·문화적 차이가 존재한다. 게다

---

4 정용화(2004), 앞의 책, 177쪽; 김영작(2008), "한·일 양국의 서양수용에 관한 비교연구: 유길준과 후쿠자와 유키치의 국제정치관을 중심으로", 와타나베 히로시·박충석 공편, 《한국·일본·'서양'》, 아연출판부, 166~167, 172~173쪽; 김용구(2008), 《만국공법》, 소화, 153, 166쪽; 장인성(1999), "유길준에 나타난 '도덕'과 '정치': 자기-타자인식의 정치적 사유", 〈국제문제연구〉 23(1), 79~80쪽; 金鳳珍(2004), 《東アジア〈開明〉知識人の思惟空間: 鄭觀応·福澤諭吉·兪吉濬の比較研究》, 九州大出版會, 207~209쪽.

5 박혜진(2008), "유길준 譯《普魯士國厚禮大益大王七年戰史》에 나타난 일본어 어휘 연구", 고려대 중일어문학 석사학위논문.

가 번역 활동은 이 차이들을 소거할 수도 없거니와 그런 소거가 반드시 바람직한 것도 아니다. "번역된 문헌은 언어적이고 문화적인 차이가 어떻게든 표현되는 장소여야 하며, 이 장소에서 독자는 문화적 타자에 대한 모종의 감각을 느낀다."

예컨대 베누티는 우고 타르체티Ugo Tarchetti (1839~1869)가 메리 셸리Mary Shelley (1797~1851)의 작품을 이탈리아어로 번역하고서 자신이 그 작품의 창작자인 양 행세한 사례를 언급한다. 베누티는 타르체티가 표절을 범했다는 사실을 부정하지 않지만, 어떤 의미에서는 그가 이탈리아인 독자에게 '저자'였다는 점을 강조한다. 독자는 타르체티의 번역자로서의 역할을 의식하지 못했고, 대신 이탈리아 담론 세계 안에서 독창적 작업을 수행하는 모습을 발견했기 때문이다. 이 점에서 타르체티는 "**번역자**로서는 눈에 보이지 않았지만" 또 "**저자**로서는 눈에 띄었다"(강조는 원문). **6**

장인성은 유사한 맥락에서 《서유견문西遊見聞》을 단순히 다른 저작의 모방으로만 간주하는 태도를 이렇게 비판했다. "유길준은 타인의 저작을 베낀 것이 아니라 참고로 삼으면서 자신의 논리를 구성했고 자신의 견해를 밝혔다. 독자적인 생각을 분명하게 드러냈다. 그것을 어떻게 읽어낼 것인지가 문제다."**7** 베누티가 제안하듯이,

---

6 Lawrence Venuti (2018), *The Translator's Invisibility: A History of Translation*, Routledge, pp. 134, 152, 264.

7 유길준, 《서유견문: 한국 보수주의의 기원에 관한 성찰》, 장인성 역·평설 (2017), 아카넷, 16~17쪽.

"독자 역시도 번역 문헌의 윤리적 효과를 인지하기 위해서는 번역을 번역으로서, 즉 고유한 문헌으로서 해석하는 방법을 배워야 한다". **8** 근대 동아시아의 사상가들은 인용 규칙을 충분히 지키지 않는다는 점에서 현대적 의미에서의 '표절'을 범하는 순간에도, 원문과 구별되는 차이를 산출하는 것으로써 독창적 기여를 시도했다. 이 글은 "유길준은 후쿠자와의 문장을 부분적으로 발췌·선택하고 자기 생각을 넣어 상당 부분 재서술"했음을 유념하여 유길준의 번안에 주목해야 한다는 장인성의 주장에 동의한다. **9**

이 장의 2절에서는 유길준이 《서유견문》에서 새로운 시대의 주체로서 국민을 창출하기를 염원했고, 그 수단으로 교육과 제도를 들었으며, 군민공치제(입헌군주제)로의 정치체제적 이행이 국민 형성에 가장 적합하다고 주장했다는 사실을 확인한다. 《서유견문》의 국민 창출론은 《7년전사》가 유길준의 사상세계에 기여한 바를 평가하기 위한 비교 기준이 될 것이다.

3절은 유길준이 후쿠자와 유키치의 《통속국권론》에 제시된 권력정치적 현실을 문제 상황으로 인정했고, 권력정치 세계에서 국가를 적절히 운영한 사례로 7년전쟁을 제시했음을 보이고자 한다.

4절에서는 유길준이 프로이센이 7년전쟁에서 생존하고 승리한 비

---

8 Lawrence Venuti(2018), 앞의 책, p. xvi.
9 유길준, 앞의 책, 장인성 역·평설(2017), 261쪽. 장인성은 《서유견문》을 염두에 두고 주장했지만, 이 제안은 유길준이나 다른 근대 동아시아 사상가의 번역 문헌에도 적용될 수 있다. Lawrence Venuti(2018), 앞의 책, pp. 138~151도 참조.

결의 핵심을 독일 지역 주민의 애착을 획득했다는 사실에서 찾았음을 밝히고, 그러한 애착의 획득을 설명하기 위해 《맹자》의 인화人和 개념을 원용하는 방식에 주목한다.

5절은 프리드리히 2세가 인화를 달성하는 과정을 유길준이 어떻게 제시했는지를 파악하고, 유길준이 군사적 승리에 따른 국민 창출 모델을 제시하는 과정에서 《논어》의 비유를 원용하는 방식에 주목할 것이다.

결론에서는 유길준이 (매콜리와) 시부에 다모쓰의 저술에서 학습했으며 《7년전사》 저술에서 제시한 국민 창출론이 유길준의 사상 세계와 당대 정치공간에서 어떤 의미를 지니는지 살필 것이다.

2. "교육"의 "개도"와 "법률의 보호": 《서유견문》의 국민 창출론

잘 알려진 유력한 해석에 따르면, 《서유견문》은 국민 창출을 주창한 텍스트이다. 정용화는 《서유견문》을 "근대 국민국가 형성의 필연성"을 인식한 결과물이라고 파악한다.10 쓰키아시 다쓰히코月脚達彦도 유길준의 《서유견문》의 핵심을 국민 창출론으로 본다. 쓰키아

---

10 정용화(2004), 앞의 책, 237쪽. 정용화에 따르면 유길준은 한국이 보호국으로 전락한 이후에도 국민 형성을 주된 목표로 삼았다. 정용화(2004), 앞의 책, 106, 372~373, 376~384쪽 참조.

시는 《서유견문》이 계몽사상의 완성을 보여 준다고 평가하는데, 그
에 따르면 유길준의 '계몽사상'이란 "인민 개개인을 스스로 '독립'한
국가(주권국가)를 담당하는 '주체'로 자각시킨다는 '국민' 창출론"이
다.[11]

　유길준은 《서유견문》에서 '국민'이라는 말을 명시적으로 사용하
기를 꺼렸으나, 연구자들이 그의 정치사상을 '국민 형성론'으로 파
악해 온 데는 근거가 있다. 유길준이 후쿠자와 유키치의 국민 형성
론과 유사한 논리를 취했기 때문이다.[12] 후쿠자와는 프랑스 역사가
프랑수아 기조François Guizot(1787~1874)에게서 지적 자극을 받아, 국
민을 국사國事에 관심을 두는 피치자로 파악했다. 기조는 17~18세
기 유럽의 특징을 정부government와 인민people이라는 통일적인 양대
세력의 대두로 파악했으며, 이전 시대 유럽은 국민nation과 국민성
nationality이 부재하는 것이 특징이라고 지적했다.[13] 후쿠자와는 1870

---

11 쓰키아시 다쓰히코(2014), 《조선의 개화사상과 내셔널리즘》, 최덕수 역, 열린책
　　들, 30, 84~85쪽; 月脚達彦(2009), 《朝鮮開化思想とナショナリズム: 近代朝
　　鮮の形成》, 東京大出版會, 11, 54쪽.

12 정용화(2004), 앞의 책, 236~237쪽.

13 M. Guizot(1842), *General History of Civilization in Europe from the Fall of the*
　　Roman Empire to the French Revolution, Third American Edition, New York:
　　D. Appleton & Company, p. 175. 몇몇 논자가 유길준의 '인민'을 근대적 '국민'과
　　다른 것으로 보는 근거로 전자에 정치적 주체성이나 권리가 결여됐다는 점을 지적
　　하지만, 기조-후쿠자와의 사상적 계보에서 정치적 권리의 유무는 '국민'의 형성 여
　　부를 판별하는 결정적 기준이 아니라는 사실에 유의해야 한다. 기조에게 국민성이
　　란 국가 내 피치자를 결속해 주는 공동의 원칙 유무에 따라 판별되는 것이었다. "In

120

년대 일본의 문제 상황을 그러한 국민의 부재로 인식했을 뿐 아니라 국민의 형성을 당면과제로 제시했다. 후쿠자와의 국민은 자주독립의 기풍을 지니고 국사를 자신의 문제로 간주하는 주체를 의미한다. 다음 인용문에서 보듯, 후쿠자와는 국민이라면 국가적 위기 상황에서 목숨을 걸고 자국을 지킬 준비가 되어 있으리라고 기대했다.[14]

외국에 대해 우리나라를 지키고자 할 적에는 자유독립의 기풍을 전국에 충만하게 하여, 전국의 사람의 귀천상하의 구별 없이 그 나라를 자

France, for example, in the seventeenth and eighteenth centuries, the moral and social separation of classes was still very profound, yet there can be no doubt but that their fusion, even then, was far advanced; that even then there was a real French nation, not consisting of any class exclusively, but of a commixture of the whole; all animated with the same feeling, actuated by one common social principle, firmly knit together by the bond of nationality." "It will be recollected, that one of the first facts that struck us, was the diversity, the separation, the independence, of the elements of ancient European society. The feudal nobility, the clergy, and the commons, had each a position, laws, and manners, entirely different; they formed so many distinct societies, whose mode of government was independent of each other. They were in some measure connected, and in contact, but no real union existed between them; to speak correctly, they did not form a nation — a state." M. Guizot(1842), 위의 책, pp. 164, 210.

14 안자이 도시미쓰가 지적했듯이, 후쿠자와는 기조로부터 "서양 문명국에게도 문명화가 국민화의 문제"임을 배운 것이다. 安西敏三(2007), 《福澤諭吉と自由主義: 個人・自治・國体》, 慶應義塾大出版會, 58, 65쪽; 후쿠자와가 기조에게서 받은 영향에 대해서는 다음도 참조할 것. 小澤榮一(1968), 《近代日本史學史の硏究〈明治編〉: 19世紀日本啓蒙史學の硏究》, 吉川弘文館, 172, 174쪽.

신의 일로 받아들이고, 지자智者든 우자愚者든 눈먼 이든 눈이 보이는

이든, 각기 국인國人의 분分을 다하지 않으면 안 된다. 영국인은 영국

을 나의 본국이라고 생각하고 일본인은 일본국을 나의 본국이라고 생

각하여, 그 본국의 토지는 다른 사람의 토지가 아니라 우리나라 사람

의 토지이므로, 본국을 위해 생각하기를 내 집을 생각하듯이 하고 나

라를 위해서는 재산도 잃을 뿐 아니라 목숨도 버려 아깝게 여기지도 않

는다. 이것이 곧 보국報國의 대의이다. 15

지금 만약 전국全國이 외국에 적대하는 것과 같은 일이 생기면, 일본

전국의 인민이 설령 병기兵器를 들고 출진하지 않더라도, 전쟁에 마음

으로 관여하는 자를 '싸우는 자'라고 이름 붙일 때, 이 싸우는 자의 수

와 저 이른바 구경꾼의 수를 비교해 어느 쪽이 많을지 미리 헤아려 많

고 적음을 알 수 있다. 일찍이 내가 일본에는 정부는 있되 국민(네이

션)이 없다고 한 것은 이를 말한 것이다. … [일본의 인민은 국사國事

에 관여하지 않음.]16

유길준은《서유견문》제 4편 "인민의 권리"에서 이러한 후쿠자와

의 국민 형성론을 자기화하여 제시했다. 유길준은 '국민'이란 말을

명시적으로 사용하지 않았지만, 그가 기대한 인민의 모습은 동시대

---

15 福澤諭吉(1872~1876),《學問のすすめ》;《福澤諭吉全集》3권, 44~45쪽.

16 福澤諭吉(1875),《文明論之槪略》;《福澤諭吉全集》4권, 154쪽.

인 후쿠자와의 국민 논의와 강하게 공명했다. 유길준 역시 "강국이 약국翳國의 권리를 침해"하는 위기 상황에서 "그 나라 권리의 귀중함도 역시 알아 죽기로 지키기를 맹서"하는 인민을 만들고자 했다. 이 점에서 유길준은 후쿠자와가 말한 국민 창출의 논리를 이어받았다. 그런데 인민이 국가의 권리를 깨달으려면 "인민이 각기 자기 권리의 귀중함"을 먼저 알아야 하며, 17 국가의 권리가 중요함을 깨닫는 인민(국민)을 주조하려면 첫째로 인간 행위자 차원에서의 권리가 소중하다는 것을 교육해야 한다("교육"의 "개도開導"). 둘째로 인민이 그러한 권리를 계속 누리도록 수호할 제도적 뒷받침이 있어야 한다("법률의 보호"). 18

이에 더해 유길준은 국민을 형성하기에 각별히 적합한 정치체제인 군민공치제(입헌군주제)의 이점을 논의했다. 입헌군주국의 구성원은 "독립하는 정신"을 가진 개인으로, "일신의 독립"을 추구하기에 "일국의 독립"까지 추구할 것이었다. 바람직한 정체는 국제적 생존이라는 당면 과제에 대한 해답을 제시했다. 입헌군주국에서는 "국인國人이 모두 각자 그 나라의 중대함을 자임"하고 "그 나라가 비록 작으나 타인의 업신여김을 받지 않"기에, "유럽의 스웨덴과 덴마크 같은 소국"처럼 "여러 대국 사이"에서도 자주와 독립을 지킬 수 있었

---

17 유길준(1895), 《서유견문》, 교순사(交詢社), 129쪽; 《유길준 전서》I, 149쪽.
18 이를 고려하면 《서유견문》의 인민이 "국가에 일정한 의무를 지니면서 국가의 생존과 발전을 담지하는 정치적 주체로서의 '국민'이 아니"라는 장인성의 주장은 설득력이 떨어진다. 유길준, 앞의 책, 장인성 역·평설(2017), 266쪽.

다.19

유길준은 반대로, 군주제의 고수가 아시아의 대국조차 유럽의 작은 국가를 당해 내지 못하는 원인이라고 파악했다. 순수 군주정에서는 인민에게 애국심이 부족하여, 국가적 위기 상황에서도 행동의 유인이 없기 때문이다. 유길준은 이런 한계를 묘사하며 인민이 "정부를 초나라와 월나라같이 보아 우국憂國하는 성의가 저절로 결핍"된다고 표현했다.20 이 비유는 《장자莊子》에 나오는 구절("차이점에 주목해서 보자면 간과 쓸개마저 초나라와 월나라처럼 서로 거리가 멀다"(自其異者視之, 肝膽楚越也))을 원용한 것이다. 이 말은 《장자》의 본래 문맥에서 만물의 동일성에 주목하는 관조적 자세를 강조하기 위한 표현이었지만, 유길준은 이러한 《장자》의 사유방식에는 관심을 보이지 않았다. 그는 군주정 아래의 인민이 국가에 대해 느끼는 거리감을 극적으로 표현하기 위해 이 비유를 활용했을 뿐이다.21 유길준이 국민 형성 이전이나 이후의 상황을 묘사하기 위해 고전의 성구成句에 의탁하면서도, 그 배후의 몇몇 주요 가정을 거부하는 모습은 《7년전사》에서도 반복되었다.

《서유견문》이 상정한 국민 창출론의 구체적 방법은 일찍부터 연구자들의 주목을 받았다. 김영작은 《서유견문》의 논리에 대해 인민

19 유길준(1895), 앞의 책, 149쪽; 《유길준 전서》I, 169쪽.
20 유길준(1895), 위의 책, 149~151쪽; 《유길준 전서》I, 169~171쪽.
21 유길준(1895), 위의 책, 311~312쪽; 《유길준 전서》I, 331~332쪽 참조.

의 자유와 권리를 확립하기 전에 "정부에 의한 인민의 교육의 필요성이 유독 강조"되는 측면을 비판한다. **22** 이때 김영작은 유길준의 정책적 제언의 핵심에 국민 형성을 위한 교육의 제창이 있다는 사실에 주목하고 있다.

유길준의 정치체제론에 주목한 연구자도 있다. 정용화는 유길준이 "전통 정치체제가 '인민의 권리'를 보장하고, 나아가 '방국의 권리'도 귀중하게 여길 수 있는 새로운 정치체제로 반드시 변혁되어야 한다는 결론"에 이른 데 주목하고, **23** 쓰키아시 다쓰히코는 유길준의 입헌군주제론이 "교화에 의한 인민의 도덕적 수양"이나 "서양의 문명·부강 달성" 등을 포함한 다양한 목표를 지향했다고 지적한다. **24**

---

22 "개화사회에 이르는 길을 다만 인민의 계몽에 의한 점진적 개량주의에서만 찾"는 《서유견문》의 사상은 "민중의 혁명성을 부정"하는 사상이기 때문이다. 김영작 (1989), 《한말 내셔널리즘 연구: 사상과 현실》, 청계연구소, 263~265쪽(원문의 강조점은 생략했다).

23 정용화(2004), 앞의 책, 237쪽.

24 쓰키아시 다쓰히코(2014), 앞의 책, 116~117쪽; 月脚達彦(2009), 앞의 책, 82쪽.

3. "이탈리아의 통일" 혹은 "폴란드의 분열": 《7년전사》의 저술 의도

유길준이 《7년전사》를 저술하기 위해 주로 참조한 글은 시부에 다모쓰가 1896년 박문관博文館에서 출간한 "만국전사萬國戰史" 시리즈 24권 중 제 20권에 해당하는 《7년전사》였다. 25 1880～1890년대 일본에서는 대국 프로이센·독일의 초석을 놓은 프리드리히 2세에 대한 관심이 부상했다. 야마무로 신이치山室信一는 해외 사정에 어두운 일본이 복잡한 역사적·문화적 배경까지 고려해 외국의 전체 상을 한꺼번에 이해하는 것은 지적으로 부담스러운 과업이었기 때문에, 일본인은 "단서로서의 모범인模範人, model person이라고 부를 만한 인간"에 주목했다고 주장한다. 이때 '모범인'이란 "어느 나라의 이념과 현실을 한 몸에 체현한 한 명의 인간"으로, 일본인은 이들에 대한 이해를 매개로 그 국가의 실상에 대한 이해를 도모하고자 했다. 26

---

25 박문관은 메이지 일본에서 상업적으로 성공한 출판사 중 하나이며, 시부에는 서양 서적을 참고해 이 출판사에서 다작의 대중서를 펴낸, 영향력 있는 저자였다. 박문 관에 대한 연구로는 함동주(2010), "일본제국의 성립과 박문관의 출판활동: 청일 전쟁기를 중심으로", 〈동양사학연구〉 113, 245～270쪽 참조. 시부에 다모쓰의 생 애와 저술에 대한 연구로는 藤元直樹(2004), "澁江抽齋沒後の澁江家と帝國図 書館", 〈參考書誌研究〉 60, 그리고 山本勉(2015), "明治時代の著述者 澁江保 の著述活動: 出版物〈万國戰史〉を中心に", 〈佛教大大學院紀要 文學研究科 篇〉 43, 91～108쪽 등 참조.
26 山室信一(1984), 《法制官僚の時代: 國家の設計と知の歷程》, 木鐸社, 65쪽 (원문의 강조점은 생략했다).

야마무로의 예시에는 언급되지 않지만, 메이지 시대에 프리드리히 2세가 '모범인'의 하나였음은 분명한데, 1880년대 이후 일본인 사이에서는 "'부국강병'을 이룩한 강한 군주, 통수권자로서의 프리드리히 대왕을 일본 천황의 모델로서 설정"하려는 분위기가 형성되어 있었다.[27]

이러한 지적 맥락 속에서 시부에는 프로이센의 발흥에 대한 관심에 이끌려 7년전쟁에 관해 저술했다. 시부에는 프로이센-오스트리아전쟁(1866)이 프로이센이 흥성한 계기라고 파악하고, 1895년 이미 《보오전사普墺戰史》를 저술한 바 있다. 시부에는 이후 프로이센의 부상이라는 놀라운 사건의 먼 기원을 탐구하기 위해 7년전쟁에까지 관심을 확장한 것으로 보인다.

이 추정에는 몇 가지 근거가 있다. 첫째, 시부에가 《7년전사》를 쓰기 위해 참조했다고 밝힌 서적은 총 4권인데, 이는 모두 그가 《보오전사》를 저술하면서 이미 참조한 문헌의 범위를 벗어나지 않는다.[28] 둘째, 《7년전사》 초반부의 서술은 《보오전사》 초반부와

---

27 이예안(2018), "근대일본의 '개명전제' 개념: 프리드리히 대왕론의 전개와 관련하여", 〈인문사회 21〉 9(2), 817쪽.

28 네 저작은 영국의 역사가 토머스 배빙턴 매콜리(Thomas Babington Macaulay, 1800~1859)의 에세이 "프리드리히 대왕"(Frederic the Great, 1842)과 토머스 칼라일(Thomas Carlyle, 1795~1881)의 《프리드리히 대왕전》(*History of Friedrich II of Prussia, Called Frederick the Great*, 1858), 스위스 출신으로 프랑스·러시아에서 활동한 군사사상가 앙투안 앙리 조미니(Antoine-Henri Jomini, 1779~1869)의 《대 군사 작전 논고》(*Treatise on Grand Military Operations*, 1865), 그리고 이

상당 부분 중첩된다. 시부에는 《7년전사》 본문의 첫머리에서 "프로이센의 유래를 고찰하건대 내가 앞서 《보오전사》에서 말한 바와 같이 …"라고 운을 떼며 그 내용을 그대로 인용하고 있다. **29** 셋째, 시부에는 프로이센-오스트리아전쟁과 7년전쟁 모두 프로이센이 오스트리아를 이기고, 독일 지역에서 패권을 장악하여 대국으로 부상한 중요한 계기라고 평가했다. 프로이센-오스트리아전쟁은 "프리드리히 대왕 이래의 숙원〔宿望〕"을 성취한 것으로, 7년전쟁은 "독일 통일의 목적"을 선구적으로 제시한 계기로 설명하여, 시부에의 논리에서 두 사건은 상호 참조를 이루었다. **30**

시부에 다모쓰가 《7년전사》를 집필하기 위해 참조한 자료 가운데 골격을 이루는 것은 매콜리의 "프리드리히 대왕"이다. 이 글은 매콜리가 역사학 저널 〈에든버러 리뷰*Edinburgh Review*〉에 1825~1844년 동

들에 비해 오늘날 덜 알려진 독일의 역사학 교수 프리드리히 콜라우슈(Friedrich Kohlrausch, 1780~1867)의 《독일사》를 말한다. 이때, 매콜리의 에세이가 책으로 출간된 것 가운데 시부에가 저본으로 삼은 판본은 Thomas Babington Macaulay (1893ca.), *An Essay on Frederic the Great*, New York: Maynard, Merril, & Co.로 필자는 추정한다. "잉글리시 클래식 시리즈"(English Classic Series)의 일환으로 출간된 이 판본에는 이전 버전에는 없는 용어해설 주석("Explanatory and Biographical Notes")이 달려 있고, 시부에의 글에 이 주석에 상응하는 번역이 보이기 때문이다. 따라서 이 글에서는 이 판본을 기준으로 인용하기로 한다. 澁江保 (1895), "小引", 《普墺戰史》, 博文館, 4~5쪽; 澁江保(1896), "小引", 《フレデリック大王七年戰史》, 博文館, 4쪽.

29 澁江保(1896), 위의 책, 2~3쪽.

30 澁江保(1895), 앞의 책, 1~2쪽(원문의 강조점은 생략했다); 澁江保(1896), 위의 책, 1~2쪽.

안 기고한 27편의 "역사 에세이Critical and Historical Essays" 가운데 24번째 것이다. 31 시부에의 《7년전사》 이전에도 메이지 일본의 출판 세계에는 "프리드리히 대왕에 대한 에세이"를 번역하여 간행한 몇몇 글이 있었고, 이들 글은 프리드리히 2세를 부국강병을 추진하는 사령관으로 표상했다. 32

그러나 시부에의 저작은 이 목록의 다른 저작과 몇 가지 점에서 차별화되었다. 첫째, 시부에는 매콜리 이외에도 칼라일, 조미니, 콜라우슈의 저작을 함께 참조했다. 33 둘째, 다른 책들이 초점을 프리드리히 2세라는 인물의 생애 전반에 두고 매콜리의 에세이만을 충실히 번역하는 데 관심을 둔 데 반해, 시부에는 7년전쟁이라는 사건과 연관된 내용 위주로 대왕의 삶을 서술했다. 셋째, 시부에는 7년전쟁의 전황戰況을 묘사하는 데 관심을 기울였는데, 이를 위해 콜라우슈의 독일사 교과서를 적극 인용했다. 34 넷째, 시부에는 서양사

---

31 〈에든버러 리뷰〉에 대한 자세한 설명으로는 이영석(2014), 《지식인과 사회: 스코틀랜드 계몽운동의 역사》, 아카넷, 10장 참조.

32 이예안(2018), 앞의 논문, 817~818쪽.

33 시부에는 칼라일의 《프리드리히 대왕전》에 대해 극찬을 아끼지 않았는데[澁江保 (1891), 《英國文學史》, 博文館, 235쪽], 《7년전사》에서 이 책의 관점을 곳곳에 인용했다(다만 인용한 분량은 적다). 조미니의 《대 군사 작전 논고》는 7년전쟁의 개별 전투에 나타난 경험 자료에 기반을 두고 전략 수립의 일반 원칙을 발견하기 위해 쓰인 저작이다. 시부에는 이 책에서 주요 전투별로 각 군의 지휘체계 등을 정리한 도식을 주로 인용했다.

34 일례로 매콜리는 콜린 전투 등의 구체적 전황을 묘사하지 않았으므로, 시부에는 콜라우슈의 독일사 교과서를 참조해 해당 전투의 묘사를 보완했다. Thomas Babington Macaulay(1893ca.), 앞의 책, pp. 78~79; Frederick Kohlrausch

에 대한 추가적 설명이 필요하다고 보이는 곳에서는 자신의 다른 저술을 언급하거나 인용하며 부연하기도 하고,35 자신이 참조한 저자의 견해에 대해서는 독자적 논평을 추가하기도 했다. 《7년전사》는 현대적 기준에서는 복수의 초역 자료를 짜깁기한 편집본이다. 그러나 시부에의 저술 방식은 《7년전사》가 단순한 '번역'이나 '표절'을 넘어서서, 7년전쟁사를 입체적으로 조명하기 위한 지적 노력의 산물이었음을 암시한다.

그렇다면 유길준이 이 책을 번역한(더 적극적으로 평가하자면, 그러한 번역에 기초해 자신의 《7년전사》를 저술한) 동기는 무엇이었을까? 시부에가 《7년전사》를 썼을 때 각별히 신경 쓴 노력과 비교해 볼 때, 유길준의 글에서는 몇 가지 뚜렷한 차이가 보인다.

첫째, 자신이 참조한 원 저작을 밝히려는 데 큰 관심이 없다. 유길준은 이 글이 자신이 역술譯述한 글이라고 밝히기는 했으나, 시부에의 원전이나 시부에가 의존한 4명의 유럽 역사가 및 그들의 저서도 언급하지 않았다. 시부에가 역사가의 이름을 실명으로 언급한 데 반해 유길준은 몇몇 사론史論을 익명의 역사가의 것으로만 제시했다.36 둘째, 7년전쟁의 서사를 구성하는 세부 사실에 대한 정확한

(1844), *History of Germany from the Earliest Period to the Present Time*, Chapman and Hall, pp. 568~569; 澁江保(1896), 앞의 책, 73~79쪽.

35 이를테면 시부에는 한니발, 폴란드 왕 얀 소비에스키, 그리고 몽테스키외에 대해 알기 위해서 자신의 《포에니 전쟁사》, 《폴란드 쇠망전사》, 그리고 《프랑스 혁명 전사》를 참조하라고 썼다. 澁江保(1896), 앞의 책, 82, 150쪽.

파악과 제시에 대한 관심이 떨어진다. **37** 셋째, 유길준은 시부에가 일본인 독자를 위해 일부러 단 일련의 할주割註를 대폭 삭제했고, 한 장을 통째로 삭제했으며(제 4편 제 3장), 시부에가 독자의 이해를 돕기 위해 만든 부록의 참고 자료도 포함시키지 않았다. 베누티의 말을 원용하자면, 유길준의 《7년전사》에서 시부에와 다른 서양 역사가들은 저자로서 눈에 보이지 않는다. 역자인 유길준이 저자로서 눈에 띨 뿐이다. **38**

유길준의 저자로서의 독자적 저술 의도를 추론하는 데는 그의 "서序"가 실마리를 제공한다. 이 글은 유길준이 시부에의 저작에 포함된 정보를 한국어 체계로 투명하게 옮기려는 지적 호기심 이외에도, 별도의 동기를 가지고 해당 지식을 의식적으로 재구성했을 가능성

---

36 예컨대 시부에가 프리드리히 빌헬름 1세에 대한 "사씨"(史氏, 매콜리 등)의 논평을 언급하고 이를 비판한 데 반해, 유길준은 단지 "사씨"라고만 썼다. 澁江保 (1896), 위의 책, 3~4쪽; 유길준 역술(1908), 《普魯士厚禮斗益大王七年戰史》, 廣學書舖, 1~2쪽; 《유길준 전서》 III, 483~484쪽.

37 7년전쟁 후 폐허가 된 프로이센에 대한 두 사람의 묘사를 비교해 보라. 시부에가 서양 역사가들의 문헌에 근거해 구체적 지역의 참상을 묘사하고자 노력한 데 반해, 시부에의 글에 근거한 유길준의 거친 요약은 유길준이 이에 상응하는 만큼 유럽사 지식을 전달하려는 관심을 지니지 않았다는 사실을 시사한다. 澁江保(1896), 위의 책, 234~235쪽; 유길준 역술(1908), 위의 책, 83~84쪽; 《유길준 전서》 III, 575~576쪽.

38 이런 이유에서 "근대 계몽기에 출현하는 다수의 역술서는 단순 번역이 아니라, 그 자체로서 지식 수용과 생산을 아울러 의미하는" 것으로 보아야 한다. 허재영 (2015), "근대 계몽기 지식 유통의 특징과 역술 문헌에 대하여", 〈어문론집〉 63, 중앙어문학회, 11~12쪽.

을 시사한다.

　나라와 나라가 교제하는 데 이르러서는 강력剛力이 정의라 하며, 권능으로 실덕實德을 삼는 까닭에 화호和好조약이 평시의 한담에 지나지 않으며, 만국공법이 종이 위의 헛된 글에 지나지 않는지라. 이 때문에 각국의 외교 정략을 엿보면, 가장한 관용 수단〔慣手段〕을 교묘하게 사용하고 다른 모습의 진면목은 숨겨둔 채 단지 자신의 이해관계에 따라 향방을 정하니, 작은 자를 위협하고 약자를 억압하며 세력이 맞먹고 힘이 같은 자를 당할 때는 서로 우월하거나 모자라지 않아 흘기고 곁눈질하면서 틈을 서로 엿보니, 근세 달관達觀한 사士가 말하되 공법 천 마디가 대포 한 문門만 못하다 함이 역시 이를 개탄함이라. 이와 같은 때에 처하여 그 나라를 지키고자 하는 자가 어떠한 방법을 사용함이 가可한가. **39**

　많은 연구자가 지적하듯이, 유길준의 이 서문은 후쿠자와 유키치의 《통속국권론通俗國權論》(1878)의 문제의식과 공명한다. 유길준이 바꾸어 인용한 "근세 달관한 사"(후쿠자와)의 발언**40** 이외에도, 이 문장에 선행하는 일련의 표현 역시 후쿠자와의 주장을 재서술한 것이다. **41** 《통속국권론》은 후쿠자와가 기존의 국제정치적 '낙관론'·

---

39 유길준 역술(1908), "서", 앞의 책, 1~2쪽; 《유길준 전서》 III, 483~484쪽.
40 "百卷の万國公法は數門の大砲に若かず", 福澤諭吉(1878), 《通俗國權論》;《福澤諭吉全集》 4권, 637쪽.

'자연법적 국제관'을 버리고, 국가의 운신은 자국이 통제 가능한 병력에 의존해야 한다는 국권론을 향해 '전향'한 주요 전환점으로 흔히 평가된다. **42** 후쿠자와는 새로운 국제정치관을 "각국 교제의 방법에는 두 가지가 있으니, 멸망시키는 것과 멸망당하는 것뿐이라고 할 수 있다"라는 말로 극적으로 표현했다. **43** 후쿠자와의 방향 전환이 1870년대 국제정세에 대한 비관에서 비롯한 것이었다면, 유길준이 목도한, 1890년대 이후 본격화된 국가 멸망의 사례들은 그가 이러한 현실주의적 국제정치관에 더욱 공명하도록 유도했을 것이다.

유길준은 아관파천俄館播遷(1896)에서 고종의 퇴위(1907)에 이르는 망명기간에 시부에의 《7년전사》를 읽고 이를 번역했을 가능성이 높다. 청일전쟁(1894~1895)이 끝난 이후 열강은 이미 중국 대륙을 분할했고, 미국은 1898년 필리핀을 식민지화하고 하와이를 합병했으며, 1905년 러일전쟁이 종결된 이후에는 조선의 주권 자체가 위태로워졌다.

정치사상 연구자들은 《7년전사》 서문 등에 근거하여 유길준이 권력정치적 현실에 눈을 떴다는 측면을 지적하기도 하고, 그가 여전히 도덕으로써 현실주의적 정치관을 상대화한 면모를 강조하기도

---

41 福澤諭吉(1878), 위의 책; 《福澤諭吉全集》4권, 637쪽.
42 후쿠자와의 국제정치관의 변동에 관해서는 安西敏三(2009), "福澤諭吉—ナショナリティの原則", 《ナショナリズムの時代精神: 幕末から冷戦後まで》, 米原謙・長妻三佐雄 編, 萌書房, 147~166쪽 등 참조.
43 福澤諭吉(1878), 앞의 책; 《福澤諭吉全集》4권, 637쪽.

한다. 연구자들의 기존 분석은 타당하지만, 그들은 유길준이 《통속국권론》에 전제된 비관적 국제정치를 헤쳐 나갈 해답을 어떻게 구했는지에는 관심을 두지 않았다. 유길준이 자신의 사상적 질문을 던지기 위해 후쿠자와의 문헌을 실마리로서만 원용했다는 점을 감안하면 이러한 무관심은 정당화하기 어렵다. 앞선 인용문에서 유길준은 냉혹한 국제현실에서 "이와 같은 때에 처하여 그 나라를 지키고자 하는 자가 어떠한 방법을 사용함이 가한가"를 찾고자 했다. 우리가 진정으로 던져야 할 물음은, 유길준이 7년전쟁의 역사로부터 그 대답을 어떻게 찾고자 했는가 하는 점일 것이다.

유길준은 후쿠자와의 질문에 대한 대답을 소국의 입장에서 주로 찾고자 했다. 유길준이 새롭게 쓴 《7년전사》 서문은 "나라가 작다고 스스로 위축되지 말며, 군대가 적다고 스스로 약해지지 말지어다"라는 문장으로 시작한다. **44** 시부에는 《7년전사》의 전작 《보오전사》에서, "늙고 큰 오스트리아"가 "연방을 자신의 속국처럼 생각하고 수구적이고 완고하고 … 민심이 이반하고 국력이 쇠모"한다는 점에서 "서양의 지나支那"에 해당한다고 비유했으며, "젊고 건강한 프로이센"은 "부국강병의 실"을 거두고 "인민 최다수의 애국심"으로 가득하다는 점에서 "우리 일본국과 거의 같을 것"이라고 적었다. **45** 1860년대의 프로이센을 언급한 것이지만, 청일전쟁 승리의 경험을

---

44 유길준 역술(1908), "서", 앞의 책, 1쪽; 《유길준 전서》 Ⅲ, 483쪽.
45 澁江保(1895), "小引", 앞의 책, 2~3쪽.

바탕으로 부상한 자국을 프로이센에 비견하는 시부에의 여유를 엿볼 수 있다. 그러나 유길준이 시부에의 책을 읽고 《7년전사》를 저술하던 시점에, 그에게 "젊고 건장한 프로이센"과 동일시할 만큼 강한 조국은 없었다.

소국의 생존방식을 모색해야 한다는 유길준의 문제의식은 이미 《서유견문》에서 드러난 바 있다. 유길준은 《서유견문》에서 소국이라도 외세의 핍박을 받지 않을 수 있는 방법을 찾고자 한 바 있다. 이 점에서 《7년전사》는 《서유견문》과 동일한 문제의식을 계승한 글이었다.

그러나 《통속국권론》의 자극을 받은 만큼 《7년전사》에는 《서유견문》 이상으로 국제적 위기의식이 한층 강렬하게 표현되어 있다. 유길준은 《7년전사》 서문에서 국가를 보존하는 "방법을 잘 사용하면 이탈리아의 통일하는 업이 이루어지고, 잘못 사용하면 폴란드의 분열하는 운에 이르나니"라고 적어, 7년전쟁기 프로이센의 상황이 흥성과 멸망의 기로에 놓인 상황이라는 의미를 적극 강조했다. **46**

이 규정은 유길준의 전쟁사 저술인 《7년전사》, 《폴란드 쇠망전사波蘭衰亡戰史》, 그리고 《이탈리아 독립전사伊太利獨立戰史》 사이에 부여한 질서를 파악할 수 있는 단서를 제공한다. 유길준에게 1860년대 이탈리아의 통일은 권력정치 세계에서 국가가 도달할 수 있는 가장 모범적인 상태를, 1770·1790년대 폴란드 분할은 국가가 겪을

---

46 유길준 역술(1908), "序", 앞의 책, 2쪽; 《유길준 전서》Ⅲ, 484쪽.

수 있는 최악의 실패를 가리킨다. 7년전쟁기 프로이센은 두 운명의
사이에 서 있을 뿐 아니라, "이탈리아의 통일하는 대업을 성취하지
못하면 곧 폴란드의 분열하는 비운에 떨어질지니"(강조는 인용자) 라
는 말에서 극적으로 표현되듯이 양자택일을 강요받는 지위에 놓여
있다. 유길준은 "각국 교제의 방법에는 두 가지가 있으니, 멸망시키
는 것과 멸망당하는 것뿐"이라고 한 《통속국권론》의 사유를 변용하
여, 7년전쟁의 역사에 시부에가 의도하지 않은 독창적 의미를 부여
한 것이다. 유길준이 프로이센을 통일 이탈리아와 분할된 폴란드 사
이에 위치 지은 데는 상당한 근거가 있다. 프로이센의 미래는 결국
통일에 의한 부상으로 귀결되었다(유길준도 "저 철혈재상 비스마르크
등이 독일 통일의 대업을 성취함이 실로 대왕이 남긴 뜻을 계승함", "프로
이센이 오늘날의 부강을 가짐은 실로 프리드리히 대왕의 유열遺烈이다"라고
썼다). **47** 한편, 1750년대만 해도 주변국이 꾸민 "프로이센을 분할할
밀모密謀"에 의해 "프로이센은 태반은 적국의 분할"을 겪을 위기가 엄
존했으므로, 프로이센이 폴란드처럼 "분열하는 비운에 떨어질" 수
있었다는 설명 역시 과장이 아니었다. **48**

　이러한 위기 상황에서 국가가 살아남을 수 있는 방법은 무엇이었
을까? 《서유견문》의 유길준에게 그 대답은 교육의 개도와 법률에
의한 권리의 보호였다. 그는 "여러 대국에 끼어서 그 자주하는 권세

---

47 유길준 역술(1908), 앞의 책, 1, 86쪽; 《유길준 전서》 III, 493, 578쪽.
48 유길준 역술(1908), 위의 책, 8, 16쪽; 《유길준 전서》 III, 500, 508쪽.

와 독립하는 영화를 지키는" 국가의 사례로서 스웨덴과 덴마크 등
소국에 관심을 보였고, 특별히 군민공치제(입헌군주제)의 수립에 관
심을 보였다. 그러나 《7년전사》의 유길준은 정치체제의 종류를 논
의하는 것과는 다른 각도에서 이 답을 찾고자 했다. 그는 《통속국권
론》이 제시하는 문제 상황에 대한 대답을 서양 전쟁사의 사례로부터
도출하고자 했던 것이다.

그렇다면 7년전쟁은 어떠한 방법을 제시하는 사례일까? "통일하
는 대업을 성취하지 못하면 곧 … 폴란드의 분열하는 비운에 떨어지
는" 국제관계 속에서 국가에게는 어떠한 행위가 요청되는가?

4. 프로이센형 국민 창출론

1) '지리'(地利)와 '인화'(人和)

7년전쟁이 종결되고 프로이센이 생존할 수 있었던 근인近因에 대해
서는 여러 연구자가 동일한 원인을 지목한다. 러시아의 엘리자베타
여제Yelizaveta Petrovna (재위 1741~1761)의 사망이라는 "운 좋은 우연적
사건"이 그것이다. **49** 매콜리, 시부에, 유길준의 서사도 예외 없이

---

49 Frederick Kohlrausch (1844), 앞의 책, p. 571 ; G. P. Gooch (1947), *Frederick
the Great : The Ruler, the Writer, the Man*, New York : Alfred A. Knopf, p. 56.

프리드리히 2세에게 적대적 인물이 사라진 이 근인을 언급한다. **50**
매콜리와 콜라우슈는 7년전쟁의 전개를 설명할 때 우연이나 비인간
적 요소를 자주 동원했고, 시부에와 유길준의 서사도 이로부터 자유
롭지 못했다. **51** 그러나 우연은 일반화가 가능한 원인이 아니기 때문
에 7년전쟁 승패에 대한 설명으로서 여기에 전적으로 의존할 수는
없다. **52** 게다가 이 원인론은 여제女帝가 죽음에 이르기 전까지 소국
프로이센이 생존하고, 몇몇 전투에서 압도적 승리를 거둔 비결도 설
명할 수 없다.

유길준은 7년전쟁 시기 프로이센이 안고 있던 두 가지 일반적 문
제를 지적함으로써, 7년전쟁기 프로이센의 승리를 설명할 수 있는
일반적 원인이 무엇이었는가를 더불어 암시했다. 프로이센의 문제
는 무엇이었는가? 첫째, 프로이센은 주변의 적성국가 동맹에 비해
인구가 압도적으로 열세였다. 5백만 인구의 프로이센은 20배 인구

이 외에 Dennis Showalter(1996), *The Wars of Frederick the Great*, Longman,
p. 321; Gerhard Ritter(1968), *Frederick the Great*, trans. Peter Paret,
University of California Press, p. 125 등 참조.

50 Thomas Babington Macaulay(1893ca.), 앞의 책, p. 98; 澁江保(1896), 앞의
책, 219쪽; 유길준 역술(1908), 앞의 책, 77쪽; 《유길준 전서》 III, 569쪽.

51 예컨대 Thomas Babington Macaulay(1893ca.), 위의 책, pp. 78~79; Frederick
Kohlrausch(1844), 앞의 책, pp. 568~571; 유길준 역술(1908), 위의 책, 36, 77
쪽; 《유길준 전서》 III, 528, 569쪽.

52 프로이센의 승리를 우연적 원인에 기인한다고 보는 해석을 비판하고 더 일반적 원
인을 지목하는 논의로는 다음을 참조할 것. Tim Blanning(2016), *Frederick the
Great: King of Prussia*, Penguin Books, Ch. 10.

의 동맹군과 맞서야 했다. 둘째, 프로이센은 유럽의 대국인 적들에게 포위되어 있었다.**53**

두 가지가 해결되면 소국 프로이센도 승리를 거둘 수 있었다. 첫 번째 조건은 지형상의 이점을 이용하는 것이다. 즉, "나라가 작아도 그 지리地利의 형편을 말미암아 능히 큰 적을 막기에 족"할 것이었다. 두 번째 조건은 피치자 일반이 국가와 군주에 대한 충성심을 지니는 것이었다. "가령 프로이센의 인민으로 하여금 모두 애국하는 충정에 젖으며 근왕勤王하는 정신에 고무되었을진대 도리어 저 이반하고 쇠모하는 늙고 큰 여러 나라에 저항해 대적할 수 있기" 때문이다. 그러나 개전 이전부터 프로이센은 두 요건 모두를 갖추지 못했다. 첫째, 프로이센은 국경에 자연적 장애물이 없고 영토가 가늘고 긴 형상이라 침략을 막기에 불리했다. 둘째, 일반 백성이 프리드리히 2세의 군주국에 애착을 느끼지 않았다. 즉, "프로이센이 좁고 작은 데 더해 국내 불평당은 적국보다도 많기가 더욱 심"했다.**54** 여기서 "국내 불평당"이란 불평이 많을 뿐 아니라 국사에 애착을 가지지 않는 피치자를 말한다.

매콜리는 이들 피치자에 대해 "실레지엔 사람들에게 … 그〔프리드리히〕가 가장 기대할 수 있는 것은 기껏해야 무관심이었다"라고 쓴 바 있는데, 시부에가 이를 "월越나라 사람이 진秦나라 사람이 살이

---

53 유길준 역술(1908), 앞의 책, 4, 6쪽;《유길준 전서》III, 486, 488쪽.
54 유길준 역술(1908), 위의 책, 17쪽;《유길준 전서》III, 509쪽.

졌는지 야위었는지를 보듯 무관심하게"라는 표현으로 다듬었고, 유길준은 "월나라 사람이 진나라 사람이 살찌고 야윈 모습에 대해서 하듯"이라고 하여 시부에의 표현을 거의 그대로 받았다. 55

이 비유는 앞서 《서유견문》에서 엿본바 군주만이 통치권을 가진 국가에서 인민이 "정부를 초나라와 월나라 같이 본다"라는 묘사와도 공명한다. 월나라 사람과 진나라 사람의 비유는 한유韓愈(768~824)가 〈쟁신론爭臣論〉에서 사용한 어구에서 유래했는데, 본래의 문맥에서 한유는 양성陽城이 간의대부諫議大夫라는 쟁신爭臣의 지위에 있는데도 정치에 무관심한 것을 비판하고자 이 표현을 사용했다. 56 유길준의 한유 인용은, 실레지엔 지역민이 프로이센에 살면서도 "프로이센의 전쟁을 보는" 태도가 마치 남의 나라 일처럼 바라본다는 사실을 매콜리 이상으로 극적으로 표현하고 있다. 동시에 해당 표현은 앞선 문맥에서 쟁신이 아니라 일반 인민까지도 국사에 관심을 가져야 함을 암시하는 것으로 의미가 변용되어 있다.

유길준은 이러한 상황을 "지금 대왕은 지리地利와 인화人和가 모두 없다고 할지라"라고 요약했는데, 흥미롭게도 이는 매콜리나 시부에

---

55 "from the Silesians … the utmost that he (Frederic) could expect was apathy", Thomas Babington Macaulay(1893ca.), 앞의 책, p. 72; "越人, 秦人ノ肥瘠ヲ見ルが如ク", 澁江保(1896), 앞의 책, 28쪽; "越人이 秦人의 肥瘠에 ᄒ듯", 유길준 역술(1908), 위의 책, 17쪽; 《유길준 전서》 III, 509쪽.
56 "越人視秦人之肥瘠", 한유(2010), 《한유 산문선》, 오수형 역해, 서울대 출판부, 504~505쪽.

140

의 저작에 없는 말을 유길준이 덧붙인 것이다. **57** 이 말은 《맹자》에 등장하는 "천시天時는 지리만 못하고, 지리는 인화만 못하다"라는 말을 끌어온 것이다. **58** 《맹자》의 문제 상황은 보잘것없는 군사적 목물을 공격하는 데도 쉽사리 성공하지 못하는 데 있다("3리 되는 성에 7리 되는 곽郭인데도 포위하여 공격하고도 이기지 못한다"). 맹자는 지극히 간단한 과제로써 상황을 예시하여, 무력에만 의지한다면 남의 영토를 탈취하는 일이 얼마나 어려운 정치적 과제인지를 보여 준다. 군주가 통치를 위해 고려해야 할 요소로서 처음에는 천시가, 더욱 주요한 요소로서 지리가 언급되지만, 진정한 핵심은 공동체 구성원으로부터 심리적 화합을 얻는 데 있었다. **59**

유길준은 프로이센 승리의 열쇠를 프로이센 인민이 "애국하는 충정"과 "근왕하는 정신"을 얻는 데 있다고 파악했는데, 《맹자》에서 원용한 구절은 이 논리를 명료하게 부연한다. 특히, 《맹자》의 구절은 "지리"와 "인화"에 동등한 무게를 부여하는 게 아니라 후자에 방

---

57 "今 大王은 地利 人和가 皆 無ᄒ다 謂ᄒᆯ지라", 유길준 역술(1908), 앞의 책, 17쪽; 《유길준 전서》 Ⅲ, 509쪽.

58 "孟子曰 天時不如地利 地利不如人和 三里之城 七里之郭 環而攻之而不勝 夫環而攻之 必有得天時者矣 然而不勝者 是天時不如地利也 城非不高也 池非不深也 兵革非不堅利也 米粟非不多也 委而去之 是地利不如人和也 故曰域民不以封疆之界 固國不以山谿之險 威天下不以兵革之利 得道者多助 失道者寡助 寡助之至 親戚畔之 多助之至 天下順之."

59 주희는 문제의 대목에 다음과 같은 해설을 붙였다. "인화는 민심의 조화를 얻은 것이다"(人和得民心之和也), 《맹자집주》(孟子集註).

점을 찍고 있어서, 주회朱熹(1130~1200) 같은 주석자는 이 구절에서 인화를 승리의 충분조건으로, 다른 변수를 부차적인 것으로 간주했다.60 프로이센의 지리적 요건은 그 누구의 의지로도 변경하기 어려운 요소이다. 따라서 매콜리와 시부에의 7년전쟁 서사에서도 지리적 요인보다 정치적 화합을 중요한 변인으로 기술했다는 사실을 감안하면, 유길준의 짤막한 가필은 핵심을 찔렀다고 할 수 있다. 다만, 《맹자》에서는 영토를 획득하는 상황을 가정한 데 반해, 《7년전사》에서는 분할과 멸망의 위기 속에서 국가를 수호해야 하는 상황을 전제한다는 점에서 차이가 있다. 더 근본적으로, 《7년전사》의 인화는 고대 중국보다 더욱 명확한 구획을 가진 영토국가 내에서 국민이 창출된 상태라는 새로운 의미를 지닌다. 유길준은 국민 창출론을 익숙한 방식으로 표현하는 동시에, 인화를 낯선 방식으로 전유한 셈이다.61

---

60 "이 구절은 [군자가] 싸우지 않으면 그것으로 그치겠으나, 싸우면 반드시 이긴다고 말하는 것이다. 윤 씨가 말하길, 이 대목은 천하를 얻는 자는 대체로 민심을 얻는 것으로써 할 따름이라고 말한 것이라고 했다"(言不戰則已 戰則必勝 尹氏曰 言得天下者 凡以得民心而已), 《맹자집주》.

61 군사적 위기를 극복할 해답으로 인화의 달성을 제시한 것이 유길준만은 아니다. 예컨대 가토 히로유키(加藤弘之, 1836~1916)는 《이웃나라에 대한 논고》(隣草, 1860년 초고 작성)에서 청조가 군사적 위기를 극복할 해결책으로서 인화의 확립을 주장했는데, 이때 인화를 달성하는 핵심은 정체 개혁이었다. 가토는 청조가 서양 국가에 의해 수모를 겪는 근본적 이유가 군주악권(君主握權, 순수 군주정)의 정치 체제에서 "상하의 지정(志情)이 완전히 격단(隔斷)되고 인화(人和)가 완전히 깨어"졌기 때문이라고 파악했으며, 청조는 공회(公會)를 설치하는 등의 조치로 정치

그렇다면 유길준은 《7년전사》에서 그러한 인화가 구체적으로 어떤 방법으로 달성될 수 있다고 제시했는가? 《7년전사》는 《서유견문》에서처럼 인민에게 권리를 교육하고 법률로 권리를 보호하며, 정치체제를 입헌군주제로 개혁해야 국민이 창출된다고 믿었는가? 아니면 이와 구별되는 대안적 논리를 제시했는가?

2) '북두'(北斗)와 '중성'(衆星)

유길준에 따르면, 독일지역 주민이 처음부터 7년전쟁을 자신의 전쟁으로 여긴 것은 아니었다. 유길준은 "프리드리히 대왕의 몇 년 동안의 승리는 대왕의 승리에 그쳤고, 독일 인민 사이에서 국민이 자신을 높이는 감정을 환기하기에는 부족했"다고 적어, 7년전쟁 초 프로이센 왕국과 군주가 주민과 얼마나 괴리되었는지를 지적했다.[62] 로스바흐 전투(1757년 11월) 이전까지 이러한 상황은 변하지 않았다.

로스바흐의 승리에 이르러서는 그 승리 소식이 독일 국내에 한번 다다르자 남쪽으로는 알프스산으로부터 북쪽으로는 발트해까지, 서쪽으로는 로렌의 경계로부터 동쪽으로는 쿠를란트의 경계에 이르기까지

체제를 상하분권(上下分權)으로 개혁하고 인화를 회복해야 한다고 주장했다. 加藤弘之(1990), 《加藤弘之文書》1권, 同朋社, 21, 28~29쪽.

62 유길준 역술(1908), 앞의 책, 48쪽; 《유길준 전서》 III, 540쪽. 참고로 이에 상응하는 시부에의 대목은 다음을 보라. 澁江保(1896), 앞의 책, 107쪽.

진정 독일인이라 칭하는 자라면 기뻐 날뛰지 않는 자가 없으니, 이에 앞서 베스트팔렌과 저지대 작센 경내境內에 언어불통言語不通하는 외국 군外國兵이 홍수가 범람하듯 큰 기세로 침입하여 온 땅에 충만하매 그 교만하기가 극에 달하고 쉬이 진노震怒시키니 독일인으로 하여금 혐오 하는 감정과 증오하는 마음을 견디지 못하게 하더니 ⋯ . **63**

이 인용문은 독일 주민이 프리드리히 2세의 승리를 자신의 승리 로 간주하도록 허용한 조건을 암시한다. 이 조건이란 외국군이 독일 지역 주민의 반감을 산 일을 말한다. 또, 유길준은 독일 지역민이 프로이센 군주와 자신을 동일시하기에 앞서 '안'과 '밖'에 대한 구별 을 가지고 있었다고 가정한다. 세 기준이 이 구별을 가능하게 한다.

첫째는 지리적 경계이다. 알프스 · 발트해 · 로렌 · 베스트팔렌 · 저지대 작센 등의 지명은, 내부가 균질적이지 않은 독일 지역을 느 슨하게 묶어 주는 테두리를 가리키지만, 다른 한편으로는 독일 지역 을 바깥의 세계와 막연하게나마 구분 짓기도 한다. 매콜리는 프랑스 군의 침략에 대해 "베스트팔렌과 저지대 작센은 침투당했다"라고 표 현한 바 있는데, **64** 유길준은 앞서 두 지역이 지닌 경계로서의 기능 을 강조하여 프랑스군이 "베스트팔렌과 저지대 작센 경내에 ⋯ 침입"

---

63 유길준 역술(1908), 위의 책, 48쪽; 《유길준 전서》 III, 540쪽. 이 대목에 상응하 는 매콜리와 시부에의 서술은 다음을 보라. Thomas Babington Macaulay (1893ca.), 앞의 책, pp. 87~88; 澁江保(1896), 위의 책, 107~108쪽.

64 "Westphalia and Lower Saxony had been deluged."

했다고 썼다(시부에도 "경내"라는 표현은 쓰지 않았다). 독일 지역 내 구성원이 아직 동일한 정체성을 공유하지는 않았지만 프랑스군을 "외국군"이라고 표현한 데서 알 수 있듯, 유길준은 국민이 창출되기 이전에도 국가 수준의 타자를 인식할 수 있다고 믿었다.

두 번째 기준은 언어이다. 유길준은 프랑스군이 독일인과 "언어 불통"한다는 점에 주목했다. 독일인은 국민적 정체성은 공유하지 않으면서도 서로 이해 가능한 수준의 언어를 구사했고, 그 점에서 이해할 수 없는 언어를 쓰는 프랑스인에 비해서는 내부적으로 유사성을 지녔다.

세 번째 기준은 거주민에 대한 위협의 정도이다. 유길준은 프랑스군이 독일 역내에서 교만과 진노를 표출하여 독일인에게 "혐오하는 감정과 증오하는 마음"을 일으켰다고 적었다. 지역 주민에게 가하는 위해危害는 그들과 심리적 동일시를 가지는 데 장애물로 작동한다. 이 세 번째 기준은 독일 주민이 로스바흐 전투 이전 프로이센에 심리적 애착을 보이지 못한 원인을 설명하는 데도 각별히 중요하다.

유길준의 이러한 《7년전사》 서사의 궁극적 원천은 매콜리의 에세이였다. 매콜리에 따르면, 프리드리히 대왕은 7년전쟁 초기 다른 독일인과도 싸워 가며 승리를 거뒀기 때문에, '독일인'조차 특별히 프로이센의 군주와 자신을 동일시할 이유가 없었다. 매콜리는 독일에 "하나의 인민으로서 그들〔독일인〕에게 속하는 위대한 날"**65**이 결여

---

65 "great day which belonged to them as a people."

되어 있다고 지적했다. 이 말은 곧 독일인이 여러 지역에 산재하는 다양한 사람들에 머무르지 않고, 통일화되고 집중화된 집체로 재창출되기 위해서는 공동의 적에 대한 투쟁의 계기가 필요하다는 의미이다. 매콜리에 따르면 독일에는 백년전쟁기 아쟁쿠르 전투(1415)나 스코틀랜드 독립전쟁기 배넉번 전투(1314)와 같은 상징적 순간이 부재했다. 프랑스인과 스코틀랜드인이 잉글랜드에 맞서 싸우며 초기 국민적 일체감을 형성하는 것에 상응하는 과정이 7년전쟁에는 없었던 것이다. **66**

유길준에 따르면 이 상황은 콜린 전투(1757) 이후 몇 가지 요인에 의해 반전되었다. 첫째, 외국군과의 언어적 차이가 프리드리히 2세에 대한 독일 주민의 애착을 형성하는 데 기여했다. 실로 독일 역내에 있는 오스트리아의 군대조차 "독일 인민과 이민족의 종족宗族이라 언어와 풍속과 습관이 모두 달랐"다.

둘째, 프랑스와 러시아의 군대가 거주민에게 강한 위기감을 안겨 주었다. 예컨대 리슐리외 공Duc de Richelieu (1696~1788)이 이끄는 프랑스군은 독일지역에서 방탕한 행동으로 곳곳에서 "인민의 고혈을 짜내어" 이 외국 군대를 "인민이 증오하기가 뱀과 전갈보다도 심히" 했다. 프로이센이 오스트리아와 교전할 때 인민은 오스트리아에 대

---

66 Thomas Babington Macaulay (1893ca.), 앞의 책, p. 87. 참고로, 후쿠자와에게 근대 유럽의 문명화 과제란 국민 창출의 과제라고 가르친 기조 역시 백년전쟁기 영국과의 투쟁이 프랑스 국민을 형성한 중요한 계기였다고 지적한 바 있다. M. Guizot (1842), 앞의 책, p. 232.

해 "적개심"을 품었으며, 프랑스 · 러시아군은 그 이상으로 "가장 증오하고 나아가 두려워"했다. 군사적 위기의 형성으로 "애국심"을 가장 먼저 품기 시작한 것은 독일 북부주민이었다.

유길준은 애국심의 형성을 "저 독일 북부의 인민이 그 마음을 프리드리히 대왕에게 귀의"하고 "그 기쁨과 근심을 프로이센과 동일케 하니, 곧 프로이센 대왕의 승리를 독일의 흥망이라" 여겼다고 묘사했다. 이 표현은 궁극적으로 콜라우슈가 " … 프리드리히의 대의에 우호적인 쪽으로 독일 전역에서 인민 다수의 마음을 얻는 것", "독일 북부는 특별히 프리드리히에게 애착을 느껴, 자신을 대왕의 백성의 지위에 두었으며 그러한 백성의 기쁨과 슬픔을 함께했다. 프랑스에 맞선 전쟁이 일어나는 곳이었으므로, 프리드리히의 대의는 독일의 대의로 여겨졌다"라고 쓴 데서 유래하는데, 여기에서 묘사하는 상황은 앞서 살핀 '인화', 즉 민심의 화합을 얻는 것이란 요건에 맞아떨어진다. **67**

---

67 "彼獨逸北部의 人民이 其心을 厚禮斗益大王에게 歸"; "其喜憂롤 普國과 同一케 흔 則 普大王의 勝敗로써 獨逸의 興亡이라", 유길준 역술(1908), 앞의 책, 40~41쪽; 《유길준 전서》 Ⅲ, 532~533쪽; "to gain over the hearts of the majority of the people throughout Germany in favour of the cause of Frederick"; "The north of Germany was more especially attached to Frederick, ranking itself on the side of his own people, and participating in their joys and sorrows"; "for as that was the seat of war against the French, the cause of Frederick was regarded as that of Germany", Frederick Kohlrausch(1844), 앞의 책, pp. 570~571; 참고로, 시부에 다모쓰는 콜라우슈의 해당 대목을 일역하면서 "옛날 탕(湯)과 무(武)가 군대를 일으킬 적에 적국의

유길준은 콜린 전투가 촉발한 흐름이 로스바흐 전투를 계기로 독일 전역에 파급되었다고 해석했다.

이때에 이르러 순연한 독일 군주가 소수의 독일 용사를 이끌고 이 가증스러운 외국의 대군을 쫓아내자 튜턴 인종 독일인의 기뻐하는 마음과 자랑스러운 감정이 일시에 폭발하여 프리드리히 대왕을 우러르는 일은 흡사 뭇 별이 북극성을 향함과 같이(厚禮斗益大王을 仰望ㅎ는 事는 恰然 衆星이 北斗를 拱홈과 갓치) 독일인의 애국성심愛國誠心이 떨쳐 드러났다. 68

매콜리와 시부에의 기술에 자극을 받아 쓴 이 구절은, 로스바흐 전투가 7년전쟁의 사건 가운데 독일 정치사에 미친 영향이 각별히 컸음을 보여 준다. 국민 창출이라는 어휘는 명시적으로 사용하지 않았지만, 유길준은 이 대목을 번역·저술하면서 프로이센 방식의 국민 벼리기 모델을 학습하고 또 독자에게 전달했다.

첫째, 유길준은 로스바흐 전투를 독일의 국민적 정서의 부재를 메

인민이 모두 단사호장(簞食壺漿) 하여 왕 된 자의 군대〔王師〕를 맞이한다고 들었다. 프리드리히의 군대 역시 이와 크게 유사한 바가 있다"라며 《맹자》〈양혜왕하〉(梁惠王下)를 원용하면서 자신의 평가를 덧붙였다. 유길준은 알 수 없는 이유에서 자신의 저작에서는 이 대목을 번역하지 않았지만, 프리드리히 2세가 자신의 것이 아닌 공동체에서 민심을 획득하는 과정을 두 사람 모두 《맹자》의 전거에 의지하여 설명한 점은 흥미롭다. 澁江保(1896), 앞의 책, 82~84쪽.
68 유길준 역술(1908), 위의 책, 48쪽; 《유길준 전서》Ⅲ, 540쪽.

우는 사건으로서 제시했다.

둘째, 유길준은 독일인 전체가 로스바흐 전투 이후 "애국성심"을 발휘했다고 표현했는데, 이것은 프로이센 왕국의 직접적 지배 아래 놓이지도 않은 독일 주민조차 프로이센의 국사에 관심을 두기 시작 했음을 의미한다. 이는 유길준이 후쿠자와 유키치에게서 학습하고 《서유견문》에서 재확인한 국민의 요건을 충족한다.

셋째, 로스바흐 전투가 독일 국민이 탄생하는 계기였다는 관점은 매콜리 저작의 본래 의도와도 합치한다. 매콜리는 이 전투 이후 "비로소 독일인은 진정 하나의 국민이 되었음이 분명해졌다"라고 명시 했다. 69

매콜리의 분석에서 주목할 다른 표현은 "프리드리히의 명성은 일정 부분 공통의 정부라는 공간, 공통의 수도라는 공간을 제공하기 시작했다. 그것은 모든 진정한 독일인의 집결지가 되었다"라는 대목이다. 프리드리히 대왕은 빌헬름 1세Wilhelm I(프로이센 국왕 재위 1861~1888, 독일 황제 재위 1871~1888)가 1871년에 그렇게 한 것과는 달리, 독일을 정치적으로 통일하지는 않았다. 그러나 로스바흐

---

69 "Then first it was manifest that the Germans were truly a nation", Thomas Babington Macaulay(1893ca.), 앞의 책, pp. 87~88. 이 문장들은 시부에의 글에 온전히 번역되어 있지 않아 유길준이 접하지 못했을 가능성이 높지만, 유길준의 국민 창출론의 사상적 배경을 드러낸다는 의미에서 주목할 가치가 높다. 7년전쟁과 독일 민족주의의 관계에 대한 현대 학자의 해석으로는 Tim Blanning(2016), 앞의 책, p. 363 참조.

전투 이후 하나의 국민으로 재탄생한 독일인에게, 프리드리히 대왕은 프로이센이라는 일개 왕국의 군주를 넘어 독일지역 주민을 정신적으로 통합하는 상징적 지위에 올랐다.

매콜리의 이러한 취지에 유의하여, 시부에는 같은 의미를 담아 해당 표현을 "그들이 프리드리히를 우러르는 것이 흡사 뭇 별이 북극성을 향함과 같이"라고 고쳐 번역했고, 유길준은 이를 받아 전술한 대로 "프리드리히 대왕을 우러르는 것은 흡사 뭇 별이 북극성을 향함과 같이"라고 적었다. 매콜리가 프리드리히 2세를 "모든 진정한 독일인의 집결지"라고 비유한 데 비해, 시부에와 유길준은 군주를 북극성으로, 매콜리가 별도의 보조관념에 빗대지 않은 독일인을 뭇 별로 비유했다. **70**

이 비유는 《7년전사》의 국민 창출론이 상정하는 군주-인민, 그리고 국가-인민 관계를 들여다보기에 유용한 실마리이다. 시부에와 유길준의 새로운 비유는 《논어》〈위정爲政〉편 첫머리에 등장하는 공자의 발언, 즉 "덕으로써 정사를 행함은 비유하자면 북극성이 제자리에 머무는데도 뭇 별이 그것을 향하는 것과 같다"라고 한 진술을 원용한 것이다. **71** 에드워드 슬링어랜드Edward Slingerland가 지적

---

70 "The fame of Frederic began to supply, in some degree, the place of a common government and of a common capital. It became a rallying-point for all true Germans", Thomas Babington Macaulay(1893ca.), 위의 책, p. 88; "彼レ等ガフレデリックヲ仰グコト恰カモ衆星ノ北斗ニ拱フガ如グ", 澁江保(1896), 앞의 책, 108쪽.

하듯, 이 구절은 "자연 세계와 마찬가지로 적절히 질서 잡힌 인간 사회는 조용히, 필연적으로, 그리고 무의식적으로 기능한다"라는 공자의 사상을 반영한다. 김영민의 분석처럼 공자가 생각한 이상적 공동체는 "일종의 관습의 공동체, 즉 일련의 공통의 관습에 의해 통합된 공동체"였으며, 공자는 그 안에서 예禮가 제대로 기능하는 한 사회에 질서를 부여하고자 국가가 큰 규모의 관료기구를 보유할 필요도, 피치자에게 의지를 강제적으로 관철할 필요도 없다고 생각했다. 전거의 맥락을 고려할 때, 《논어》에서 북극성과 뭇 별의 비유는, 국가의 수고로운 노력 없이도 비국가 영역에서의 질서 유지 메커니즘이 작동하리라는 신뢰를 표명하기 위한 장치였던 것이다. 다시 말해, 이 비유는 본래 국가와 군주의 무위無爲에 의한 통치를 표상하기 위한 수사였다. 72

《논어》의 문맥을 유념할 때, 시부에 다모쓰와 유길준이 원용한 북극성과 뭇 별의 비유는 몇 가지 점에서 흥미롭다.

첫째, 매콜리가 해석한 프로이센형 국민 창출 모델에 대한 서사를 설명하기 위해, 동아시아인에게 친숙한 고전을 활용하여 익숙하게 만들었다는 점이다. "모든 진정한 독일인의 집결지"라는 표현과 "뭇 별이 북극성을 향한다"라는 표현은 군주-인민 관계를 설명하는

---

71 "爲政以德, 譬如北辰居其所而衆星共之."

72 Edward Slingerland (2003), *Effortless Action: Wu-wei as Conceptual Metaphor and Spiritual Ideal in Early China*, Oxford University Press, p. 44; Youngmin Kim (2018), *A History of Chinese Political Thought*, Polity, pp. 31, 42~43.

비유로서 유사성을 갖는다. 이 표현들은 공히 피치자가 군주라는, 정치적 중심을 지향하는 이미지를 표현하기 때문이다. 이 비유는 프리드리히 2세가 독일 주민에게 물리적 강압을 행사하지 않고도 그들의 애착을 획득한 과정에 들어맞는다.

둘째, 《논어》의 구절을 원용하는 과정에서 이 구절의 본래적 의미에 중대한 변형을 가했다는 점이다. 공자에게 북극성은 무위無爲에 따라 통치하는 군주를 의미했다. 그러나 시부에와 유길준의 비유가 가리키는 군주는 "소수의 독일 용사를 이끌고 이 가증스러운 외국의 대군을 쫓아내"는 수고로운 노력에 의해 비로소 북극성의 자리에 오를 수 있었다. 《7년전사》의 군주는 덕정德政이 아니라, 군대라는 국가기구의 효과적 사용에 의해 질서를 회복했다. **73** 뭇 별이 북극성을 향한다는 말의 구체적 의미도 변용되었다. 《논어》에서는 이 비유가 백성이 유덕한 군주에게 돌아가 천하가 안정되는 과정을 의미했으나, 《7년전사》에서는 인민이 국민으로 재형성되어 군사력이 강화되는 과정을 가리켰다.

유길준의 《7년전사》는 《논어》의 사고와 이중의 관계를 맺고 있다고 할 수 있다. 유길준은 군주라는 정치적 중심의 중요성을 표현하기 위해 권위적 경전에 여전히 의탁했으며, 공자의 사고와 접속했다. 그러나 유길준은 이면에서는 공자가 해당 비유를 본래 성립시킨 이상적 정치의 근본 가정과 뚜렷하게 단절했다. 그의 《논어》 원용

---

73 유길준 역술(1908), 앞의 책, 18쪽; 《유길준 전서》 Ⅲ, 510쪽 참조.

은 유위에 대한 무위의 우선성, 그리고 법치에 대한 덕치의 우선성이라는 공자의 주요 가정들을 깨뜨렸다. 이 사실은 《7년전사》의 유길준이 경전의 믿음을 단순히 조술祖述한 것도, 외국 저술가의 역사지식을 조선의 담론 공간에 아무런 영향도 미치지 않으면서 받아들인 것도 아님을 보여 준다. 《7년전사》의 유길준은 번역 행위를 매개로 하되, '눈에 띄는 저자'로서 외래문화 세계의 지적 성취는 물론이를 수용하는 담론 세계의 근본 전제에까지 도전했던 것이다.

유길준이 말한 프로이센형 국민 창출 모델이 시부에의 저작과 내용적으로 구별되는 측면은 크지 않다. 그러나 《7년전사》가 번역 문헌임에도 유길준의 사상 세계에 초래한 지적 자극을 고려하면, 이 텍스트는 주요한 독창적 기여를 했다고 할 수 있을 것이다. 이를테면, 나카에 조민中江兆民(1847~1901)의 《민약론民約論》(1874년 원고)과 《민약역해民約譯解》(1882~1883)는 루소(1712~1778)의 저작 《사회계약론》(1762)의 번역이지만, 이들 텍스트는 저자로서의 조민의 사상 세계 안에서 "'입법'이라는 과제에 대한 구상의 성숙 과정"을 더듬어 볼 수 있는 사료이기도 하다. **74** 마찬가지로, 《7년전사》의 국민 창출론을 교육과 입법의 역할을 중시한 《서유견문》의 국민 창출론과 비교하면 전자의 공헌이 뚜렷해진다.

유길준이 주목한 로스바흐 전투는 물론 7년전쟁에서 프로이센이

---

74 宮村治雄(1996), 《開國経驗の思想史: 兆民と時代精神》, 東京大學出版會, 105~106쪽.

치른 여러 전투 중 하나에 불과했고, 이 사건 전후 프리드리히 2세가 여러 중대한 위기를 겪었다는 사실을 유길준 자신도 숨김없이 전했다.[75] 그러나 유길준이 로스바흐 전투를 계기로 벼려진 국민으로부터 프로이센 승리의 원인을 찾는다는 사실은 의심하기 어렵다.

프로이센이 1762년 러시아군의 베를린 침입이라는 최대 위기를 극복한 비결에 대해, 유길준은 "프로이센의 인민은 빈부와 귀천 없이 모두 국가의 중대함을 자임"하고, "죽고 사는 것을 가벼이 여겨 전국 도처에 무기를 쥐고 군적에 들어가기를 바란"다는 사실을 들었다.[76] 국가 주도의 권리 교육이나 입법에 의한 권리 보장이 실현되지 않았는데도, 《서유견문》에서 염원한 대로 "국인國人이 모두 각자 그 나라의 중대함을 자임"하고, "그 나라 권리의 귀중함도 역시 알아 죽기로 지키기를 맹서"할 준비를 프로이센은 이미 갖추고 있었던 것이다.

---

75 유길준 역술(1908), 앞의 책, 38, 40, 56~57, 63~64, 71쪽; 《유길준 전서》 Ⅲ, 530, 532, 548~549, 563쪽 참조. 실제로 프로이센 군대는 16개의 주요 전투 가운데 8개에서 패하는 등 결코 군사적으로 완벽하지 않았다. Tim Blanning (2016), 앞의 책, p. 269.
76 유길준 역술(1908), 위의 책, 75~76쪽; 《유길준 전서》 Ⅲ, 567~568쪽.

5. 조선의 정치 공간에서의 《7년전사》

《7년전사》는 서양 역사가들과 시부에 다모쓰의 저작에 빚진 저술이지만, 동시에 그들의 사유를 자기화하고 동아시아 담론 공간에 새로운 아이디어를 제공한 독창적 저술이기도 했다. 유길준은 소국에서의 국민 형성이라는 《서유견문》의 과제를 《7년전사》에서 계승하되, 절박해진 국제정치적 맥락에서 이 과제의 달성방법을 새롭게 제시했다. 유길준은 후쿠자와가 《통속국권론》에서 제기한 권력정치관을 공유하고, 이에 대한 해답을 7년전쟁의 역사에서 찾고자 했다. 게다가 유길준은 7년전쟁을 이탈리아의 흥성 및 폴란드의 몰락과 연관지어, 애초에 시부에가 의도하지 않았던 의미를 새롭게 부여했다. 특히, 유길준은 프로이센 승리의 원인을 논하며 《논어》와 《맹자》를 원용했으나, 이를 국민 창출과의 연관 속에서 재정의하는 등 조선의 담론 공간에 낯선 방식으로 고전을 전유했다. 이때 그는 《7년전사》에서 군주의 군사적 유능함이 인민에게 동일한 정체성을 부여하는 과정으로서 국민 창출을 표상했다. 《7년전사》는 유길준이 《서유견문》에서와는 다른 방식으로 국민 형성이 가능하다는 사실을 학습할 수 있도록 자극했다.

이 글의 맺음으로서 시부에와 유길준 두 사람의 《7년전사》가 각각 일본과 조선의 정치현실에서 지녔을 상이한 의미를 짚어 보는 일은 가치 있는 작업일 것이다.

프리드리히는 1763년에 7년전쟁을 종결하고 베를린에 입성할 때, 국민의 열렬한 환영을 받았다. 매콜리는 이 광경을 "군중이 그를 큰 찬사와 축복으로 맞이했다"라고, 시부에는 "우러르는 인민이 검은 산을 이루어 군집하니, 갈채 소리가 천지를 무너뜨릴 정도였다"라고 묘사했다. 유길준은 이를 다시 "길가의 구경꾼은 인산인해를 이루어 남녀노소의 만세환호하는 소리는 천지를 뒤흔들었다"라고 고쳐 썼다. 유길준이 원문에 없는 "만세환호"란 표현을 삽입한 것은 일본 민중이 청일·러일전쟁의 승리를 경험하고서 비로소 자신을 국가와 천황에 동일시하며 외친 '만세'의 함성이라는 새로운 실천에 관해 알고 있었기 때문일 것이다. 77

마키하라 노리오牧原憲夫는 일본 정부가 민중을 국민화하는 "'정규' 국민 육성"(학교 교육 및 군대 체험) 외에도 민중이 자발적으로 국민화되어 가는 경로가 존재했다고 논한다. 그가 묘사하는 일본 국민의 창출 과정은 시부에와 유길준이 묘사한 프로이센형 국민 창출 과정과 합치한다. 일본 민중은 갑신정변(1884)을 계기로 "자신들과 같은 서민이 이국땅에서 여럿 참살"되었다는 "피해자 의식에서 촉발된 일체감"을 경험하고, 청일·러일전쟁을 계기로 "'강자의 일원으로서의 우리'라는 자존심"을 획득했다. 일본인이 국제정치적 위기를 겪

---

77 "the multitude saluted him with loud praises and blessing", Thomas Babington Macaulay(1893ca.), 앞의 책, p. 101; "奉仰ノ人民, 黑山ヲ爲シテ群集シ, 喝采ノ聲, 天地モ崩ルルバカリナリキ", 澁江保(1896), 앞의 책, 233~234쪽; "道傍의 觀者는 人山人海롤 成ᄒ야 男女老少의 萬歲歡呼ᄒ는 聲이 天地롤 動ᄒ는지라", 유길준 역술(1908), 위의 책, 83쪽; 《유길준 전서》Ⅲ, 575쪽.

으며 얻은 일체감 외에, 마키하라는 메이지 연간에 민중이 "천황 폐하 만세"를 일제히 외치며 군주에 대한 친밀감을 획득했다는 사실에 주목한다. 민중이 동일한 순간 같은 외침을 할 때, 그들 사이에는 "일순간 공통의 감정이 생겨나고, 그 공유된 공간 속에서 한 사람 한 사람의 '축의祝意'가 곧장 천황에게로 이어진다. 말하자면 상점가에서 구경하는 손님에서 신여神與를 짊어진 사람으로의 변신, 그 공속감각共屬感覺의 순간적 창출에 바로 '만세'의 효과가 있었다".

이 점에서 시부에 다모쓰와 유길준이 각자의 《7년전사》에서 그린 국민 창출 모델은, 메이지 일본의 정치세계에서 이미 생생하게 전개되고 있는 현실이기도 했다. 청일전쟁 시기 민중을 "충용忠勇한 병사"로 벼려 낸 것은 정부 주도의 학교 교육만이 아니라, 출전하는 군인에게까지 천황처럼 "만세"를 외치며 국민적 일체감을 빚어내는 실천이었다. 시부에가 1896년 《7년전사》를 간행했을 때, 그에게 프리드리히 2세의 행적은 타국의 이야기만은 아니었다.[78]

같은 시기 조선의 엘리트 가운데 이처럼 '만세'에 의한 국민적 일체감의 효과를 목도한 이가 또 있었다. 민영환閔泳煥(1861~1905)은 1896년 러시아 황제 니콜라이 2세의 대관식에 참석하기 위해 모스크바에 방문했을 때 목도한 황제의 행차를 묘사하며, "군민軍民 남녀들이 이를 보고 모자를 벗고 일제히 '우라'(우리나라의 만세를 부르는

---

78 牧原憲夫(1998), 《客分と國民のあいだ: 近代民衆の政治意識》, 吉川弘文館, 144, 148, 164~166, 172~174쪽.

것과 같다) 라고 외치는 소리가 천지를 진동시킨다", "관리와 백성이 일제히 '우라'를 외치면서 기뻐하고 뛰어논다. 이는 가히 군주와 백성이 더불어 즐거워하는 것이라 하겠다"라고 썼다. 민영환의 눈에도 '만세' 함성은 군주와 백성을 일체화하는 여민락與民樂의 이상을 실현하는 실천이었다. **79**

그러나 유길준이 1908년 《7년전사》를 출판했을 때, 대한제국은 러일전쟁 이후 일본의 압력에 의해 군대마저 이미 해산당한 상황이었다. 황제의 안정된 지위조차 보장할 수 없는 맥락에서, 군주가 군사령관의 역할을 겸임하며 무력으로써 외침에 맞서는 것도, 그러한 과정으로서 인민이 군주에게 애착을 느끼는 국민으로 변환하기를 기대하는 것도 요원했다. 조선 민중이 대규모로 "만세"를 외치며 하나의 '네이션'(국민nation) 으로 창출된 것은 이미 주권 국가가 멸망한 상태에서 고종 황제가 붕어崩御한 1919년의 일이었다. 이때조차 민중의 '애국'은 이미 '충군'과 분리되어 있었다. **80** 프리드리히 2세가 "북극성"으로서 주도한 "인화" 달성의 과업은 유길준에 의해 선구적으로 제기된 사상 과제이면서, 동시에 조선의 "뭇 별"이 정치현실에서 달성하기에는 너무나 늦은 과제였던 것이다.

---

79 민영환(2013), 《해천추범: 1896년 민영환의 세계일주》, 조재곤 편역, 책과함께, 64, 82쪽.

80 쓰키아시 다쓰히코(2014), 앞의 책, 399~400쪽; 月脚達彦(2009), 앞의 책, 310~311쪽.

4

유길준의 《폴란드 쇠망전사》·
《폴란드 말년전사》에 나타난 국민 창출론

최정훈 하버드대 동아시아지역학 석사과정

1. 저술로서의 번역

이 장은 유길준의 전쟁사 저술 《폴란드 쇠망전사波蘭衰亡戰史》(원고)
와 이 원고에 기초한 출판물 《폴란드 말년전사波蘭末年戰史》(1899)에
드러난 정치사상을 분석한다. 두 저술은 유길준의 완전한 독창적 집
필의 결과는 아니다. 기본적으로 이 두 글은 일본의 저술가 시부에
다모쓰澁江保(1857~1930) 저술의 번역이다.

　번역 과정에서 일본어판 저술과 주요한 차이를 일부 산출하기는
하지만, 폴란드사 해석의 참신성을 기준으로 평가하면 유길준의 기
여는 미미하다. 이 점을 고려하면 유길준은 《폴란드 쇠망전사》와
《폴란드 말년전사》에 제시된 일련의 역사학적 진술을 직접 발화하
는 화자가 아닌 것처럼 보인다. 현대 학문세계에서 어떤 인물이 저

자로서 글을 쓴다 함은, 그가 저술에서 타인의 생각이나 표현으로 귀속될 수 없는 발화 행위를 독자적으로 수행함을 의미한다. 이 기준에서 《폴란드 쇠망전사》와 《폴란드 말년전사》에 포함된 진술의 진정한 화자는 시부에이거나 시부에가 인용한 서양의 역사가들임에 틀림없다. 유길준의 역할은 시부에의 저술을 다른 언어체계로 옮긴 번역자의 역할에 그치는 것처럼 보인다.

그러나 동일하게 주체적 역할이 결여된 것처럼 보임에도, 유길준의 번역 활동은 현대의 전문 번역가가 출판사의 의뢰를 받아 수행하는 번역 작업과는 달랐다. 유길준은 임의의 외국어 저술을 무작위로 선정해 한국어 언어체계로 반*의식적으로 옮겼다기보다는, 자신의 기존 사상적 문제의식과 연결되는 문헌을 선정해 이를 의식적으로 한국어 담론 공간에 소개하려고 했던 것으로 보인다. 이러한 의미에서 이 장은 유길준의 두 폴란드사 저술을 그가 자기화한 사상 문헌으로 전제하며, 이 전제에 기초해 이들 저술에 드러난 유길준의 사유를 검토한다.1

따라서 이 장에서 유길준이 무엇이라고 쓰거나 말했다고 함은,

---

1 번역자가 사실상 독창적인 저술가로서의 역할을 수행한다는 논의는 번역학에서 자주 지적되어 왔다. 일례로 Lawrence Venuti (2018), *The Translator's Invisibility: A History of Translation*, Routledge 등을 참조. 또, 유길준의 일부 사상 문헌이 번역에 기초했음을 의식하면서도 이를 그의 독창적 저술로 간주하고 해석하려는 최근의 시도로는 다음을 참조하라. 유길준, 《서유견문: 한국 보수주의의 기원에 관한 성찰》, 장인성 역·평설 (2017), 아카넷.

유길준이 타인의 생각이나 표현으로 귀속시킬 수 없는 독자적 진술로서 그것을 쓰거나 말했다는 것을 의미하지는 않는다. 오히려 많은 경우, 유길준은 폴란드사 서술에서 시부에의 번역자로서 쓰거나 말했다. 그러나 다른 저자의 개별 진술을 다른 언어로 옮기는 데 충실한 수동적 태도를 취한다고 해서, 반드시 번역자가 그 진술에 특정 의미를 부여하려는 적극적 태도를 결여했다고 할 수는 없다.

이 장에서는 시부에가 유길준이란 번역자를 통해 조선 독자를 향해 말하거나 쓸 수 있었던 만큼이나, 유길준도 시부에란 원저자를 통해 자신의 기존 문제의식과 접속되는 논의를 전개했다는 점에 주목하고자 한다. 그러기에 이 장에서 유길준이 무엇이라고 쓰거나 말했다고 함은, 많은 경우 그가 시부에를 통해 자신의 논의를 이러저러하게 전개했다는 의미이다.

《유길준 전서》에 수록된 원고 《폴란드 쇠망전사》는 시부에가 출판사 박문관博文館에서 간행한 "만국전사萬國戰史" 시리즈 중 한 권인 《폴란드 쇠망전사波蘭衰亡戰史》(1895)를 번역한 원고이다. **2** 또, 이 원고는 대한제국의 관료 어용선魚瑢善(1869~?)을 번역자 명의로 간

---

2 유길준(?), 《波蘭國衰亡戰史》; 《유길준 전서》III, 307~477쪽. 유길준의 원고 서두에서 제목을 적는 란에 "波蘭衰亡史"라고 적은 것을 지우고 "波蘭國衰亡戰史"라고 적은 것이 보인다. 유길준(?), 위의 책; 《유길준 전서》III, 308쪽; 涉江保 (1895), 《波蘭衰亡戰史》, 博文館. 유길준의 원고가 마쓰이 히로키치(松井廣 吉) 저술의 번역이라는 김용구의 설명은 착오이다. 김용구(2008), 《만국공법》, 소화, 153쪽.

행한 《폴란드 말년전사波蘭末年戰史》(1899) 3의 초고가 되었다. 또, 유길준이 아관파천(1896)을 계기로 일본에 망명한 이후 이 원고를 작성했을 가능성이 높다는 점을 고려하면, 《폴란드 쇠망전사》의 작성 시기는 1896년과 1899년 사이의 어느 시점이었을 것이다.

어용선이라는 인물이 단행본 《폴란드 말년전사》를 간행할 때 수행한 구체적 역할은 현재로서는 확정하기 어렵다. 그러나 《폴란드 쇠망전사》와 《폴란드 말년전사》간 영향 관계로 미루어 볼 때, 유길준이 어용선의 이름을 빌려 자신의 《폴란드 쇠망전사》를 수정해 《폴란드 말년전사》로 출간했을 가능성이 높아 보인다. 실제로 정교鄭喬(1856~1925)는 《대한계년사大韓季年史》에 어용선이 일본 유학 중이던 1890년대에 도일渡日 망명 중인 유길준과 긴밀했다고 기록했다. 4 유길준이 망명 기간에 자신의 이름을 건 서적을 조선에서 간행한다는 것은 곤란했으므로, 그가 1890년대부터 관료로 활동한 어용선의 이름을 빌린 것은 합리적인 선택이었다. 어용선이 유길준의 원고를 수정했을 가능성이 없지는 않으나, 《폴란드 말년전사》에는 유

3　渋江保, 《波蘭國末年戰史》, 어용선〔유길준〕역(1899), 塔印社. 이 책은 김윤식·백순재·송민호·이선영 편(1979), 《(한국개화기문학총서Ⅱ) 역사·전기소설》 1, 아세아문화사, 405~522쪽에 영인본이 수록되어 있다. 이 글의 표제지에서는 제목을 "波蘭末年戰史"라고 적고 있으나, 그 밖의 곳에서는 "波蘭國末年戰史"라고 적고 있는데, 이 글에서 이 책의 제목은 "波蘭國末年戰史"로 통일하기로 한다. 渋江保, 위의 책, 어용선〔유길준〕역(1899), 1, 102~103쪽; 김윤식 외 편(1979), 위의 책, 407, 520, 521쪽.

4　정교(2004), 《대한계년사》 5권, 조광 편, 이철성 역주, 소명출판, 23쪽.

길준의 초고 《폴란드 쇠망전사》에 가해진 근본적 수정의 흔적은 찾아보기 어렵다. 《폴란드 말년전사》의 내용 가운데 시부에의 일본어 원저와 다른 변형의 흔적은 이미 유길준의 초고 단계에 상당 부분 포함되어 있다. 5 이러한 이유에서 유길준이 《폴란드 쇠망전사》와 《폴란드 말년전사》의 역자이자 저자였다는 사실은 의심하기 어려우며, 따라서 이 장에서는 유길준의 폴란드사 서술에 대해 논의하기 위해 두 편의 저술을 모두 활용하기로 한다.

유길준이 《서유견문》에서 피력한 국민 창출이라는 문제의식은 《폴란드 쇠망전사》·《폴란드 말년전사》와 많은 측면에서 접속되었다. 국민을 창출해야 한다는 문제의식은 유길준에게 일관된 과제였다고 보아도 좋을 것이다. 그러나 유길준의 폴란드사 저술은 동시에 이 일관된 과제를 풀어낼 수 있는 대안적 방법까지 암시한 것으로 보인다. 이 장은 국민을 창출해야 한다는 문제의식을 실마리로 삼아 그의 폴란드사 저술을 읽어 내려는 시도이다.

---

5 두 문헌 내용이 거의 일치한다는 사실은 이미 이헌미(2012), 앞의 논문, 145~146 쪽에서 지적된 바 있으나, 이러한 주장은 이후 학계에서 충분히 검토되지 않았다. 예컨대 노연숙은 《폴란드 말년전사》를 다룬 자신의 연구에서 이러한 선행연구의 지적을 전혀 언급하지 않았으며, 이를 단순히 어용선의 번역으로만 간주했다. 노연숙(2015), 《동아시아 정치서사 연구: 19세기 말~20세기 초의 텍스트를 중심으로》, 지식산업사. 물론 원고 단계의 《폴란드 쇠망전사》 내용과 간행본 《폴란드 말년전사》 간의 영향 관계와 유사성 및 차이점 등에 대한 구체적 검토는 별도의 논의를 요할 정도로 중요한 연구 과제이다. 이 장에서는 상세한 검토를 피하고 이를 추후의 과제로 남기고자 한다. 이에 대해서는 필자가 별도의 연구논문을 준비 중이다.

2절에서는 유길준이 폴란드사를 저술할 당시의 지적 문맥을 재구성하고, 3절에서는 유길준이 이들 저술에서 권력정치관을 피력하며 국가 주권의 위기 상황에 주목했음을 보인다.

4절에서는 유길준이 폴란드가 몰락한 원인으로 제시한 국내적 분열을 검토한다. 특히, 유길준은 권력정치 세계에서 생존하기 위한 과제로 신분적·당파적 분열의 극복과 국민의 형성을 제시했다.

5절에서는 유길준이 제시한 폴란드형 국민 형성 과정의 특징을 검토한다. 유길준은 폴란드의 멸망이 국민 창출이란 과제를 완수하는 데 한발 늦었기 때문이라고 파악했다. 그는 《서유견문》에서 교육과 입법에 의한 국민 창출 과정에 주목한 데 반해, 《폴란드 쇠망전사》에서는 인민의 정치권력을 형성함으로써도 국민을 창출할 수 있다고 파악했다. 유길준은 인민에게 정치권력을 적시에 부여하는 데 실패한 상황에서도, 폴란드 주민을 국민으로 벼려 내는 대안적 경로를 발견했다. 폴란드 주민은 국가적 위기를 "남의 물건", "강 건너 불"처럼 여기고 냉안시했으나, 제1차 폴란드 분할이라는 극단적 위기 이후에는 의분을 느끼고 "나라 걱정하는 마음"(憂國ㅎ는 心)을 체험하며 국민으로 재탄생했다. 결론에서는 유길준의 국민 창출 서사가 러일전쟁(1904~1905) 이후의 위기의식을 계기로 국민이 뒤늦게 탄생한 조선의 운명을 선취하는 것이었음을 지적한다.

2. 유길준과 "만국전사"의 지적 조우

1) 지적 조우의 허용 조건: 박문관의 "만국전사"

시부에는 《폴란드 쇠망전사》의 서두에서, 자신이 이 글을 짓기 위해 주로 의존한 문헌과 보조적으로 활용한 문헌을 의식적으로 구분하며 다음과 같이 설명했다.

> 인용서는 많은 경우 플레처의 《폴란드사》와 무명씨無名氏의 "폴란드사"를 활용했으며, 이와 함께 콜라우슈의 《독일사》, 칼라일의 《프리드리히 대왕전》, 켈리의 《러시아사》 등을 참고했다. 6

첫째, 시부에는 폴란드 멸망의 역사를 논의하기 위해 영어권 담론 세계에서 유통되던 대중 출판물 내용에 상당 부분 의존했다. 《폴란드사》는 조숙한 영국의 수재 제임스 플레처James Fletcher (1811~1832)가 저술한 폴란드 통사이다. 7 또한 "무명씨無名氏의 "폴란드사""란,

---

6　渋江保 (1895), "小引", 앞의 책, 博文館, 3쪽. 원문에서는 시부에가 참조한 영어 원서명을 괄호 안에 병기하고 있으나 여기에서는 편의상 생략했다.

7　이 책은 뉴욕의 상업출판사 제이 앤 제이 하퍼 (J. & J. Harper) 의 염가 전집 "하퍼스 패밀리 라이브러리" (Harper's Family Library) 시리즈의 24번째 권으로 1831년에 처음 간행되었으며, 이후 미국 각지에서 여러 판을 거듭해 판매되었다. James Fletcher (1831), *The History of Poland from the Earliest Period to the Present*, J. & J. Harper. 이 서적의 초판 가격은 45센트였다. "Books Publi-

《체임버스의 유용하고 흥미로운 논문집》에 실린 논문 "폴란드사*History of Poland*"를 가리킨다. **8**

둘째, 시부에가 보조적으로 활용한 프리드리히 콜라우슈Frederick

---

shed by Harper & Brothers, No. 82 Cliff Street, New York", February 1844. 플레처는 학문 세계에서 명성을 얻은 역사가는 아니었으나, 조숙한 수재였던 것으로 보인다. 그는 1831년 20세의 나이에 이 책을 저술했으나, 금전 문제 혹은 우울증으로 인해 1832년 권총으로 자살했다. "Mr. James Fletcher", *The Gentleman's Magazine*, February, 1832(published March 1, 1832), by Sylvanus Urban, Gent., printed by J. B. Nichols and Son, pp. 184~185; John Gorton (1833), "Appendix to Gorton's Biographical Dictionary", *A General Biographical Dictionary*, A New Edition, continued to the Year 1833, Vol. 3, Whittaker and Co. (이 글에는 쪽 번호가 없다).

8 이 논문은 이후 《체임버스의 교훈적이고 흥미로운 논문집》(*Chambers's Miscellany of Instructive & Entertaining Tracts*) 등에 재수록되었다. 당대 체임버스사(社)에서 간행되던 논문(*tracts*) 류 저술은 영국·미국 등지에서 널리 읽히던 대표적인 염가 서적이었다. Anonymous(1846), "History of Poland", *Chamber's Miscellany of Useful and Entertaining Tracts*, Vol. 8, No. 73, Edinburgh: W. and R. Chambers(이하 이 글을 인용할 때는 이 판본을 인용한다); Anonymous(1869), "History of Poland", *Chambers's Miscellany of Instructive & Entertaining Tracts*, Vol. 4, No. 29. 후자의 논문집은 이후 미국에서도 출판되었다. *Chambers's Miscellany of Instructive & Entertaining Tracts*(1869), New and Revised Edition, Vols. 3~4, J. B. Lippincott & Co.. 시부에는 이 익명 저자의 글을 "하나의 소책자(단, 영어 서적)"〔一小冊(但シ英書)〕라고 묘사했다. 渋江保(1895), 앞의 책, 27쪽. 필자는 현재까지 이 익명 저자의 신원을 확인하지 못했는데, 이는 실제로 이 저자가 당대 그다지 인지도가 높지 않은 인물이었기 때문일 가능성이 높다. 체임버스 형제는 염가 출판물의 발행비용을 낮게 유지하기 위한 방편으로, 잘 알려지지 않은 저자에게 집필을 의뢰하는 방식을 채택했다. Aileen Fyfe(2012), *Steam-Powered Knowledge: William Chambers and the Business of Publishing, 1820~1860*, University of Chicago Press, 5장 참조.

Kohlrausch (1780~1867) 의 《독일사》와 월터 키팅 켈리Walter Keating Kelly 의 《러시아사》 역시 학교나 가정에서 교재로 널리 읽히도록 기획된 전집류 역사서였다. 9 토머스 칼라일Thomas Carlyle (1795~1881) 의 《프리드리히 대왕전》은 다른 저작들에 비해 압도적으로 길고 난해하지만, 마찬가지로 19세기 영어권 출판 세계에서 영향력이 높은 베스트셀러였다. 10

셋째, 시부에가 참조한 문헌은 그가 "만국전사" 시리즈의 다른 저작을 참조할 때 이미 활용했거나 이후 활용하게 될 문헌과 상당 부분 중첩된다. 11 시부에는 《보오전사普墺戰史》(1895) 를 집필하면서 콜라우슈의 《독일사》와 칼라일의 《프리드리히 대왕전》을 이미 참조했으며, 두 책은 후일 《프로이센 프리드리히 대왕 7년전사》(1896) 를 집필할 때 다시 활용되었다. 시부에는 또, 《폴란드 쇠망전사》에서

---

9 콜라우슈의 독일사 저술이 대학과 일반 독자에게서 얻은 인기는 다음에서 언급된다. James D. Haas, "Translator's Preface", Frederick Kohlrausch (1844), *History of Germany from the Earliest Period to the Present Time*, trans. James D. Haas, London: Chapman and Hall, p. iii. 켈리의 《러시아사》는 영국에서 대중 독자를 겨냥한 출판물 시리즈인 "본의 스탠더드 라이브러리"(Bohn's Standard Library) 의 한 권으로 출판되었다. Walter K. Kelly (1854~1855), *The History of Russia from the Earliest Period to the Present Time*, 2 vols, London: Henry G. Bohn.

10 *History of Friedrich II of Prussia, called Frederick the Great.* 시부에는 이 책을 완역하겠다는 야심도 있었다. 澁江保(1896), "小引", 《フレデリック大王七年戰史》, 博文館, 3쪽; 澁江保(1896), 위의 책, 232쪽.

11 특정 주제와 관계가 밀접한 영어 대중서의 내용을 번역 및 짜깁기하는 것은 박문관의 작가들이 "만국전사" 시리즈를 저술하면서 반복적으로 사용한 수법이었다.

이미 인용한 켈리의 《러시아사》를 이후 《크리미아전사戰史》(1895)에서도 인용했다.[12]

이처럼 박문관의 "만국전사"와 같은 일본의 대중 출판물 시리즈는 서양의 학술서 및 교양서는 물론, 대중과 아동을 대상으로 한 교과서나 정기간행물 등 염가 출판물의 지식을 전달하는 가교 역할을 수행했다. "만국전사" 시리즈 역시 각 권 18전錢에 불과한 염가 출판물로, 19세기 후반 유럽과 미국의 염가 출판물처럼 19세기 후반 일본에서 대중 독자 사이에서 지식을 유통하는 데 중요한 역할을 수행했다.

이러한 사회적 상황은 유길준이 시부에와, 그리고 간접적으로는 서양의 역사가들과 조우할 수 있는 허용 조건을 형성한다. 대한제국기 조선의 지식인들도 메이지 일본의 출판시장에서 널리 유통되는 "만국전사"를 접하기 쉬웠다.[13] 유길준은 전 24권으로 구성된 "만국전사"의 저작 중 4권을 한국어로 번역했다. 이 글에서 다루는 두 편의 폴란드사 저술 외에도, 그는 번역 문헌인 《영국·프랑스·러시아·

---

12 澁江保(1895), "小引", 《普墺戰史》, 博文館, 4~5쪽; 澁江保(1896), "小引", 앞의 책, 4쪽; 松井廣吉[澁江保](1895), "小引", 《クリミヤ戰史》(크리미아전사), 博文館, 1쪽. 《크리미아전사》의 실제 저자가 마쓰이 히로키치(松井廣吉)가 아니라 시부에라는 사실은 다음 글에서 밝혀졌다. 山本勉(2015), "明治時代の著述者澁江保の著述活動: 出版物〈万國戰史〉を中心に", 〈佛敎大大學院紀要文學研究科篇〉 43, 94, 97쪽; 시부에는 《폴란드 쇠망전사》에서 켈리의 《러시아사》를 참조하면서도, 그 출전은 자신의 근간 서적인 《크리미아전사》로 표기했다. 澁江保(1895), 앞의 책, 97쪽.

13 노연숙(2015), 앞의 책.

터키의 크리미아전사》, 《프로이센 프리드리히 대왕 7년전사》, 《이
탈리아 독립전사》를 간행했다.

2) 사상가로서의 문제의식

유길준이 출판시장에 널리 유통됐기 때문에 이들 서적을 읽었다는
말은 설명으로서 불충분하다. 아관파천(1896) 이후 고종 퇴위(1907)
에 이르기까지, 유길준이 일본에 망명 중이던 기간에 그가 접할 수
있었던 메이지 일본의 출판세계에는 이미 대중서적이 범람하고 있었
다. 왜 그는 메이지 시대의 여러 저작 가운데 하필이면 시부에의 이
들 저작을 번역하고자 했는가?

　사상가는 눈앞에 서적이 있다고 해서 이를 반半의식적으로 모방하
는 존재는 아니다. 선행하는 저술을 번역하려는 지적 열망 이면에
는, 그로부터 무언가를 배우려는 문제의식이 놓여 있기 마련이다.
유길준의 기존 문제의식을 고려해 볼 때, 그가 "만국전사" 시리즈로
부터 각별히 발견할 수 있었던 것은 권력정치가 작동하는 방식과 여
기에서 생존하기 위해 국민을 창출하는 방법이었던 것으로 보인다.
권력정치 아래에서의 국민 창출이란 과제는 《서유견문》 이래 유길
준의 일관된 문제의식이었다.

　"만국전사"의 번역물들에서 국제정치에 대해 유길준이 보이는 진
단은 대체로 비관적이다. 그는 《프로이센 프리드리히 대왕 7년전
사》의 서문에서 후쿠자와 유키치가 《통속국권론》에서 제기한 권력

정치론을 재서술하며, 국제관계에서는 "강력剛力이 정의"가 되고 "권능으로 실덕實德을 삼는" 권력정치가 횡행한다고 지적했다. 국가는 평화조약이나 만국공법보다도 자국의 이해관계만을 행위의 기준으로 삼으며, 자기 이익을 확보하기 위해 특히 "작은 나라를 위협하고 약한 나라를 억압"하기를 마다하지 않는다.14 《영국·프랑스·러시아·터키의 크리미아전사》에서 유길준은 자기 시대를 "금차 무포武暴 시대"라고 불렀다.15

그러나 국제정치 상황이 비관적이라고 해서 소국의 몰락이 필연적인 것은 아니다. 유길준은 《프로이센 프리드리히 대왕 7년전사》서문에서 "국가가 작다고 하여 자신을 위축시키지 말며, 군대가 적다고 자신을 약하게 하지 말지어다"라고 썼다. 그는 강대국이 자기 이익을 추구하는 국제정치의 폭력성을 인지했지만, 그 틈에서 소국이 독립을 보존할 수 있는 운신의 여지가 있다고 보았다. 같은 소국이라도 "이러한 때에 처하여 그 나라를 보전하고자 하는 자"가 "어떠한 방법을 사용"하느냐에 따라 운명은 바뀔 수 있다.

예컨대 프리드리히 2세가 이끄는 신생 왕국 프로이센은 7년전쟁

---

14 福澤諭吉(1878), 《通俗國權論》; 《福澤諭吉 全集》 4권, 637쪽; 유길준 역술 (1908), "序", 《普魯士厚禮斗益大王七年戰史》, 廣學書舖, 1~2쪽; 《유길준 전서》 III, 483~484쪽. 장인성의 지적대로 유길준은 후쿠자와에 비해 권력정치에 "심리적 거리"를 두었다. 장인성(2006), 《근대한국의 국제관념에 나타난 도덕과 권력》, 서울대 출판부, 59쪽.

15 유길준 역술(1908), "序", 《英法露土諸國哥利米亞戰史》, 6쪽; 《유길준 전서》 III, 132쪽.

중 "나라가 작고 군대가 적은데도 불구하고 떨쳐 일어났다". 반면, 폴란드와 같은 소국은 프로이센이나 이탈리아와 달리 부흥하지 못하고 멸망했다. "그 방법을 잘 사용하면 이탈리아의 통일하는 대업이 이뤄지고, 잘못 사용하면 폴란드의 분열하는 운〔비운〕에 이르나니 … ."[16] 《프로이센 프리드리히 대왕 7년전사》의 서문과 마찬가지로, 단행본 《폴란드 말년전사》 서문은 "국가를 지키고자 하는 자"를 향해 폴란드의 전철을 밟아서는 안 된다는 취지로 쓰였다.[17]

유길준은 프로이센과 같이 성공한 소국에 대해서는 "능히 여러 강한 이웃나라와 맞서서 국가 누란累卵의 위기를 구하고 만세 불발不拔하는 대업을 세워 후대 자손의 부강한 홍서洪緒를 남"겼다고 높이 평가했다.[18] 유길준은 위기에 제대로 대처하지 못한 사례는 타산지석으로 삼아야 한다고 생각했다. 그는 크리미아 전쟁을 논의하며 "국가의 독립을 고수하고 다른 나라의 침략을 배제하고자 하는 자는 터키인에게 거울에 비춰 살펴보는 바가 있을지어다"라고 충고했다.[19]

유길준의 이 태도는 폴란드사 저술에도 거듭 드러난다. 유길준은 폴란드의 역사에 대해서도 "후세 폴란드가 되지 않고자 하는 자는 이에 거울에 비춰 보아"야 한다고 주장했다.[20]

---

16 유길준 역술(1908), "序", 《普魯士厚禮斗益大王七年戰史》, 1~2쪽; 《유길준 전서》 Ⅲ, 483~484쪽.

17 涉江保, "波蘭國末年戰史序", 앞의 책, 어용선〔유길준〕 역(1899), 6~7쪽.

18 유길준 역술(1908), "序", 앞의 책, 6쪽; 《유길준 전서》 Ⅲ, 488쪽.

19 유길준 역술(1908), "序", 《英法露土諸國哥利米亞戰史》, 6~7쪽; 《유길준 전서》 Ⅲ, 132~133쪽.

폴란드 멸망사를 귀감으로 삼으려는 자세는 유길준이 시부에를 경유해 습득한 서양의 사상적 자원을 활용한 결과였다. 유길준에게 직간접적으로 영향을 준 저자들도 이미 폴란드의 몰락을 반면교사로 삼아야 한다고 생각했다. 플레처는 "그 나라[폴란드]의 서글픈 운명은 다른 국가들에게 너무 늦기 전에 [내정 개혁의] 중요한 때를 미루지 말라고 경고한다"라고 쓰는가 하면, 시부에는 폴란드가 멸망한 궤적에서 "우리의 거울로 삼아야 할 것이 적지 않"고, "진정으로 이후의 폴란드가 되지 않고자 하는 자"는 이로부터 배우는 바가 있어야 한다고 주장했던 것이다.[21] 현대의 폴란드 사학자 노먼 데이비스Norman Davies가 지적하듯, "폴란드는 민족주의와 자유주의의 탄생 전야에 분할되었고, 이 때문에 자결自決과 피치자의 합의가 정치생활의 지도원리를 부여해 주는 모든 국민의 상징이 되었다."[22] 이러

---

20 유길준(?), 앞의 책; 《유길준 전서》 Ⅲ, 316쪽; 渉江保, 앞의 책, 어용선[유길준] 역(1899), 5쪽; 김윤식 외 편(1979), 앞의 책; 《텬로력뎡·中日略史·波蘭末年戰史》, 411쪽. 《파란말년전사》 등의 텍스트가 "정작 폴란드의 독립을 말하지 못하는 공통적인 우를 범했다"라는 노연숙의 비판은 유길준의 전쟁사 저술 동기에 대한 이해의 결여에 기인한다. 노연숙(2015), 앞의 책, 336쪽. 그의 추정은 문헌 증거만으로도 금세 반박된다. 예컨대 유길준은 "국가의 독립을 회복"하기 위해서(만) 자신의 권력을 사용하겠다고 맹세하는 코시치우슈코에 주목했다. 유길준(?), 앞의 책; 《유길준 전서》 Ⅲ, 474쪽; 渉江保, 앞의 책, 어용선[유길준] 역(1899), 96쪽; 김윤식 외 편(1979), 위의 책, 514쪽.

21 "and its sad fate is a warning to other states, not to defer the important season till too late", James Fletcher, *The History of Poland from the Earliest Period to the Present*, p. 255; 渉江保(1895), "小引", 앞의 책, 1, 7쪽.

22 Norman Davies(2005), *God's Playground: A History of Poland*, Vol. 1: The

한 역사적 문맥 덕분에, 폴란드 분할에 대한 개탄은 이미 18세기 말부터 여러 나라에서 공유되고 있었고, 유길준은 그러한 지적인 자장 磁場에 접속되어 있었다.

그러나 유길준은 그가 참조한 영국과 일본의 저자들 이상으로 절박한 위기의식을 가졌을 것이다. 플레처의 《폴란드사》나 체임버스사의 익명 저자의 "폴란드사"가 처음 간행된 1830~1840년대는 영국이 비공식 제국informal empire으로서 팽창하며 19세기 후반 제국으로서의 본격적인 부상을 준비하던 시기였다.

시부에가 폴란드 역사를 "우리의 거울"로 삼아야 한다고 주장했지만, 이 책이 출간된 1895년 7월 일본의 국제정치적 위기는 청일전쟁 승리를 계기로 객관적으로 상당 부분 해소되고 있었으며, 그 전년도부터 이미 영일 간 불평등 조약이 부분 개정되면서 일본의 국제적 위상도 현저하게 상승하고 있었다. 시부에는 2개월 앞서 출판한 《보오전사》에서 일본을 승전국인 "젊고 씩씩한 프로이센"에, 중국을 패전국인 "늙고 큰 오스트리아"에 비유하며 그러한 자신감을 표명했다.[23]

시부에는 《폴란드 쇠망전사》에서 자신의 "일거수일투족"으로 "폴란드의 운명"을 좌지우지할 수 있는 주폴란드 러시아 공사를 "위안스카이적"袁世凱的이라고 묘사함으로써, 폴란드처럼 풍전등화에 놓

Origins to 1795, Revised edition, Columbia University Press, p. 396.
23 澁江保(1895), "小引", 앞의 책, 2~3쪽.

인 것은 일본이라기보다는 동시대 조선이라고 암시했다. **24** 위안스카이는 1885년 총리조선교섭통상사의總理朝鮮交涉通商事宜로 임명되어 "조선의 대외 교섭과 통상 문제를 혼자서 도맡는 임무"를 부여받은 이래, 1894년 청일전쟁 발발 직전까지 9년간 조선의 내정과 외교에 간섭하며 조선을 속방화하고자 노력해 왔다. **25**

연구자들이 폴란드의 몰락을 다룬 두 편의 저술을 평가하면서, 그 저자가 유럽의 비극과 한국의 누란지위累卵之危를 연결 지었을 것이라고 추정하는 것도 무리는 아니다. 김병철은 《폴란드 말년전사》가 "한말에 있어서 여러 강대국을 배경으로 한 친청파, 친로파親露派, 친일파가 세력의 각축을 벌이던 당시의 정치현실에 대한 좋은 각성의 본보기"였으며, "그 내용은 한말의 한국이 처해 있는 처지와 너무나도 흡사해서 파란波蘭[폴란드]의 비극을 상기시키는 가운데 외국의 침략으로부터 자국을 보호해야 한다는 의식을 깨우쳐 주기 위한 것"이라고 본다. **26** 노연숙도 같은 책에 대해 "조선과 같은, 동병상련의 시선에서 타국을 바라보는 텍스트"라고 평가한다. **27** 이헌미는 폴란드를 분할로 이끈 주된 외부 위협이 러시아였다는 사실에 착안해, 유길준의 원고 《폴란드 쇠망전사》는 "아관파천기 러시아의 세력팽창에 대한 경계심이 동기가 되어 번역한 것으로 보인다"라고

---

24 涉江保(1895), 앞의 책, 72쪽; 涉江保(1895), "小引", 앞의 책, 1쪽.

25 岡本隆司(2015), 《袁世凱: 現代中國の出發》, 岩波書店, 37쪽.

26 金秉喆(1975), 《한국근대번역문학사 연구》, 을유문화사, 197쪽.

27 노연숙(2015), 앞의 책, 298쪽.

추정하기도 한다. **28**

이들의 추정을 간접적으로 지지하는 사료가 있다. 〈대한매일신보大韓每日申報〉는 1905년 "역사개요歷史槩要"라는 연재기사에서 《폴란드 말년전사》의 일부 내용을 재연재하는 취지를 소개하며, 역사에는 "흥망과 득실의 사적이 감계鑑戒할 것이 명확히 갖추어져 있"고, "특히 실정失政하고 망국한 사적이 더욱 인심을 감촉感觸하게 하는 효력"이 있다고 강조했다. **29** 이 신문의 편집자들은 폴란드 멸망의 사례가 독자에게 각별히 호소력이 있다고 믿었던 것이다. 무엇보다도 일본 망명기의 유길준부터 조선이 폴란드의 전철을 밟을까 불안해하고 있었다. 아관파천을 계기로 일본에 망명한 그는 도쿄에 머물던 1896년 12월 모스에게 보낸 서한에서 갑오을미개혁이 중단된 상황을 설명하며 "우리 국민our nation이 동양의 폴란드eastern Poland가 되지 않도록 막아야" 한다고 주장했다. **30**

---

28 이헌미(2012), 앞의 논문, 145쪽.

29 〈대한매일신보〉(大韓每日申報, 1905. 10. 20), "歷史槩要".

30 "Yu, Kil Chun Originals(1884~1897)", Box 15 folder 11〔129ii〕, Edward Sylvester Morse(1838~1925) Papers, PhillipsLibrary, Peabody Essex Museum.

3. 폴란드 분할과 권력정치

그렇다면 유길준은 《폴란드 쇠망전사》·《폴란드 말년전사》에서 어떤 권력정치관을 피력했는가? 그의 견해는 그의 다른 저술과 어떻게 연결되는가? 유길준이 다른 저술에서 권력정치에 대해 남긴 진술을 실마리 삼아 두 편의 저술을 읽어 볼 때, 그가 폴란드사에서 이와 밀접하게 연관된 주제들을 취급했다는 사실을 어렵지 않게 발견할 수 있다.

유길준에게 18세기 후반 폴란드를 둘러싼 유럽의 국제정치는 대국이 자국의 이익을 극대화하기 위해 침략도 마다하지 않는 야욕의 경쟁장이었다. 그는 프로이센, 러시아, 오스트리아 등 3국에 대해 "폴란드의 고기를 흘겨보는 모양이 비유하건대 호랑이와 이리가 서로 경쟁하여 양과 돼지의 고기를 먹는 모습을 방불"한다고 썼다. 31 국제무대에서는 대국이 정당한 것으로 포장된 명분으로 다른 나라를 침략하곤 했다. "프로이센·오스트리아·러시아 3국이 폴란드 분할의 이유가 부당함을 스스로도 아는 까닭에 이유를 구태여 붙여 천하를 향해 변명하고자 할 적에, 각기 이유서理由書를 세상에 공포해 금차 병력으로 빼앗으려는 행동의 실상은 자국 영지가 폴란드에게 영구히 침략을 받았던 일을 회복하려는 데 불과하다고 말함으로

---

31 유길준(?), 앞의 책; 《유길준 전서》 Ⅲ, 398쪽; 涉江保, 앞의 책, 어용선〔유길준〕 역(1899), 52쪽; 김윤식 외 편(1979), 앞의 책, 470쪽.

써 세상사람을 속여 넘기고자" 한다는 것이 유길준의 설명이었다. **32** 예컨대 러시아는 폴란드에 대한 원조 정책이 폴란드의 옛 광영을 회복시키려는 "폴란드에 대한 신실심"의 발로임을 강조했다. 그러나 유길준은 러시아가 폴란드의 반러 운동에 대해 러시아의 "후지厚志"를 배반한 일로 규정하며 그 보복으로 폴란드에 한때 양여한 구 러시아 영토를 '회복'하겠다는 명분으로 사실상 강탈했음을 비판했다. 유길준은 "천하 누가 러시아의 부정함을 분노하지 아니하며 그 포악한 행위를 미워하지 아니하리오"라고 썼다. **33**

마찬가지로, 유길준은 오스트리아가 "강토疆土회복론"을 "구실의 근거"로 삼아 "영지 회복하는 정당한 권리가 있다"고 주장한 일이나**34** 프로이센이 "민법의 원리"에 기초하여 "폴란드에 있는 우리 영지를 회복하는 권리"를 강변한 행위 역시 비판했다. **35**

유길준은 국가 간 신의와 조약의 취약함도 지적했다. 유길준이 인용한 스타니스와프 레슈친스키Stanisław Leszczyńsk (1677~1766)는 한 서한에서 폴란드가 향후 정복되거나 분할될 위기를 이렇게 경고했다.

---

32 유길준(?), 위의 책; 《유길준 전서》Ⅲ, 406쪽; 涉江保, 위의 책, 어용선〔유길준〕역(1899), 56~57쪽. 원문의 奪據(탈거)는 奪去(탈거)를 의미하는 것으로 보여 바꾸어 읽었다. 김윤식 외 편(1979), 위의 책, 474 ~475쪽.

33 유길준(?), 위의 책; 《유길준 전서》Ⅲ, 407~408쪽; 涉江保, 위의 책, 어용선〔유길준〕역(1899), 57~58쪽; 김윤식 외 편(1979), 위의 책, 475~476쪽.

34 유길준(?), 위의 책; 《유길준 전서》Ⅲ, 408쪽; 涉江保, 위의 책, 어용선〔유길준〕역(1899), 58쪽; 김윤식 외 편(1979), 위의 책, 476쪽.

35 유길준(?), 위의 책; 《유길준 전서》Ⅲ, 407~411쪽; 涉江保, 위의 책, 어용선〔유길준〕역(1899), 56~57쪽; 김윤식 외 편(1979), 위의 책, 474~475쪽.

"하루아침에 유사有事한 때를 당하면 어떻게 우리나라를 지키고자 하는가. 혹 조약을 가볍게 믿어 국가가 안온하다고 생각하여도, 증거가 가장 엄한 조약도 누구이 파기치 아니하는가."36 유길준은 시부에의 자극을 받기 전부터 국제법과 조약에 회의적인 시각을 보였다. 유길준은 1885년 "중립론中立論"에서 후쿠자와의 말을 변형해 "〔공법〕천 마디 말이 〔탄환〕 한 알만도 못하다"라고 인용하며, 국제법에 대한 회의를 표명했다.37 그는 다른 저술에서도 이 입장을 반복하여, "화호和好조약이 평시의 한담에 그치고, 만국공법이 종이 위의 쓸모없는 글에 지나지 않는지라"라며 "공법 천 마디가 대포 한 문만 못하다"라고 쓰는가 하면, "공법公法의 정리正理는 좌담할 것이 아니"라고도 했다.38

유길준이 폴란드사에서 발견한 다른 한 가지는 세력균형 원리의 폭력성이었다. 유길준은 "이웃 국가가 상호 시기함을 보고 결단코 나를 침략하거나 나를 압제할 우려가 없다고 말하지 말지어다"라고 해, 주변국가의 견제가 그대로 자국의 안전을 의미하지 않는다고 경

36 유길준(?), 위의 책; 《유길준 전서》 Ⅲ, 396~397쪽; 涉江保, 위의 책, 어용선 〔유길준〕 역(1899), 51쪽; 김윤식 외 편(1979), 위의 책, 469쪽.
37 유길준(1885), "중립론"(中立論); 《유길준 전서》 Ⅳ, 323쪽; 유길준, "중립론", 《근대한국 국제정치관 자료집 제1권: 개항·대한제국기》, 장인성·김현철·김종학 편(2012), 서울대 출판문화원, 126쪽.
38 유길준 역술(1908), "序", 《普魯士厚禮斗益大王七年戰史》, 1~2쪽; 《유길준 전서》 Ⅲ, 483~484쪽; 유길준 역술(1908), "序", 《英法露土諸國의 哥利米亞 戰史》, 6쪽; 《유길준 전서》 Ⅲ, 132쪽.

고했다. 이 경고는 '세력균형'이라는 국제정치 원리가 개별 국가의 생존을 반드시 보장하는 것으로 착각하지 말라는 의미였다. 개항 이후 조선의 담론 공간에는 이미 "만일 두 나라가 교전하면 다른 나라들이 약소국을 많이 도와줘서 한 나라만 강해지지 않게 하는 것이니, 만국공법의 이른바 균세지법均勢之法이란 것이 바로 이것이다"라는 식으로, 세력균형이 낙관적으로 소개되기도 했다. **39**

그러나 다른 조선의 논자들은 동북아시아에서 세력균형이 소국의 생존을 보장할 가능성에 의문을 제기했다. **40** 예컨대 이유원李裕元은 동북아시아가 유럽에서 격절돼 있기 때문에 피침략 국가가 다른 국가의 도움을 받기 어려우리라고 전망했다. **41** 유길준 자신도 "중립론"에서 러시아가 조선을 장악하지 못한 근거에 대해, "세력균형이라는 원리가 저지했다고 말하긴 하지만 실질은 중국을 두려워하여 그렇게 된 것"이라고 하여, 원칙으로서의 세력균형보다는 무력이야말로 국제정치를 움직이는 진정한 힘이라고 파악했다. **42**

그러나 유길준이 "중립론"에서 피력한 관점은 세력균형의 한계에 대한 비판을 암시하기는 하나, 세력균형 자체를 원리로서도 부정적인 것으로 파악한 것은 아니었다. 잘못된 것은 세력균형을 작동시키

---

39 "한성순보, 오스트리아·프러시아·이탈리아가 동맹하다", 장인성 외 편(2012), 앞의 책, 118쪽.
40 이에 대해서는 장인성(2006), 앞의 책, 45~50쪽 참조.
41 이유원, "리홍장에게 보낸 서한", 장인성 외 편(2012), 앞의 책, 49~50쪽.
42 유길준(1885), "중립론"; 《유길준 전서》 IV, 322쪽; 유길준, "중립론", 장인성 외 편(2012), 위의 책, 126쪽.

지 못하게 만드는 상황이지, 세력균형 자체가 아니었다. **43** 그러나
《폴란드 쇠망전사》·《폴란드 말년전사》에서 유길준은 원리로서의
세력균형 내에 이미 침략 지향적 속성이 내재돼 있다는 사실을 폭로
한다는 점에서, 자신의 사상 세계 내부의 변주를 보여 주었다. "국
세 평균國勢平均이라 하는 법이 남의 국가를 잠식함을 반드시 금하지
는 않는다. 평균 분할平均分割은 본래 상호 준허准許한다는 것을 잊지
말라."**44**

만국공법도, 세력균형도 신뢰하기 어려운 권력정치 세계에서 소
국이 침략을 당해도 주변의 대국은 구원하지 않을 수 있다. 유길준
은 1774년 제1차 폴란드 분할이 완료된 이후 "당시 여러 타국이 이
분할 사건을 차가운 눈[冷眼]으로 간과"하여 "폴란드의 불행이 외부
의 원조도 얻지 못"한 사정을 설명했다. 프랑스는 내치에 집중할 겨
를조차 없었고, 영국은 아메리카 식민지와의 갈등에 주력해야만 했

---

43 참고로, 존 힐 버튼(John Hill Burton)의 《정치경제학》이나 후쿠자와 유키치의
《서양사정 외편》 역시 폴란드의 분할을 세력균형이 제대로 작동하지 못한 한계 사
례로만 취급했다. "Thus the balance of power has some effect in preserving the
rights of the small states; but it is a very imperfect influence. In spite of it,
three of the European powers — Russia, Austria, and Prussia shared Poland
among them, and Austria keeps possession of the small Italian states",
Anonymous[John Hill Burton] (1852), *Political Economy for Use in Schools,
and for Private Instruction*, Edinburgh; Robert and William Chambers, p. 19;
福澤諭吉, 《西洋事情·外篇》; 《福澤諭吉 全集》 1권, 412~413쪽.

44 유길준(?), 앞의 책; 《유길준 전서》 Ⅲ, 395~396쪽; 涉江保, 앞의 책, 어용선
[유길준] 역(1899), 50~51쪽; 김윤식 외 편(1979), 앞의 책, 468~469쪽.

기 때문이다.**45** 대국들이 별도의 사안에 골몰하는 동안에는 소국이 부당하게 침략을 받는다고 해서 구원받을 수 없었다.

권력정치와 관련해 유길준이 폴란드사를 저술하면서 관심을 두었을 법한 또 하나의 주제는 국가의 국제정치적 지위이다. 유길준은 1880년대부터 국제관계상 실질적 위계와 명목상 평등 간의 괴리에 관심을 기울였다. 갑신정변(1884) 이후 위안스카이가 조선을 속방화하려는 내정 간섭을 청일전쟁 전야까지 심화하는 동안, 유길준은 청이 주장하는 청·조선 간의 종주국·속국 관계를 부정하고자 노력했다. 이 과정에서 유길준은, 데니O. N. Denny(1838~1900)의 《청한론China and Korea》(1888)에 자극을 받아 쓴 "국권國權"(원고)과 《서유견문西遊見聞》(1895) "방국邦國의 권리權利"의 장에서, 조선이 청에 조공朝貢을 한다고 해서 청이 주장하듯이 속국의 지위에 놓인 것은 아니라고 주장했다. 유길준에 따르면 조선은 속국이 아니라 증공국贈貢國이면서 독립국의 지위에 있었다.**46**

---

45 유길준(?), 위의 책; 《유길준 전서》 III, 421~422쪽; 涉江保, 위의 책, 어용선 〔유길준〕역(1899), 64~65쪽; 김윤식 외 편(1979), 위의 책, 482~483쪽.

46 O. N. デニー, 《淸韓論》, 岡本隆司 校訂·譯註(2010), 成文社; 유길준(?), 《國權》; 《유길준 전서》 IV, 25~46쪽; 유길준(1895), 《서유견문》, 交詢社, 85 ~99쪽; 《유길준 전서》 I, 105~119쪽; 정용화(2004), 《문명의 정치사상: 유길준과 근대한국》, 문학과지성사, 206~225쪽. 유바다의 비판적 고찰에 따르면, 유길준이 조선을 속국이 아니라 증공국이면서도 독립한 정치체로 규정하려는 시도가 당시 국제법적으로 온전히 수용 가능한 것은 아니었다. 유바다의 연구는 유길준의 논의가 드러낸 한계를 지적하면서도, 유길준이 조선을 속국이 아닌 지위로 규정하기 위해 의식적인 노력을 기울였다는 사실을 잘 보여 준다. 유바다(2015), "유길준

청·조선 간 권력 차이에서 발생하는 실질적 위계가 조선의 독립이나 조선이 타국과 지니는 형식적 평등 관계를 침해하지 못한다는 논리였다. 그의 주장은 "대국도 일국이요, 소국도 일국이라. 국가 위에 국가가 더는 없고 국가 아래에도 국가가 역시 없으니 일국의 국가 되는 권리는 피차 같은 지위로서 털끝만큼의 차이도 생기지 않는지라"라는 말에서 단적으로 드러난다. **47**

유길준의 폴란드사는 그가 1880년대부터 주목해 온 현실적 종속 관계와 형식적 독립 간의 긴장을 다시 한 번 그리는 텍스트였다. 유길준은 폴란드 분할의 전사前史를 개관하는 과정에서, 폴란드 왕 스타니스와프 레슈친스키와 그 뒤에 즉위한 아우구스트 2세August Ⅱ (1670~1733)의 치세에 관해 이렇게 썼다. **48**

대개 〔스타니스와프〕 레슈친스키 왕이 스웨덴 왕이 옹립한 인물이었기 때문에 세상 사람이 간혹 폴란드를 스웨덴의 부용국附庸國이라 하나, 스웨덴 왕이 원래 관대한 군주인 까닭에 실제의 사상事象이 독립에 무해하더니, 아우구스트 2세가 재차 즉위하기에 이르러 그 명분은 독립을 회복했다고 자칭하되 그 실질은 러시아에게 가일층 번루煩累한 간섭

의 증공국(贈貢國) 독립론(獨立論)에 대한 비판적 검토", 최덕수 외, 《근대 한국의 개혁 구상과 유길준》, 고려대 출판문화원, 135~177쪽.

47 유길준(1895), 위의 책; 《유길준 전서》Ⅰ, 108쪽.
48 유길준은 두 인물을 각각 禮士尊斯耆, 悟佳斯多斯王二世로 표기했다. 두 인물의 영문 표기는 각기 Stanislas Lesczinski, Augustus Ⅱ이다.

과 가혹한 속박을 입기를 자초하여 … . 49

유길준은 스타니스와프 레슈친스키 치세의 폴란드가 얻은 "부용국"이라는 세칭世稱의 이면에서 "독립" 국가로서 존속한 "실제의 사상"을 지적하는가 하면, 아우구스트 2세 통치기처럼 "독립을 회복"했다는 명분은 얻었지만 대국의 내정 간섭을 받는 실질적 종속 관계를 읽어 냈다. 폴란드 분할이 진행된 아우구스트 3세(1696~1763) 치세에 대해서도 유길준은 러시아가 "실제로 폴란드의 주권을 장악"했다고 썼다. 50 스타니스와프 아우구스트 포니아토프스키 왕(1732~1798)의 통치기에 러시아의 예카테리나 2세(1729~1796)가 독립국 폴란드의 실질적 주권을 침해한 데 대해 유길준은 개탄했다. "폴란드의 주권을 총집總執하여 국회를 좌우하매 스타니스와프 왕은 예카테리나 2세 여황 부하部下의 일개 지방관리 되기에 불과하여 그 끝은 폴란드가 삼국의 분할물이 되기에 이르니 어찌 애석지 아니하리오."51

이때도 유길준의 언어는 명목과 실질 사이의 괴리를 포착해 냈다. 예카테리나 2세가 등장한 이후 "서력 1767년대의 폴란드가 독립이

---

49 유길준(?), 앞의 책; 《유길준 전서》 III, 346~347쪽; 渋江保, 앞의 책, 어용선〔유길준〕역(1899), 22쪽; 김윤식 외 편(1979), 앞의 책, 440쪽.
50 유길준(?), 위의 책; 《유길준 전서》 III, 348쪽; 渋江保, 위의 책, 어용선〔유길준〕역(1899), 23쪽; 김윤식 외 편(1979), 위의 책, 441쪽.
51 유길준(?), 위의 책; 《유길준 전서》 III, 351~352쪽; 渋江保, 위의 책, 어용선〔유길준〕역(1899), 25쪽; 김윤식 외 편(1979), 위의 책, 443쪽.

라 칭하나 허명뿐이고, 그 실제는 러시아의 속국과 다름없어 국왕은 완연히 한 지방장관"으로 전락한 것이 현실이었다.[52] 폴란드의 국제적 지위의 명분과 실질 간 괴리에 주목해 본다면, 18세기 후반 폴란드사는 사실상의 종속관계 아래 독립이라는 명분을 실체화해 나가야 했던 1880~1890년대 조선의 과제를 앞서서 부담했던 역사가 아니었을까? 유길준이 만난 폴란드의 멸망사는 위안스카이의 속방화 정책 시기 유길준의 문제의식과 접속된 텍스트였다.

4. 폴란드 귀족정치의 비판

유길준의 비관적 권력정치관에도, 그에게 소국의 몰락은 정해진 결론이 아니었다. 폴란드는 왜 멸망했는가? 폴란드가 생존할 수 있는 방법은 무엇이었는가?

유길준은 《폴란드 쇠망전사》·《폴란드 말년전사》 제1편 제1장 "서언緖言"에서 폴란드가 멸망한 주된 원인을 3가지로 요약해 제시했

---

52 유길준(?), 위의 책; 《유길준 전서》 III, 352쪽; 涉江保, 위의 책, 어용선〔유길준〕 역(1899), 25쪽; 김윤식 외 편(1979), 위의 책, 443쪽. 유길준은 다른 쪽에서 예카테리나 여제 즉위 이후 "러시아인이 점차 자신의 위력을 폴란드에 가하매 폴란드는 독립국의 허명만 가지고 그 실질은 러시아가 속국같이 보아 그 국왕은 일개 지방관같이 대우하기에 이르며"라고 썼다. 유길준(?), 김윤식 외 편(1979), 위의 책; 《유길준 전서》 III, 312~313쪽; 涉江保, 위의 책, 어용선〔유길준〕 역(1899), 3쪽; 김윤식 외 편(1979), 위의 책, 421쪽.

다. 첫째 원인은 국왕 공선제에 따른 귀족의 붕당정치, 둘째 원인은 외국의 간섭, 셋째 원인은 인민의 정치권력의 부재였다.

유길준은 귀족정치의 존재가 이중적 의미에서 폴란드의 분열을 초래했다고 보았다. 폴란드 귀족정치는 우선 당파적 분열을 초래했다. 폴란드는 국왕을 세습제가 아닌 공선제로 결정하는 만큼, 왕권이 미약한 데 반해 귀족은 당파에 따라 자파自派가 지지하는 외국 출신 인사를 왕으로 옹립하기 위해 분열·대립하곤 했다. 유길준은 이런 사태가 "인심人心을 통일하지 못하는" 결과를 초래했다고 지적했다.53 이는 앞서 말한 폴란드 멸망의 첫째 원인에 해당한다. 이외에도 폴란드 귀족정치는 신분 간 분열도 초래했다. 폴란드에서 귀족은 국왕을 공선하거나 국회에서 국사를 논의할 권리를 독점했으며, 인민은 정치에 참여할 수 있는 권리를 가지지 못했다. 유길준은 이 때문에 "인민은 국가의 관념이 없어 남의 물건같이 보고 국가의 대사大事는 강 건너 불과 다를 바 없이" 본다고 묘사했다. 유길준은 소속감 없는 인민과 국가 사이의 극적인 거리감으로 인해 폴란드가 약화되었다고 보았던 것이다.54 이 점은 폴란드 멸망의 셋째 원인에 해당

---

53 유길준(?), 위의 책; 《유길준 전서》 III, 310~311쪽. 단, 《폴란드 말년전사》의 상응하는 대목에는 인심의 통일이란 표현이 등장하지 않는다. 涉江保, 위의 책, 어용선[유길준] 역(1899), 1~2쪽; 김윤식 외 편(1979), 위의 책, 419~420쪽.

54 유길준(?), 위의 책; 《유길준 전서》 III, 315쪽. 《폴란드 말년전사》에는 강 건너 불에 대한 표현이 등장하지 않는다. 涉江保, 위의 책, 어용선[유길준] 역(1899), 4쪽; 김윤식 외 편(1979), 위의 책, 422쪽.

한다.

　유길준은 이러한 폴란드의 내적 분열이 폴란드 분할의 근본 원인이라고 분석했다. 물론 타국의 내정간섭과 침략이라는 외인外因이 폴란드 멸망의 근인近因임을 부인한 것은 아니다. 유길준은 폴란드 1·2·3차 분할에 대해 각각 "폴란드가 외국의 야심으로 인해 반은 멸망한 것", "폴란드가 외국의 야심으로 인해 반 이상 멸망한 것", "폴란드가 외국의 야심으로 인해 멸망한 것"이라고 하여, 폴란드 몰락에 대한 외세의 책임을 명시했다. 55 그러나 유길준은 국내 정치 요인을 고려하지 않으면 이러한 외인이 제대로 효과를 발휘할 수 없으리라고 썼다. 그는 국왕 공선제로 인해 폴란드 내에서 "당파가 분기分岐"했을 뿐 아니라, "외국은 그 틈을 타" 폴란드 귀족을 뇌물로 매수했고, 결국 "외국 간섭의 단서를 열어 그 공박과 기만을 받아 병합하는 바 되기에" 이르렀다고 보았다. 56 국왕 공선제라는 국내 요인이 외세의 간섭을 허용한 근본 원인이었던 것이다.

　유길준은 국가에 대한 인민의 무관심에 대해서도 비슷한 논조로 논했다. 폴란드는 이웃나라의 야심적 팽창에 위협을 받았지만, 인민의 무관심이 이 야욕에 대처할 내적 동력을 약화했다. 유길준은 이런 조건에서 "사자·범·표범·이리 같은 적을 당하고자 하니 어찌 그 정략이 민첩하고 군사가 통합統合하리오" 하고 반문했다. 57 침

55　유길준(?), 앞의 책; 《유길준 전서》 III, 313~314쪽.
56　유길준(?), 위의 책; 《유길준 전서》 III, 311쪽.

략도 문제였지만, 침략에 대한 효과적 대응이 불가능한 국내 정치는 그 이상의 근본적인 문제였던 것이다.

유길준이 폴란드의 멸망 원인을 대내적 분열에서 찾는 해석은 동시대 서양의 표준적 해석과도 공명했다. 일례로 시부에가 참조한 영문 논문 "폴란드사"는 폴란드 국민의 불운에 연민을 표하면서도 폴란드인의 "명백한 오류에 대한 우리의 비난"도 숨기지 않고 표명했다. 이 논문의 혹평은 구체적으로 귀족을 겨냥했다. "폴란드인들은 자신의 국민적 수모가 온전히 자신에게, 더 정확히 말하자면 귀족에게 기인한다는 사실을 납득해야 한다. 전반적으로 보아 이들에게는 동정심을 가지는 게 거의 불가능하다."58

이미 1822년 〈에든버러 리뷰*Edinburgh Review*〉에 실린 논문 "분할 Partitions"에서는 폴란드 내 "주권자"에 해당하는 귀족 간에 무력파쟁을 합법적으로 전개할 수 있는 체제의 위험성을 지적하면서, "폴란드의 불행한 사회구조와 폴란드 정부의 위험한 정치체제가, 부도덕한 이웃국가들이 폴란드의 영토를 더 쉽게 조각낼 수 있도록 했다는 사실은 인정되어야 한다. 선출 군주정의 위험, 그리고 특히 외국 국왕 후보의 위험은 상당했다"라고 평가했다.59 1896년 간행된 《체임

---

57 유길준(?), 위의 책; 《유길준 전서》Ⅲ, 315쪽. 이 자세한 내용에 대해서는 다음 절에서 후술한다.

58 Anonymous(1846), 앞의 책, p. 32.

59 Anonymous(1822), "Article X", *The Edinburgh Review*, Vol. 37, No. 74, pp. 468, 491. 〈에든버러 리뷰〉의 여느 서평 논문처럼 이 글 서두에도 별도의 표제

버스Chambers백과사전》제8권에 수록된 "폴란드Poland" 항목에서는 "폴란드가 멸망한 주요 원인" 가운데 한 가지로 "애국심의 부족, 각자 자신의 이익을 좇는 귀족 내부의 단결력의 부족, 그리고 이로 인해 수많은 작은 폭군 사이에서 분열된 국가"를 지목했다. **60** 이렇듯 폴란드 멸망의 궁극적 책임을 내부에서 발견하는 설명방식은 현대의 학문세계에서도 지속되고 있다. **61**

가 달려 있지 않으나, 상단 면주(面註)에 "Partitions"라는 제목이 붙어 있어 이를 따르기로 한다. 이 글은 이후 다음과 같은 단행본이 간행될 때 "폴란드 분할"(Partitions of Poland)이라는 제하에 재수록되었다. Anonymous(1833), "Partitions of Poland", *Selections from the Edinburgh Review, Comprising the Best Articles in that Journal, from its Commencement to the Present Time*, vol. 2, edited by Maurice Cross, Longman, Rees, Orme, Brown, Green & Longman, pp. 243 ~292.

60 "the want of patriotism and cohesion among the nobles, each pursuing his own interest, and the country thus being divided among a number of petty tyrants", *Chambers's Encyclopaedia: A Dictionary of Universal Knowledge*, New Edition, Vol. 8, London and William & Robert Chambers / J. B Lippincott Company, 1896, p. 272.

61 제르지 루코브스키(조지 루코스키, Jerzy Lukowski)는 폴란드 1차 분할 때 당대 "이를 지켜보던 많은 이는 폴란드인이 비난할 수 있는 것은 자신뿐이라고 느꼈다"라고 썼을 뿐 아니라, 루코브스키 자신도 "만약 그런 말을 쓸 수 있다면, 폴란드의 유일한 '죄'는 이 나라가 약했으며 이 나라를 통치하고자 하는 이들이 외부 세력이 희망하는 대로만은 행동하지 않으려 했다는 점이었다. 그 누구와도 전쟁을 하고 있지 않은데도, 폴란드는 효과적인 저항을 보일 수 없었기 때문에 영토를 상실했다"라고 분석한다. Jerzy Lukowski(1999), *The Partitions of Poland, 1772, 1793, 1795*, Routledge, pp. x, 1. 다만, 데이비스는 이보다는 더 관대한 입장에서 1770년대 이후 시기에 "폴란드인이 재앙을 자초했다고 평가한다면, 이는 사람들이 추정하는 무정부 상태에 빠져 있고자 하는 폴란드인의 욕망에서 비롯했다기

유길준이 폴란드 멸망을 일정 부분 폴란드 내부에 귀인歸因시킬 수 있었던 것은 그가 시부에의 《폴란드 쇠망전사》 제1편 제1장 "서언"에 정리된 평가를 참조하여 이를 충실히 번역했기 때문이다. 시부에가 참조했다고 밝힌 서양 문헌에는 이 종합적 원인 분석에 정확히 상응하는 대목은 보이지 않는다. 시부에는 폴란드사에 관해 저술하면서 앞서 소개한 것과 같은 서양 문헌의 논의를 참조해 "서언"을 새롭게 작성했을 것이다. 유길준의 평가는 상당 부분 이러한 시부에의 분석에 빚진 결과물이었다.

그런데 흥미롭게도 《폴란드 말년전사》의 서두에 붙은 서문은 폴란드 멸망의 내인론內因論을 서양 학자나 시부에의 저술에서 찾아볼 수 없는 독특한 방식으로 전개했다.

근래 백여 년 동안 세상 사람이 모두 폴란드의 분열됨을 가엾게 여겨 러시아의 전횡적이고 절제 없는 탐욕과 프로이센의 엎치락뒤치락하는 신의 없는 속임수와 오스트리아의 이해관계만을 따지는 행위에 분노하고 침을 뱉어 욕하며 또 영국, 프랑스 등 유럽 여러 국가가 냉담하게 보고 지나쳐 어렵고 긴급한 일을 구제하는 숭고한 의리가 없다고 비난하고 책망하되, 폴란드인에 이르러서는 그들이 불충不忠하고 불의不義하다가 나라를 멸망시킨 죄를 꾸짖는 자가 없으니, 이는 당시의 참혹

보다는 무정부 상태에서 벗어나려는 그들의 필사적인 노력에서 비롯한 바가 크다" 라고 썼다. Norman Davies(2005), 앞의 책, p.388.

한 사정을 보아서 용서하는 후의이다. 그러나 폴란드는 폴란드인이 스스로 망한 것이지, 러시아·프로이센·오스트리아 3국이 망하게 한 것은 아니다. 대저 국가는 반드시 자신을 정벌한 이후에 남이 정벌하니, 과거에 폴란드에 틈탈 기회와 틈이 없었던들 저 3국의 호랑이가 보는 것과 같은 위세와 이리가 씹는 것과 같은 계책이 비록 탐탐眈眈하나 어디를 따라 손대겠는가? 아아, 폴란드 신민이 그 죄를 면치 못할 것이다. **62**

이 서문은 유길준의 원고 《폴란드 쇠망전사》에는 수록되어 있지 않지만, 유길준 자신이 작성자일 가능성이 높아 보인다. 설령 유길준 이외의 인물(예컨대 어용선)이 이 서문을 작성했다 하더라도, 서문의 대체적 논변이 유길준의 폴란드사 저술의 본문에서 근거를 끌어왔다는 점에서 이 서문은 적어도 유길준이 제시한 생각의 단서를 연장한 결과물인 셈이다. 이 인용문의 외인론外因論은 유길준이 본문에서 묘사한 3국의 묘사에 근거했다. 또, "폴란드에 틈탈 기회와 틈이 없었던들" 3국의 팽창야욕을 실현할 수 없었으리라는 언급은, 앞서 진술한 "당파가 분기"한 상황에서 "외국 간섭의 단서를 열어 그 공박攻駁과 기만을 받아 병합"되는 결과를 낳았다는 유길준의 논의와도 합치한다. **63**

---

62 涉江保, "波蘭國末年戰史 序", 앞의 책, 어용선〔유길준〕 역(1899), 1쪽; 김윤식 외 편(1979), 앞의 책, 419쪽.

앞선 서문은 출전을 밝히지 않은 채 《맹자孟子》 "이루상離婁上"의 논의를 원용한다는 점에서 서양의 역사가나 시부에의 논의와 차별화된다. "대저 국가는 반드시 자신을 정벌한 이후에 남이 정벌"한다는 서문의 언급은 《맹자》의 다음 구절 일부를 인용한 것이다. "대저 사람은 반드시 자신을 업신여긴 뒤에야 남이 그를 업신여기며, 집안은 반드시 자신을 훼손한 다음에야 남이 이를 훼손하며, 국가는 반드시 자신을 정벌한 뒤에야 남이 이를 정벌한다."[64] 서문의 다른 대목에 나오는 "설혹 붕당을 함께 맺을지라도 외국의 힘에 의뢰해 국력을 튼튼하게 함은 첫째로 곧 그 나라를 스스로 파는 것이요, 둘째로 곧 자신을 해치는 것〔自戕〕"이라는 표현 역시 《맹자》의 이 구절을 원용한 것이다.[65]

이 서문은 동아시아 고전의 성구를 빌려 폴란드사의 교훈을 익숙하게 만드는 글쓰기 방식을 취한다. 첫째, 《맹자》 본래의 문맥에서 맹자는 《태갑太甲》에서 말한바 "스스로 만들어낸 재앙"〔自作孼〕은 "하늘이 만들어낸 재앙"〔天作孼〕 이상으로 저항이 불가능하다며, "스스로 초래한 결과"〔自取之〕는 피할 수 없다고 강조했다. 이 의미

---

63 서문은 이어서 폴란드의 "입국(立國)한 제도가 편당의 폐해를 양성하며 그 편당의 습기(習氣)가 외국의 간섭을 초인(招引)"했다고 주장을 전개했다. 涉江保, "波蘭國末年戰史序", 위의 책, 어용선〔유길준〕 역(1899), 2쪽; 김윤식 외 편(1979), 위의 책, 420쪽.

64 "夫人必自侮然後 人侮之 家必自毀而後 人毀之 國必自伐而後 人伐之."

65 涉江保, "波蘭國末年戰史 序", 앞의 책, 어용선〔유길준〕 역(1899), 6~7쪽; 김윤식 외 편(1979), 앞의 책, 424~425쪽.

를 아는 독자라면 폴란드 국내의 책임이 외세의 책임보다 강력하다는 메시지를 금세 알아차렸을 것이다.

《맹자》에 드러난 자기 책임론을 중시하는 이러한 사고방식은 이후 《노동야학 독본勞動夜學讀本》(1908)에서 발견될 유길준의 논리와도 합치한다. 유길준은 "천하만사가 그 근본은 다 나에게 있"다는 자조自助의 논리를 제시하며, "화복禍福은 스스로 구하지 아니하는 것이 없다"는 《맹자》 "공손추公孫丑"의 성구를 인용했다. **66**

둘째, 맹자에 따르면 "불인한 사람"〔不仁者〕은 "자신의 위기를 편안하게 여기면서도 자신의 재앙을 이롭게 여기며 멸망하게 하는 원인을 좋아하여"〔安其危而利其菑 樂其所以亡者〕 스스로 해악을 초래하므로 국가나 가문의 지도자로서 부적당하다. 주희에 따르면, 이때 불인한 사람이란 사욕으로 인해 타고난 본래의 마음을 상실한 사람을 말한다. **67** "폴란드의 편당偏黨은 … 쟁탈하는 사계私計가 국가의 대기大器를 경시하기에 이르"렀다는 서문의 비판은 이러한 고전의 사

---

66 유길준은 새뮤얼 스마일스(Samuel Smiles, 1812~1904) 유의 자조론(自助論)을 설명하며 다음과 같이 썼다. "천하만사가 그 근본은 다 나에게 있으니, 내가 잘하면 나의 복이 되고 내가 잘못하면 나의 재앙이 되는지라. 옛말에 가로대 '화복(禍福)은 스스로 구하지 아니하는 것이 없다'라고 한다." 여기에서 유길준이 인용한 《맹자》 "공손추"의 성구는 다음과 같다. "孟子曰 … 詩云 迨天之未陰雨 徹彼桑土 綢繆牖戶 今此下民 或敢侮予 孔子曰 爲此詩者 其知道乎 能治其國家 誰敢侮之; 今國家開暇 及是時 般樂怠敖 是自求禍也; 禍福 無不自己求之者; 詩云 永言配命 自求多福 太甲 曰天作孽 猶可違 自作孽 不可活 此之謂也", 유길준 (1908), 《勞動夜學讀本 第一》, 京城日報社, 90쪽; 《유길준 전서》 II, 356쪽.
67 "不仁之人 私欲固蔽 失其本心", 《맹자집주》(孟子集註).

유와도 합치한다. 폴란드 귀족정치의 문제는 그것이 실은 재난을 자초하는 줄도 모른 채 사리사욕을 추구한다는 데 있었다.

유길준은 《서유견문》에서 두 가지 편당偏黨하는 방법에 대해, "공公을 주로 하고 사私를 버리는 것은 그 나라가 번창하며, 사私를 좇는 자는 그 나라가 해를 입나니"라고 지적하여, 당파정치가 사욕에 흔들릴 경우의 문제점을 우려한 바 있다. 이때 유길준은 공공성에 주된 관심을 두어 "그 실질은 민국民國의 대계大計를 위하여 득실을 항론抗論"하되 "일신의 사욕으로 그 이해를 쟁투하는 소의小意"에 흔들리지 않는 정당정치를 강조했다. **68**

이상의 두 특징이 《폴란드 말년전사》가 고대 유학이나 성리학적 사고와 어울리는 측면을 보여 주지만, 이 서문이 《맹자》나 그 성리학적 해석을 원용하는 과정에서도 고전에 핵심적인 아이디어의 일부와 단절한다는 점에도 아울러 주목할 필요가 있다. "이루 상"의 암묵적 메시지는 공동체를 다스리는 수장이 마땅히 인仁에서 멀어지지 않도록 노력해야 한다는 것이었다. 성리학의 표준적 해석에 따르면, 공동체의 치자는 인간이 타고난 선한 마음을 보존해야 한다. 주희는"이 장은 마음이 보존되면 득실의 기미도 살필 수 있으나, 보존되지 못하면 존망存亡의 분명함도 분변하지 못한다고 말하고 있다"라고 썼다. **69**

---

68 유길준(1895), 앞의 책, 280쪽; 《유길준 전서》 I, 300쪽.
69 "此章言心存 則有以審夫得失之幾. 不存則無以辨於存亡之著", 《맹자집주》.

그런데 《폴란드 쇠망전사》·《폴란드 말년전사》는 귀족의 사욕을 곳곳에서 비판하는 데 비해, 정치의 공공성을 회복하기 위해 군주나 통치계급의 본심을 보존해야 한다는 논변은 제공하지 않았다. 이 저술들은 폴란드 통치계급의 자기 개혁 가능성에 대해 대체로 비관적으로 진단했기 때문일지도 모른다. 《맹자》의 자기 책임론을 근사하게 원용했음에도, 유길준은 권력정치 세계에서 폴란드의 독립을 보존하는 과제에 대해 고대 유학이나 성리학의 사상 세계와는 별도의 대답을 제시했다.

5. 폴란드식 국민 창출 과정

1) 국왕

유길준에 따르면 폴란드는 귀족의 당파정치, 인민 정치권력의 부재, 그리고 외세의 간섭으로 인해 세 차례나 분할되고 멸망했다. 폴란드가 생존하기 위해서는 어떻게 해야 했는가? 권력정치 세계에서 소국은 어떻게 주권을 수호해야 하는가?

유길준의 대답은 다음과 같았다. "후세 폴란드가 되지 않고자 하는 자는 이에 비추어 보아 국민의 통일을 도모하고 외국의 간섭을 배제함이 어찌 가하지 아니한가."[70] 우리는 이미 앞 절의 고찰로부터 유길준이 이 두 해법 가운데 전자에 더 무게를 둔다는 사실을 알고 있다. 소국은 국민의 통일을 도모함으로써 외국의 간섭을 배제해야 한다.

그렇다면 국민을 어떻게 통일할 것인가? 앞서 본 바와 같이, 귀족의 당파정치는 귀족 간에도 "인심人心을 통일하지 못하는" 사태를 초래했다. 이 상황은 국왕 공선제의 산물이었다. 국왕은 "주권의 중심"이자 "존엄한 태극"으로서 국가의 핵심을 구성해야 하지만, 국왕을 세습이 아닌 선출하는 제도는 "왕실의 존엄을 상하게 하고, 붕당이 이지러지고 과격해지는 모습을 낳는 제도"였던 것이다. 공선권을 가진 폴란드 귀족은 자신들이 지지하는 외국 인사를 공선하려 하고 그 나라의 지원을 받으려고 했다. 국왕 공선제로 인해 이미 국내는 "당파가 분기分岐"하고 "외국은 그 틈을 타" 폴란드 귀족을 뇌물로 매수하며, 결국에는 "외국 간섭의 단서를 열어 그 공박과 기만을 받아 병합하는 바 되기에" 이르렀다. 국왕 공선제와 귀족의 당파정치라는 내인이 외세의 간섭이라는 외인의 선행 조건이나 근본 원인이었다.

유길준은 "공선제보다 세습제가 가可"하다고 하여, 분할 이전 폴란드가 취했어야 할 정책의 하나로 국왕 세습제의 확립을 꼽았다.[71]

---

70 유길준(?), 앞의 책; 《유길준 전서》 III, 316쪽; 涉江保, 앞의 책, 어용선〔유길준〕 역(1899), 5쪽; 김윤식 외 편(1979), 앞의 책, 423쪽.

71 참고로 후쿠자와에게 국민 형성 과정을 학습시킨 프랑수아 기조(François Guizot, 1787~1874)에 따르면, 15~17세기에 국왕을 중심으로 전개된 중앙집권화야말로 국민을 창출하는 데 중대한 계기였다. M. Guizot(1842), *General History of*

그러나 유길준의 폴란드사는 16세기 후반 국왕 공선제가 성립하고 정치체제가 "귀족정치"로 정착한 이후, 역대 국왕이 왕권을 강화하는 국정개혁에 번번이 실패한 기록으로 가득하다. 17세기 후반 국왕 소비에스키(재위 1674~1696)는 투르크가 "신술사神術師"라고 불리며 전 유럽이 두려워할 정도의 무훈武勳을 소유했는데도, 그조차 "귀족의 붕당이 의구하여 왕을 지목해 압제 귀신, 반역자, 자유의 적이라 하여 비방"하는 저항에 부딪쳐 좌절했으며, "폴란드의 장래 형세가 필경 정부 없는 경우에 빠질 전조"까지 드러냈다. 그의 붕어崩御는 실로 "폴란드의 영광이 왕의 옥체와 함께 지하에 매장"되는 듯한 순간이었다. [72]

소비에스키의 후계가 폴란드를 통치한 18세기 초에도 전망은 밝지 못했다. 아우구스트 2세 치세에 러시아는 폴란드를 속박하기 시작하면서 "아우구스트 2세에게 손을 빌려 병합할 방편을 행"했다. "러시아의 비호" 아래 즉위한 아우구스트 3세 치세에는 러시아의 내정간섭이 심화되었다. 스타니스와프는 "본래 러시아 여황이 폴란드를 임의로 조종하기 위하여 그 지위에 놓"은 "일개 지방장관"과 같은 인물로 자율성이 없었다. [73]

유길준은 18세기 중후반 폴란드를 통치한 마지막 국왕 스타니스

Civilization in Europe from the Fall of the Roman Empire to the French Revolution, Third American Edition, D. Appleton & Company, pp. 229~230.

[72] 유길준(?), 위의 책;《유길준 전서》III, 319, 322, 334~340쪽.
[73] 유길준(?), 앞의 책;《유길준 전서》III, 346~348, 350~352쪽.

와프 아우구스트 포니아토프스키[Stanisław August Poniatowski]74를 "어리석고 나약한 국왕", "원래 겁이 많고 나약"한 인물, "용렬하고 어리석은 군주"로 묘사하는 등 그 역시 러시아에 저항할 정도의 주체성이 없는 인물로 보았다. 75 러시아의 속국화라는 구조적 맥락과 국왕의 지도력 부족이라는 요인이 결합돼 폴란드의 국왕 공선제를 효과적으로 폐지하는 것은 간단하지 않았다. 1780년에는 "국왕 선거제도를 폐지"한다는 내용을 포함한 헌법 개정안을 국회에 제출했으나, 이는 러시아의 압력에 의해 부결되었으며, 1791년에야 신헌법을 발포하며 국왕 선거제를 폐기했을 때는 이미 폴란드 분할이 상당히 진행된 다음이었다. 76 《7년전사》에서처럼 강력한 국왕을 중심으로 국가 공동체를 통합해 나간다는 선택지가 폴란드에서는 이미 상당 부분 배제되어 있었다.

이러한 현실은 청과 일본 사이에 일시적으로 형성된 힘의 공백을 배경으로 해야만 개혁을 시도해 볼 수 있는 조선의 정치현실을 상기시키지 않았을까? 유길준이 《폴란드 쇠망전사》를 작성했을 1895~1899년 사이의 어느 시점, 그는 청의 속방화 정책이 종식될 때쯤 시도한 갑오개혁의 미완을 뒤로한 채 일본의 본격화된 간섭 정책을 목도하고 있었을 것이다.

---

74 스타니스와프 2세 아우구스투스(Stanisław Ⅱ Augustus)를 말한다.
75 유길준(?), 위의 책; 《유길준 전서》 Ⅲ, 419~420, 446, 475, 477쪽.
76 유길준(?), 위의 책; 《유길준 전서》 Ⅲ, 423~425, 434~435쪽.

2) 평민의 정치권력

영문 논문 "폴란드사"(2절 참조)를 쓴 익명 저자는 폴란드 분할의 전사前史를 개관하면서 폴란드 평민은 "이른바 역사에 전혀 등장하지 않는다"라며, "우리가 폴란드사라고 부르는 것은 실상 폴란드 귀족의 역사"라고 지적했다. 77 역사가들이 써온 서사는 폴란드 평민을 충분히 조명하지 않았다는 것이다. 시부에는 이 표현을 그대로 받아 "우리가 폴란드사라고 이름 붙이는 것은 실상 폴란드의 귀족사일 뿐이다"라고 썼다. 78

유길준은 이들 어구의 의미를 보존하면서도, 단순하면서 강렬한 문장으로 다시 썼다. "폴란드사는 곧 폴란드 귀족의 역사이고 그 전국의 역사가 아니다."79 유길준에게 이 말은 역사가의 책임 방기放棄를 넘어, 폴란드라는 국가의 성격까지도 비판하는 어구였다. "폴란드는 곧 귀족의 폴란드이지 전국 인민의 폴란드가 아니다." "귀족과 평민의 등분等分이 매우 심"한 "폴란드는 곧 귀족의 국가이지, 전국 인민의 국가는 아니"었던 것이다. 80

---

77 "they do not make any appearance in what is usually called history"; "and what we term Polish history, is in fact the history of the Polish nobles", Anonymous(1846), 앞의 책, p. 2.

78 涉江保(1895), 앞의 책, 10~11쪽.

79 유길준(?), 앞의 책;《유길준 전서》Ⅲ, 319쪽.

80 澁江保, 위의 책, 어용선〔유길준〕역(1899), 6쪽; 涉江保, "波蘭國末年戰史序", 앞의 책, 어용선〔유길준〕역(1899), 3쪽; 김윤식 외 편(1979), 앞의 책, 421쪽.

폴란드가 폴란드 평민의 국가가 아니라는 사실은 왜 문제시되는가? 인민에게 정치적으로 권리가 없으면, 인민은 귀족보다 저열한 지위에 놓인 채 국가에 무관심하다. 국가에 무관심한 인민은 국가를 위협하는 외부 침략에도 이를 방위할 의지를 지니지 않는다.

… 국회라 함도 귀족의 국회이니 인민은 능히 참여하지 못하는지라. 이런 까닭에 인민은 국가의 관념이 없어 남의 물건 같이 보고 나아가 국가의 대사는 강 건너 불과 다름없이 보니 … 외국 정벌에서의 승리를 좋아하는 자는 귀족뿐이요, 또 그 쇠운에 쫓겨 외국의 수모를 받으매 근심하는 이도 귀족뿐이고 인민은 털끝만큼도 좋아하거나 근심하는 감정을 느끼지 아니하니 … . [81]

폴란드 분할 이전 인민은 국가를 "남의 물건"처럼, "국가의 대사"를 "강 건너 불"처럼 무심하게 대했다. 유길준은 폴란드인이 "국가의 관념"을 결여한 것과 유사한 모습을 이미 비슷하게 묘사한 바 있다. 그는 《서유견문》에서 순수 군주정에서는 인민이 "정부를 초楚나라·월越나라같이 〔멀리〕 보아 우국憂國하는 성의誠意가 저절로 결핍된다"라고 하여, 민民이 정치적 권리가 없는 순수 군주정에서는 국가와 거리감을 느끼고 애국심을 가지지 않는다고 지적했다. 유길준은 《7년전사》에서도 유럽에서 7년전쟁(1756~1763)이 발발하기 직전 "실레지

---

81 유길준(?), 위의 책; 《유길준 전서》 Ⅲ, 315쪽.

엔 인민은 … 프로이센의 전쟁 보기를 월越나라 사람이 진秦나라 사람이 살이 쪘든 야위었든 무관심하게 보아" 프로이센이 전쟁에서 이기기 어려운 조건이 놓였다고 지적했다. 82

마찬가지로 앞선 인용문에서 폴란드 인민은 승전에도 기뻐하지 않고 외국으로부터의 수모에도 냉담하다고 썼다. 83 이 특징은 그가 다른 저작에서 지적하는 정치적 문제 상황과도 합치한다. 유길준은 프리드리히 2세의 승리가 "대왕의 승리에 그치고 독일 인민 사이에 국민이 자존自尊하는 감정을 환기시키기에는 부족"했다고 썼으며(《7년전사》), 자기 시대에 "아시아의 대국이 소국에게 수모를 당하며 치욕을 입는 것"은 "국가의 수치가 있어도 인민의 분노하는 기운이 일어나지 아니하"기 때문이라고 보았다(《서유견문》). 84

유길준은 인민이 국가에 대해 느끼는 심리적 거리감을 문제로 보고, 후쿠자와가 《학문의 권장》과 《문명론의 개략》에서 지적한 국민의 형성을 《서유견문》에서 과제로서 제기했다. 85 18세기 프로이센 역사가 유길준의 국민 형성 과제를 성공적으로 완수한 일례라면,

---

82 유길준(1895), 앞의 책, 149~151쪽; 《유길준 전서》 I, 169~171쪽; 유길준 역술 (1908), 앞의 책, 17쪽; 《유길준 전서》 III, 509쪽.

83 예컨대 유길준은 "폴란드 인민은 그 왕〔아우구스트 2세〕이 국중(國中) 여론(輿論)을 돌아보지 않고 스웨덴과 교전함을 원망하며, 나아가 작센 군대를 국내에 끌어들이는 것도 분개하여 그 지휘를 따르지 아니"했다고 썼다. 유길준(?), 앞의 책; 《유길준 전서》 III, 343쪽.

84 유길준 역술(1908), 앞의 책, 48쪽; 《유길준 전서》 III, 540쪽; 유길준(1895), 앞의 책, 150쪽; 《유길준 전서》 I, 170쪽.

85 이 점에 대해서는 이 책의 제3장 참조.

18세기 폴란드 역사는 미완의 일례를 제공한다. 유길준의 독창적 경구, "폴란드는 곧 귀족의 폴란드이지 전국 인민의 폴란드가 아니다", "폴란드사는 곧 폴란드 귀족의 역사이고 그 전국의 역사가 아니다"라는 표현은 직접적으로는 시부에의 표현을 변용한 것이지만, 동시에 후쿠자와의 경구, "일본에는 단지 정부는 있지만 국민이 없다고 할 수 있다", "일본국의 역사는 없고 일본 정부의 역사가 있을 따름이다"라는 말과 공명했다.[86] 유길준은 실제로 폴란드의 전철을 밟지 않고자 하는 자는 "국민의 통일을 도모"해야 한다고 말했다.[87]

이러한 인민을 국민이라는 정치적 주체로 벼려 내기 위해서는 어떻게 해야 할까? 《서유견문》에서 유길준은, 인민이 자기의 권리와 국가의 권리가 중요하다는 것을 깨닫는다면 국가가 위기 상황에 처했을 때 죽음을 각오하고 싸우리라고 주장했다. 이러한 인민은 국가의 존망을 자신의 문제로 생각하는 주체라는 점에서 후쿠자와가 말한 국민에 해당한다고 보아도 무방할 것이다. 《서유견문》에서 유길준은 인민에게 권리에 대해 교육하고 법률로써 그들의 권리를 보호한다면 인민이 국사에 관심을 가지리라고 전망했다.[88]

---

86 福澤諭吉(1872~1876), 앞의 책;《福澤諭吉 全集》3권, 52쪽; 福澤諭吉(1875), 《文明論之槪略》;《福澤諭吉 全集》제4권, 152쪽.

87 유길준(?), 앞의 책;《유길준 전서》Ⅲ, 316쪽. 여기서 "통일"이란 말을 사용한 것은 국민이 공통의 것, 공동의 것에 의해 단합되는 존재이기 때문이다. 이에 대한 이론적 논의로는 M. Guizot(1842), 앞의 책, pp. 94, 210, 228~230, 232 참조.

88 유길준(1895), 앞의 책, 129쪽;《유길준 전서》I, 149쪽.

유길준의 폴란드사에서도 《서유견문》에서 보인 것과 유사한 문제 상황과 해법이 등장했다. 유길준은 귀족을 "국가의 지엽枝葉"으로, 인민을 "근저 본간根底本幹"이라고 규정했는데, 이 수사는 인민을 정치권력의 마땅한 보유·행사자로 설정하기 위한 것이었다. 89 그러나 폴란드의 현실은 왕조 몰락의 전야까지 이 당위에 미치지 못했다. "평민은 국가의 근본 되어 그 노력으로 전 사회를 유지하는 자로되 단지 귀족의 명령을 따르고 털끝만큼도 정사政事에 참여하는 권權을 가지지 못하니라."90

　　《서유견문》의 논지대로라면 폴란드는 특별히 법률로써 (그리고 가능하다면 교육으로써도) 일반 인민의 권리를 신장했어야 했다. 그러나 유길준의 폴란드사 서사가 보여 주듯, 인민에게 참정권을 부여하는 논의는 국왕 공선제 폐기론과 마찬가지로 너무 뒤늦게 실현되었다. "상인商人에게 대의사代議士를 선거하는 권權을 허하여 국정 참여권을 얻게 할 것"은 1780년 헌법 개정안에 포함되었으나 이 개정안은 부결되었으며, 1791년 신헌법이 발포되고 나서야 "시민에게 의원 선거하는 권權을 부여"할 수 있었다. 91 《서유견문》에서와는 달리, 유길준은 법률에 의해 인민의 권리를 보장해 나가는 서사도, 이에 따라 폴란드인이 국민으로 벼려지는 서사도 폴란드사를 저술하면서는 제시

89　유길준(?), 앞의 책; 《유길준 전서》 III, 315쪽.
90　유길준(?), 위의 책; 《유길준 전서》 III, 322쪽.
91　유길준(?), 위의 책; 《유길준 전서》 III, 424, 435쪽.

할 수 없었다.

3) 위기의식

국왕 공선제 폐지와 인민 참정권 도입이라는 제도개혁은 폴란드에
서 실패했거나, 너무 늦게 시행되었다. 그래서인지 유길준은 1791
년 신헌법이 국민을 창출하는 데 어떤 역할을 했는지 논의하지 않았
다. 그렇다면 폴란드인에게 정치권력을 부여하는 것으로 국민을 주
조하는 기획은 더 이상 불가능한 것일까? 흥미롭게도 유길준은 제도
개혁에 의존하지 않는 방식으로도 "인심의 통합" 혹은 "국민의 통일"
을 가능하게 만드는 대안적 과정을 소개했다. 국가가 멸망할 수 있
다는 인민 일반의 위기의식이 고양되는 과정이 그것이었다.

> 처음에 폴란드인이 3국이 폴란드 제1차 분할할 때 냉담하게 강 건너
> 의 불같이 보더니, 지금 국가가 장차 망할 것을 보고 비로소 그 강개한
> 기氣가 전국을 흔들어 적개심이 격렬해지기에 이르자, 자유를 사랑하
> 는 지사가 러시아인이 발호跋扈하는 모습을 차마 목도하지 못해 외국에
> 서 타향살이를 하기도 했으나 우국憂國하는 마음은 잠시도 잊지 못해
> 죽기를 결심하고 그 회복을 도모하는 자가 적지 않으니 … . **92**

---

92 유길준(?), 위의 책; 《유길준 전서》 III, 455쪽; 涉江保, 앞의 책, 어용선〔유길
　　준〕 역(1899), 85쪽; 김윤식 외 편(1979), 앞의 책, 503쪽.

폴란드 인민이 자국이 분할되는 것을 '냉담하게 강 건너의 불같이 본다'는 표현은 폴란드가 처한 위기를 "냉담"하게, "냉안冷眼으로 간과看過"해 온 주변국의 반응을 사용할 때의 표현에 조응한다. **93** 인민은 국가에 소속감을 느끼지 않다가도 "지금 국가가 장차 망할 것을 보고" 전국에서 비분강개한 기운을 품기에 이르렀다. 폴란드의 인민은 더 이상 국사를 "남의 물건"이나 "강 건너 불"처럼 무관심하게 보지 않았으며, 뒤늦게나마 국가를 위해 단합하는 존재로 재탄생했다.

유길준은 이때 각성한 인민을 결집하는 영웅의 등장에 주목했다. 폴란드 반러 독립운동의 상징인 코시치우슈코Tadeusz Kościuszko (1746 ~1817)가 그 영웅이었다. 코시치우슈코는 사관학교를 졸업한 육군 장교 출신으로, 폴란드의 무관이 되고자 했으나 폴란드 왕의 당에 속하지 않는다는 이유로 이 꿈을 실현하지는 못했다. 이후 그는 아메리카 대륙으로 건너가 "아메리카 주 인민이 영국의 가혹한 정치를 참지 못하여 거병"한 미국 독립전쟁에서 조지 워싱턴 군대의 일원으로 참전하는 등, 자유라는 대의를 위한 투쟁의 경험을 가지고 있었다. 이미 미국에서 "독립국을 완성"한 코시치우슈코가 폴란드로 돌아왔을 때, 폴란드인이 "그의 의협을 찬송"할 정도로 이러한 경험은 그에게

---

93 유길준(?), 위의 책; 《유길준 전서》 III, 412, 421, 432쪽. 비슷하게 《폴란드 말년전사》에서도 외국에 대해 "냉담(冷淡)하게 이를 둠이라", "냉안(冷眼) 간과(看過)하니", "냉안 간과하는지라"라고 쓴 표현에 상응하게 1차 분할 시 인민의 반응을 "냉담하게 이를 봄"이라고 썼다. 渋江保, 위의 책, 어용선(유길준) 역(1899), 60, 64, 71, 85쪽; 김윤식 외 편(1979), 위의 책, 478, 482, 489, 503쪽.

영웅으로 부상할 수 있는 주요한 조건으로 작용했다. **94** 유길준은 아메리카 대륙에서 영국의 학정에 맞선 것과 마찬가지로, 조국 폴란드에서 "러시아인의 포학"에 맞서려고 등장한 코시치우슈코에 대해 이렇게 썼다.

〔코시치우슈코는〕 항상 본국을 잊지 않고 조만간 독립 의기義旗를 걸고자 하더니 마침내 바르샤바 인민이 의병을 일으켰다는 소식을 듣고 급히 일반 애국자를 이끌고 크라코프에 이르니, 때는 1794년〔정종正宗 18년 갑인〕 3월 24일이라. 크라코프 인민이 귀족, 농부, 시정市井을 막론하고 다 앞다투어 그 휘하에 입적入籍하며 부인은 비녀와 귀고리를 팔아 군자軍資에 보태고 자원하여 양인良人과 같이 군대에 들어가고자 하는 자가 많더라. **95**

코시치우슈코를 중심으로 폴란드 주민은 신분적 차이, 직업적 차이, 성별의 차이를 막론하고 국가를 보위하기 위한 반反러시아 항쟁에 자발적으로 참여하고자 했다. 이 점에서 코시치우슈코는 "국민

---

94 涉江保, 위의 책, 어용선〔유길준〕 역(1899), 87~88쪽; 김윤식 외 편(1979), 위의 책, 505~506쪽. 《폴란드 쇠망전사》에는 이에 상응하는 대목이 보이지 않는다.

95 涉江保, 위의 책, 어용선〔유길준〕 역(1899), 88쪽; 김윤식 외 편(1979), 위의 책, 506쪽. 《폴란드 쇠망전사》에는 이에 상응하는 대목이 보이지 않는다. 유길준에게 영향을 준 원문은 다음을 참조하라. 涉江保(1895), 앞의 책, 207~208쪽; Anonymous(1846), 앞의 책, p. 19.

의 통일"을 완수하는 작업의 중심부에 있었다.

상기 인용문의 묘사는, 유길준이 《7년전사》에서 1762년 베를린 위기 국면을 묘사하며 "프로이센 인민은 빈부와 귀천 없이 모두 국가의 중함을 자임하고 죽고 살기를 가볍게 여겨 전국 도처에 무기를 들고 군적軍籍에 들어가기를 원"했다고 썼을 때의 묘사와도 상응한다.96 국가의 존망이 위태로울 때 적에 맞서 싸우는 지휘관이 국민 창출의 중심에 서 있는 것으로 그려진다는 점에서, 18세기 프로이센의 역사와 같은 세기 폴란드의 역사 간에 유사성이 보인다.

그러나 프로이센에서 그러한 지휘관이 프리드리히 2세라는 유능한 군주였다면, 같은 세기 폴란드의 역사에서는 의병장義兵將이 그러한 역할을 수행했다는 점에서 두드러진 차이가 있었다. 유길준이 폴란드 역대 국왕을 무능한 지도자로 강조한 문맥에서, 러시아에 저항하는 세력인 '애국당'의 상징 코시치우슈코는 국민통합의 중심으로서 그만큼 두드러진 인물이었다. 육군 장교 출신이기는 하지만, 미국 독립전쟁이나 반러시아 항쟁 기간에 국가관료가 아닌 저항세력의 입장에서, 단순한 국가이익만이 아니라 자유라는 대의를 위해 투쟁했다는 점에서도 그의 영웅적 면모는 프리드리히 2세와 달랐다.

코시치우슈코가 1794년 4월 러시아군과 싸워 대승을 거둔 뒤에는 "코시치우슈코의 위성威聲이 크게 진동"했으며, 유길준은 "이로써 애국당 말류末流에 처하여 수서양단首鼠兩端하던 자도 그 뜻이 점차 강

---

96 유길준 역술(1908), 앞의 책, 75~76쪽; 《유길준 전서》 III, 567~568쪽.

해지고 전국 인민은 봉기가 향응響應"했다고 묘사했다. 폴란드인의 외국 원정의 승리에도 무관심하던 인민은 코시치우슈코의 승리에 용기를 얻어 연이은 저항에 나선 것이다. 이때도 "저 겁 많고 나약한 폴란드 망국왕亡國王은 러시아 공사의 명령을 받아 애국당을 국적國敵으로 간주하는 조칙을 내리고" 있을 뿐이었다. **97**

같은 해 7~8월 무렵에는 "폴란드 전국 인민이 애국당의 성충誠忠에 감동하여 〔이들을〕 모두 지원"했으며, 9월에는 "제 1·2차 분할을 계기로 프로이센에 속한 옛 폴란드 땅 인민이 애국당을 향응響應하여 도처에서 봉기"했다. 9월 봉기 시 인민은 프로이센의 가혹한 진압에도 "조금도 두려워하지 아니하고 그 격렬한 기氣를 도리어 더하는" 모습을 보였다. **98** 안타깝게도 폴란드 민중 봉기는 전략적 차원에서는 국가 독립을 지킬 만한 기여를 하는 데 실패했다. 1794년 11월 코시치우슈코가 치명상을 입고 포로가 됐을 때, 바르샤바의 "부내府內 인민이 크게 놀라 폴란드의 멸망이 목전에 왔음을 알고 비탄하는 소리가 끊이지 않"았다. **99**

폴란드의 멸망에 대한 유길준의 서사는 당대 서양 학계에서 표준

---

97 유길준(?), 위의 책; 《유길준 전서》 Ⅲ, 460쪽; 涉江保, 앞의 책, 어용선〔유길준〕 역(1899), 89쪽; 김윤식 외 편(1979), 앞의 책, 507쪽.

98 다만 부호들은 예외였다. 유길준(?), 위의 책; 《유길준 전서》 Ⅲ, 467~468쪽; 涉江保, 위의 책, 어용선〔유길준〕 역(1899), 92~93쪽; 김윤식 외 편(1979), 위의 책, 510~511쪽.

99 유길준(?), 위의 책; 《유길준 전서》 Ⅲ, 470~471쪽; 涉江保, 위의 책, 어용선〔유길준〕 역(1899), 94쪽; 김윤식 외 편(1979), 위의 책, 512쪽.

적 설명으로 자리 잡은 내용을 간접적으로 반영한 것이다. 예컨대 1872년 판 《체임버스 백과사전》의 "폴란드" 항목은 제1차 폴란드 분할 직후 "이제는 전국이 각성해 국가의 위기를 온전히 느꼈"으며 제2차 분할 이후에 대해서는 "폴란드인들은 이제 절박해졌으며, 전국적인 봉기가 발생했다(1794)"라고 썼다.[100] 현대의 폴란드 근대사가도 이러한 내러티브를 채택한다.[101] 유길준의 해석은 서양의 폴란드사 담론을 시부에라는 매개를 이용해 전달한 결과물이었다. 그의 서술은 표준적 해석에 충실했다는 점에서 강점이 있지만, 유럽사학사의 문맥에서 보면 별달리 기여한 바는 없다.

그러나 유길준의 폴란드사 저술의 의의를 그의 유럽사 해석의 독창성에서 찾으려고 한다면 그것은 의미 없는 시도일 것이다. 해당 저술의 독창적 면모는 이 글이 유길준의 사상세계 안에서 점하는 위치를 가늠함으로써 비로소 찾을 수 있을 것이다. 유길준은 국가 독립의 유지와 국민의 형성이라는 과제의 한 가지 수행 방식을 《폴란드 쇠망전사》를 쓰면서 학습했으며, 《서유견문》에서 말하는 교육과 입법, 또는 《7년전사》가 그린 것과 같이 명군名君의 뛰어난 군사적 역량이 국민 창출에 필수적 조건이 아니라는 것도 알 수 있었다.

---

100 "The whole country was now aroused to a full sense of its danger"; "The Poles were now became desperate; a general rising took place(1794)", *Chambers's Encyclopaedia: A Dictionary of Universal Knowledge for the People*(1872), Vol. 7, p. 633.
101 예컨대 Jerzy Lukowski(1999), 앞의 책, pp. 7~8.

교육이나 제도, 위대한 국왕 이외에도 국민화를 가능하게 하는 조건이 있었다. 그러한 조건은 우국심을 촉발할 대외적 위기감, 그리고 우국심이 향할 장소를 제공하는 민중의 의로운 지도자였다. 다만 유길준은 실제로 강화된 위기 상황 속에서 국민을 뒤늦게 창출할 경우, 국가의 독립이 그만큼 위태로워진다는 사실도 배웠을 것이다. 18세기 폴란드사는 국민 창출에 다양한 방식으로 성공할 수 있는 가능의 기록이었지만, 독립 보전에 실패한 기록이기도 했다.

6. 조선의 담론 공간 속 폴란드 멸망사

유길준의 폴란드사 서술은 한편으로는 영국과 일본 등에서 정착해가는 폴란드 멸망사의 지식을 조선의 담론 공간에도 유통시키는가 하면, 다른 한편으로는 1904∼1905년 러일전쟁 이후 강렬한 위기의식의 공유로 인해 국민을 창출하는 조선의 경험을 지적 세계에서 선취하는 작업이었다. 유길준의 《폴란드 쇠망전사》·《폴란드 말년전사》는 실제로 1900년대 후반 대한제국의 정치 상황에 대한 주요 언론의 정치 논설에 큰 영향을 끼쳤다.

1907년 〈대한매일신보〉의 논설에서는 국가 흥망을 좌우하는 핵심 변인을 "국민의 독립정신"의 유무라고 보고, "폴란드와 이집트와 필리핀 같은 나라가 필경 멸망하는 데 돌아간 것은 모두 독립정신이 없는 연고"라고 주장했다. 102 이 신문의 다른 논설 "한국인과 일본인의 문답韓日人問答"에서는 가상의 한국인 논자가 일본의 대한제국 강토 침략과 보호국화를 비판하며 "이는 러시아인의 행위가 폴란드에 대해 시행한 것과 같고 프랑스인이 베트남에 대해 실시한 것과 같다"라고 비유했다. 가상의 일본인 유사遊士는 《폴란드 말년전사》 서문의 해석을 그대로 반복하며 한국인의 주장을 반박했다.

> 무릇 사람은 반드시 자신을 업신여긴 이후에 다른 사람이 이를 업신여기오. 국가는 반드시 자신을 정벌한 이후에 남이 이를 정벌하나니, 폴란드와 베트남의 역사로 보자면 무릇 천하에 마음을 가진 사람 중에 이들을 가엾어 하지 않는 사람이 없으나 그 실상은 폴란드가 스스로 망한 것이지 러시아인이 망하게 한 것이 아니며, 베트남인이 스스로 멸망한 것이지 남이 이를 멸망시킨 것이 아니라. 지금 일한日韓관계로 말하자면 우리 일본이 어찌 일찍이 강토를 침략하고 정벌한 일이 있었으며, 인민의 주의主義를 해한 적이 있었는가? 그 실질은 한국이 침략과 점령을 자초한 것이요, 그 학대와 해를 스스로 얻은 것이라 하노라. 103

권력정치 세계 안에서 독립을 수호해야 할 내적 노력을 강조하기 위해 쓰인 《폴란드 말년전사》의 논변이 국망國亡을 앞둔 시점에서는

---

102 〈대한매일신보〉(1907. 5. 23), "론셜: 경신이 잇스면 수실이 반드시 나타나느니라", 국문판.
103 〈대한매일신보〉(1907. 7. 10), "論說 韓日人問答", 국한문판.

침략의 책임이 한국인에게 있다는 언설로 기능한 것이다. 유길준이 제시한 폴란드 멸망의 내인론은 경우에 따라 제국의 책임을 회피하고 팽창을 정당화하는 데 이용될 수도 있었다.

흥미롭게도 유길준 자신도 정치적 글쓰기에서 이러한 논의를 전개했다. 유길준은 도일 망명 생활을 끝내고 귀국한 후인 1907년 10월, 궁내부 특진관 사직 상소와 함께 순종에게 올린 "평화광복책平和光復策"에서 "나라는 반드시 자신을 정벌한 다음에야 남이 이를 정벌하고, 사람은 반드시 자신을 업신여긴 다음에야 남이 그를 업신여긴다"라는 《맹자》의 자기 책임론을 인용하며, "진실로 우리에게 우리의 조국을 스스로 지킬 힘이 있고 우리의 외교와 내치를 스스로 시행할 지知와 능력이 있었더라면, 저들〔일본〕이 어찌 이러한 행동을 하겠습니까. 그러므로 전후 두 가지 조약의 안은 우리가 진정으로 자초한 것〔我實自取〕이며 저들이 우리에게 강제로 가한 바가 아닙니다"라고 주장했다. 을사조약(1905) 등을 체결하며 대한제국의 국권이 제한되어 왔지만, 그런 역사적 전개의 근본 책임은 국내에 있다는 논리였다. 이러한 문맥 속에서 유길준은 "폴란드는 제멋대로 외부의 원조를 구한 까닭에 도리어 분할되었는데 이것은 앞선 본보기〔鑑〕가 오래지 않으며, 미얀마가 속으로 두 가지 마음을 품어서 결국에는 멸망에 이르렀으니 이 또한 그 뒤의 궤적을 경계해야 합니다"라고 썼다. 일본의 정치적 지배력이 확고해진 맥락에서 제기된 유길준의 이러한 주장이 어디까지 본심을 반영했는지는 논란의 여지가 있으나, 적어도 표면에 드러난 논변에서 그가 폴란드사 저술에

서 이미 피력한 폴란드 멸망 내인론을 재차 활용했다는 점은 분명해 보인다.104

그러나 유길준의 폴란드사 서술은 1790년대 폴란드에서 그러했듯이, 국가가 위기에 처했을 때 여기에 관심을 둘 주체를 벼려 내는 데 유용한 재료이기도 했다. 1905년 《폴란드 말년전사》를 〈대한매일신보〉에서 축약하여 연재하기 시작한 것은 우연이 아니었다. 이 신문은 연재에 앞서 "서적은 민지民智를 개발開發하기 위한 나침반"이라는 논설에서 "지식이 개명하여 국가 영욕이 곧 자기 영욕임을 인지"시키고 "지식의 개발도 되고 애국 열심熱心이 일치분발하여 일등 개명開明한 인류"를 만들겠다는 취지를 밝힌 바 있었다.105 《폴란드 말년전사》서두의 연재 취지문에서는 "한국 인사의 지식을 개발"하고자 한다는 동기를 재서술하며, "무릇 흥망과 득실의 사적이 감계鑑

---

104 유길준(1907), "平和光復策"; 《유길준 전서》 IV, 272, 279쪽; 《순종실록》 1907년 10월 23일; 이 글의 내용은 당시 언론에도 보도되었다. 〈황성신문〉(1907. 10. 29), "兪氏의 光復策"; 〈황성신문〉(1907. 10. 30), "兪氏의 光復策".

105 〈대한매일신보〉(1905. 10. 12), "書籍이 爲開發民智之指南", 국한문판. 참고로 이와 유사한 논리와 어휘를 포함한 논의가 며칠 뒤 〈대한매일신보〉 잡보에 게재되었다. 그 내용은 다음과 같다. "現今 列强을 觀ᄒ건디 皆 其全國人民이 愛國ᄒᄂ 性質이 有ᄒ야 國事를 自己의 事로 擔着ᄒ며 國權을 自己의 權으로 重視ᄒ며 / 國恥를 曰 自己의 恥라 ᄒ며 國營을 曰 自己의 營이라 ᄒ여 其國을 富코져 ᄒ며 其國을 强코져 홈이 一般性質이오 一般義務라 … / 試思ᄒ라 大韓一國은 二千萬同胞의 國이 아닌가 其民이 愛國ᄒᄂ 性質이 無ᄒ면 곳 人民이 無ᄒ 國이니 他人이 엇지 此를 取치 아니ᄒ리오", 〈대한매일신보〉(1905. 10. 18), "愛國性質".

戒할 것이 명확히 갖추어져" 있으며 "특히 실정失政하고 망국한 사적이 더욱 인심을 감촉感觸하게 하는 효력"을 가진다고 적었다. **106** 유길준의 폴란드사는 애국심을 자극해야 할 정치 맥락에서 유용한 교재였던 것이다.

유길준의 폴란드 분할사 저술이 한창 읽히던 시점에 조선은 폴란드형 국민 창출의 가능성을 직접 구현하면서도, 이 창출방식의 한계점까지 함께 드러냈다. 한국이 이미 일본의 보호국으로 전락한 뒤인 1905년 12월 말, 〈대한매일신보〉에서 연재한 "폴란드 의사義士 코시치우슈코 전기를 읽다"에서는 《폴란드 말년전사》에 수록된 코시치우슈코 약전略傳 등에 근거해**107** 그를 "동포 형제의 자유를 회복"하기 위해 애쓴 "인인군자仁人君子와 지사의사志士義士"의 일례로 소개했으며, "국가의 독립을 위하며 인민의 자유를 위하여 온갖 어려움에도 굴하지 않고 마침내 자기 몸을 바쳤으니 저 폴란드는 망했으나 공의 충혼의백忠魂義魄 순은 천지간을 가득 채워 만고불멸이로다"라며 극찬했다. **108** 향후 조선의 정치 공간은, 18세기 폴란드와 마찬가지로, 인민이 참여하는 의병義兵 봉기와 주권국가의 생명 이상으로 불멸의 상징이 될 애국자의 의거를 목도할 것이었다.

〈대한매일신보〉는 코시치우슈코에 대한 기사를 연재하기에 앞

---

106 〈대한매일신보〉(1905. 10. 20), "歷史㮣要".

107 涉江保, 앞의 책, 어용선〔유길준〕 역(1899), 87~88쪽.

108 〈대한매일신보〉(1905. 12. 29), "독파란의사獨波蘭義士高壽斯古傳", 3면; 〈대한매일신보〉(1905. 12. 30), "독파란의사獨波蘭義士高壽斯古傳 續", 3면.

서, 을사조약에 항의하며 "대한제국 독립을 위하여 죽고 2천만 동포 형제의 자유를 위하여" 자결한 민영환閔泳煥(1861~1905)에 대해 이미 이렇게 논평한 터였다. "그 몸은 비록 죽었으나 그 마음은 죽지 않는다. 지극히 강하고 지극히 열렬한 충분지기忠憤之氣가 모여서 흩어지지 않아 2천만 동포의 생명을 명우음조冥佑陰助함은 공公의 결심이다."[109]

109 〈대한매일신보〉(1905. 12. 3), "論說: 讀桂庭閔輔國遺書", 1면.

제 2 부

의도하지 않은 변화들

5

《서유견문》에서의 '양생/위생' 개념[*]

"양생하는 규칙"의 논리 구조

김태진 동국대 일본학과

1. 유길준에게 양생이란 무엇인가

한국 국왕이 지금 신민들이 입고 있는 의복 스타일을 바꾸라는 유시諭示를 전국에 내렸답니다. 아무도 이에 반대하지 않았는데, 영의정과 이조판서가 이에 대해 불만을 가져 이를 방해하며 국왕으로 하여금 유시를 철회하도록 설득했습니다. 그랬더니 국왕은 크게 노하면서 그들에게 말했답니다. "지금은 우리가 한가하게 토의할 시기가 아니며, 우리는 계속적인 변화를 통해 근대적 문명에 따라야만 한다we must conform to modern civilization by successive changes. 의복제도의 변화는 그 첫째 것에

---

* 이 글은 김태진(2020), 《서유견문》에서의 '양생/위생' 개념: 〈양생하는 규칙〉의 논리 구조", 〈일본학연구〉 60, 35~69쪽을 수정·보완한 것이다.

해당된다.”

  그러나 이에도 불구하고 그들은 국왕의 뜻에 따르기를 거부하였습
니다. 그 결과 영의정은 사직했고, 일부 판서는 귀향을 당했다 합니
다. 교수님께서는 이와 같은 일을 분명히 이상하고 자의적이라 여기실
것입니다만, 우리나라의 오늘과 같은 상황에서는 국왕이 그와 같은 권
력을 행사하는 것이 좋을 것으로 생각됩니다. 그리고 이런 상황이 오
래가지 않기를 바랍니다. 1

  이는 국내에 귀국한 유길준이 유학시절 스승이었던 모스Edward
Sylvester Morse (1838~1925)에게 보낸 서한의 일부이다. 의복제도의
변화는 유길준이 생각했던 근대적 문명에 따르는 것이었지만, 이른
바 문명의 표준을 바꾸는 일은 당시 조선에서 그렇게 간단한 문제가
아니었다. 2 이는 이 장에서 보고자 하는 신체와 건강이라는 문제를
다루는 방식에서도 잘 나타난다. 이른바 '전통적인 것'에서 '근대적
인 것'으로의 표준의 변화는 단절적이었던 것도, 단선적이었던 것도

---

1 영어편지 원문은 "Yu, Kil Chun Originals (1884~1897)", Box 15 folder 11,
   〔129j〕, 〔129k〕, Edward Sylvester Morse (1838~1925) Papers, Phillips
   Library, Peabody Essex Museum; Kwang-rin Lee (1990), "The Letters of Yu
   Kil-chun", *Korean Studies* 14 (1), University of Hawaii Press, p. 103. 이하 유
   길준 편지의 한글 번역은 유길준의 영문편지를 확인하고, 이광린 (1988), "유길준
   의 영문서한", 〈동아연구〉 14, 1~29쪽을 참고하면서 수정했다.
2 당시 조선에서 문명의 표준 문제에 관한 문제의식에 대해서는 하영선 (2019), 《한
   국외교사 바로보기: 전통과 근대》, 한울아카데미 참조.

아니었다.3 이 시기 서구의 위생 개념의 수용은 그러한 복합적 양상을 잘 보여 주는 사례이다. 이 장에서는 《서유견문》 안에서의 양생/위생론을 살펴보면서, 3가지 질문에 답하고자 한다.

첫째, 유길준이 《서유견문》에서 사용하는 양생養生 혹은 위생衛生이란 말은 어디에서 왔는가? 이를 보기 위해서는 먼저 '양생/위생'이라는 개념이 어떻게 수용되었는가를 개념사적 차원에서 살펴볼 필요가 있다. 이는 양생이나 위생이란 말을 지금의 용법대로 이해하는 것이 아니라, 실제로 사용되었던 용례 속에서 이해하기 위해서도 필요하다. 당시 양생과 위생이라는 말은 지금과 같이 양생은 전통적인 건강법만을 의미하는 말로, 위생만이 새로운 서양식의 건강법을 상징하는 말로 사용되지는 않았다. 위생이라는 말이 새로운 번역어로서 제시되었지만, 양생이란 말을 포함하여 섭생, 섭양, 보신 등과 같은 전통적 용어도 번역어로서 동시에 제시된 시기였다. 유길준이 사용하는 양생이란 말도 이러한 차원에서 이해할 필요가 있다. 그렇다면 우선 당대 일본에서, 그리고 조선에서 양생/위생 개념이 어떻게 사용되었는지를 살펴볼 필요가 있다.

둘째, 《서유견문》 11편 "양생하는 규칙"에서 말하는 논리구조의 특징은 무엇인가? 우선, 그의 양생/위생 개념은 《서유견문》 내에

---

3 물론 앞으로 보겠지만 '전통'과 '근대'를 양분하여 개념어로 사용하는 데는 주의할 필요가 있다. 이는 엄격하게 분리될 수 없으며 이와 같은 포괄적인 개념어로 개별 사상가가 어느 한쪽을 바탕하고 있다는 평가는 도식적인 분류일 수 있기 때문이다.

산재하기 때문에 이를 유길준이 일관된 생각을 갖고 기술한 것으로 보기 어렵다는 점에 주의할 필요가 있다. 그 자신이 서문에서 기록했듯 《서유견문》은 미국 유학 당시에 들은 것을 기록하고, 본 것을 베끼고, 또 고금의 서적에서 참고할 만한 것을 발췌하여 작성한 책이었다. 게다가 원래 작성했던 원고의 절반 이상을 잃어버려 몇 년 동안 들였던 공이 '눈 녹은 진창의 기러기 발톱자국'이 되어 버린 상황이었다.4 이후 없어진 것을 증보하여 20편을 만들었지만, 이 과정에서 다양한 전거와 이질적 내용이 《서유견문》이라는 텍스트 안에 공존하게 되었다. 《서유견문》 내의 양생/위생론 역시, 그가 참고한 전거를 그대로 옮긴 것에서부터 이를 조금 수정하여 번역한 것, 자신의 생각을 추가로 삽입하거나 독자적으로 쓴 것이라 추측되는 부분까지 다양하다.

기존 논의에서는 이를 뭉뚱그려 유길준의 양생/위생론을 하나로 정리해 왔다. 그러나 유길준의 《서유견문》이라는 텍스트를 하나의 유길준의 목소리로 여기고 균질적인 텍스트로 파악하는 것에는 재고의 여지가 있다. 이번 장에서는 비교적 하나의 체계를 갖추고 있는 "양생하는 규칙"의 특징을 다른 편에서 이야기되는 양생/위생론과 비교하면서 살펴본다.

셋째, "양생하는 규칙"이 11편의 1절 "편당하는 기습氣習", 2절 "생

---

4 유길준(1895), "西遊見聞 序", 《서유견문》, 交詢社, 4~5쪽; 《유길준 전서》 I (1971), 一潮閣, 6~7쪽.

계〔生涯〕 구하는 방도"와 함께 묶인 이유는 무엇인가? '편당'과 '생계', '양생'이라는 세 키워드는 서로 상관없는 듯 보인다. 그렇다면 왜 이러한 편제가 되었을까? 10편에서 화폐의 대본大本, 법률의 공도公道, 순찰의 규제規制를 다루고, 뒤의 12편이 애국하는 충성과 아이 양육하는 규모規模를 각각 다루고 있음을 감안하면, 유길준이 《서유견문》 작성 시 엄격하게 편을 나눈 것은 아닐지도 모른다. 그러나 유길준의 편 분류가 반드시 체계적이라고 말할 수는 없을지 몰라도, 어떤 이유에서건 함께 묶은 이유가 있을 것이다. 이를 설명할 수 있다면 유길준의 양생/위생론의 특징을 파악하는 데 중요한 의미를 가질 것이다.

2. 양생/위생의 개념사:
'번역어'로서 양생/위생 개념의 용례

우선 《서유견문》에서 양생/위생 개념이 어떠한지 살펴보자. 위생이라는 말을 전혀 사용하지 않은 것은 아니지만, 11편의 제목 "양생하는 규칙"에서 보이듯 유길준은 주로 양생이란 말을 사용했다. 그가 위생이란 말을 사용한 경우는 "양생하는 규칙"에서 "일국의 양생은 그 규모와 권세가 그 나라의 정부에 있"어 그 "직임職任을 행하기 위해 위생관사衛生官司를 세우고, 비용은 인민이 다 같이 낸 세금으로" 한다는 대목이 있다.5 또한 "순찰의 제도"에서 "장지와 화장 및 기타 위생법에 관계한 사항"이라는 말에서도 위생이라는 말이 사용되었다. 6 《서유견문》에서는 이 두 경우 외에 총 39차례 모두 양생이란 말이 사용된다. 물론 이때 그가 사용한 양생이란 말은 전통적 의미의 양생과는 거리가 멀다. 앞으로 보겠지만 이 시기 양생과 위생이란 말은 구별되어 사용되지 않았다.

그런 점에서 "당시 일본에서는 위생이라는 번역어가 이미 쓰이고 있었지만, 유길준은 기존의 양생 개념을 넓히는 수준에서 근대적 위생을 생각한 것으로 보인다. 전통적 양생의 의미를 살리고 싶었던 것이 아닐까"7라는 추측은 타당할 수는 있지만, 용어 사용만으로 유길준이 전통적 양생 개념을 살리려는 의도가 있었다고 판단하기는 어렵다. 8 더욱이 유길준이 의식적으로 양생이란 말을 사용했을 수 있지만, 앞으로 살펴보듯 그 사용이 유길준 본인의 생각이라기보다는 후쿠자와 유키치의 말을 가지고 온 것이라면 이를 쉽게 단정하기 어렵다.

그렇다면 유길준이 어떤 의미로 양생/위생이란 말을 썼는지 살펴

---

5 유길준(1895), 위의 책, 300쪽; 《유길준 전서》 I, 320쪽.

6 유길준(1895), 위의 책, 274쪽; 《유길준 전서》 I, 294쪽.

7 유길준, 《서유견문: 한국 보수주의의 기원과 성찰》, 장인성 역·평설(2017), 아카넷, 562쪽.

8 유길준 본인이 양생과 위생의 사용을 엄격하게 구별했거나 혹은 그가 참고한 원문에서 '위생'이란 말을 '양생'으로 고쳐 썼다면 이 주장은 타당할 것이다. 물론 유길준이 후쿠자와의 저작을 참고하면서 그가 사용한 '국민'이란 개념어를 '인민'으로 의식적으로 고쳐 썼던 점을 고려하면 그럴 가능성 역시 배제할 수 없지만, 이는 그가 참고한 전거가 밝혀진 이후에야 가능할 것이다.

보기 위해, 위생이란 말이 새로운 개념어로서 사용되기 시작된 일본에서의 논의를 출발점으로 삼을 필요가 있다. 당시 양생/위생이란 말은 지금의 사용법에서 그러하듯 대비적 개념으로 쓰인 것은 아니었다. 9 물론 '위생'이란 말 자체가 번역어로서 등장한 것은 사실이지만, 양생이란 말 역시 전통적 용법을 떠나 당시 새롭게 정착되는 과정에 있었다. 10 가령, 메이지 유신 이래 1900년 전후까지 위생학 또는 위생론이라는 이름을 내건 근대적 위생 개념에 대한 저작은 적어도 50편 이상 간행되었다. 그런데 같은 시기 양생이라는 이름을 내건 저술 역시 적어도 50편 이상 간행되었다. 그리고 이때 양생을 표제어로 한 책 다수는 근대 서양의학과 위생학 이론을 참조하여 작성된 것으로, 근세 이전의 양생 사상을 계승한다기보다 근대 위생학의 영향을 받은 것들이었다. 11 즉, 그러한 용례가 없는 것은 아니지만

---

9 그런 점에서, 이 시기 위생은 문명 담론과 연결되어 사람들의 신체와 일상의 규범을 대표하는 말로 사용되기 시작되면서 전통적인 의미에서 자연 치유력에 대한 기대와 스스로 병을 치유한다는 양생 개념을 대체한다는 주장〔아베 야스나리(2011), "양생에서 위생으로", 고모리 요이치 외, 《감성의 근대: 근대 일본의 문화사 4》, 허보윤 외 역, 소명출판, 77쪽〕은 이후 시기까지 확장한다면 일면 타당하겠으나, 이 시기에 한정한다면 반드시 그런 것은 아니다.

10 1583년 알메이다(Luís de Almeida, 1525~1583)의 제자들이 만든 자비의 집(慈悲屋)은 병원으로서 "양생옥"(養生屋, オスピタル)이라는 이름을 사용했다. 이후에도 관립병원의 시작이라 할 수 있는 1722년의 고이시카와 양생소나 1861년 최초의 서양식 병원인 폼페의 의료시설 역시 '양생소' 또는 '고시마 양생소'라 불렸다. 후쿠나가 하지메, 《일본 병원사》, 신영전·최선우·이준석·다나카 신치이 역(2017), 한울아카데미, 61~87쪽.

11 양생이 표제어로 들어간 책 목록은 瀧澤利行(1993), 《近代日本健康思想の成

양생은 전통적 개념으로, 위생은 근대적 개념으로 구별되어 사용된 것이 아니었다.

위생이란 말은 많이 알려져 있듯이 나가요 센사이長与專齋(1838~1902)가 만든 신조어이다. 그는 자서전 《송향사지松香私志》(1902)에서, 1871년부터 1873년까지 이와쿠라 도모미의 사절단을 수행하여 구미를 시찰하며 위생이란 개념에 접했을 당시를 회상한다.

영미를 시찰하는 중에 sanitary, health라는 말을 자주 들었고, 베를린에 도착해서는 Gesundheitpflege(보건, 위생)라는 말이 몇 번이나 이야기 중에 나왔다. 처음에는 단지 그 글자 뜻 그대로 해석해 전혀 유의하지 않았는데, 그러던 중 점점 조사를 진행하면서 단지 '건강보호'라는 단순한 의미가 아님을 알아차렸다. 즉, 여러 외국에서는 국민 일반의 건강보호를 담당하는 특수한 행정조직이 있음을 발견했다. 이것은 그 본원을 의학에 두고, 물리학·화학·공학〔理化工學〕, 기상, 통계 등 여러 과를 포함하여 이를 행정적으로 운용하고, 인생의 위해危害를 제거해 국가의 복지를 완수하는 제도로, 유행병·전염병의 예방은 물론, 빈민의 구제, 토지의 청결, 상하수의 인용引用·배제, 시가가옥의 건축 방식부터 약품·염료·음식물의 선택·단속에 이르기까지 인간 생활의 이해에 관련된 것은 크고 작은 일 상관없이 망라해, 일국의 행정부

立》, 140~142쪽 표 3 참조, 위생이 표제어로 들어간 책 목록은 같은 책, 147~150쪽 표 4 참조.

로 하여금 Sanitäts-Wesen(위생제도), Offentliche Hygiene(공중위생법) 등으로 칭해 국가행정의 중요한 기관으로 삼고 있음을 알게 되었다. 나 역시 원래 의학교육의 조사를 명 받아 외국에 왔지만, 의학교육의 단서가 이미 일본에서 시작했음에 비해, 이 위생제도란 것은 동양에서는 그 명칭조차도 알려지지 않았고 일본에서도 전혀 새로운 사업이라 생각되어, 이를 나 자신의 필생의 사업으로 하고자 결심했다. [12]

나가요 센사이는 오가타 고안緒方洪庵의 데키주쿠適塾에서 의학을 전공한 인물로, 오가타의 추천으로 나가사키로 가 네덜란드 의사 폼페에게 의학을 배웠다. 이후 1868년 나가사키 의학교 교장이 되었고, 1875년 위생행정 사무가 문부성에서 내무성으로 이관되면서 내무성 위생국이 발족되었을 때 초대 위생국장이 된 인물이다.

그는 구미시찰 과정에서 위생이 서구 문명의 핵심임을 깨닫고 이를 본국에 가져와 '문명 수입의 선물〔土産〕'로 삼아야 한다고 주장했다. 이때 그가 영어 sanitary, health나 독일어 Gesundheitspflege, Offentliche Hygiene를 번역하기 위해 새로 만든 말이 '위생'이었다.

전에 의제醫制를 기초할 때, 원어를 직역해 '건강' 또는 '보건' 등의 문자를 사용하는 것은 노골적이고 재미없어서 달리 타당한 말은 없을까 고

---

12 長与專齋(1902), 《松香私志》; 小川鼎三·酒井シヅ校注(1980), 《松本順自伝·長与專齋自伝》, 平凡社, 133~134쪽.

민하다. 문득 《장자》〈경상초庚桑楚〉편의 '위생'이라는 말이 떠올랐다. 《장자》에서의 의미와는 다소 다르지만, 글자[字面]가 고아하고, 발음[呼聲]도 나쁘지 않아서 이를 건강보호의 사무에 적용하고 새로 본국의 명칭으로 삼은 결과, '위생국'이라는 명칭이 정해졌다. 이후 위생국의 사무 범위 내의 모든 사물에도 적용하여 지금은 일반적인 통용어가 되어 자연스레 그 의미가 사람들에게 통하게 된 것은 뜻밖의 행운이었다. **13**

1875년 위생국을 만들면서 그는 《장자》에서 사용되었던 '위생衛生'이란 말을 가지고 왔다. 글자가 고아하고, 발음도 나쁘지 않다는 것이 위생이 번역어로 선택된 이유였다. 물론 이는 《장자》에서 사용된 맥락과는 다른 의미였다. 《장자》에서 위생이란 자연의 대도大道와 하나가 되는 것으로, 생명을 편안히 지키는 것이 핵심이었다. 이때 위생이란 삶을 지킨다는 의미로, 바깥에 휘둘리지 않는 것, 더 근본적으로는 자연과 하나가 되는 것을 중요한 방법으로 한다. **14** 나

---

13 長与專齋(1980[1902]), 《松香私志》, 139쪽.

14 "위생의 도[衛生之經]란 자연의 대도와 하나가 되고[能抱一乎], 성정을 잃지 않으며[能勿失乎], 점으로 길흉 따위를 판단하지 않고 자기가 놓인 처지에 편히 머물면서 모든 일을 자연에 맡기는 것이오. 남의 일에 마음을 쓰지 않고 스스로를 온전히 지키며 늘 유유하게 스스로를 텅 비게 한 채 마치 어린애와 같이 있으면 되오. 어린애는 종일 울어도 그 목이 쉬지 않소. 화합이 지극하기 때문이오. 종일 손아귀를 쥐고 있어도 그 손이 땅기지 않소. 그 덕과 함께 있기 때문이오. 종일 보고 있어도 눈을 깜빡이지 않는 것은 외계에 사로잡힌 마음이 없기 때문이오. 가도 어디로

가요는 이러한 맥락과는 상관없이 위생이란 말을 서구의 새로운 제도, 즉 그 근본을 의학에 두고, 물리학·화학·공학·기상·통계 등의 여러 학문을 활용하여 국민의 건강보호를 증진하기 위한 크고 작은 일을 망라한 행정제도를 설명하는 번역어로 채택한 것이다.[15]

개인의 보건에 관한 양생이라는 관념은 있었지만, 사회의 공공적인 보건, 즉 위생 혹은 공중위생이라는 체계적 생각은 이때야 비로소 도입되었다. 나가요는 이를 각 개인의 양생인 '각자위생'과 공중에 관한 '공중위생'이 있다고 분류한다. 각자위생이 충분히 이루어

가는지를 모르고 머물러 있어도 무엇을 하겠다는 생각이 없소. 모든 것을 있는 그대로에 순응하여 물결치는 대로 따라가오. 이것이 위생의 도요", 장자, 《장자》, 안동림 역주(2010), 현암사, 572쪽. 장자는 위생(衛生)이란 말 이외에도 양생(養生)이란 말 역시 사용하는데, 이 둘을 다르게 쓰고 있는 것은 아니다. 양생 개념의 용례, 기원에 관해서는 瀧澤利行(2003), 《養生論の思想》, 世織書房, 1장 참조.

15 이러한 위생이란 개념의 수용과 서구식 위생제도의 설립과 관련하여 나가요의 역할이 과대평가되었다는 지적도 있다. 그의 역할에 대한 앞서의 서술이 정설로 받아들여지지만, 이는 자서전인 《송향사지》에 따른 것이라 위생 개념의 번역과 위생제도의 성립에서 그의 역할이 과도하게 그려진 것을 그대로 정설로 삼고 있다는 것이다. 나가요가 그 번역어를 채택했다는 1875년보다 3년 전인 1872년에 오가타 고안의 차남 오가타 고레요시(緒方惟準)가 편집한 《위생신론》(衛生新論, 1872)이 간행된 것이 그러한 과대평가론의 또 다른 근거이다. Koji Ozaki(2016), "Sensai Nagayo: Pioneer of Hygienic Modernity or Heir to Legacies from the Premodern Era?", 《大手前大學論集》 17号, pp. 66~67. 코지는 위생이라는 말의 번역·사용과 관련해 나가요가 유일한 인물이라기보다는 오히려 의제의 초안을 검토·확정했던, 나가요의 선임자이자 경쟁자 사가라 토모야스(相良知安) 또는 그의 동료들의 역할이 중요했다고 지적한다.

지는 경우 공중위생은 필요하지 않은 것처럼 보일 수 있지만, 개인의 능력으로는 대처할 수 없는 상황 속에서 각자위생은 달성될 수 없다는 이유에서였다.[16] 이처럼 공중위생의 관념을 침투시키기 위해서는 우선 공중의 관념도 확립되지 않았던 상황에서 공적 영역과 사적 영역을 구별·재편하는 일이 필요했다.[17]

그렇다면 양생/위생 개념은 어떻게 정착되었을까? 메이지 시기 이전에도 네덜란드어 hygiëne의 번역어로서 히기나ㅎㅋ-ㅏ(僖芰納)라는 말이 사용되기도 했다.[18] 그러던 것이 메이지 시기 들어서면서 hygiene은 '건강학', '건전학' 등으로 번역되어 사전에 등장하기 시작한다.[19] 이후 양생 혹은 위생, 섭생 등의 말들이 sanitation이나 hygiene, 독일어 Gesundheit 등의 번역어로서 동시에 사용되었다.[20] 즉, 메이지 일본에서는 서구의 새로운 개념을 전달하기 위해

---

16 〈大日本私立衛生會雜誌〉 1(1883), "發會祝辭".

17 阪上孝(1995), "公衆衛生の誕生─〈大日本私立衛生會〉の成立と展開", 〈經濟論叢〉 156(4), 2쪽.

18 "히기나(僖《近代日本健康思想の成立》芰納)의 과를 설치해 상세히 대기, 음식, 동정, 오침, 정신, 배설물 등의 생력 활동에 동감하는 바의 이치를 논한다"(《理學提要》, 1856)라는 예에서도 볼 수 있다. 杉本つとむ(2005), 《語源海》, 東京書籍, 122쪽.

19 건강(健康)이라는 말 자체도 다카노 조에이(高野長英)나 오가타 코안(緒方洪庵)이 새롭게 쓰기 시작한 번역어였다. 이에 대해서는 北澤一利(2000), 《〈健康〉の日本史》, 平凡社 참조.

20 양생이란 말은 근세 중기까지 섭생(regimen)과 같은 개념이었다면, 근세 후기에 들어 교양(breeding), 육성(foster), 양육(nurture), 발생(genesis), 문화(culture) 등 다양한 개념의 집합체로 사용되다가 막말 유신기부터 근대적 위생학을 소개하는

위생이란 신조어와 함께, 섭생攝生, 양생養生, 섭애攝愛, 섭양攝養 등과 같은 전통적인 말이 동시에 쓰였다. 그리고 꽤 늦게까지 서구의 방역적 근대 개념으로서 위생sanitation/hygiene과 전통적 섭생이나 건강함의 의미로서 양생이라는 개념이 구별되지 않고 사용되었다(〈표 5-1〉 참조).

이러한 상황은 당시에도 양생/위생 개념의 이해를 둘러싼 비판을 불러왔다. 도쿄대학 의학부 교수였던 미야케 히이즈三宅秀는 당시의 건강사상이 근세적 양생관이 아닌 근대적, 공공적 개념으로서 이해되어야 함을 주장했다.

무릇 위생이란 말은 원래 한어漢語로서, 현재 말하는 것 같이 '각자위생各自衛生', '공중위생公衆衛生'처럼 건강을 지키기〔保持〕 위한 뜻에 적당한 것은 아니다. 왜냐하면 중국〔漢土〕의 서적 중 종종 위생이라는 말을 제목으로 하는 책이 있지만, 모두 통상의 의서와 같이 주로 질병을 다루며, 특히 양생, 섭생만을 다룬다. 따라서 지금 위생이란 말을 가용假用한다면 전부터 위생이라는 문자가 있음을 아는 자는 잘못하여 전적으로 의술에 관한 개념이라고 이해할 것이고, 또한 이 말이 새로 나온 것임을 아는 자가 있어도 단순히 양생의 도라고 생각해, 의사의

말로 사용되었다. 그런 점에서 양생과 위생이란 개념은 표면상 거의 같은 뜻으로 쓰였다. 근대적 학제 아래 소학교 교육용 교과 "양생법"이 서양의학에 기초한 근대적 내용이었던 점이 이를 방증한다. 瀧澤利行(2003), 앞의 책, 281~283쪽.

<표 5-1> 일본의 위생/양생 관련 사전 용례

사전 명	위생, 양생 관련 항목
《和英語林集成》(1867)	Yō-jō 養生(생을 기르다): Fostering or preserving health, the care of one's health, as by attending to diet, apparel etc
《英和対訳袖珍辞書》(1869)	hygiene: 신체를 건강하게 하는 술
《附音插図英和字彙》(1873)	hygiene: 건강, 건강학; sanitary: 보안(保安)의, 건강을 지키는
《英和字彙》(1882)	hygiene: 건강, 건전학
《獨逸医学辞典》(1886)	위생: Gesundheit, Pflege
《和佛辞典》(1887)	위생: régime
《漢英対照いろは辞典》(1888)	위생: 신체를 양생하는 것을 이름. 섭생(攝生), 양생(養生), 섭애(攝愛), 섭양(攝養). Hygiene, preservation of health
《和譯字彙》(1888)	hygiene: 건전학, 건강학
《言海》(1891)	위생: 의식주에 마음을 써 인신을 양생하는 것
《日本大辞書》(1893)	위생: 생명의 건강을 지키다
《英和新辞林》(1894)	hygiene: 건전학, 양생론
《和英大辞典》(1896)	위생: observing the condition most favourable to health; 위생의 도: hygiene rule, the sanitary condition; 양생: fostering or preserving health; 양생에 듣지 않는: hygiene treatment being of no avail; 양생이 나쁜: be careless about one's health
《日本大辞典》(1896)	위생: 생명을 지키는 중요한 일, 또는 그 법. 양생, 섭생
《新訳和英辞典》(1909)	위생: Hygiene, sanitation ~위생에 좋지 않다: It is unhealthful; 여름은 특히 위생에 주의하지 않으면 안 된다: In summer we must take special care regarding sanitation
《法律熟語辞典》(1909)	위생: 신체의 건강을 온전하기 위해 위해의 예방과 기발의 질병에 대한 의료 방법을 말함
《辞林》(1911)	위생: 음식, 의복, 주거 기타 신체상에 관한 모든 종류의 사물에 주의해 신체의 건강을 도모하며, 이미 발생한 질병은 치료를 게을리하지 않는 것. 양생

자료: 惣郷正明, 《明治のことば辞典》, 飛田良文 編(1986), 東京堂出版, 36~37쪽 등 참조.

〈표 5-2〉 조선의 위생/양생 관련 사전 용례

사전 명	건강, 위생, 양생 관련 단어들
리델, 《한불자전》(1880)	위생, 양생, 건강 관련 항목 없음.
언더우드, 《한영자전》 (1890)	Health: 긔픔, 근력, 향긔; to be in health: 평안ᄒ오, 태평ᄒ오; Healthy: 강건ᄒ오, 무병ᄒ오, 셩ᄒ오
스콧, 《영한자전》(1891)	Health: 평안, 편안, 안녕; Healthy: 병업다, 쾌ᄒ다.
게일, 《한영자전》(1897)	양생하다: to live a life aesthetically, to live by ease and exercise; 양생법: rules for aesthetic living and exercise; 위생하다: to make sanitary measure; 위생국: a sanitarium, a santorium
게일, 《한영자전》(1911)	건강하다: to be healthy, vigorous, or sound; 양생하다: to live a life aesthetically; to live by ease and exercise; 양생방: rules for aesthetic living and exercise; 양생법: rules for aesthetic living and exercise; 양생지방: rules for aesthetic living and exercise; 양생지법: rules for aesthetic living and exercise; 위생: the preservation of health, sanitation, hygiene; 위생국: sanitary office; sanitarium; 위생상: under sanitary law; 위생학: the study of hygiene; 위생하다: to observe sanitary laws
존스, 《영한자전》(1914)	Health: 귀톄(氣體), 긔후(氣候), 건강(健康), 긔운(氣); Hygiene: 위생법; Sanitary: 위생적, 양생; Sanitary Board: 위생국; Sanitary Regulation: 위생조례
조선총독부, 《조선어사전》 (1920)	양생: 질병을 피해 심신을 강건하게 해 장수하는 것. (섭생, 섭양) 양생방, 양생법; 위생: 의식주 기타 신체에 관한 백반의 사물에 주의해 신체의 건강을 도모해, 질병 등의 때에 능히 양생하는 것. 위생국
언더우드, 《영선자전》 (1925)	health: 건강, 무양(無恙), 안녕; to be in health: 평안하다, 태평하다; health officer: 검역관; hygiene: 위생학, 건전학, 섭법법; sanitarium: 요양소, 보양소; sanitary: 위생적, 섭생적, 양생적; -board: 위생국; -regulation: 위생조례; sanitation: 위생, 섭생, 양생

자료: 조선에서의 사전적 용례들은 황호덕·이상현 편저(2012), 《한국어의 근대와 이중어사전》
1~11권, 박문사 참조.

지도에 맡기지 않으면 그 도가 행해지기 어렵다고 여기는 자가 적지 않을 것이다. 어찌 그렇지 않겠는가. 하지만 위생의 도는 반드시 의속醫俗의 협력에 의해서만 융성할 수 있는 것이다. 21

그는 당시 일본에서 '위생' 관념이 통상의 기존 의서에서 쓰여 왔던 '양생, 섭생'의 의미로 한정하여 이해되는 측면을 비판하고 있다. 22 위생이란 말이 새롭게 번역어로서 제시되었지만, 이것이 기존에 건강이나 질병을 생각하던 논의와 전혀 다른 것이라고 받아들여지기까지는 오랜 시간이 필요했다.

이러한 사정은 조선에서도 크게 다르지 않았다. 조선에서도 위생과 양생 개념이 꽤 늦은 시기까지 크게 다르지 않게 쓰였음을 확인할 수 있다(〈표 5-2〉 참조). 조선에서 양생/위생 개념이 표제어로 등장하는 것은 1897년경으로, 최소한 사전적 용례로서는 일본보다 훨씬 늦은 시기에 등장한다. 조선에서 위생 관련 단어가 처음 사전에 등장한 것은 1897년 판 게일의 《한영자전》에 오른 '위생하다'와 '위생국'이란 말이다. 당시 사전상의 위생과 관련된 용례를 분석한 신동원은 이때 '위생하다'와 '위생국'이란 단어가 사전의 본문이 아니라 추가 부분에 삽입되었다는 점에 주목하는데, 이는 본문 조판이 끝난 상황에서 추가되었기 때문일 것이라고 추측한다. 이는 갑오개혁

---

21 〈大日本私立衛生會雜誌〉 1 (1883), "本邦衛生ノ由來".
22 瀧澤利行 (1991), "大日本私立衛生會の民族衛生觀", 〈民族衛生〉 57 (5), 211쪽.

(1894~1895) 직후 설치된 위생국의 존재를 반영한 것이다. 또한 위생이 명사가 아니라 '위생하다'라는 동사로서 쓰레기, 오물 처리 등의 환경개선 조치를 취한다는 의미로 쓰였다는 점에도 주목하는데, 이는 위생 개념이 본격적으로 정착되지 않았음을 보여 준다는 것이다. 실제 위생이 명사로서 사용되는 예는 이후 1911년 개정판에나 가야 '위생', '위생공학', '위생상', '위생학' 등의 용례로 제시된다. **23**

즉, 조선에서도 일본에서와 마찬가지로 sanitation이나 hygiene 의 번역어로서 위생과 양생은 동시에 사용되었으며, 사전상의 용례로만 보자면 위생이란 말은 유길준이 《서유견문》을 작성할 당시까지는 완전히 정착된 말이 아니었다. 물론, 이러한 번역어로서 양생/위생이 사전에 늦게 등장했다는 사실이 조선에서 위생 담론의 수용이 늦었음을 의미하지는 않는다. 선행연구에서 지적하듯 18세기 말

---

23 신동원(2013), 《호환 마마 천연두: 병의 일상 개념사》, 돌베개, 119~121쪽. 신동원은 이러한 변화를 다음의 3가지 측면에서 설명한다. 첫째, 위생이 그 이전의 환경개선 조치를 취하는 것에서 '건강의 유지'(*preservation of health*)로 바뀌었으며, 그 방법으로 구체적으로 환경개선(*sanitation*)을 통한 전염병 예방과 개인위생(*hygiene*)을 망라했다는 점, 둘째, '위생하다'의 의미가 더욱 강제성 있는 것으로 바뀌었다는 점, 즉 위생조치를 취하는 것(to take a sanitary measure)에서 위생법을 지키는 것(to observe a sanitary laws)으로 강력한 규범적 용어가 되었으며 위생국에는 요양소(*sanitarium*) 뿐만 아니라 행정기관(*office*)의 의미가 추가되었다는 점, 셋째, 개정판에는 위생공학, 위생학 등이 어떤 공정 속에서 이루어지는 것으로, 그리고 이를 전문으로 하는 학문이 뒷받침되는 것으로 규정되었다는 점이 그것이다. 즉, 위생이란 학문과 공정, 행정력, 규범적 준수가 한데 뭉친 결합체로, 그것은 유교적 이념, 국가, 규범을 한 덩어리로 하는 개념의 완전한 대체가 되었다는 점이다.

에서 19세기 초에 걸친 시기는 〈황성신문〉이나 〈독립신문〉 지면에서 많은 위생 담론이 범람하던, 이른바 '위생의 시대'였다. **24**

일찍이 박정양朴定陽은 신사유람단 시찰 이후 1881년 내무성 시찰 보고서에서 내무성 위생국 각 규칙으로 중앙 위생회 직제, 사무장정, 지방 위생회 규칙, 부현 위생과 사무조항, 의사시험 규칙, 약품 취급 규칙, 전염병 예방규칙, 종두의種痘醫 규칙 등 당시 일본에서 새롭게 만들어진 위생 관련 제도를 소개했다. 박정양은 유행병이나 전염병, 풍토병 등을 예방하는 일부터 도시, 가옥 등의 청결, 의사나 약품 등의 관리, 중앙과 지방의 위생회 직제에 이르는 총체적 위생제도에 대한 소개를 옮기고 있다. **25**

중국의 기사를 많이 소개하던 〈한성순보〉에도 이 시기 위생과 관련된 기사들이 등장했다. 그중 "만국위생회"(1884) 라는 기사에서는 위생은 발병하지 않은 상태에서 미리 막는 것으로, 의료는 발병한 상태에서 치병하는 것으로 구분하여, 위생과 의료는 병행되어야 함을 소개하고 있다. 또한 병이 나는 원인으로 음식, 공기, 기후, 행위(동작), 유전, 감염의 6가지를 꼽고, 각각의 대처 방법을 기술한다. **26** 그런데 위생의 항목으로 동작을 설명하면서 "사람이 동작하는

---

24 위생 담론의 범람에 관해서는 신동원(1997), 《한국근대보건의료사》, 한울; 신동원(2013), 위의 책; 이영아(2004), 《육체의 탄생: 몸, 그 안에 새겨진 근대의 자국》, 민음사; 고미숙(2014), 《위생의 근대》, 북드라망 등 참조.

25 박정양(1881), 《일본내무성시찰기》, 한국문학연구소 편(1984), 《박정양 전집》 5권, 아세아문화사, 246~248, 397~440쪽.

까닭은 근골을 쾌적〔舒暢〕하게 하고, 혈맥을 흐르게〔流達〕 하기 위한 것으로, 지나치게 안일한 것은 특히 양생지도養生之道가 아니라"라고 하는 표현에서 보듯이, 양생이란 말이 동시에 사용되고 있다.

같은 시기 김옥균의 《치도약론治道略論》(1884) 과 박영효의 《건백서建白書》(1888) 등에서는 정책적인 시행으로서 위생이 요청된다. 구체적으로 위생론을 제시한 것은 아니지만, 김옥균은 '위생', '농잠', '도로'를 각국에 필요한 치술로 꼽는다. 이를 이어받아 박영효는 "양생養生이라는 것은 혈액을 보양保養하여 유통流通에 막힘이 없도록 함으로써 신체를 건강하게 하는 것이다. 그러므로 거처를 깨끗이 하고 더러움을 피하며 절식하고 운동하는 것이 양생의 근본이다. 따라서 의식주로 요체를 삼는다. 의복은 기온에 맞춰 입어 추위와 더위를 피하고, 음식은 양을 조절하여 마르거나 뚱뚱해지는 것을 피하고, 주거는 운동에 편리하게 하여 막히는 것을 피해야 한다"라고 주장한다. **27**

이후 본격적인 위생 담론에 기반을 둔 의학서로, 지석영이 1892년 유배지에서 편찬한 《신학신설新學新說》이 등장한다. 이는 《유문의학儒門醫學》과 《부영신설婦嬰新説》 등 당시의 중국어 의학서를 참조하면서도 지석영이 나름대로 내용과 순서를 편집한 것이다. 지석영은 여

---

26 〈한성순보〉(1884. 5. 11), "만국위생회".

27 김옥균(1979〔1884〕), "治道略論", 《김옥균 전집》, 아세아문화사; 박영효(1888), "朝鮮國內政ニ關スル朴詠孝建白書", 〈日本外交文書〉 21권.

기서 질병의 원인을 6가지로 파악하여, 새로운 학문〔新-學〕이자 새로운 이야기〔新-說〕인 위생 개념을 전통적인 '보신保身/補身'이란 용어로 설명하고 있다. **28**

요컨대 당시는 일본이나 조선에서 위생/양생론이 새로운 서양의 논의를 받아 안으며 이를 설명하기 위한 번역어들이 서로 공존하던 시기였다. 그리고 번역어가 정착되지 않은 상황이라 당연히 전통적 어휘와 사유가 활용될 수밖에 없었다. 위생이란 말이 새로운 번역어로 제시되었지만, 사전의 용례나 양생/위생 저작들에서 보듯 위생이 유일한 번역어로 정착되거나 그 의미가 명확하게 제시된 것은 아니었다. 오히려 양생이나 위생은 거의 같은 의미로 쓰였으며 큰 차이를 보이지 않았다.

그렇다면 이러한 개념의 수용 과정에서 유길준의 《서유견문》 양생/위생론은 어떤 특징을 보이는가? "양생하는 규칙"이라는 4∼5쪽 분량의 짧은 글로 그의 양생/위생 사상의 전모를 밝히기는 쉽지 않지만, 유길준의 설명에서 몇몇 특징적 부분을 제시해 보고자 한다.

---

28 김연희(2017), "19세기 후반 한역 근대 과학서의 수용과 이용: 지석영의 《신학신설》을 중심으로", 〈한국과학사학회지〉 39(1). 《유문의학》은 영국의사인 헤드라인(Frederick. W Headline)이 1867년 런던에서 출간한 *A Medical Handbook with Hints to Clergymen and Visitor of the Poor*를 프라이어가 1876년 번역한 책이었고, 《부영신설》은 선교회 의사로 중국에 와있던 홉슨(Benjamin Hobson)이 저술한 책이었다.

3. "양생하는 규칙"은 무엇을 말하고 있는가

1) 문명개화의 요소로서 양생

양생/위생과 관련된 내용은 《서유견문》 곳곳에 산재하고 있다. 이때 양생/위생 개념에 관한 부분은 그가 유학 당시 배웠던 서양의 원서에서 가지고 왔을 가능성이 없지는 않다.[29] 하지만 《서유견문》의 다른 편들이 당시 일본에서의 출판물들을 많이 참고하면서 이를 '번역' 또는 '축역', '인용'하는 형식으로 작성되었음을 감안하면, 그가 말하는 양생/위생론은 그가 일본에서 구입하거나 참고했던 서적과 관련이 있을 가능성이 높다. 《서유견문》은 후쿠자와 유키치의 《서양사정西洋事情》을 많이 참고하면서 작성되었는데,[30] 그런 점에서 양생/위생 개념 역시 후쿠자와와의 비교가 선행될 필요가 있다.

　주지하듯이 후쿠자와는 1857년부터 1년 정도 오가타 고안의 데키

---

[29] 서명일은 유길준의 《서유견문》 1, 2편과 1876년 마쓰모토 고마지로(松本駒次郎)의 《격물지지》(格物地誌)와의 유사성과 차이점을 밝히며, 유길준이 직접 데이비드 워런(David M. Warren)의 지리학 교과서 *An Elementary Treaties on Physical Geography*(1873)를 번역해 작성했음을 지적한다. 이는 유길준이 더머(Dummer) 아카데미 재학 시절 배웠던 교과서였다. 서명일(2019), 《《서유견문》 1~2편의 전거와 유길준의 세계지리 인식", 〈역사와 현실〉 114, 150~152쪽.

[30] 《서양사정》과 《서유견문》의 대조에 대해서는 月脚達彦(2009), 《朝鮮開化思想とナショナリズム—近代朝鮮の形成》, 東京大出版會, 62~64쪽; 서명일(2017), 《《서유견문》 19~20편의 전거와 유길준의 번역", 〈한국사학보〉 68, 95쪽 참조.

주쿠의 숙두塾頭까지 지낸, 누구보다도 의학 또는 건강 개념에 친숙했던 인물이다. 31 후쿠자와는 《서항기西航記》, 《서양사정》, 《후쿠옹자전福翁自傳》 등에서, 구미 시찰 시 병원제도들을 보면서 느낀 점을 서술하였다. 대표적으로 《서양사정 초편》에서의 그의 서술을 보면 다음과 같다. 32

병원은 가난한 사람이 아픈데도 의약을 얻지 못한 자를 위해 세운 것이다. 정부가 세운 것도 있고, 사적으로 회사를 맺어 세운 것도 있다(영국과 합중국에서는 이 방식이 가장 많다). 사적으로 세운 것은 사중社中에서 왕공귀인, 부자나 큰 상인에게 설명해 기부를 청해, 병원이 세워진 뒤에도 여전히 매년 약속한 기부금액을 모아 오랫동안 병원을 지속했다. 그리고 병원에 입원한 자도 극빈한 자는 비용을 전혀 내지 않고, 재산이 조금 있는 자는 빈부에 따라 의료비를 지불했다. 각국의 수도, 도회에는 병원이 있지 않은 곳이 없다. 병원의 법은 각국이 대동소이하니, 이하 프랑스 병원의 법을 본다. 33

---

31 앞서 위생이란 말을 만든 나가요 센사이는 후쿠자와에 이어 데키주쿠의 숙두가 되었으며, 후쿠자와가 스스로 친구라 부르는 얼마 안 되는 사람 중 하나였다. 후쿠자와와 나가요의 관계에 대해서는 山內慶太(2006), "長与專齋·北里柴三郎─福澤諭吉と〈医友〉", 〈三田評論〉 1087 참조.

32 후쿠자와의 구미 시찰 당시의 기록 중 의료와 관련된 부분은 후쿠나가 하지메(2017), 앞의 책, 101~102쪽 참조.

33 福澤諭吉(1868a), "病院", 《西洋事情·初編》 1권; 《福澤諭吉 全集》 1권, 305~306쪽.

병원의 부속의사 수, 비용 문제나 병원의 운영에 관련된 사항을 소개한 《서양사정 초편》의 이 부분은 그가 《서항기西航記》에서 파리의 병원을 방문하며 적었던 기록을 정리한 것이다.[34] 유길준이 《서유견문》에서 병원을 설명하는 대목은 《서양사정》의 이 대목을 거의 그대로 가지고 온 것이었다.

병원은 병인病人을 치료하기 위해 설립한 것으로, 특별히 가난한 사람이 의약을 얻지 못하는 것을 위해 세운 선의善意라. 정부의 공비公費로 세운 것도 있으며 인민회사人民會社의 사력私力으로 연 것도 있으니〔영길리英吉利와 합중국에 사립병원이 가장 많음〕정부의 비용은 자연히 세금〔民稅〕중에 획하劃下한 것이어니와, 인민의 비용은 세간世間에 인선仁善한 군자가 회사를 결성하고 왕공귀인과 부자나 큰 상인에게 권유하여 그 부조한 재액財額으로 이 일을 행하고, 또 병원을 세운 후에도 보조하는 금액을 거두어 계속 유지하나니, 대개 병원의 치료를 받는 자가 극빈하면 비용을 내지 않으나 약간 재산이라도 있는 자는 가세家勢의 유무에 따라 의약의 비용을 내는지라. 태서泰西 각국 대도회에는 병원을 세우지 않은 곳이 없어 그 규범〔規模〕의 조치〔施措〕가 대동소이하나 프랑스 병원의 법이 선미善美하다 하니 약술하노라.[35]

---

34 福澤諭吉 (1862), 《西航記》; 《福澤諭吉 全集》 19권, 21쪽.

35 유길준(1895), 앞의 책, 442쪽; 《유길준 전서》 I, 462쪽. 이하 현대어역은 유길준, 《서유견문: 한국 보수주의의 기원과 성찰》, 장인성 역·평설(2017)을 참조하면서 수정함.

구미 유학을 다녀온 그였지만, 실제 병원이나 빈원貧院 등 구체적인 시설을 소개하는 대목에서는 주로 후쿠자와의 《서양사정》의 설명을 바탕으로 하고 있다. 앞선 대목에서 이어지는 병원에 대한 구체적 설명 역시 《서양사정》과 거의 같다. 물론 보이듯이 사용하는 단어의 차이, 내용상의 차이가 없는 것은 아니다. 36 후쿠자와가 각 국이 차이가 없어 그가 실제 보았던 프랑스의 병원을 소개한다는 대목을 유길준은 프랑스 병원의 법이 '선미善美'하기 때문에 소개한다고 적고 있는 점이나, 유길준이 병원을 가난한 사람을 위해 세운 '선의善意'라고 강조하는 점, '인선仁善'한 군자의 활동임을 강조하는 점이 그렇다. 물론 후쿠자와가 소개한 서양의 병원 중 일부가 자선활동으로 운영되는 것은 맞지만 유길준이 특별히 '선의'나 '인선'을 명기한 것은 그가 전통적 구휼제도로서 병원을 생각했기 때문이라고도 볼 수 있다.

질병구제는 유길준에게 새로운 문명의 요소 중 하나였다. 그는 "정부의 통치원칙〔治制〕"에서 서양의 정치학자가 말하는 '문명개화의 정치'가 다음과 같은 6가지 요결要訣을 벗어나지 않는다고 말한다. 즉, ① 자유로이 뜻에 맡기는 것〔自由任意〕, ② 종교를 신복하는 것, ③ 기술과 학문을 장려해 새로운 물건을 발명하는 길을 여는

---

36 특히나 개념어들과 관련해 유길준이 고쳐 쓴 부분이 적지 않다. 이번 장에서 이를 전부 다룰 수는 없지만, 장인성 (2019), "유길준의 문명사회 구상과 스코틀랜드 계몽사상: 유길준, 후쿠자와 유키치, 존 힐 버튼의 사상연쇄", 〈개념과 소통〉 23 등을 참조할 필요가 있다.

것, ④ 학교를 세워 인민을 교육하는 것, ⑤ 안정[安穩]을 보장[保任]하는 것, ⑥ 인민의 굶주림과 추위, 질병과 고통을 구제救濟하는 것이 그것이다. 37 이 역시 후쿠자와가 《서양사정 초편》 처음에서 서양의 정학가政學家의 설에 따라 '문명의 정치' 요소 6가지를 소개한 부분에서 가지고 온 것이다. 38

이때 유길준은 '인민이 굶주리지 않고 춥지 않게 하는 것'이라는 후쿠자와의 설명에 '질병과 고통에서 구제하는 것'을 문명개화의 정치 요소로서 추가하였다. 후쿠자와의 생각과 크게 다르지는 않지만, 유길준이 문명개화 정치의 요소로 인민의 건강관리를 적극적으로 평가한 것은 분명하다. 39 그에게 인민의 건강을 지키기 위한 구휼 정책은 문명국가의 중요한 요소였다.

그는 "정부의 직분"에서도 "궁민窮民을 구휼하는 정치는 국가의 중

---

37 유길준(1895), 앞의 책, 153쪽;《유길준 전서》I, 173쪽.

38 ① 자주임의(自主任意), ② 신교(信敎), ③ 기술 문학을 권해 신발명의 길을 여는 것, ④ 학교를 세워 인재를 교육하는 것, ⑤ 안정을 보장하는 것, ⑥ 인민이 굶주리고 춥게 하지 않는 것. 福澤諭吉(1868a), "政治", 앞의 책;《福澤諭吉 全集》1권, 290~291쪽.

39 또한 유길준은 "이는 인민이 사유한 재산[産業]을 보호하는 데 그치지 않고 병원, 빈원의 시설을 만들어 빈곤한 민인을 구휼(救恤)하는 것"이라고 설명하고 있는데, 이는 후쿠자와가 "병원, 빈원을 설치해 빈민을 구하는 것"이라는 설명에 자신의 생각을 추가한 것이다. 즉, 유길준은 문명의 요소에 인민의 사유재산을 보호하는 점을 특별히 강조했다. 유길준의 사유재산 강조에 대해서는 김윤희(2009), "근대 국가구성원으로서의 인민 개념 형성(1876~1894): 민(民)=적자(赤子)와《서유견문》의 인민", 〈역사문제연구〉 13, 295~331쪽 참조.

대한 일이며 인자한 도道"임을 강조한다. **40** 그런데 여기서 그는 이
것이 전통적 의미의 선정善政과는 차이가 있다고 밝힌다. 그는 구휼
에 대해 선인들의 이론이 적지 않았음을 소개하며, 구휼의 본뜻이
인혜仁惠를 베푸는 데 있지만 만약 기율紀律이 없이 함부로 베푼다면
민간에 일대 폐단을 초래할 것이라 경고한다. 어려운 친구와 가난한
친척을 구제하는 도를 사사로이 행한다면 인심과 풍속이 나태한 지
경에 빠져 놀고먹는 자가 저절로 많아지게 되니, 이는 인자한 본심
으로 독약을 권하는 것과 같다는 것이다.

> 그러므로 정부가 아니라 구휼하는 도를 행하는 일은 한 사람의 사사로
> 운 행위〔私行〕로는 아름다운 풍속〔美俗〕이라 할 수 있지만, 일국의
> 공본된 정사〔公政〕로 따져 보면 규범〔規模〕 없는 일이라 할 수 있을
> 뿐이다. … 그 큰일은 인민으로 하여금 각기 자주하는 생계를 경영하
> 여 타인에게 의탁함이 없게 하는 것이다. **41**

그는 구휼의 필요성을 인정 차원에서 이야기하지만, 이것이 사사
로운 행위, 아름다운 풍속 차원으로 행해져서는 안 됨을 경고한다.
다시 말해, 이는 '정부의 직분'에 해당하는 일이다. 즉, 사행私行과
공정公政의 대비 속에서 구휼이 설명된다. 여기서 구휼이란 단순한

40 유길준(1895), 앞의 책, 162쪽; 《유길준 전서》I, 182쪽.
41 유길준(1895), 위의 책, 162쪽; 《유길준 전서》I, 182쪽.

선정에 그치는 것이 아니라, 인민들로 하여금 '자주하는 생계를 경영'하고, '타인에게 의탁'하는 일이 없도록 하는 차원에서 논해지고 있다는 점에 주의해야 한다. 이 논리 역시 완전히 같지는 않지만 후쿠자와가 "정부의 직분"에서 말한 내용을 옮긴 것이다. 후쿠자와는 궁민을 처치하는 법이 인혜仁惠를 실시하는 것이긴 해도, 이를 행함에 기율이 없으면 사람들을 나태에 빠지게 하여 해칠 수 있다고 경고한다. 차이가 있다면 후쿠자와는 좀더 명시적으로 궁민을 처리하는 법을 세울 것을 강조한다는 점이다.[42]

그런데 앞서 보았던 후쿠자와가 병원을 소개하는 대목의 순서와 유길준의 기술 순서에 차이가 있어 흥미롭다. 《서양사정 초편》에서는 병원 - 빈원 - 아원啞院 - 맹원盲院 - 전원癲院 - 치아원痴兒院의 순서대로 소개하는 반면, 《서유견문》 17편에서는 내용의 큰 차이는 없으나 빈원貧院 - 병원 - 치아원痴兒院 - 광인원狂人院 - 맹인원盲人院 - 아인원啞人院의 순서로 서술하고 있다.[43] 《서유견문》의 다른 곳에서도 유길준은 《서양사정》을 그대로 가져다 쓰는 것이 아니라 순서를 바꾸기를 주저하지 않았다. 그는 서양의 제도를 설명하면서 후쿠자와와는 달리 빈원을 병원보다 앞서 서술한다. 후쿠자와에게 근대 의료 체계로서 병원의 중요성이 좀더 부각되었다면, 유길준은 의료 역시

<hr />

42 福澤諭吉 (1868c), "政府の職分", 《西洋事情・外編》 2권; 《福澤諭吉 全集》 1권, 438~439쪽.

43 福澤諭吉 (1868a), 앞의 책; 《福澤諭吉 全集》 1권, 305~311쪽; 유길준(1895), 앞의 책, 438~450쪽; 《유길준 전서》 I, 458~470쪽.

전통적 구휼 중 하나로 여기는 것처럼 보인다. 맹자가 정치에서 가장 우선할 것으로 환과고독鰥寡孤獨, 즉 홀아비, 과부, 고아, 자식 없는 늙은이를 돌보는 것이 가장 우선이라는 말을 떠올렸던 것일까. **44** 그는 의료 행위를 고아와 늙은이 같은 가난한 자, 정신에 이상 있는 자, 장님, 벙어리를 대상으로 하는 정부의 시혜적 활동의 하나로 이해했던 것처럼 보인다. 그가 "생계 구하는 방도"에서 "빈자는 병이 있어도 사례금이 없어 치료하지 못할까 염려하여 정부가 치병원治病院을 세우고 의사를 두기를 우리나라 제중원 제도같이 하여 빈자를 구제한다"라고 설명하는 대목 역시 이러한 생각을 보여 준다. **45**

이처럼 유길준은 병원이나 서양의 의료제도와 관련해 기본적으로는 후쿠자와의 논의를 끌고 오면서도, 이를 보충하거나 순서를 바꾸는 식으로 자신의 생각을 덧붙이고 있다. 유길준에게 인민의 건강을 지키는 구휼제도는 분명한 문명개화의 요소이자 당연히 정부가 맡아야 할 직무였다. 그리고 이때 구휼이란 인민이 각기 '자주'하는 생계를 꾸려가는 것을 해치지 않는 선에서, 기율이나 규범을 정해 행해져야 한다는 후쿠자와의 논리를 받아들이고 있다. 그러나 유길준

---

44 《孟子》〈梁惠王〉. "늙어서 아내 없는 것을 환(鰥)이라 하고, 늙어서 남편 없는 것을 과(寡)라 하고, 늙어서 자식 없는 것을 독(獨)이라 하고, 어려서 아비 없는 것을 고(孤)라고 합니다. 이 네 부류의 사람들은 세상에 가장 곤궁한 사람들이어서 호소할 데도 없는 사람들입니다. 문왕이 정령(政令)을 발하여 인정을 베푸실 때에는 반드시 이 네 부류의 사람들을 먼저 돌보았던 것입니다."
45 유길준(1895), 앞의 책, 290쪽; 《유길준 전서》I, 310쪽.

이 사용하는 어휘나 순서상의 변화는 후쿠자와의 논의보다는 좀더 전통적인 구휼의 이미지와 병립하는 것처럼 보인다. 그렇다면 본격적으로 《서유견문》 11편 "양생하는 규칙"을 살펴보도록 하자.

2) 직분으로서의 양생

"양생하는 규칙" 첫머리인 다음을 주목할 필요가 있다.

> 사람의 생로병사는 세간의 자연한 이치다. 그러나 사람이 세상에 있는 동안 양생하는 도를 근신하여 질고疾苦의 우환을 면하고 강녕康寧한 복지를 누리는 것이 인세人世 직분의 한 가지 관건(關係)이다. 부모를 섬기는 자가 이 도에 어두우면 자식의 직분(職)을 닦지 못하는 것이고, 군주를 섬기는 자가 이 도를 가벼이 하면 신자臣子의 직분(分)을 힘쓰지 않는 것이다. 고위 관료(長者)와 정부가 이 도를 경시하면 고위 관료와 정부의 책임을 행하지 않는 것이다. **46**

유길준이 양생을 시작하는 대목은 전통적인 신체에 대한 발상을 떠올리게 한다. **47** 전통적 양생론에서 한 사람의 건강은 단지 개인의

---

46 유길준(1895), 위의 책, 296쪽; 《유길준 전서》 I, 316쪽.

47 앞 시기 일본에서도 많이 읽혔으며, 이후 근대 수신서에서도 많이 인용될 만큼 영향력이 컸던 가이바라 에키켄(貝原益軒, 1630~1714)의 《양생훈》의 예를 보면 "사람의 몸은 부모를 근원으로 하고 천지를 시작으로 한 것이다. 천지, 부모의 은

문제가 아니라 부모와의 관계나 천지와의 관계 속에서 논해진다. 하지만 여기서 유길준이 양생을 직분의 논리로 설명하는 것은 특이하다. 유길준에게 직분 개념은 후쿠자와와는 다른 그의 논리구조를 이해하는 데 핵심적 용어로 지적되어 왔다.[48] 《서양사정》에서 후쿠자와에게 직분 개념이 의무duty의 번역어에 대응한다면, 유길준에게 직분 개념은 의무이자 동시에 의무로 한정되지 않는 전통적 세계관과 관련된 것이었다.[49] 유길준에게 '인세의 직분', '상칭相稱한 직분'과 같은 말로 사용되는 '직분'이란, 사람이 세상〔人世〕에서 지켜야 할 도리이자 온갖 만물에 걸맞게 주어지는 도리이다. 유길준은 양생을 자식 된 자로서의 '직'과 신하된 자로서의 '분'을 다하는 것, 즉 직분의 문제로 이해한다. 그는 이어 "한 사람의 몸에는 한 사람의 양생이 있고, 한 집에는 한 집의 양생이 있고, 한 나라에는 한 나라의 양생이 있다"라고 말한다. 여기서 일신의 양생, 일가의 양생, 일국의 양생이라는 연쇄구조를 보여 주는데, 이 역시 직분으로 연결된 유길

혜를 받아 태어났고 또 길러진 몸이니 자신만의 소유물이 아니다. 천지로부터 받은 것, 부모가 남겨준 몸으로 삼가 잘 기르고 상처 입지 않도록 하여 천수를 길게 유지해야 한다"라는 말로 시작하고 있다. 貝原益軒(1961〔1713〕), 《養生訓》, 岩波文庫, 24쪽.

48 직분 개념에 대해서는 이 책의 제8장 참조.

49 "개인의 권리와 의무"(Individual Rights and Duties)라는 버튼의 장제목이 후쿠자와에게 "인민의 통의(通義) 및 그 직분"으로 번역되고, 이것이 다시 유길준에게 "인민의 권리"라는 절로 옮겨지는데, 여기서 그는 직분을 표제어에서 삭제하는 대신 본문에서 권리를 직분에 맞춰 제한해야 함을 강조한다. 장인성(2019), 앞의 논문, 210~213쪽.

준의 세계를 보여 준다.**50**

이에 대해 다키자와 도시유키가 메이지 시기, 특히 1870~1880
년대의 위생론을 '점층적 위생론'이라 평가한 대목을 참조할 수 있을
것이다. 그는 이 시기 위생론의 특징으로 개인의 건강 형성이 '수신
修身'의 실제 항목으로 정착되었다는 점을 든다. 즉, '수신'의 귀결로
서 '집'의 안정이, '집'의 안정의 결과로서 '국가'의 통치가, '국가'의
통치의 귀결로서 '세계'의 평화가 실현된다는 점층적 발상에 기초하
고 있다고 말한다.**51** 가령, 대일본사립위생회의 초대 회장이었던
사노 쓰네타미佐野常民가 "축사"에서 위생의 의의를 논하며 "무릇 일
국一國은 일가一家가 쌓인 것이고, 일가는 일인一人이 쌓인 것이다.
우리들 각자가 건강하고 그렇지 못함은 우리나라 빈부강약과 관련
된 바이다. 위생의 법을 어찌 논하지 않을 수 있겠는가"**52**라고 주장
하는데, 이처럼 근대적 위생론에서 개인의 위생을 일국의 빈부강약
과 연결하는 사유는 일반적이었다.

그러나 유길준의 양생론은 개인의 건강을 국가와 연결하고 부국
강병을 위한 국민의 건강을 대상으로 삼는 논의와는 다르다. 물론
유길준에게 직분을 다한다는 것이 결국은 국가를 위한 것이기는 하
지만, 이는 동시에 인간으로서 마땅한 도리에 따르는 것이었다. 결

---

50 유길준(1895), 앞의 책, 297쪽; 《유길준 전서》 I, 317쪽.
51 瀧澤利行(1993), 앞의 책, 205~208쪽
52 〈大日本私立衛生會雜誌〉(1883. 1). "祝辭".

국 그것이 추구하는 바는 동일할지라도, 유길준에게 일국의 양생이란 각자가 일신의 양생이라는 스스로의 직분을 다함으로써 이뤄진다. 이는 자식과 신하의 직분이자 동시에 군주, 고위 관료, 정부의 책임을 강조하는 것이기도 했다.

신동원은 이에 대해 유길준의 양생론이 '국부를 뜻하는 인구 증가 차원의 인민의 건강'이라는 측면에서 직접 연원한 것이 아니라, 하늘로부터 품부받은 개인의 권리에서 비롯된 것으로 본다고 해석한다. 본질적으로 이 같은 양생론도 궁극적으로 근대국가 수호라는 측면을 뒷받침하는 논리의 한 형태임을 부인할 수는 없지만, 근대 개인의 권리와 통의를 우선시하는 논리는 '국가 부강의 방편으로서 인민의 건강'이라는 절대 왕정의 논리보다는 훨씬 세련된 형태라는 것이다. 53

그러나 유길준에게 양생이란 하늘로부터 품부稟賦받은 개인의 권리 차원이라 볼 수 없다. 앞서 직분의 논리에서 보았듯 유길준에게 개인의 권리는 생득적으로 주어진 것이 아니다. 그가 통의의 권리를 "온갖 만물에 그 당연한 도를 지켜 고유한 상경常經을 잃지 않고 상칭相稱한 직분을 스스로 지키는 것"54이라고 설명할 때와 마찬가지로 양생 역시도 개인의 권리에서 비롯된 것이 아니라, 스스로 마땅히 지켜야 할 도이자 직분을 다하는 차원에서 이야기된다.

---

53 신동원(1997), 앞의 책, 184쪽.
54 유길준(1895), 앞의 책, 109쪽; 《유길준 전서》 I, 129쪽.

유길준은 '신명身命의 통의'를 "자기의 생명과 몸을 정직한 도로 보존하며, 남의 방해를 막아 내고 불법적인 침범을 피해, 건강하고 안락한 상태를 보존해 가지는 것"[55]이라고 정의한다. 이 정의는 후쿠자와가 "인간의 통의"에서 설명한 '일신一身의 자유'[56]를 설명하는 대목에서 가져온 것이지만, 이것이 양생을 설명하는 차원에서와 마찬가지로 개인의 문제로 연결되지는 않는다. 이러한 차이는 기본적으로 유길준이 후쿠자와의 논의를 빌려 오지만, 직분의 차원에서 양생을 바라보기 때문일 것이다.

3) 적당함을 지키는 양생

"양생하는 규칙"에서 유길준은 이어 서양인의 양생하는 규칙을 논한다. 그 기본은 운동을 통해 몸을 부지런히 하는 것이다. 유길준은 "지체肢體운동은 사람이 동물이기 때문에 만일 몸을 태만히 하고 운동하는 습관[恒性]이 없으면 마음이 저절로 게을러질 뿐 아니라 기혈이 자연히 순환하는 도리[度數]를 잃어 근골이 차츰 연약한 경역에 이르고, 연약해져 질병에 걸리기 쉽다. 그러므로 지체운동은 각인 일신의 양생하는 도에 긴요한 것"[57]이라고 지체운동을 강조한다. "양생하는 규칙"에서 운동을 앞세운 것은 다른 요소보다 이것이 일

---

55 유길준(1895), 위의 책, 116쪽; 《유길준 전서》 I, 136쪽.
56 福澤諭吉(1868b), 《西洋事情·二編》 1권; 《福澤諭吉 全集》 1권, 498~499쪽.
57 유길준(1895), 앞의 책, 296~297쪽; 《유길준 전서》 I, 316~317쪽.

신의 양생에 가장 중요한 대목이라고 생각했기 때문일지 모른다. 그러나 다른 위생 관련 서적에서 보듯 지체운동이 위생의 핵심 논리는 아니었다. **58**

더 주목할 점은 그가 지체운동을 설명하는 대목에서는 이를 '군대의 조련'과 달리 "붕우 두세 사람이 옷자락을 나란히 하고 지팡이를 짚고 휘파람을 불면서 숲속 언덕에 오르며, 시를 읊으면서 시냇가를 따라 거닐다가, 저녁놀 지친 새를 벗 삼아 느린 걸음으로 돌아오는" 것이라거나, "가벼운 수레를 부리거나 빠른 말을 타고 숲속에서 깊은 회포를 풀고, 해변에서 멀리 바라보다가 곧게 뻗은 큰길을 질주하여 돌아오는"과 같은 예를 들고 있다는 점이다. 유길준이 설명하는 대목은 서양인이 조깅을 하거나 자전거를 타면서 운동하는 모습을 묘사하는 부분이었을 것이나, 적어도 당시의 독자들이 이것만을 읽었을 때 기존의 건강법과 다른 새로운 논의로 보기는 어려웠을 것이다.

유길준이 양생의 요소로서 음식과 의복을 설명하면서 신체를 기계로 비유하고 있는 대목 역시 특이하다.

사람의 장부臟腑는 비유하자면 증기기관〔滊輪〕의 기계이고, 음식물은

---

58 앞서 소개한 지석영의 《신학신설》만 보아도 보신하는 방법의 6가지를 들고 있다. 이는 ① 빛, ② 열, ③ 공기, ④ 물, ⑤ 음식, ⑥ 운동으로, 운동은 가장 마지막에 등장한다.

석탄과 물의 재료이다. 기계가 석탄과 물을 얻은 뒤에야 작동하는 이치와 같이 장부도 음식물을 먹은 뒤에야 기와 혈을 돌게 하는 힘을 만들어 낸다. 음식물의 양이 많으면 석탄과 물이 너무 많은 것과 같다. 기계가 손상되기 쉬운 것처럼 장부도 손상을 입을 것이다. 음식물이 적으면 석탄과 물이 부족하여 기계가 지체되는 것처럼 장부도 항도恒度의 힘을 잃을 것이다. 그러므로 적중適中한 분수分數로 과불급이 없어야만 한다. 59

유길준은 사람의 장부를 증기기관에 비유하고, 석탄과 물을 얻은 뒤에 작동하는 이치를 기와 혈을 돌게 하는 힘을 만들어 내는 이치와 같은 것으로 비유한다. 물론 이런 기계론적 신체관은 당시 일본에서 드문 것은 아니었다. 60 하지만 유길준이 보여 주는 신체관은 이러한 생리학적 세계관으로서의 기계관과는 다르다. 신체가 다양한 기능이 유기적으로 구성된 하나의 시스템이라는 발상이나 각각의 고유한 원리에 의해 자동적으로 움직이는 기계라는 발상은 유길준에게 보이지 않는다. 신체를 기계에 비유할 때조차 그에게 중요한

---

59 유길준(1895), 앞의 책, 298쪽;《유길준 전서》I, 318쪽.
60 후쿠자와도 "통속의술론"(通俗醫術論, 1883)에서 서양의학 도입의 역사를 살피며 고류(古流)의 의사를 비판하는데, 이들을 시계의 내부 기관에 관해서는 알지 못하고, 그 외면의 침의 멈춤 혹은 빠름을 보고 밖에서 기름을 부어 이를 흔들어 고치려는 사람에 비유한 바 있다. 福澤諭吉(1883), "通俗醫術論";《福澤諭吉 全集》9권, 166~172쪽.

점은 기계 역시 '적중한 분수'를 지켜야 한다는 점이다. 즉, 양생이 기본적으로 적당함을 지키는 것이라는 발상이 유길준의 양생 개념을 규정하고 있다. 61

《서유견문》 다른 부분에도 그가 적극적인 신체 단련을 소개하는 대목이 있다. "교육하는 제도"에서 그는 대학 교육을 소개하면서 양생하는 도를 언급한다. "대학교에 의사를 두고 학생의 연령과 신체와 골격을 조사하여 부족한 점을 보충케 하니, 그 도를 잠시 적어 보자면 각종 기계로 팔 힘과 호흡력, 다리 힘, 허리 힘, 장부의 기력까지 시험하여 그중에 하나라도 부족한 부분이 있으면 해당하는 운동을 하게 한다. 가령 팔 힘이 부족한 자에게는 철퇴를 휘두르게 하고, 허리 힘이 부족한 자에게는 끌어당기는 기계를 따라 누웠다 일어나게 하고, 다리 힘이 부족한 자에게는 달리기법을 익히게 하며, 이외에도 각기 부족한 부분마다 각기 해당하는 기계와 운동이 있다. 이러한 운동을 하는 장소인 커다란 건물 안에 여러 가지 기계를 늘어놓고 학습하는 사이에 시간을 정하여 매일 몇 차례씩 행한다"62라고 운동시설을 소개하고 있다.

---

61 물론 이는 후쿠자와도 마찬가지였다. 초기 후쿠자와에게 '건강'이란 신체 내부의 생리학적 기능이 정상적으로 작동하는, 이른바 천연으로 주어진 신체에 변조를 가져오지 않음을 의미했다. 현대어로 하자면 '밸런스'나 '조화'가 중시될 뿐이었다. 철봉 등 신체를 움직이는 것은 '울분을 해소'하기 위해서이고, 근골을 강하게 단련하기 위한 것은 아니었다. 후쿠자와의 초기 건강에 대한 인식에 대해서는 北澤一利 (2000), 앞의 책, 38~45쪽.

62 유길준(1895), 앞의 책, 237쪽; 《유길준 전서》 I, 257쪽.

그에게 서양인이 지체운동을 하는 모습은 우선 새로운 풍경으로 다가왔을 것이다. "양생하는 규칙"에서 운동이 가장 앞서 위치한 이유 역시 이 때문으로 보인다.

4) 전염병과 일국의 양생

위생론에서 일반적으로 더욱 중요하다고 생각되는 청결에 관한 논의는 "양생하는 규칙" 편에서 운동, 음식, 의복을 다룬 뒤에 나오고 있다. 당시 조선에서도 전염병 문제는 일본에서와 마찬가지로 중요한 과제였다.

집과 도로가 정결한 것은 양생하는 관계에 심중한 것이다. 대개 사람의 질병은 기혈이 정상을 잃은[失常] 데서 나온 것이 매양 많지만, 또한 더러운 기운[汚穢氣]이 유포되는 데서 비롯된 것도 적지 않다. 이는 서양인이 수백 년 경험에서 그 연유를 살펴본 것이다. 우리는 경험[經歷]이 없기 때문에 아직 믿을 것은 아니다. 또한 전염하는 병인 괴질과 염병染病의 종류는 오로지 더러운 기운의 독이다. 그러므로 서양에서 스페인의 남쪽 고을들이 더러움 때문에 전염병이 많이 퍼지고, 또 우리나라를 말하더라도 각처 도회지는 해마다 새봄에 싹을 내고 초가을에 열매 맺는 시절에는 유행병이 왕왕 독을 퍼뜨린다. 만약 이와 같은 병을 운수運數의 관계라 한다면, 어찌 더러운 지방에 있고 각국의 정결한 도시에는 없겠는가. **63**

전통적으로 전염병이란 통치 권력의 잘못에 대해 백성이 원한을 품고, 이것에 하늘이 감응해 이를 징계하려는 의지를 하늘과 땅에 드러내었다는 식으로 설명되었다. 그러나 이제 전염병을 막는 것은 운수와 같은 초자연적 현상의 문제라기보다 더러운 기운이 유포되는 것을 막지 못한 도시 정책의 문제로 이야기된다. 일본에서 1870년대의 콜레라 확산이 계기가 되어 위생제도의 수용이 본격적으로 논의되었다면, 조선에서도 전염병은 전통적인 구휼 방식과는 다른 대처법의 필요성을 일깨웠다.[64] 그런데 유길준은 청결의 문제를 전염병과 연관시키면서도, 이에 대해 '우리는 경험이 없기 때문에 아직 믿을 것은 아니'라는 유보를 달고 있다. 전염병과 관련된 논의가 "양생하는 규칙"의 전면에 나오지 않은 이유와 관련될지 모른다.

"정부의 직분"에서도 양생하는 규칙이 정부의 중요한 항목임을 강조면서 역병과 괴질에 대해 논하는 부분이 있다.

양생하는 규칙은 정부에 관계하는 일대조목이니 대도시의 인구[人戶] 조밀한 지방이 불결하면 역병과 괴질의 전염병이 항상 유행한다. 또 홍역[紅疹], 천연두[痘患], 성홍열[陽毒]과 같은 질병도 사람의 천열天熱로 인해 일어난다고 하지만, 이것이 오염[汚穢]된 기氣에 닿으면 그 병독이 갑절이나 되어 위태하기가 극히 심하니, 전염병이 인생

63 유길준(1895), 위의 책, 299쪽; 《유길준 전서》 I, 319쪽.
64 콜레라와 관련해서 신규환(2018), "1870~1880년대 일본의 콜레라 유행과 근대적 방역체계의 형성", 〈사림〉 64, 253~278쪽.

에 재앙이 되는 점에서 사실상 한때의 전쟁보다 심하다. 그러니 정부
가 양생하는 법을 정해 인민으로 하여금 준수하게 하고 만약 소홀한 자
가 있으면 엄법嚴法으로 처단하여 도로와 궁실을 청결하게 하면 전염병
이 유행하는 세를 막을 수 있다. 이러한 일에 엄격한 법을 적용한다고
해서 혹시 잔혹하다 말할지 모르나 실은 양생하는 법으로 형벌을 받는
사람 그 자신도 함께 화를 면하게 되는 것이다. 가령, 여러 사람의 왕
래가 끊이지 않는 대로에서 활을 쏘거나 총을 쏘면 국법이 엄히 금해
반드시 형벌을 내릴 것이다. 이는 사람을 다치게 할까 염려해서인데,
지금 이 법에 비유하건대 오염물을 도로에 버리며 도랑에 흘려 그 발산
하는 독기로 전염병을 일으켜 인명을 상해함이 활과 총으로 사람을 해
하는 일과 어떤 차이가 있으리오. 그러므로 엄법으로 묶어 철저히 금
지함이 가하니, 한마디로 비유하건대 대도시에 오염물을 금지하지 않
는 것은 시중에 호랑이를 풀어놓음과 같다. 여러 사람이 협심하여 그
불상사를 같이 없애도록 함이 옳다. **65**

이는 유길준이 《서양사정》의 "정부의 직분"에 실린 내용을 가지
고 와서, 용어나 사례만 조선에 맞게 수정한 것이다. **66** 당시 전염병

---

65 유길준(1895), 앞의 책, 172~173쪽; 《유길준 전서》 I, 192~193쪽.
66 "또 정부가 관계해야 할 한 가지 일이 있다. 즉, 도시〔都下〕 일반에 양생의 법을
세우는 것이다. 인구〔人戶〕가 주밀하여 불결한 도시〔都府〕에는 자칫하면 역열
(疫熱), '콜레라' 등과 같은 전염병이 유행하여 크게 사람을 해치게 된다. 도시에
법칙을 세워 거리와 집안〔街道居家〕 등을 청결히 하면 이러한 재해를 막을 수 있

예방은 근대 위생행정의 핵심으로서, 1879년 나가요가 〈호열자병 예방규칙〉을 반포하면서 근대적 방역 법규로서 등장했다. 청결, 상하수도 정비, 도로·가옥 개선 등 환경 개선을 통한 위생행정의 증진이야말로 위생의 요체에 해당된다고 생각했다. 서양에서도 산업화와 도시화가 진행되면서 공기의 질이나 전염병으로 인해 사망하는 사례가 급증하면서 위생행정이 강조되던 시기였다. 유길준은 당시 사람들이 이해할 수 있도록 사례를 바꾸거나 설명을 추가했지만, 기본적으로 '양생하는 법'을 세우는 주체로서 정부의 직분을 강조하는 것은 후쿠자와의 생각에서 가지고 온 것이었다.

유길준이 "인민의 교육"에서 "지난날 프랑스 수도 파리부에 괴질이 창궐했을 때 시내 의사들이 심력과 기술을 다해 치료하는 처방과 예방하는 법을 행하였는데, 어리석은 소인배는 괴질이 전염되는 것도 모르고 오히려 '의사가 독약으로 사람을 해친다'고 꾸짖으면서 의사를 흉인凶人처럼 적대시했고 심한 경우에는 이들을 해치기까지 했

고, 크게 유행하는 기세를 물리칠 수 있다. 고로 엄격한 법으로 사람을 제어하고, 소홀간만(疎忽簡慢)을 금지하는 것은 혹은 잔혹한 것처럼 보이지만 실은 그 사람도 함께 병으로 인한 재해(病災)를 면하기 위한 취지이다. 사통팔달의 가도에서 차를 몰아 사람의 군집을 방해하는 것은 이미 국법을 어기는 바로, 이를 범하면 반드시 벌이 있다. 고로 이 법을 미루어 생각하면 쓰레기(塵芥)를 한곳에 버려 두는 것도 죄가 되는 것이다. 그 까닭은 쓰레기의 불결함에 의해 전염병을 일으켜 사람을 해하는 것도, 차를 군중 속에서 몰아 사람을 해하는 것도 그 죄의 경중이 다르지 않기 때문이다", 福澤諭吉(1868c), "政府の職分", 앞의 책 2권; 《福澤諭吉 全集》1권, 402쪽.

다. 이 또한 무지가 극도에 달한 것이다. 개탄할 일"이라고 한 것 역시 후쿠자와가 《서양사정》 "인민의 교육" 편에서 했던 논의를 콜레라라는 말 대신 괴질로만 고쳐 쓴 것이었다.[67]

즉, 유길준에게 "양생하는 규칙" 편은 기본적으로 법이나 제도의 차원이라기보다 운동이나 음식, 의복의 '항도恒道' 또는 '상도常道'를 지키는 일신의 양생이라는 문제에서 시작된다. 물론 후쿠자와의 논의를 빌려 온 "정부의 직분"에서 보이는 것처럼 청결을 담당하는 정부의 역할에 대한 강조가 없는 것은 아니지만, "양생하는 규칙"에서는 그 방법으로서 목욕을 자주 하는 것이나, 나무를 많이 심는 것, 변소의 문을 밀폐하는 일 등이 제시된다.

유길준이 "양생하는 규칙"에서 주목한 내용은 후쿠자와의 논의를 빌려 이야기하는 부분들을 옮겼던 것과 달리 실제로 그가 보았던 서양의 모습을 기술한 것이었을 가능성이 크다.

유길준은 양생하는 도의 마지막으로 국법을 범하지 않는 것을 들고 있는데, 이는 일견 직관에 어긋나는 듯 보인다.

국법을 범하지 않는 것은 사람의 지선한 도리이지만, 양생하는 규칙에서도 대강령〔大綱〕 중 하나이다. 그 연유를 말해 보자. 만약 국법을 범하면 큰 경우는 사형당하는 죄이고 작은 경우라도 몸에 괴롭힘을 입

---

67 유길준(1895), 앞의 책, 102쪽; 《유길준 전서》 I, 122쪽; 福澤諭吉(1868c), "人民の敎育", 앞의 책 3권; 《福澤諭吉 全集》 1권, 453쪽.

는 일이 저절로 많다. 이 어찌 양생하는 도와 관계가 없겠는가. 그러
므로 정부의 법령〔法禁〕에 몽매한 자는 양생의 여러 규칙을 잘 닦아도
실상은 요긴한 조목에 무식함을 면할 수 없는 것이다. **68**

여기서 국법을 범하지 않는 것과 양생하는 도와는 큰 상관은 없는
것처럼 보인다. 하지만 그는 국법을 범해 개인이 사형을 당하거나
신체에 괴롭힘을 당하는 것까지 양생하는 도와 관련짓고 있다. 그에
게 양생하는 규칙이란 결국 도리에 맞게 자신의 몸을 해치지 않는
것에 있었다.

이상 기재한 여러 조목은 양생하는 규칙의 대강이다. 이 밖에 세세한
것도 많지만 천 가지 만 가지 다른 일이 실상은 이 수가지 조목의 대강
을 벗어나지 않는다. 한 사람의 양생은 그 사람의 행실과 지식에 있지
만, 일국의 양생은 그 규모와 권세가 그 나라의 정부에 있다. 때문에
그 직임을 행하기 위해 위생관사衛生官司를 세우고, 비용은 인민이 다
같이 낸 세금으로 하며, 군읍이 바둑알처럼 흩어져 있는 지방마다 이
관사가 없는 곳이 없다. 도로를 정결히 하는 일은 정부가 행한다.

전염병이 유행하면 더러운 기운을 소제하는 약으로 그것이 전파〔傳
布〕되는 것을 예방하고, 병자를 격리〔避接〕할 때는 정부가 병자가 타
는 차를 마련하여 호송하되 더러운 기운을 소제하는 약을 차에 뿌려 지

---

68 유길준(1895), 위의 책, 298쪽; 《유길준 전서》I, 318쪽.

나가는 도로에 그 기운이 퍼지지 않게 한다. 또한 병자의 집이 길가에 있어 차들이 지나가는 시끄러운 소리를 듣기 싫어하거나 잠을 잘 수 없으면, 정부가 집 근처에 톱밥이나 가는 모래 같은 부드러운 것을 뿌려 주기도 한다. 이러한 일을 일일이 다 기록하기는 실로 어렵다. 이를 미루어 헤아리면 규칙이 주밀周密하고 잘 구비되어 있음을 알 수 있다. **69**

앞서 보았듯 이미 위생국이 설치되어 위생관사나 위생법이라는 제도가 있었던 상황에서, 위생은 양생과는 달리 제도 또는 법률과 관계된 용어로서 《서유견문》에 등장한다. 유길준이 양생과 위생을 의식적으로 구별해 썼다고 보기는 어렵다. 오히려 그는 후쿠자와의 용어 '양생'을 그대로 빌려다 쓰면서도, 위생관사나 위생법 등의 표현은 당시 일본에서 사용되던 용법대로 가져왔을 가능성이 크다. 여기서 유길준은 일국의 양생을 다하기 위한 정부의 직임을 이야기한다. 위생관사를 세워 지방의 위생사무를 처리하는 일, 도로를 깨끗이 하는 일, 전염병을 예방하기 위해 소독약을 뿌리는 일, 전염병 환자를 격리하는 일, 도로의 시끄러운 소리를 막는 일까지 일국의 양생을 위한 정부의 직임으로 보고 있다.

이처럼 그는 글의 마지막에서 서양의 위생제도를 정부의 직임이라는 차원에서 다루고는 있지만, 이는 앞서 제시한 양생의 구체적 조목과는 크게 관련이 없는 것이었다. 그가 서양의 위생제도나 위생

---

69 유길준(1895), 위의 책, 300쪽; 《유길준 전서》 I, 320쪽.

행정을 모르고 있지는 않았고 이를 마지막에 열거하고는 있지만, "양생하는 규칙" 편에서만큼은 주요한 관심이 일신의 양생에 있었던 것으로 보인다.

4. '서유-견문'이 전하는 목소리

일신의 양생에 대한 유길준의 관심은 "양생하는 규칙"이 "편당하는 기습"과 "생애 구하는 방도"와 함께 11절에 묶인 이유와도 관련되어 보인다. 유길준은 "편당하는 기습"에서 "천하의 사물은 출처가 무궁하므로 사람의 이끌림도 이에 따라 분분하다. 취향이 서로 같으면 의론도 같고, 호오好惡가 같지 않으면 취사도 같지 않다. 서로 같은 자는 성기聲氣가 호응하여 같은 당이라 부르고, 같지 않은 자는 취지가 맞지 않아 다른 당이라 부른다. 이것이 편당의 시초다. … 이 당이 잘못한 것을 저 당이 변박辨駁하고 저 당이 잘못한 것을 이 당이 지적하여, 높아지려는 기개로 분경紛競하는 기풍을 불러일으키지 않고 이기기 좋아하는 습성으로 면려勉勵하는 도를 이룬다면, 다투는 것이 공公이라고 할 수 있다"70라고 설명한다. 서로 높아지려는, 이기려는, 다투는 습성이 공을 이룬다는 발상을 소개하는 것이다.

또한 "생계의 방도"에서는 "서양인이 생계〔生涯〕를 구하는 방도에

---

70 유길준(1895), 위의 책, 279~280쪽; 《유길준 전서》 I, 299~300쪽.

는 분명한 규칙이 있다. 천만 가지의 각종 사업이 이 한 가지 방책에 지나지 않음은 수많은 물줄기가 반드시 바다로 돌아가는 것과 같다. … 어떤 직업으로 생계를 구하든 분수를 확실히 정하고 언약을 굳게 지키며 재주를 잘 닦아 남에게 뒤지는 걸 싫어해야 한다. 그러므로 그 궁구하는 성벽性癖은 시기하는 싹이 있는 듯하지만, 실상은 서로 권하는 도이고, 그 경영하는 기상은 분경奔競하는 풍습이 있는 듯하지만, 실상은 서로 배우는 것이다"71라고 설명한다. 남에게 뒤지는 것을 싫어하는 것이 시기하고 경쟁하는 것처럼 보이지만, 실은 서로 권하는 도이자, 서로 배우는 차원이라는 것이다.

이와 같은 논의가 "양생하는 규칙"에서의 논의와 호응하는 것으로 보이지는 않는다. 하지만 좀 넓게 보자면 "편당하는 기습"이나 "생계 구하는 방도", "양생하는 규칙"이야말로 조선에서는 보지 못했던 서양인의 생활태도와 관련한 것이었을지 모른다. 유길준에게 "양생하는 규칙"은 정부가 주도하는 위생제도나 위생행정의 차원이라기보다는 개인의 건강을 지키는 새로운 방식에 초점이 맞춰져 있다. 유길준은 11편에서 서양에서 직접 본 것들을 옮기고 있는 듯한데, 이것들이야말로 그가 전거 없이도 작성할 수 있었던, 실제 보았던 내용일지 모른다. 72 그런 이유로 잘 연결되어 보이지 않는 편당, 생

---

71 유길준(1895), 위의 책, 285쪽; 《유길준 전서》 I, 305쪽.
72 물론 "양생하는 규칙"이 다른 전거를 갖고 있을 가능성을 열어 놓은 채, 조심스럽게 해석할 수밖에 없다. 《서유견문》의 상당 부분이 번역에 기초해 있다는 사실은 전거가 밝혀져 있지 않은 나머지 부분에 대한 해석을 위축시킬 수밖에 없다. 언제든

계, 양생이 하나의 편으로 묶인 것은 아니었을까.

그렇게 보자면 이 3가지야말로 그가 '태서인泰西人'을 보면서 느꼈던 새로움의 핵심이었을지 모른다. 그는 "양생하는 규칙"에서 "이 규칙에 관한 지식이 있어도 실용하는 학문이 없으면 행하기 어렵다. 이는 다른 이유에서가 아니다. 양생하는 도의 이치를 궁구하지 않으면 그 공효功效가 어떠한 것인지 알 수 없다. 또한 그 이치를 궁구하여 아는 자라도 경험하는 방책이 없으면 그 실상實狀을 행할 수 없다"라고 말한다. 이것은 경험(방책)과 이치(학문)가 병행되어야 함을 강조하는, 당연한 말이기도 하지만, 11편에서 하나로 묶인 '습성', '풍습', '성벽'과 관련해 양생론이 사유되고 있음을 보여 주는 것이기도 하다.

이 책은 내가 서유西遊한 때에 학습하는 여가를 틈타 견문을 수집하고 또 본국에 돌아온 뒤 서적을 참고〔考據〕한 것이어서, 전해 들은 것이 잘못되고 사항〔사건〕을 빠뜨린 것이 저절로 많다. 썩지 않고 오래 전해지기를 의도한 것이 아니다. 일시나마 신문지의 대용이 될 수 있었으면 한다. 독자들이 이 뜻을 해량하여 글이 잘되었는지 못되었는지에 구애받지 말고 주지의 큰 줄거리를 잃지 않는다면 크게 다행이다. 그

새로운 참고문헌이 나타날 수 있는 이상, 《서양사정》의 번역이 아니란 사실만으로는 유길준의 창작 여부를 단언할 수 없기 때문이다. 요컨대 《서유견문》을 통해 유길준의 사상을 해명하기 위해서는 언제나 '번역'의 가능성을 염두에 두어야 한다'라는 지적은 타당하다. 서명일(2017), 앞의 논문, 95~96쪽.

밖에 미치지 못한 것은 훗날 박식한 사람〔博雅〕이 나타나 바로잡아 주기를 바랄 따름이다. **73**

유길준은 서문에서 자신의 책이 졸렬하고 모호하기 때문에 비난을 벗어나기 어려울 것이라는 점을 인정했다. 이 책이 오래 전해지기를 의도한 것이 아니라, 일시나마 대용품으로서 소개하고자 한 것이라 밝힌다. 이 말은 의례적인 겸사일 수도 있으나, 자신의 견문과 독서 편력이 지닌 한계를 의식하면서 이렇게 썼다는 점을 고려한다면 분명 그는 자신의 작업의 한계를 알았을 것이다. 서양을 얼마나 제대로 보았는지 그 자신도 자신할 수 없었을 것이다. 또한 이를 소개하는 작업 역시 그의 의도를 제대로 전달하리라는 보장이 없었다. 그러나 그가 비유하고 있듯 아직 7할의 진경眞景에도 다가가지 못했지만, 산의 그림자를 묘사하는 것으로 그 실체에 접근할 수 있으리라 믿었다. **74**

---

73 유길준(1895), "西遊見聞備考", 앞의 책, 4쪽; 《유길준 전서》 I, 12쪽.
74 "아문과 한자를 혼용하고 문장의 체제를 꾸미지 않고 속어를 사용하여 뜻을 전하는 데 힘썼다. 원래 여러 해 보고 들은 실사와 배워 익힌 졸렬한 것〔苦工〕을 모호하게 꾸며 놓았기 때문에 소루(疏漏) 하다는 비난을 벗어나기 어렵고 잘못된 실수도 있을 것이다. 하지만 비유하자면 산을 그리는 것과 같다. 그림을 잘 그리고 못 그리는 것은 손놀림의 운용과 의장의 경영에 달려 있다. 아직 7할의 진경에도 다가가지 못했지만, 우뚝 솟아 있는 것은 큰 봉우리이고, 한없이 널린 것은 돌이며, 들쑥날쑥하면서 무성하고 짙고 옅으면서 깊고 수려한 것은 초목이다. 때로 구름연기의 변태 이상을 그려 내는 것은 바로 화공의 기량이다. 이 책도 비록 서툴지만 이와 같을 따름이다. 산의 그림을 가리켜 산이라 말하는 것은 그림자〔虛榮〕을 가리키는 것이지

유길준의 "양생하는 규칙"은 근대적 의미의 서양 위생론에 가까웠다고는 말할 수는 없으나, 본인의 눈에 비친 서양을 묘사하려는 작업이었다. "양생하는 규칙"에서 당시 서양 위생론의 핵심이었던 공중위생과 같은 관점이 두드러지게 드러나지는 않지만, 서양인의 운동하는 법, 음식을 먹는 법, 옷을 입는 법 등이야말로 '직분'을 다하기 위한 양생의 핵심으로 그에게 보였던 것일지 모른다.

만, 그것이 유래한 근본은 고유한 것이다. 이 책을 읽는 사람도 이러한 생각을 가져야 할 것이다", 유길준(1895), "序", 위의 책, 5~6쪽; 《유길준 전서》 I, 7~8쪽.

6

《노동야학》에 나타난 국민 만들기 논리*

유길준이 본 대한제국의 '하등사회'

이새봄 연세대 국학연구원

1. 노동자의 탄생

유길준의 《노동야학 독본 제일勞動夜學 讀本 第一》(1908) 과 《노동야학 일勞動夜學 一》(1909) 은 한국의 근대화 과정에서 '노동'의 중요성을 강조하며 새로운 사회질서 속에서 노동이 갖는 의미를 체계적으로 설명하고자 한 가장 초기의 시도였다.[1] 이 장에서는 나중에 나온 텍스

---

* 이 글은 이새봄(2020), 《노동야학》에 나타난 국민 만들기의 논리: 유길준이 본 대한제국의 '하등사회'", 〈사이〉(SAI) 28, 135~172쪽을 수정·보완한 것이다.

[1] 이하, 《노동야학 독본 제일》은 《독본》으로, 《노동야학 일》은 《노동야학》으로 표기한다. 또한 이 장은 〈근대서지〉 17호(2018) 에 게재된 《노동야학 일》의 영인본을 바탕으로 논의를 전개한다. 다만, 원본 영인본에서 인용하므로 이후 주석에서의 인용 출처 표기는 '유길준(1909), 《노동야학》, 동문관'으로 하며, 인용문은 모두 필자에 의한 번역문임을 밝혀 둔다.

트인《노동야학》독해를 통해, 유길준이 1908년 시점에 대한제국 사회의 모습을 어떻게 바라보았는지 설명하고, 해당 텍스트의 집필 의의를 고찰해 보고자 한다.

이 장에서는《노동야학》에 관한 논의 전에 먼저 확인해 두어야 할 서지사항 등을 살펴보겠다. 1908년에 출간된《독본》은 1980년대 이래 학계에서 지속적으로 주목받아 왔고, 다양한 분야에서 해당 텍스트에 관한 연구를 진행한 바 있다. 그리고 최근에 유길준이 노동 문제를 논한 유일한 텍스트로 알려져 있었던《독본》이외에 이 장에서 주목하고자 하는《노동야학》이 발견됨으로써 해당 분야 연구사는 전환점을 맞이했다.

2018년 6월 근대서지학회의 학술지인〈근대서지〉제 17호에《노동야학》원본의 영인본이 전문 게재되면서 그 존재가 학계에 널리 알려졌다.《독본》표지 제목란에 '제일第一'이 적혀 있던 것과 마찬가지로《노동야학》에도 '일一'이 표기되어 있는데, 이는 속편 간행을 염두에 두었던 공통의 흔적이라고 볼 수 있다. 하지만 현재까지 속편은 발견되지 않았다.

새롭게 발굴된 자료인 만큼《노동야학》자체에 관한 연구는 현재 거의 없는 상태이다.[2]《독본》과《노동야학》을 비교해 보면, 두 텍스트는 문체 혹은 어휘 사용법이나 목차 구성 측면에서 약간의 차이

---

[2] 현재까지 간행된 관련 연구로는 조윤정(2018), "유길준의《노동야학 독본》과《노동야학》비교 고찰",〈구보학보〉19, 245~282쪽이 있다.

를 보이지만, '노동자'라고 지칭하는 독자를 대상으로 '노동'의 의미와 중요성을 설명한다는 목표의 동일성과 서술 내용의 대부분이 일치한다. 그러므로 유길준이 《노동야학》에서 보여 주는 문제의식에 천착하고자 하는 이 장에서는 《독본》의 사상에 초점을 맞춘 선행연구를 《노동야학》의 선행연구로 취급할 수 있다고 판단한다.

유길준에 관한 수많은 선행연구는 그가 남긴 많은 텍스트 중 《국권》이나 《서유견문》 등 한정된 사료에 초점을 맞추는 경향을 보여 왔으며, 이는 시기상으로 1895년 이전의 자료들이다.3 《독본》을 다룬 연구는 이들에 비하면 상대적으로 적은 편이나, 그렇다고 해서 그 숫자가 의미를 가지지 못하는 정도는 아니다. 그중에는 야학운동이 발생한 역사적 배경에 초점을 맞추고 《독본》의 시대적 의미를 규명하고자 하거나,4 《독본》의 성격이 무엇인지를 유길준의 노동자 계급에 대한 시선을 중심으로 파악한 시도,5 유길준이 사용하고 있는 노동 개념의 '위계성'을 폭로하고자 한 연구도 있다. 또한 《독

---

3 최덕수(2013), "서거 100주년 유길준 연구의 현황과 과제", 〈한국사학보〉 53, 18~19쪽.
4 김종진(2004), "개화기 이후 독본 교과서에 나타난 노동 담론의 변모양상: 《노동야학 독본》과 《중등교육조선어 급 한문독본》을 중심으로", 〈한국어문학연구〉 42, 57~78쪽; 배수찬(2006), 《노동야학 독본》의 시대적 성격에 대한 연구: 지식체계와 교재의 구성방식을 중심으로", 〈국어교육〉 119, 599~626쪽.
5 조윤정(2013), "노동자 교육을 둘러싼 지식의 절합과 계몽의 정치성: 유길준의 《노동야학 독본》 고찰", 〈인문논총〉 69, 407~445쪽; 황호덕(2014), "유길준의 《노동야학 독본》의 노동 개념과 문체의 테크놀로지: 통치, 계몽, 지휘의 결합 관계를 중심으로", 〈개념과 소통〉 14, 95~135쪽.

본》에서 제기된 노동자 교육론의 의도를 군주에 대한 충성심을 고취하기 위한 방법이라는 맥락에서 규정하거나, 6 《독본》이 지주적 근대화 노선에 적합한 노동자상을 창출하기 위해 저술된 책이라고 판단하는 경우도 있다. 7

이처럼 《독본》에 관해서는 다양한 각도에서 텍스트의 의의를 설명하려는 시도가 있었다. 이러한 시도는 대부분 시대적 배경과 유길준의 이력을 고려하면서 텍스트의 정치적 의미를 찾는 데 초점을 맞춘 것이었다. 그러나 정작 저자의 문제의식을 텍스트에 밀착해 정밀하게 따라가고, 이를 통해 텍스트의 내용을 정확하게 소개하는 연구를 찾아보기는 어렵다. 텍스트의 특성을 규명하는 대부분의 경우에도 그 한계를 밝히는 일에 치중하거나, 혹은 '노동자'나 '노동'의 의미를 오늘날의 기준에서 규정하고 '산업인력으로서의 중요성'과 '계급적 소외', 혹은 '주권과 일체화된 시민' 등의 개념을 동원해 유길준의 문제의식을 그려내는 등의 방식이 눈에 띈다. 8 다시 말해, 선행연구를 통해서는 유길준의 시각에서 본 대한제국의 현실과 그 안의 문제가 무엇인지 파악하기 어렵다는 것이다.

역사 속 인물의 사상을 분석하는 작업에서는 그 사상을 형성하는데 강한 구속력을 발휘한다고 믿었던 제반 요소들을 신중하게 고려

---

6 윤병희(1998), 《유길준 연구》, 국학자료원.
7 강재순(2004), "한말 유길준의 실업활동과 노동관", 〈역사와 경계〉 50, 1~32쪽.
8 예를 들어, 아감벤(Giorgio Agamben)의 '노동자의 양의성'을 전제로 논의를 진행한 연구로는 조윤정(2013), 앞의 논문, 410쪽.

해야만 한다. 9 그러한 인물이 지적 작업을 실행했던 것은 진공상태가 아니라 일정 조건이 마련된 구체적 사회 안에서이기 때문이다. 비록 《노동야학》이 《독본》의 내용이나 문제의식을 계승한 것이라고는 해도 앞서 언급한 바와 같이 텍스트 사이에 명백한 차이가 존재하는 만큼, 새롭게 발굴된 《노동야학》의 내용을 면밀하게 검토하는 작업은 중요한 의의가 있을 것이다. 이러한 맥락에서 이 장에서는 《노동야학》에 무게를 두면서 필요에 따라 《독본》과 대조하며 논의를 진행한다. 또한 유길준이 두 글을 집필한 배경에 있는 노동야학회 및 노동회의 성격을 알아보고, 그가 '노동자'라고 지칭한 사람은 누구이며 그들에게 전달하고자 한 메시지는 무엇이었는지에 관해 면밀히 알아보고자 한다.

《독본》과 《노동야학》은 특히 다음과 같은 지점들에서 흥미롭다. 우선, 두 책은 이들 텍스트 이전에는 찾아볼 수 없었던, '직업'을 주제로 한 본격적인 저술이라는 점이다. 특히, 조선과 같은 유학적 통치 질서에서는 도출될 수 없었던 육체노동의 긍정이나 직업 도덕을 정당화하는 논리를 유길준이 직접 설계했다는 점에 주목해야 한다.

9　예를 들어, 스키너(Quentin Skinner)가 말하는 "언어적 맥락"(*linguistic context*)이나 포콕(J. G. A. Pocock)의 "정치적 언어"(*political languages*)와 같은 요소를 꼽을 수 있다. Quentin Skinner(2002), *Visions of Politics*: *Regarding Method*, Vol. 1, Cambridge: Cambridge University Press; J. G. A Pocock(2009), *Political Thought and History*: *Essays on Theory and Method*, Cambridge: Cambridge University Press.

이때 그는 전통적 윤리나 정서에만 기대지 않는다. 이미 기존의 도구에만 의지해서는 설명할 수 없는 시대가 시작되었기 때문이다. 노동야학회와 같은 조직은 바로 그러한 새로움의 상징이었다. 이로 인해 그는 새로운 정치 개념을 동원하며 자신만의 새로운 노동자 윤리 지침을 쓰고 논의를 전개해 나간다. 또한 《노동야학》에 한정해서 볼 경우, 《독본》과 달리 한글만을 주로 사용함으로써 교육 수준이 낮은 노동자가 쉽게 읽을 수 있는 텍스트라는 사실도 중요한 특징으로 꼽을 수 있다.

그리고 무엇보다도 유길준이 집필한 수많은 글 중에서, 노동자를 대상으로 한 이 두 텍스트보다 더 직접적이고 생생하게 그의 목소리를 전달하는 텍스트는 드물다는 점을 지적할 수 있다. '하등사회' 구성원으로서의 노동자가 대상이었기 때문에 상대적으로 자신의 생각을 전달함에 있어 거리낄 것이 없었을 것이라 짐작된다.

이 장에서는 해당 텍스트의 성격을 이해하기 위한 기초 작업으로, 우선 유길준이 《독본》과 《노동야학》을 집필한 계기가 된 노동야학회의 설립과 운영 문제에 관해 간단한 정리를 시도해 보고자 한다. 그리고 《독본》과의 대조를 통해 알 수 있는 《노동야학》의 특징을 서술한 뒤, 구체적으로 그의 문제의식을 살펴볼 것이다. 그는 전통적인 유학의 세계에서는 찾아볼 수 없는 '사회'라는 인간관계의 새로운 축을 설정하고, 《노동야학》이 상정하는 독자를 '하등사회'의 구성원으로서의 '노동자'라고 말한다. 여기서 '노동자'는 기존의 유학이 부과하는 도덕적 규범의 준수 주체인 '사람'으로 취급되지만, 동시에 아직 '사람'으로서의 도리를 알지 못하는, 깨우침의 대상으로서 유길준의 '가르침'을 기다리는 존재이다.

　흥미로운 점은 그의 '가르침'이 가진 논리이다. 자조自助하는 인간으로서의 주체성·독립성을 노동자에게 요구하며 '직업'을 가질 것을 강조하지만, 동시에 그 모든 행위가 '임금'에 대한 충성과 의무이어야 함을 요구한다. 그러나 자조 정신에 입각해 공동체를 구성하는 국민을 확립해야 한다는 명제가 군주와 국가를 동일시하며 이를 위해 무조건적으로 복종하는 국민의 논의와 동시에 성립할 수 있는 것일까. 이하의 논의를 통해 자세히 살펴보도록 하자.

2. 《노동야학》 집필 배경: 노동야학회와 노동자 교육

1905년 을사조약 체결 이후 대한제국의 자강론자들은 사립학교 설립운동과 더불어 야학운동을 적극적으로 전개했고, 이는 곧 전국적인 움직임으로 확산되었다.10 이들 야학 가운데 상당수는 노동자 및 그 자제를 주 대상으로 하는 노동야학이었다. 노동야학을 설립한 세력은 한성부를 비롯한 관청이나 학교, 개인유지 등 다양했는데, 유길준의 《노동야학》이 주된 독자로 상정한 '노동야학회' 또한 이와 같은 배경에서 1908년 3월에 탄생한 조직이었다. 그러나 이는 여타

10　김형목(2005), 《대한제국기 야학운동》, 경인문화사, 143쪽.

노동야학과는 성격을 달리하는 단체였다. 또한 약 반년 후인 9월에
는 노동야학회에서 노동회로 개칭된다. 《노동야학》이라는 텍스트
를 이해하기 위해 우선 이 노동야학회와 노동회가 조직된 배경과 그
목적을 이해할 필요가 있으므로, 이를 간단하게 알아보고자 한다.

을사조약에 따라 통감부가 설치되고 1907년 박제순 내각이 총사
퇴하자, 우치다 료헤이內田良平는 통감인 이토 히로부미伊藤博文(1841
~1909)에게 일진회一進會 간부의 기용을 건의했다. 그러나 이들 간
부 중 송병준宋秉畯만이 농상공부대신으로 임명되었을 뿐, 송병준과
일진회 내부의 양대 세력으로 꼽히며 대립하던 윤시병尹始炳 같은 인
물은 아무런 자리에도 오르지 못했다. 결국 송병준과 윤시병은 사이
가 벌어지면서 일진회와 결별했고, 11 이를 계기로 윤시병은 노동회
를 설립했다.

노동회 설립의 주된 목적은, 당시 통감부 설치를 중심으로 일본
인 차관제도 및 고문제도 등을 통해 행정 전반을 사실상 장악한 일
본 세력이 주도하는 대규모 토목사업에 안정적으로 노동력을 공급
하기 위함이었다. 통감부는 시정개선정책施政改善政策이라는 미명 아
래 교통운수 시설과 체신, 통신 시설의 정비 및 확충이라는 긴급한
과제를 해결하려 했다. 12 1906년 6월경 향후 10개년에 걸친 시정개

---

11 반민족문제연구소 편(1993), 《친일파 99인》1, 109쪽.
12 조병로(2009), "일제 식민지시기의 도로교통에 대한 연구 I: 제1기 치도사업(治
    道事業, 1905~1971)을 중심으로", 〈한국민족운동사연구〉59, 10쪽.

선사업 대상과 그에 필요한 세원개발계획을 수립한 통감부는 이후 다양한 대규모 토목건설공사를 추진했다. 당시 토목공사는 기계를 거의 사용하지 않는 인력 위주의 공사였고, 그렇기 때문에 공사를 위해서는 막대한 숫자의 노동자를 확보할 필요가 있었다. 13

개항과 더불어 임금노동의 영역이 확대되고 있었다고는 하나 국가가 주도하는 대규모 토목공사가 주로 백성의 요역(徭役)이나 부역 형태로 무상 징발되었던 조선 후기까지의 상황을 고려할 때, 토목공사 분야에서 항상적인 임금노동자 확보는 여전히 어려웠다. 14 더군다나 통감부의 정치적 · 경제적 지배력이 아직 확고하지 않았던 시점이었던 만큼, 일본 측이 원하는 정도의 인력 동원은 결코 용이하지 않았다. 결국 이러한 상황을 타개하기 위해 통감부는 친일 인사들을 내세워 '노동회'라는 노무공급기구를 만들었던 것이다. 15 1910년 통감부 자료에 의하면 노동회 설립은 1908년 3월이라고 명시되어 있다. 16

그런데 같은 무렵인 1908년 3월 22일, 앞서 언급한 일진회 인사

---

13 윤진호(2002), "대한제국기 '노동회'의 성격과 활동에 관한 연구: 한국 노동운동의 기원과 관련하여", 〈경제발전연구〉 18, 149쪽.

14 정조대의 화성 축성을 중심으로 조선 후기 부역노동에 관해 고찰한 다음 논문을 참조했다. 조병로(2002), "조선후기 화성(華城) 성역(城役)에서의 물자확보와 부역노동(賦役勞動)", 〈진단학보〉 93, 351~412쪽.

15 이 외에도 노동회 설립의 주요 계기로, 친일인사들의 경제적 이득 확보 및 대한제국 퇴임관료, 군인 등의 일자리 마련의 필요성과 의병활동 등 배일(排日) 운동의 차단이라는 통감부의 정치적 의도를 꼽을 수 있다. 윤진호(2002), 앞의 논문, 152~153쪽.

16 윤진호(2002), 위의 논문, 158~159쪽.

였던 윤시병, 이봉래, 최영년 등이 "하등사회라 하더라도 학문을 하지 않으면 안 된다는 취지"에서 총회를 열어 노동야학회를 설립했다. 이때 선출된 임원은 총재 윤시병, 부총재 이봉래, 회장 최영년, 부회장 서정주, 총무 한영규, 평의장 강영균이었으며, 3명의 고문으로 유길준, 장박, 조희연 등이 취임했고, 1,300여 명의 회원이 모였다고 전해진다. 17

그리고 노동야학회 발족 직후인 4월 5일 개최 예정의 노동야학회 간친회懇親會 광고를 보면, "경성에 거류하는 목공, 토공, 석공, 기와장과 도배장, 담군擔軍, 역부 등 일만여 명이 노동야학회에 입회"할 것이라고 전한다. 18 단순히 향학심만을 갖고 1만여 명의 도시 노동자가 입회했을 것이라고는 생각되지 않는 대목이다.

또한, 1908년 6월 12일에 내각에서 회의를 거친 사안에 대해 내려진 지령指令 제319호에는, "돈의문 안에 있는 전 시위병정 수직소를 노동야학회에 대여하는 일로 내각회의를 거친 후 상주하여 허용한다는 뜻을 받들었기에 이에 지령을 내린다"라는 내용이 등장한다. 19 당시 총리대신인 이완용이 탁지부 대신 임선준에게 보낸 지령이다. 이는 노동야학회 간사인 안근모라는 사람이 "각 서에는 사무

---

17 〈황성신문〉(1908. 3. 24).
18 〈황성신문〉(1908. 4. 3).
19 '내각에서 인삼 배상비 외 2건에 관한 내각 회의 결과에 대해 탁지부에 보낸 지령', "지령 제삼일구호"(指令 第三一九號), 《각사등록》(各司謄錄) 내각편, http://db.history.go.kr/id/mk_075_0070_0370.

소가 있으되, 서서西署에만 없으니 돈의문 안에 있는 전 시위대병 수직소 40칸을 빌려 달라"라고 학부에 청원한 결과인 것으로 보인다. [20] 또한 의영고義盈庫를 빌려 줄 것을 청원하는 내용 역시 같은 시기 신문지상에 등장한다. 총리대신이 직접 정부의 건물 대여 문제를 논한다는 사실부터 노동야학회가 단순히 민간의 노동자 교육을 위한 단체가 아니었음을 보여 주는 것이다.

선행연구에서는 이러한 노동야학회와 노동회가 처음부터 하나의 동일한 단체를 가리키는 다른 이름이었는지, 아니면 두 개의 다른 조직이 처음부터 존재했던 것인지에 대한 의견이 분분하다. [21] 이러한 문제는 노동야학회, 노동학회, 노동회 등의 호칭이 당시 신문지상에 혼용되었기 때문에 발생한다. 그러나 여러 정황상 노동야학회와 노동회가 "내용 면에서는 동일한 조직이라 하더라도 적어도 형식적으로는 독립된 조직이었던 것"[22]이라는 견해가 있다.

예를 들어, 〈대한매일신보〉 1908년 4월 7일 자 신문지상에 "노동회에서 무슨 일을 하든지 일을 하는 날에는 백 명 이상을 거느린 패장은 매일 일 환씩 주고, 십장은 육십 전씩이요, 역부는 오십 전씩

---

20 〈대한매일신보〉(1908. 5. 21).
21 처음에 노동야학회로 출범했다가 이후 노동회로 개칭한 것이라고 보는 강재순 (2004)의 연구에 대해, 윤진호(2002)는 1908년 4월부터 노동회라는 명칭이 나타난다는 점을 근거로 두 조직이 처음에는 다른 조직이었으나 이후 하나로 통일된 것으로 보고 있다.
22 윤진호(2002), 위의 논문, 157쪽.

주기로 한다더라"는 기사와, "노동야학회에서 장차 학교집을 수리하고 노동자를 모집하여 일어와 산술과 국문을 가르쳐 주기로 결정하였다더라"는 기사가 나란히 등장한다. 분명하게 두 조직을 구분해서 의식하고 있음을 확인할 수 있는 대목이다. 또한 양 단체의 임원 구성이 다르다는 점도 고려해야 할 요소이기는 하다.

현재 알려진 자료만으로는 노동야학회와 노동회가 정확하게 어떻게 구별되는 조직인지는 알 수 없다. 아마도 두 개의 조직으로 명확하게 구분되지는 않은 채, 두 가지 성격을 동시에 가진 하나의 조직이었을 가능성이 있으며, 23 편의에 따라 노동야학회의 이름으로 노동회의 활동이 이루어진 것이 아닌가 짐작된다. 구체적으로는 노동자 모집의 편의성 측면에서 노동회라는 명칭보다는 노동야학회가 노동자에게 친숙함을 주어 모집이 용이했을 가능성과, 정부 등으로부터 공사를 수주하거나 지원을 끌어내는 데 노동야학회의 노동자 교육이라는 명분이 유리하다는 점 등이 노동야학회라는 이름이 필요했던 이유로 보인다. 24

---

23 선행연구에서는 "오직 바라기는 우리 노동제군이 급진우진(急進又進) 하여 주출노동(晝出勞動) 하고 야입학교(夜入學校) 하며 … "라는 노동야학회의 취지문(〈황성신문〉, 1908. 3. 19) 을 인용하며, 노동야학회가 "단순한 야학교에 머무는 것이 아니라 노동과 교육을 병행하는 조직이라는 것을 명확히 했다"고 보기도 한다. 하지만 해당 기사 내용은 노동자가 낮에는 노동하고 밤에는 학교에 올 것을 기대한다는 의미 이상으로 해석할 수 없다고 여겨진다. 윤진호(2002), 위의 논문, 156쪽.
24 사실상 대부분의 공사는 노동야학회의 이름으로 수주되었다고 한다. 윤진호(2002), 위의 논문, 158쪽.

다시 말해, 노동야학회라는 조직은 노동자 교육의 취지를 갖추고 관련 활동을 전개하기도 했지만, 노무공급기구로서의 이권단체적 측면이 월등히 강했다고 할 수 있다. 그리고 노동야학회는 설립으로부터 반년이 채 지나지 않은 1908년 9월 초에 노동회로 공식 개칭한다.[25]

노동야학회를 노동회로 개칭한 지 약 5개월이 지난 1909년 1월, 《노동야학》이 간행되었다. 당시 신문에 게재된 《노동야학》 광고를 보면, 일차적으로는 "국가의 근본이 되는 노동제군의 덕성을 함양하고 지식을 계발하기 위"한 책이었지만, '노동제군'뿐만 아니라 노소를 불문하고[26] "보통 학식이 다소 있는 동포" 모두를 독자로 전제하고 있었다.[27] 즉, 《노동야학》은 《독본》과 달리, 노동야학회의 노동자만이 아닌 더욱 넓은 범위의 독자를 상정하고 있었다고 볼 수 있다.[28] 또한 《독본》이 통감부의 기관지 역할을 맡았던 〈경성일

---

25 1908년 9월 10일 〈황성신문〉의 해당 기사〔"개이명노동회"(改以名勞動會)〕에 따르면, 통감부가 학회령(學會令)을 통해 "학회는 영리사업을 위하거나 정사(政事)에 관계할 수 없다"라고 규정하고 모든 학회는 학부대신의 승인을 받도록 강요했으며, 이에 따라 노동야학회 역시 영리사업을 진행할 수 없게 되었기에 회명을 개칭하고, "학교는 일개인으로 전과 같이 교육하기"로 의결했다고 전해진다.

26 단, '노동제군'에 여성이 포함되지는 않는 것으로 보인다.

27 "노동야학 일백이십사혈 정가금 이십오전(저술자 유길준) 국가의 근본 되는 노동제군의 덕성을 함양하고, 지식을 계발하기 위하야 간명지절(簡明摯切)히 저술하온 바, 다만 노동제군만 교육할 뿐 아니라 보통학식이 우유(優裕)한 동포도 노소를 물론하고 청람에 부칠 만하오니 모든 선비는 속히 구입하시오", 〈황성신문〉(1909. 1. 26).

28 《노동야학》 "제31 - 연설에 대한 답사"는 유길준의 연설을 들은 노동자들이 답사

보〉를 발행한 경성일보사에서 간행된 것과 달리, 《노동야학》은 흥사단 산하의 동문관同文館에서 간행되었다. 그러나 《독본》의 기본적 골격을 유지한 채 한글판으로 개정한 《노동야학》을 세상에 내놓은 정확한 이유는 분명하지 않다.

내용 측면에서 두 책을 비교했을 때 두드러지는 차이점은 《독본》에서 9개 과를 삭제하고 《노동야학》에서 6개의 새로운 과를 추가했다는 점이다.**29** 삭제된 과의 제목은 "제 13 - 애국가", "제 32 - 국민 되는 의무", "제 40 - 자선", "제 41 - 청결", "제 42 - 용기", "제 43 - 단합", "제 44 - 분발", "제 45 - 질서", "제 46 - 독립"이다. 대신 《노동야학》에서 새롭게 첨가된 내용은 "제 13 - 부모에게 효하라", "제 24 - 나무를 심으라", "제 33 - 친구", "제 35 - 나라의 법령", "제 39 - 시간은 재산이라", "제 41 - 저축하라"이다.**30** 각 제목이 어떻게 배치되었는지는 이 장 말미에 〈부록〉으로 실은 《노동야

하는 형식으로 서술된 장이다. 그런데 이 노동자의 답사 내용에는 "우리 노동학회 (勞動學會)에서, 선생의 말씀대로 하기를 의논하오니"라고 하여 '노동학회'라는 표현이 사용된다. 해당 표현은 《노동야학》(73쪽)과 《독본》(53쪽)에서 일관되게 사용되는데, 이것이 어떠한 의도에서 계속 사용된 것인지에 관해서는 '노동야학회'와 '노동회'의 성립과 변천에 관한 자세한 조사가 선행되어야 할 것이다.

29 《독본》과 《노동야학》의 비교에 관한 논의는 조윤정(2018), 앞의 논문을 참조했다. 조윤정(2018)도 《노동야학》이 《독본》의 연장선상에 있으며, 유길준이 "구성·내용·문체상의 변화를 도모"했지만 그것은 책의 내용을 노동자가 더 이해하기 쉽게 만들기 위한 방법일 뿐, 본질적인 차이를 가져온다고 보지 않는다.

30 《노동야학》의 "제 35 - 나라의 법령"은 《독본》의 "제 32 - 국민 되는 의무"와 상당 부분 내용이 겹친다.

학》과 《독본》의 목차 대조표에서 확인할 수 있다.

《독본》과 《노동야학》 사이의 또 하나의 중대한 차이로 문체와 어휘 면에서의 특징을 꼽을 수 있다. 《독본》과 《노동야학》을 대조해 보면 몇몇 단어를 국문에서 한자어로 고친 경우가 있기는 하지만, 대세는 한자어를 국문으로만 표기함으로써 한자를 모르는 사람이 읽기에 편하게 만들었다는 점에 있다. 31 또한 《노동야학》에서 독자의 이해를 돕기 위해 문장을 다듬고 추가하거나 단어를 첨가하는 형식의 수정보완이 이루어졌다. 《독본》과 《노동야학》 사이에는 이와 같은 차이가 존재하지만, 《독본》에서 삭제되고 다시 추가된 수정사항이 이 글에서 설명하고자 하는 유길준의 취지를 변경하는 것은 아니라고 판단한다. 《노동야학》의 내용은 기실 유길준의 일관된 주제의식에 입각한 동일선상의 논의라고 볼 수 있다.

---

31 《독본》의 한자를 풀어서 국문으로 기술했다고는 하나, 《독본》 자체가 이른바 '부속국문체'로 서술되어 있다. "부속국문체로 된 《노동야학 독본》의 문장을 국한문혼용체와 한글체로 각각" 다시 써보면, 국한문혼용체는 지극히 어색하나 한글체는 매우 자연스럽다"〔김영민(2009), "근대계몽기 문체 연구: 유길준을 중심으로", 〈동방학지〉148, 410쪽〕라는 지적을 통해 생각해 볼 수 있듯, 유길준이 당초 원고 집필단계에서부터 《노동야학》과 같은 한글체 문장으로 먼저 서술해 두었을 가능성은 매우 높다.

3. 《노동야학》의 근대성: '사회'와 노동자

《노동야학》은 사람이 사람답기 위한 제반 조건에 관한 이야기로 시작한다. 그는 제 1에서 제 7까지에서 사람이 '사람 노릇'을 하기 위해 지켜야 할 조건을 제시하고 있다. 인간이란 지각知覺이 '신령'하기 때문에 인간이지만, 신령함은 인간이라는 사실 자체만으로 얻을 수 있는 것이 아니라 "만물의 어른"으로서 "사람 노릇"을 해야만 신령한 법이다. 그렇기 때문에 사람이 '사람 노릇'을 하기 위해서는 알아 두어야 할 '큰 근본'이 있고, 이를 지켜야만 한다는 것이다. 여기서 유길준이 제시하는 6가지 근본은 ① 도리, ② 권리, ③ 의무, ④ 자격, ⑤ 직업, ⑥ 복록이다.

이들 6가지 "큰 근본"을 모르면 짐승과 다를 바가 없다고 하는데, 이러한 표현은 《서경》(진서 편)에서 말하는 '만물의 영靈'으로서의 인간 규정을 자연스럽게 떠올리게 한다. 그러나 1908년이라는 시점은 이미 전통적 윤리나 정서만으로는 사회를 지탱해 나가기 어려웠던 만큼, 사람의 사람다움을 규정하는 조건의 구체적 내용 역시 전통적 유학의 논리에 더해 근대적 개념의 동원이 필요했다. 권리, 의무, 자격, 직업 등은 얼핏 보기에도 전통적 윤리관에서 도출해 낼 수 있는 항목이 아니다. 이처럼 새로운 시대에 접어든 대한제국의 상황에 필요한 새로운 인간관, 윤리 만들기를 시도한 프로젝트가 바로 《노동야학》인 것이다.

《독본》에 관한 선행연구에서는 종종 전체 목차를 3가지 혹은 4가지 주제로 묶어서 분류할 수 있다고 파악하지만,**32** 전체 목차를 이처럼 명확하게 주제별로 분류해 내기는 어렵다. 예를 들어 선행연구에서 말하듯 인간·생활·국민·사회관계의 4가지 주제를 차례로 배치했다고 보기에는 주제에서 벗어난 내용을 다루거나 여러 주제가 뒤섞여 기술된 과가 상당수 존재한다. 이 장에서는 그러한 기존의 접근법과는 달리, 유길준이 "제 2 - 사람의 도리道理"에서 밝히고 있는 윤기倫紀의 분류에 초점을 맞추어 텍스트에 접근해 보고자 한다.

기존의 연구들에서는 주목하지 않았지만 "제 2 - 사람의 도리道理"에는 유길준이 구상한 프로젝트의 전체 구도가 담겨 있다고 볼 수 있다. 여기서 유길준은 '도리'를 '행실'이라는 말로도 대체 가능하다고 보는데, 이는 자신과 타인과의 관계망 속에서의 역할을 의미한다. 즉, 인간이라면 누구나 소속되어 있다고 여겨지는 주요한 관계 속에서 사람이 해야 할 바를 제시하는 것이다. 바로 "가족의 윤기倫紀", "국가의 윤기", "사회의 윤기"가 그것이다. 유학에서 사람이 맺는 주요한 관계로 오륜五倫을 설정하듯, 여기서 유길준은 가족, 국가 그리고 사회를 가장 기초적인 관계로 설정한다. 이때 가족과 국

---

32 《노동야학 독본》 50과의 구성을 단순화하면 인간 → 생활 → 국민 → 사회관계로 이어지는 구성을 채택하고 있다", 김윤희 (2015), "근대 노동개념의 위계성: 《서유견문》에서 《노동야학 독본》까지", 〈사림〉 52, 194쪽; "크게 나눠 볼 때, 제 1~14과는 사람과 사람을 둘러싼 환경, 제 15~31과는 노동의 개념·특성·의의·종류·덕목, 제 32~47과는 국민이 지녀야 할 자질과 소양·사회를 구성하고 유지하는 이치 등으로 정리할 수 있다. '인간-노동-국민의 자질과 도덕'으로 이어지는 기본 체제는 《노동야학》에서도 유지된다", 조윤정 (2018), 앞의 논문, 264쪽.

가는 유학에서 설정하는 보편적 인간관계망의 일환이라고 볼 수 있다. 《대학》의 팔조목八條目에서 수신제가치국평천하修身齊家治國平天下를 논할 때의 감각, 즉 자신과 타자와의 관계망 속에서의 수양과 다스림을 논의할 때의 유학적 그것이 작동한 것이다.

그러나 《노동야학》은 사회 속에서의 윤리를 이야기함으로써 전통적인 유학적 도덕관을 뛰어넘는다. 가족이나 국가와 관련해서는 전통적 덕목, 즉 자애, 효도, 화순和順, 우애, 임금을 향한 충성을 강조한다는 점에서 특기할 점이 없지만, '사회'는 19세기 후반 서양에서 유입된 수많은 개념 중 하나였다. 그리고 이를 축으로 윤리에 관해 고민하는 작업은 분명 새로운 시도라고 할 수 있다.

물론 유길준이 사회라는 개념을 자신의 정치구상의 한 축으로 도입하게 된 데는 일본 지식사회로부터의 영향을 고려하지 않을 수 없다. 서양 정치사상의 개념이 본격적으로 도입된 메이지 초기부터 일본의 지식인들 사이에서도 society 개념을 어떻게 이해할 것인지에 관해 많은 고민이 있었다. 동아시아의 지적 전통 속에서 해당 개념에 부합하는 개념이 부재했던 만큼 번역도 어려웠기 때문이다. 이와 관련한 대표적인 예로는, 나카무라 마사나오中村正直(1832~1891)가 《자유론On Liberty》(J. S. Mill, 1859)을 《자유지리自由之理》(1872)로 번역하면서 society를 '나카마 렌추', 즉 '정부'(仲間連中, 卽チ政府)라고 부른 사례를 꼽을 수 있다. [33] 이때 나카무라는 society를 평등

---

33 '나카마'는 현대 일본어에서는 동료, 친구 정도의 뜻으로 쓰이나, 에도 시대에는 상

한 개인으로 이루어진 공동체이면서 동시에 다수로서의 권력을 가진 집단이라는 의미를 표현하기 위해 해당 어휘를 선택했다.[34] 이후 회사會社, 사중社中 등 다양한 번역어가 사용되었지만 최종적으로 '사회'가 살아남았고, 이는 현재까지 동아시아 3국에서 society의 번역어로 통용되고 있다.

하지만 나카무라의 이해와는 달리, 유길준이 생각하는 사회의 정의는 개별 원자로서의 개인individual의 집합체이지만 그들 사이에 평등이 전제되어 있지 않다. 그는 사회의 윤기倫紀에 관해, "사람이 서로 믿음이 있어, 귀천의 등분 있음과 위아래 차례 있음"이라고 적고 있다. 즉, 그가 생각하는 사회란 상호 신뢰와 귀천의 구분과 상하의 질서가 존재하고 그것이 유지되어야 하며, 이를 위해 윤리와 기강이 필요한 것이다.

유길준은 사람의 도리를 잘 실천하면 집에서는 '어진 아들', 나라에서는 '어진 백성', 사회에서는 '어진 사람'이 된다는 논리를 사용한다. 이때, 사회 속에서는 아들이나 백성이 아닌 '사람'이 쓰이고 있

공업 분야에서 영업상의 폐해를 방지하고 공동의 이익을 증진하기 위해 결성된 동업자 혹은 그 조합을 가리키는 말이었다. 특히, 막부의 공인을 받은 경우 '카부 나카마'(株仲間)로, 그렇지 않은 경우를 그냥 '나카마'로 불렀다. stock을 株式(카부시키)라고 부르는 것도 여기에서 유래한다. 즉, 나카마 안에서의 자기 몫을 뜻하던 '카부'가 서구 금융제도의 stock의 번역어로 정착한 것이다. '렌추'(連中)는 한 무더기의 사람을 의미한다.

34 李セボン(2020), "第五章〈天〉と〈自由〉: 《自由之理》の秩序構想", 《〈自由〉を求めた儒者: 中村正直の理想と現實》, 中央公論新社 참조.

다는 점에 주의할 필요가 있다. 여기서 '사람'이란 아마도 사회를 구성하는 요소로서의 한 사람, 개인을 의미하는 것으로, 전통적 유학儒學의 덕목과는 다른 정체성이 여기에 부여되기 때문이다.

이처럼 유길준은 사람이라면 해야 할 도리를 생각할 때 그 전제가 되는 3가지 주요 관계의 축을 가족과 국가, 그리고 사회로 설정했다. 《노동야학》이 예상 독자로 삼은 대상은 《독본》의 경우와 마찬가지로 노동자 중에서도 육체노동에 종사하는 이들이었다. 특히, 선행연구에서 지적해 왔듯이 《독본》의 경우 유길준이 독자로 상정하는 것은 '노동야학회'에 오는 임금노동자에 한정된다고 봐야 할 것이다.

그러나 《노동야학》에서는 《독본》보다는 넓은 범위의 독자를 염두에 두고 있었다. 노동야학회를 노동회로 개칭하면서, 유길준은 노동야학회를 통해서만 노동자 교육을 내걸 필요가 사라졌다. 게다가 《노동야학》 광고에 나타난 문구에서와 같이 명시적으로 "노동제군만을 교육하는 것이 아니라 일반적인 학식이 다소 있는 동포도 노소를 불문하고 읽어 주실 만하니 모두 속히 구매하시길 바랍니다"[35]라고 선전한 것을 보면, 기존의 노동회 소속 '노동제군'만이 아닌, 노소를 불문한 인민 전반을 독자로 염두에 두었음을 알 수 있다.

다시 말해 《노동야학》에서 유길준이 주장하고 있는, 사람으로서 마땅히 해야 할 도리란 단순히 노동자만이 아닌 대한제국 사람 일반에게 해당하는 내용으로서 파악해야 한다. 다만, 《노동야학》이라

---

35 〈황성신문〉(1909. 1. 26).

는 제목으로 노동자 교육을 내걸고 있는 만큼, 그가 노동자를 주요 대상으로 상정하고 노동자의 눈높이에 맞춰 노동자의 정체성이란 무엇인지, 가족, 국가, 사회 안에서 노동자는 구체적으로 어떠한 역할을 맡는지 등을 알기 쉽게 설명하고자 노력했다는 점 또한 이 책의 중요 특징이라는 사실을 간과할 수는 없다. 이에 이 장에서는 특별히 언급하지 않는 한 사람과 노동자를 거의 동일한 존재로 간주하려고 한다.

사회라는 관계망 속에서 사람이 갖는 특징에는 무엇이 있을까. 먼저 "제3 – 사람의 권리權利"를 살펴보자. 유길준은 "사람의 권리는 곧 사람의 세력이니라"라고 말한다. 권리가 곧 세력이 된다는 맥락은 그가 권리를 다음과 같이 정의내리기 때문이다. 즉, "나의 하는 일은 남의 방해를 받지 아니하고, 나의 가진 물건은 남의 침범을 허락지 아니하"는 것으로, 이는 "바른 도로써 지키고, 나라의 법을 범하지 아니한 연후에 보전"할 수 있는 관념인 것이다.

이와 같은 권리의 정의에는 '권權'이라는 한자가 가지는 본래의 뜻에 기인하는 힘이라는 뜻이 다분히 반영되어 있지만, 한편으로는 존 스튜어트 밀의 위해원칙harm principle으로부터의 영향을 떠올리게 하기도 한다. **36** '다수의 전제'라는 위협으로부터 개인의 자유를 지키

---

36 밀은 《자유론》에서 다음과 같이 설명했다. "That principle is, that the sole end for which mankind are warranted, individually or collectively, in interfering with the liberty of action of any of their number, is self-protection. That the only purpose for which power can be rightfully exercised over any member of

기 위한 기본 원리로 제시되는 해당 원칙을 사회 속 개개인의 권리로 인정해야 한다는 밀의 논리가 동아시아에 전달된 것은 전술한 나카무라의 《자유지리》를 통해서였다.

유길준의 권리개념 학습과정에서 후쿠자와로부터의 영향력은 이미 지적된 바가 있으나,[37] 사회 혹은 사회 속 개인의 권리와 같은 개념에 관해서는 나카무라와 같은 1870년대의 메이지 초기 지식인들의 저서 역시 일정한 영향력을 미쳤을 것이라고 추측된다.[38]

유길준은 《서유견문》에서부터 시작된 개인의 권리와 나라의 권리의 연동논리를 가지고, "대개 한 사람의 권리를 능히 지켜야 한 나라의 권리를 지키나니라"라고 말한다. 수많은 개인이 모여 나라(혹은 사회)를 이룬다는 발상이라는 점에서 유학적 발상과는 거리가 있다는 것을 알 수 있다. 동시에 이러한 방식으로 개인과 나라·사회의 관계를 상정했을 경우, 군주가 존재하는 대한제국에서는 군주와 인민의 관계를 어떻게 설정해야 하는 것일까. '임금'에 대한 충성을 어떻게 설명하는지에 관해서는 후술하기로 한다.

또한 "제 4 - 사람의 의무"에서는 사람은 자기 혼자 살지 못하기

---

a civilized community, against his will, is to prevent harm to others", John Stuart Mill(2008), *On Liberty and Other Essays*, Oxford University Press, p. 14.

37 예를 들어, 김봉진(2009), "서구 '권리' 관념의 수용과 변용: 유길준과 후쿠자와 유키치의 비교 고찰", 〈동방학지〉 145, 65~104쪽을 꼽을 수 있다.

38 《세계대세론》(1883) 및 《서유견문》(1895)에 나타난 자유와 권리 개념 이해에 관한 고찰은 이 책의 제 1장을 참조.

때문에 무리 지어 살며, 그 무리가 "반드시 나라를 세워 그 목숨과 재산과 권리를 그 나라에 의탁"하게 된다는 점을 지적한다. 이때 나라의 백성이 되어 나라의 보호를 받기 때문에 백성 된 의무가 발생하는데, 제일 중요한 것은 "나라에서 쓰는 재물을 만들기 위하여 부세賦稅를 바치며" 나라에 대해 "충성으로 복종"하는 것이라고 유길준은 말한다. 부세를 바치는 것과 충성으로 복종하는 것이 "백성의 의무"의 핵심이라는 논리이다. 백성에게는 전후 논리 없이 나라에 충성으로 복종해야 한다는 주장을 전개한다는 점에서 특기할 만한 사항이다. 이러한 논리는 어떻게 성립 가능한 것일까.

이처럼 《노동야학》은 국가와 부모라는 전통적 관계망에 사회라는 새로운 축이 추가되었지만, 그 구성원으로서 누릴 수 있는 권리와 의무가 왜 발생하는지에 대한 의문이 해결되지 않는다. 여기에 관해서는 다음에서 알아보도록 한다.

4. 지식인이 본 '하등사회': '스스로 도움'과 '직업'의식의 부재

1) 자조 정신과 국민국가

잘 알려진 바와 같이, 유길준의 대표 저서 중에는 일본이나 서양의 책을 참고해 자신의 글로 녹여 낸 것이 대다수이다. 《서유견문》이 대표적이며, 《프로이센 프리드리히 대왕 7년전사戰史》나 《폴란드 쇠망전사戰史》와 같은 번역본 역시 그러한 결과물이라고 할 수 있다. 하지만 《노동야학》은 이러한 책들과는 결이 다르다. 이 책은 유길준이 특정 서적을 참고하거나, 외국에서 들여온 지식이나 정보를 원용해 새로운 논의를 전개한 흔적을 찾기 힘들다. **39** 필자는 《노동야학》의 성격을 1908년 당시 서울의 이른바 '하등사회'를 유길준이 관찰한 결과물이라는 관점에서 고찰해 보려고 한다.

《노동야학》에서 유길준은 자신이 과제로 삼았던 대한제국의 '국민' 만들기 프로젝트의 일환으로 급격하게 늘어나던 도시노동자를 어떻게 다뤄야 할 것인가를 고민했다. 그는 이들의 문제가 무엇이고 이를 해결하기 위해 무엇을 어떻게 해야 하는지에 대해 고찰한 결과를 《독본》과 《노동야학》에 정리해 노동자가 스스로 숙지하고 개선해야 할 지침으로 제시했던 것이다. 이 두 책의 내용은 하층민인 노동자를 대상으로 한 국민 만들기 논의였던 만큼 사용된 어조와 표현 등이 저자의 다른 글과 비교해 이례적으로 솔직하고 거침이 없다. 그러한 의미에서 《독본》과 《노동야학》은 국민 만들기에 관한 유길준의 사상이 가장 여과 없이 표출된 결과물이라고도 볼 수 있다.

---

39 물론 유사한 취지의 교육용 도서로 일본에서 간행된 호리에 히데오(堀江秀雄)의 《야학독본》(夜學讀本, 1903)이 있다. 다만 호리에의 책은 야학 교재로서의 내용보다는 야학을 설립하려는 사람이 알아 두어야 할 사항을 정리한 안내서로서의 성격이 강하다. 참고로 《독본》 출판과 유사한 시기인 1908년 6월에 간행된 《교육월보》는 야학에서 널리 교과서로 채택되었다. 조윤정(2013), 앞의 논문, 411~412, 429쪽.

물론 선행연구들이 지속적으로 지적한 대로, 그의 문제 제기와 해결책 제시가 현실적으로 얼마나 노동자의 삶에 영향을 미쳤는지에 관해서는 회의적일 수밖에 없다. 또한 유길준의 의도가 얼마나 노동자의 입장을 고려한 것인지에 대한 평가도 용이하지 않다. 《독본》에 대해 "노동자를 위한 책이라기보다는 자본가를 위한 책"[40]이라는 판단을 불러일으키는 맥락이 있다고 볼 수도 있다. 그러나 《노동야학》은 저자 자신이 노동자를 위해 쓴 글이라고 밝힌 만큼, 이 장에서는 유길준과 같은 당대 최고의 지식인이 노동자 사회를 바라보던 시선을 보여 주는 사례로서의 의미에 주목해 보고자 한다. 이를 위해 우선 그의 문제의식이 어디서부터 출발하는지를 살펴본다.

유길준은 인간이 자조自助 정신, 즉 '스스로 도움'을 실천하는 것이 모든 일의 출발점임을 전제로 한다.[41] 전술한 바와 같이, 《노동야학》의 초반은 인간으로서의 도리를 논하는 데 할애하고 있다. 이와 짝을 이루듯 이 책의 마지막 장 제목은 "스스로 도움"이다. 초반에는 인간으로서의 기본 도리를 다하는 것이란 무엇이며 그것이 왜 중요한지를 설명한 후, 중반에는 인간의 도리라는 기반 위에 노동자 각자에게 노동한다는 것은 무엇이며 그 의의는 무엇인지를 다각도로 설명한다. 그리고 후반부에서는 국가와 사회 속에서 한 개인의 역할

40 황호덕(2014), 앞의 논문, 99쪽.
41 이 책 4장에서도 언급하다시피, 자조 정신의 강조는 유길준의 다른 글에서도 발견할 수 있다. 예를 들어 涉江保, "波蘭國末年戰史序", 어용선[유길준] 역(1899), 《波蘭國末年戰史》, 1쪽.

과 의무는 무엇인지를 논한 뒤, 마지막 장에서 "하늘이 스스로 돕는 사람을 돕는다 하니, 하늘이 돕는다 함은 곧 사람이 스스로 도움이라"고 정리하며 노동자, 즉 사람의 도덕적 근원은 '하늘'에 있음을 확인하고 마무리한다.

물론 이는 '하늘'에 모든 책임을 돌리는 것이 아니다. "천하만사가 그 근본은 다 나에게 있으니, 내가 잘하면 나의 복이 되고, 내가 잘못하면 나의 재앙이 되는지라"[42]라는 말에서 알 수 있듯, 자신에게 일어나는 모든 일은 어디까지나 자기 책임이라는 주자학의 엄격한 자기 규율의 논리를 바탕에 둔 냉철한 세계관의 표현이다.[43]

'하늘은 스스로 돕는 자를 돕는다'는 문구는 물론 서양 격언인 "Heaven helps those who help themselves"에서 유래한다. 이 문구는 1859년 영국에서 간행된 이후 수십 개 언어로 번역된 세계적 베스트셀러, 새뮤얼 스마일스Samuel Smiles의 《자조Self-Help》의 첫머리에 등장함으로써 더욱 유명해졌다.

동아시아에서는 전술한 나카무라 마사나오가 일본어로 번역해 《서국입지편西國立志編》(1870~1871)이라는 제목으로 간행한 것이 최초이다. 《서국입지편》은 메이지 시대(1868~1912)에 도합 백만 부 가량의 판매 부수를 자랑했던 책이자, 1872년부터 1880년까지

---

42 "옛 사람이 가로대, 스스로 많은 복을 구하고, 하늘로부터 돕는다 하니라", 유길준 (1909), 《노동야학》, 14쪽.

43 "화복(禍福)은 스스로 구하지 아니하는 것이 없다"(禍福, 無不自己求之者), "공손추 상", 《맹자》.

일본의 근대적 교육령의 시초인 학제學制 공포에 따라 수신修身 교과서로 채택된 바 있다. 메이지 유신으로 세습신분제가 끝나고 사민평등四民平等의 시대가 열린 당시 일본 사회에서 이 작품이 열렬히 환영받았던 이유는 태생에 의해 신분과 직업이 결정되는 것이 아닌, 누구나 스스로의 노력 여하에 따라 삶의 성공 여부가 결정될 수 있다는 메시지에 있었다. 나카무라는 해당 작품을 번역하는 과정에서 한학적 표현을 풍부하게 사용했고, 이는 당시 일본 독자의 학문적 정서나 지식의 범위에 적합한 조치였다. 44

유길준의 논의와 《자조》는 국가를 개인의 집합으로 이루어졌다고 보는 지점에서 통한다. 45 즉, 그에게 한 나라의 문명화 여부를 결정짓는 요소는 유학적 전통에서 강조하는 군주의 덕德과 교화가 아닌, 국가를 구성하는 구성원인 인민 개개인의 자주와 독립이다. 국가 운명을 결정짓는 요소로서 인민에 주목하고 이들의 도덕적 능

---

44 나카무라의 《서국입지편》 간행 의도를 해당 서적의 서문을 중심으로 분석하고, 당시 일본의 한학적 맥락에서 Self-Help를 바라보는 관점에 관한 설명은 이새봄 (2016), "나카무라 마사나오의 《서국입지편》 서문에 나타난 보편성 논의", 〈동방학지〉 172, 195~222쪽.

45 "Indeed all experience serves to prove that the worth and strength of a State depend far less upon the form of its institutions than upon the character of its men. For the nation is the only an aggregate of individual conditions, and civilization itself is but a question of the personal improvement of the men, women, and children of whom society is composed", Samuel Smiles (2002), *Self-Help with Illustrations of Character, Conduct, and Perseverance*, Oxford University Press, p. 11.

력을 강조하는 논리를 사용한다는 점에서 개인의 집합이 국가를 구성한다는 자조Self-Help 논의의 대전제를 유길준도 공유하고 있는 것이다.

이러한 사고방식은 제도의 개혁이 아닌, 구성원 개개인의 변혁을 통해 국가의 경쟁력을 확보할 수 있다고 보며, 이때 '하늘은 스스로 돕는 자를 돕는다'가 그러한 사고의 기초가 되는 명제였다. 결론적으로 유길준도 이러한 사고에 기반을 두었다는 점에서, 스마일스나 나카무라가 지향하는 국가 건설의 방법론과 일치한다.

물론 이러한 발상이 가능한 직접적 원인으로 후쿠자와 유키치의 사상적 영향력을 가장 중요하게 고려해야 할 것이다. 하지만 1881년 이래 다년간 일본에 체류한 경험이 있던 유길준이 당대 일본에서 필독서로 꼽혔던 《서국입지편》을 접했을 가능성은 대단히 높으며, 적어도 '하늘은 스스로 돕는 자를 돕는다'가 해당 서적의 모두를 장식한 문구라는 사실은 인지하고 있었으리라고 생각된다.

자조의 정신을 가진 인민이 모여서 만든 나라를 꿈꾼 유길준의 관점에서, 당시 대한제국의 가장 큰 문제는 무엇이었을까. 그는 자조의 정신이 일정한 직업을 갖고 성실하게 일해서 그 노동의 대가로 자신의 삶을 꾸려 나갈 수 있는 바탕이라고 생각했고, 그러한 인민으로 구성된 나라만이 부국강병을 이룰 수 있다고 보았다. 그렇기 때문에 인민 ─ 물론 남성 ─ 이 고정된 직업을 갖고, 각자가 자신의 직업에 성실하게 종사해 생계를 꾸려야 한다는 의식이 부재하는 조국의 상황이 그에게는 가장 큰 문제로 여겨졌다.

《노동야학》에는 이러한 상황에 대한 안타까움이 곳곳에 드러난다. 예를 들어 유길준은 "나라도 또한 그 백성의 직업으로써 그 목숨을 삼나니, 나라 사람에 직업 있는 자가 많으면 그 나라가 창성하고, 적으면 쇠잔하는지라. 그런고로, 나라를 사랑하는 사람은 게으르게 놀지 않고 부지런히 일하나니라"[46]라고 말한다. 나라의 성쇠가 백성이 일을 많이 하느냐 또는 적게 하느냐에 따라 결정된다는 논리를 단적으로 확인할 수 있는 발언이다. 백성에게 생계를 이을 직업이 있어 일하는 사람이 많아야 나라가 잘되므로, 나라를 사랑한다면 게으르게 살지 말고 근면해야 한다는 주장인 것이다.

《노동야학》은 직업을 갖는 것 자체가 중요하다는 사실을 반복적으로 강조한다. 뒤집어 말하자면 그만큼 직업을 가져야 한다는 발상 자체가 당시 대한제국 사회에 희박했음을 의미하는 것이기도 하다. 그리고 이는 조선 사회에서 이어져 내려오는 분위기와 연관되었을 가능성이 높다. 조선 사회에는 전통적으로 학문을 통해 통치의 영역으로 나아가는 것이 도덕적으로나 사회적으로 바람직한 인간의 길이라는 인식이 광범위하게 공유되었다. 그렇기 때문에 그 이외의 신분 및 직업이란 상대적으로 열위劣位에 놓일 수밖에 없었다. 그렇다고 상인이나 농민의 노동의 가치를 인정하는 논리가 마련되지도 않았고, 그렇기 때문에 대다수의 사람은 양반이 주는 신분적 특혜뿐만 아니라 양반이라는 사실이 가져오는 도덕적 우월성의 획득을 위해

---

[46] 유길준(1909), 앞의 책, 10~11쪽.

서도 양반이 되길 바라는 측면이 있었다. '양반 지향의 사회'가 성립된 연유이다.[47]

생계를 위해 마지못해 직업을 갖고 노동을 하는 자세와 직업을 자신의 도덕적 가치와 직결해 노동을 하는 자세 사이에는 분명한 차이가 존재한다. 후자는 자신의 일에 최선을 다해야 한다는 의식이 동반되지만, 전자는 반드시 그래야 할 당위성이 전제되지 않기 때문이다. 유길준이 굳이 이 문제를 반복적으로 다루는 이유도 당시 사람들의 일반적인 직업에 대한 인식이 전자에 기울어져 있기 때문이었을 것이다.

앞서 설명한 바와 같이, 이러한 현상은 조선의 유학적 통치질서가 갖는 특징에서 기인하는 바가 크다. 물론 명·청 시대의 중국 전통 사회도 기본적으로는 이러한 유학적 질서관이 지배했다. 하지만 이와 대조적으로 일본의 전통 사회에서는 세습에 의한 것이기는 하나 누구나 자신에게 주어진 직분에 최선을 다하는 것이 중요했으며, 원칙적으로는 직종 간에 우열의 차이를 두지 않았다. 누구나 자신이 맡은 역할을 충실하게 해내는 것이 도덕적 행위가 된다는 믿음이 도쿠가와德川 사회에 널리 공유되었다. 이를 가업家業 도덕이라고 부르기도 했다.[48] 그렇기 때문에 그 연장선상에 있는 메이지 시기 일본

---

47 18세기 이후 조선 사회 전체에 양반적 가치관이나 생활 이념이 침투한 결과로 양반 지향의 사회가 성립되었음을 보여 주는 연구로는 미야지마 히로시(1995), "제8장 양반 지향 사회의 성립", 노영구 역(2014), 《양반: 우리가 몰랐던 양반의 실체를 찾아서》, 너머북스 참조.

에서는 굳이 직업을 가져야 한다는 사실 자체를 강조하는 언설이 등장할 동기가 중국이나 조선에 비해 희박했다. 그보다는 세습신분제에서 벗어난 만큼 원하는 직업을 스스로 선택할 수 있는 자유가 생겼다는 해방감과 동시에 이로 인해 격화된 경쟁 속에서 어떻게 생존할 것인지가 중요한 문제로 부상했다.[49]

2) '직업' 강조의 맥락

'직업'에 관한 본격적인 논의가 시작되는 "제 6 - 사람의 직업職業"에서 유길준은 직업을 두 가지로 구분한다. 바로 "마음을 수고하는 자"와 "힘을 수고하는 자", 즉 '근력으로 일하는 사람'으로 나뉘는데, 이것은 《맹자》(등문공상滕文公上)에 나오는 "마음을 수고롭게 하는 사람은 남을 다스리고, 힘을 수고롭게 하는 사람은 남에게 다스림을 당한다勞心者治人, 勞力者治於人"라는 문구를 염두에 둔 구분이다.

그러나 유학의 맥락에서 당연히 '마음을 수고'하는 일이 '힘을 수고'하는 일보다 더 가치가 있는 것과 달리, 유길준은 이러한 구분이

---

48 와타나베 히로시(2010), "4장 가직국가와 입신출세", 김선희·박홍규 역(2017), 《일본 정치사상사: 17~19세기》, 고려대 출판문화원 참조.

49 메이지 시대는 고정된 세습신분제 사회의 종언과 함께 도래한 경쟁사회에 살아남기 위해, 사람들이 '통속도덕'에 의지해 노력한 만큼 성공한다는 성공신화의 시대이기도 했다. 松澤裕作(2018), 《生きづらい明治社會: 不安と競爭の時代》, 岩波ジュニア新書, 74~77쪽.

'귀천貴賤의 분별'을 의미하지 않는다고 설명한다. 그는 "금장 찬란한 예복을 몸에 두르고, 정부에 앉았다고 자랑하지 말지어다. 사람의 직업이니라. 해진 옷을 입고 지게를 지었다고 부끄러워 말지어다. 또한 사람의 직업이니라. … 어떠한 직업을 갖고 있든지, 그 힘과 마음을 다할지어다"라고 하며, 무엇이든 자신의 직업에 최선을 다하는 것이 몸도 편안하고, 집안이 풍요로워지며, 나라가 성하는 길임을 주장한다. **50**

이러한 주장 역시 직업의 귀천을 따지는 전통의 연장선상에 있던 대한제국의 상황을 반증한다. 갑오개혁(1894~1895)으로 신분사회에서 벗어난 지 15년 정도 경과한 시점, 여전히 대한제국에서 '자랑'으로 여기는 직업과 '부끄러워' 하는 직업은 분명하게 존재했던 것이다. '정부'에 앉아 있는 사람과 '지게' 진 사람을 대비한 점은 《맹자》에서 명시적으로 사람의 귀천을 '노심자勞心者'와 '노력자勞力者'의 구분으로 판단하는 당시 사회의 분위기를 상징적으로 보여 주는 부분이다. 누구나 일정한 직업을 갖고 노동하는 사회가 되기 위해서는 특정 직업군으로 사람들의 선호가 집중되면 안 되는 만큼 여러 직업 사이에 가치 우열의 차이가 있다고 여기지 않게끔 사람들의 인식을 전환해야 할 필요가 있었던 것이다.

직업에 귀천은 없으므로 사람은 누구나 무슨 일이든 하여 '나 사는 노릇'을 해야 한다. 유길준은 벌〔蜂〕, 누에, 개미도 스스로 밥과

50 유길준(1909), 앞의 책, 12쪽.

옷과 집을 장만하는데, 하물며 "사람은 만물의 어른이니, 저 사는 노릇을 제가 아니하고 누구를 믿으려 하는가"[51]라고 하며, 사람이라면 누구나 자기 자신을 의지하여 생을 꾸려 나갈 방도를 궁리해야 한다고 말한다.

생각해 보시오. 일 없이 놀기만 하고, 가난에 짓밟이는 동포님네, 저 벌〔蜂〕은 제 밥이 있거늘, 어찌 사람이 되어서 내 밥이 없다 하시오. 저 누에는 제 옷이 있거늘, 어찌 사람이 되어서 내 옷이 없다 하시오. 저 개미는 제 집이 있는데, 어찌 당신은 사람이 되어서는 내 집 없이 곁방이나 행랑살이만 하시는가. 사는 노릇 하기에는 천한 일이란 없으니, 무슨 벌이든지 어서 하시오. 그렇게 하면, 당신 몸에만 좋을 뿐 아니라, 나라에도 좋은 일이 되는 것이니, 나 사는 노릇을 내가 해야 내 나라 일을 내가 하는 것이라오. [52]

여기서도 역시 흥미로운 점은 무슨 벌이든지 일을 하라고 강조하고 있다는 점이다. 이는 바꾸어 말하면 아무런 벌이를 하지 않는 사람이 다수 존재한다는 이야기이며, 그렇게 일을 하지 않는 사람이 '천한 일'이라고 기피하는 직업군이 명백하게 존재함을 보여 준다는 의미이기도 하다. 그래서 "'힘역사' = 노동勞動"에 대해 설명함으로

---

51 유길준(1909), 위의 책, 31쪽.
52 유길준(1909), 위의 책, 32쪽.

써 사람들이 직업의 귀천을 따지지 말고, 즉 "힘 쓰는 일 = 천한 일"을 마다하지 않고 무엇이든 일을 하게끔 만들고자 하는 의도로 보인다. 이러한 의미에서 《노동야학》은 인간이라면 누구나 '나 사는 노릇'을 해가며 살아가야 하는 존재임을 강조하는 책이지, 이미 형성된 특정한 계급으로서의 '노동자 계급'에게 필요한 교육 내용을 준비한 것이라고만 볼 필요는 없을 것이다. **53**

유길준의 주장을 정리하자면, "총리대신이나 등짐꾼이나 사람의 직업이기는 마찬가지"이며, 직업이란 각자에게 목숨과도 같이 귀중하게 여겨야 하는 것이다. 그는 "사람의 직업은 그 목숨과 매한가지라서 남이 빼앗지" 못하는 법이라고 말한다. 여기서 직업의 중요성은 단순히 생계의 수단이라는 의미를 넘고, 직업 없는 사람은 목숨이 있어도 "사는 공효功效가 없다"라고 말할 수 있을 정도의 문제로 묘사된다. 다시 말해, 직업 없는 사람은 사는 보람이 없는 것이나 마찬가지라는 이야기이다.

유길준은 직업의 귀천을 따지지 않는다는 의미에서는 무슨 일이든지 할 수 있는 일을 해야 한다는 입장이지만, 가능한 한 일정한 일과 수입이 있는 안정된 형태의 직업을 택할 것을 주장한다. 특히, '시간벌이 노동'과 같은 노동 형태는 그가 바라는 기준에 전혀 미치지 못했다.

---

53 예를 들어, 배수찬(2006), 앞의 논문의 관점을 꼽을 수 있다.

시간벌이 노동은 일정한 일이 없이 닥치면 하는 벌이를 말하는 것이니, 이는 곧 골목 어귀에 모여 돈을 버는 사람의 막벌이, 멍석 위에 모여 앉아 대푼내기 밤윷이나, 담배내기 고누며, 장기 훈수 곰방대로 할 일 없어 심심하다가, 이 집 저 집 이삿짐 나르는 일과 여기저기 교군으로 이따금씩 몇 푼 벌이, 일평생이 이러하니 가련하다. 어떻게 이렇게 살 수 있는가. **54**

유길준은 한평생 일정한 직업 없이 그날그날을 벌어서 먹고 살아야 하는 처지의 사람에 대한 연민을 보이지만, 동시에 "이런 식의 생계는 믿고 살기 어려"운 법이라고 일갈한다. '박힌 일', 즉 '정업定業'을 바람직한 일의 형태로 보는데, 대개 일정한 일이 없는 경우 "벌기만 하면 한 냥이나 열 냥이나 술 노름에 다 없애고, 집안 식구는 모르는 체"**55**하게 되기 마련이기 때문이다. 유사한 사례에 관한 또 다른 묘사로는 다음의 경우가 있다.

노동하는 동포님네, 당신네가 집에 넉넉한 세간이 없어, 이 노릇 이 생애지요, 종일 벌이는 얼마나 되나, 배가 출출, 목이 컬컬, 막걸리 한 잔, 담배 한 대 아니 할 수는 없겠지만, 그 술잔을 잡고서나 그 담배를 태우면서 집안일을 생각해 보시오. 아낙네는 솥을 씻고 기다리며, 어린

54 유길준(1909), 앞의 책, 37쪽.
55 유길준(1909), 위의 책, 65쪽.

아이 밥을 찾으며 보채겠지요. 그런데 어떤 사람은 노름판을 지나다가 종일 번 돈을 나무아미타불로 만들어 버리니 그 아니 가엾은 일인가.[56]

집안의 가장이면서 가족의 생계에 대한 투철한 책임의식이 없고, 그날그날의 벌이를 술·담배에 쓰거나 혹은 노름판에서 탕진해 버리는 남성 노동자에 대한 생생한 묘사는 그만큼 유길준이 직접 당대 사회에 관심을 두고 관찰했음을 보여 준다. 그로부터 생겨난 고민과 우려 끝에 그는 끊임없이 '성실'("제 20 - 노동의 성실")과 '근면'("제 21 - 노동의 근면")을 강조했고, '검약'("제 40 - 검약ᄒ라")과 '저축'("제 41 - 저축ᄒ라")을 권장했던 것이다.

예를 들어, '검약'에 관해서도 "검약함은 별일이 아니라, 쓸데없는 물건을 사지 않는 점에 있으니, 알기 쉽게 말하자면 아침밥을 먹었거든 점심 전에 먹고 싶다고 막걸리 한 잔이라도 사지 말지며, 상한 옷이 있거든 호사하는 마음으로 분수에 넘치는 옷감을 구하지 말지니"[57]라는 식으로 '하등사회' 노동자의 눈높이에서, 그들의 현실을 구체적으로 보여 주며 문제에 대해 조언한다.

유길준의 궁극적 목표는 '하등사회' 노동자의 삶의 향상이나 복지 차원에서의 인민 구제에 있지 않다. 이들의 삶이 나아지는 것은 어디까지나 대한제국의 부강과 문명을 위한 선제 조건이다.[58] 그렇기

---

56 유길준(1909), 위의 책, 60쪽.
57 유길준(1909), 위의 책, 95쪽.

때문에 "노동하는 사람이 없으면 나라도 없고 사회도 없으니, 사람 세상의 개화하는 분수는 노동하는 사람의 일하는 힘과" 맞먹는다는 명제가 도출 가능해진다. 또한 노동자의 노력 여하에 따라서 영국, 독일, 미국, 프랑스 못지않게 우리나라도 흥할 수 있음을 이야기하며 그들의 노동 욕구를 자극했다.[59] 노동자의 노동이 곧 국력으로 이어진다는 발상을 반복적으로 환기함으로써 그들의 애국심과 국민된 도리에 대한 깨달음을 유도한 것이다.

5. 국가와 노동자를 연결하는 또 다른 고리, '임금'

이처럼 유길준은 육체노동에 종사하는 노동자가 단순히 자신의 복지나 이익의 차원을 떠나 스스로를 국가와 사회의 일원으로서 자리매김하고, 대한제국의 개화와 직결된 존재임을 일깨우고자 한다. 아무리 고귀한 학자나 정치가라도 육체노동에 임하는 노동자의 뒷받침 없이는 일상생활이 불가능하다는 지점을 부각시킴으로써 그들

---

58 "거룩하도다 노동이여, 국가의 근본이 이에 있으며, 사회의 근본이 이에 있나니, 부강하고자 하는가. 노동을 잘 하여야 되고, 문명화하려 해도 노동을 잘 해야 되나니라", 유길준(1909), 위의 책, 46쪽.

59 "노동하는 사람이 그 나라와 그 사회를 만들지 않았다면 그리되지 못했을 것이니, 우리나라 동포님네 저 사람들의 노동을 보소. 우리도 잘하면 그리되고도 남을 것이오", 유길준(1909), 위의 책, 46쪽.

의 노동이 갖는 의미를 알리는 것이다. 그는 '성현호걸聖賢豪傑'의 사는 방법 역시 모두 노동자의 손에 달려 있으니, "거룩하도다 노동이여, 우리 노릇이 이러한데 그 누가 천하다 할 텐가"라고 노래한다. **60**

실제로 임금의 의복이나 식사를 마련하는 것도 '노동하는 백성'이요, 부귀한 사람의 사치도 '노동하는 형제' 덕분이니, "노동하는 그 사람이 저의 몸을 움직이는 것이나, 그 힘이 실상은 세계를 움직이"는 것이다. **61** 한 나라가 얼마나 개화할 수 있느냐는 노동하는 사람의 일하는 힘에 달려 있다는 논리이다.

《노동야학》에서 유길준이 전개한 국민 만들기 방법의 주요 논리는 이와 같이 정리할 수 있다. 그런데 이처럼 노동자로 하여금 조국의 부강과 문명의 과제를 자신의 과업으로 여기게 만들기 위해 직업의 중요성을 주장하는 논리와는 별개로, 그는 또 하나의 논리를 준비했다. 바로 '임금'과 '노동자'의 관계를 설명하는 논리이다. 노동자가 국민의 일원으로서 국가 발전을 위해 직업을 갖고 성실하게 일해야 한다는 논리와 마찬가지로, 노동자가 '임금'에 대해 가져야 할 태도로서 무조건적 충성과 보은의 마음이 당위當爲로 설정되었다. 그렇다면 이러한 당위는 어떤 논리 위에 성립하는 것일까.

가령 유길준은 사람의 '몸'에 대해 정리하기를, "나의 몸은 내가 가지고, 남에게 의지치 말지며, 남에게 굽히지 말지어다"라고 하여

---

60 유길준(1909), 위의 책, 49쪽.
61 유길준(1909), 위의 책, 46~47쪽.

그 독립성을 강조한다. 그러나 동시에 "임금과 어버이며 나라에 향해서는 나의 몸을 드리나니, 그렇기 때문에 죽고 살기를 오직 명대로 하고 감히 사양치 못하는 것이다"라는 명제를 제시한다.**62** 군주와 부모, 그리고 조국의 명은 거역할 수 없고, 필요하다면 자신의 목숨을 내놓을 수 있어야 한다는 것이다. 도대체 왜 그래야만 하는지, 어떻게 이러한 명제가 성립할 수 있는지, 그 이유에 대해서는 아무런 설명이 없기 때문에 우리는 논리적으로 이 대목에서 의아함을 느끼지 않을 수 없다.

하지만 유사한 논의는 《노동야학》 곳곳에서 발견되고, 점차 유길준 사고의 전모가 밝혀진다. '임금'에 대해 한 과를 전부 할애한 "제 11 - 우리 임금"에서는 우선 "우리 임금은 우리나라의 으뜸이시니, 높으시기로는 하늘이시며 친하시기로는 아비이시라. 공경하고 또 사랑하며 충성으로" 섬겨야 함을 전제한다. 왜냐하면 "우리는 백성이라 구중궁궐 깊은 곳에 우리 임금아버님이 어찌 계신지 알지 못해도, 임금아버님은 하늘같이 내려 보시며, 주무시나 깨어 있으나 앉아 있으나 누워 있으나" 항상 "이 아들 같은 백성"을 생각하고 있기 때문이다. 군주는 항상 백성 생각뿐이기에, '정부대신'이며 '관찰군수'를 보내서 백성을 돌보는 일을 맡기고, 법률 제정 및 학교 설립 등의 제도적 차원의 개선에 힘쓴다.**63** 백성은 군주의 자식과 같은

---

62 유길준(1909), 위의 책, 18쪽.
63 유길준(1909), 위의 책, 20~21쪽.

존재인 것이다.

그리하여 '아들 되는 우리는' 군주의 은혜와 덕택을 갚기 위해 노력해야 할 의무가 발생한다. '임금'은 '우리'를 돌봐 주고, 그 보살핌 속에서 '우리'가 살고 있다는 인식이 전제되어 있다. 유길준은 《노동야학》의 독자에게 "나라 법을 범치 말며, 잠시라도 놀지 말고, 부국강병 일을 삼아 우리나라 빛내고, 우리 임금을 드높여 우리 임금 아버님의 좋은 백성 될지며, 좋은 아들 될지어라"라고 주문한다.

그리고 '임금'의 백성은 곧 나라의 백성, 즉 나라는 백성으로 이루어지고 백성은 나라로 말미암아 사는 것이니, "우리 백성들은 살아 있을 때는 대한大韓사람이오, 죽은 후에는 대한 귀신"이라고까지 표현한다.**64** 군주와 국가를 일체로 보기 때문에, 군주의 백성이면서 동시에 나라의 백성이라는 논리가 성립 가능한 것이다.

흥미로운 사실은 유길준이 "사람마다 다 각기 저 한 몸"이지만, "그 한 몸이 제 몸이 아니"라고 보고 있다는 점이다. 사람의 몸이란 각 개인의 소유이면서도 "나라 백성 되는 몸"이므로, "그 몸을 보호하며 그 몸을 아껴서 나라에 대한 백성의 의무에 힘써"야 한다는 것이다. 결국 나라의 구성원 한 사람 한 사람의 정체성의 핵심을 '임금'의 백성이자 나라의 백성이라는 지점에 두고 있음을 알 수 있다. 무엇에도 속박되지 않는 독립적이고 원자적인 존재, 서양 사회에서 사회의 구성원으로 상정하는 무연고적 자아unencumbered-self로서의 개

---

64 유길준(1909), 위의 책, 24쪽.

인이 아니다.

유길준의 이와 같은 백성 이해는, 백성은 군주와 나라에 종속된 존재일 뿐이며, 백성에게 직접적으로 군주와 나라에 대한 충성을 요구한다는 점에서 유학적 통치론에서 설정하는 논리와도 다르다.[65] 그렇다면 이는 그가 창출해 낸 새로운 통치 모델인 것일까. 선행연구에서 지적하듯, 물론 그만의 독창적 발상은 아니다. 국민적 통합을 위한 논리로서 국가와 임금의 지배 아래 평등한 존재로서의 백성(즉, 노동자)을 상정하고, 이들의 충군忠君 의식을 진작하려는 이러한 유길준의 노력은 다분히 근대 일본 천황제 모델로부터 받은 영향의 결과이기도 했다.[66] 그는 군주와 인민의 관계를 비유적 차원에서의 부모자식 사이가 아니라 직접혈족 관계로 연결되어 있다고 간주하는 논리를 전개한다.[67]

엎드려 생각하오니 우리 태조고황제太祖高皇帝께서는 덕이 하늘같으시기 때문에, 복 또한 같으셔서 나라를 여신 지 오백 년 이래로, 이천만

---

[65] 유학에서의 백성 혹은 인민은 어디까지나 피치자로서 교화의 대상이므로, 이들의 군주에 대한 충성이 요구되지 않는다. 충성의 주체로 상정되는 것은 어디까지나 학문을 통해 장차 신하가 될 엘리트 계층이다.

[66] 대한제국 시기 유길준의 사상을 천황제 이데올로기로부터 받은 영향이라는 측면에서 접근한 연구로는 쓰키아시 다쓰히코(2009), "3장 보호조약 이후 '실력 양성운동'의 논리와 활동: 유길준과 한성부민회를 중심으로", 최덕수 역(2014), 《조선의 개화사상과 내셔널리즘》, 열린책들 참조.

[67] 《서유견문》 집필 시기부터 중요시된 전통적인 유교 윤리로 보는 시각도 있다. 윤병희(1998), 앞의 책, 66쪽.

인민에 내외손內外孫 아니 되는 자가 없구나. 누구든지 그 성이 전주 이
씨 아니라도, 몇 대 이하의 외가나 팔고조八高祖를 따져 보면 전주 이씨
가 한 사람도 없는 자는 없으니, 그러하니 말하기 황송하오나 우리 이
천만 백성은 다 태조고황제의 혈속 자손이라 이를 것이다. 이렇기 때
문에 감히 말하되 대한 나라는 태조고황제의 집이오, 대한 사람은 태
조고황제의 손자이니, 이렇기 때문에 또 감히 말하되 우리 황실은 곧
우리 이천만 형제의 종가이시니라. **68**

물론 유학 경서에서도 군주와 인민을 비유적 의미에서 부모와 자
식 관계로 간주하는 표현은 빈번하게 등장한다. 예를 들어, 왕에게
백성의 부모가 되어 통치할 것을 교시하는 저 유명한 《맹자》〔양혜
왕〕의 구절이나, "효로써 군주를 섬기는 것이 충以孝事君則忠"이라는
《효경》(사장士章)의 구절을 꼽을 수 있다. 그러나 이는 어디까지나
은유적 표현이다. 황실을 은유의 차원이 아니라 모든 인민의 혈통의
근원으로 실체화하고 그에 대한 충성을 바로 효도와 등치하는 논법
은 유학 문헌에서 찾아볼 수 없다.
　여기서 유길준이 보여 주는 것은 "사회 각 단위는 하나의 생명체
로서 사회의 일부이며 전체가 부분보다 우위에 있다는 사회유기체
설과 친족 관계를 대종과 소종의 피라미드 체계 속에서 운영하는 유
학의 종법논리를 착종錯綜한 결과"**69**인 것이다. 아마테라스 오미카

---

68 유길준(1909), 앞의 책, 73~74쪽.

미天照大御神 이래 "만세일계의 황통皇統"의 맥이 한 번도 끊기지 않았다는 메이지 일본의 통치원리 내러티브narrative와 유사한 형식으로, 유길준은 "우리나라는 사천 년 전에 단군께서 열어 국가의 큰 터를 정하시고" 오백 년 전에 '태조고황제', 즉 이성계로 하여금 황실을 열었다고 이야기한다. **70**

《노동야학》에서는 대한제국 인민의 단결과 국력의 향상을 위해 이처럼 국가의 부강을 자신의 과업으로 삼는 정신과 대한제국 황제에 대한 무조건적 충성의 논리를 동원한다. 그러나 1908년의 대한제국 노동자로 하여금 국민으로서 각성하고 국익을 위해 힘쓰기를 기대한다고 하더라도, 유길준과 같이 세계정세를 어느 정도 파악할 수 있는 지식인 계층이 아니라면 그러한 의무감 형성의 동기 부여가 쉽지 않았을 것이다. 그는 노동자에게 운명공동체로서의 국가란 무엇이며, 당시 대한제국이 처한 상황이 어떤지에 대해 구체적으로 납득시킬 필요가 있었던 것이다. 그래서 유길준은 《노동야학》 말미에 지구적 차원의 '경쟁'이 벌어지고 있는 당시 세계정세를 간단히 설명한 뒤, 노동자에게 다음과 같이 당부한다.

또 말하건대, 외국과 통상한 지 삼십여 년이 지나 타국 장사들은 물밀듯이 들어오는데, 우리나라 장사는 외국에 간다는 말을 듣지 못했

---

69 이형준 · 최연식 (2018), "유길준의 자연과 국가: 주자학적 관점의 굴절", 〈한국동양정치사상사연구〉 17 (2), 156~157쪽.

70 유길준 (1909), 앞의 책, 22쪽.

소. … 이제 각국이 서로 내가 낫다느니, 네가 못하니 하고 서로 다투는 세상에 있어서, 우리는 아무것도 아니하고 앉았으면, 필경 남에게 지겠지요. 벌써 얼마쯤 우리가 지고 앉아 있지 아니한가. 어서 정신 차리시오. 우리도 남보다 잘하여 봅시다. … 다 각기 그 하는 노릇이 남의 나라 사람을 이기려 하고, 그중에도 노동하는 동포님네, 힘이든지 행실이든지 조금도 남의 나라 사람에게 지지 마시오. **71**

외국과의 통상이 시작된 지 어언 삼십 년이 지났으나, 외국의 물품이 들어만 올 뿐 우리나라의 물건이 나가지는 않고, 심지어는 국내에서 통용되는 물건조차 우리나라 것이 없는 상황이라는 지적이다. **72**

지금까지 살펴본 바와 같이, 《노동야학》은 교육을 받지 못한 육체노동 종사자를 주요 독자로 상정했다고는 하지만, 과연 그들이 이 책에서 말하는 사람의 도리, 국가와 사회 속에서의 노동자의 역할, 노동의 의의를 충분히 납득하여 저자가 바라는 국민으로 거듭날 수

---

71 유길준(1909), 위의 책, 111~112쪽.
72 "여러분 당신네, 큰길을 다닐 때에, 길가에 놓인 물건을 보시오. 우리 물건이 몇 가지나 있습디까. 다른 것은 그만두고 담배는 지궐련뿐이고, 아이들 군것질거리도, 엿 같은 것은 구경도 못 하고, 왜떡만 있지요. 집 안에 들어와서 쓰는 그릇을 보시오. 보통 통주발이나 놋접시 외에 사기로는 우리나라에서 만든 것이 얼마나 있소이까. 그도 그뿐 아니라, 당신 입으신 의복을 보시오. 모사, 서양목이나, 모직물 아니면 비단인데, 그것들은 다 어디 물건이오. 무명 면주는 눈 씻고 보아야, 쌀에 티끌이지요", 유길준(1909), 위의 책, 110~111쪽.

있었을지는 의문스럽다. 구체적이고 현실적인 현상 타개책이 마련되지 않은 상황에서 원론적 차원의 당위를 이야기한 《노동야학》이 저자의 기대만큼 읽히지 않았던 이유는 바로 여기에 있던 것이 아닐까. 그러나 동시에 치열해진 나라 간 경쟁 속에서 지지 말 것을 당부하는 말만큼은 대한제국 사람들의 마음에 위기감을 불러일으키지 않았을까. 《노동야학》을 통한 유길준의 시도는 여전히 당대를 향한 궁금증을 불러일으킨다.

6. 《노동야학》이 바랐던 미래

《노동야학》에서 유길준은 가족·국가·사회라는 각각의 관계망 속에서 직업을 갖고 일한다는 것의 의미가 무엇인지를 그려 내고자 했다. 주로 육체노동에 종사하는 노동자를 상정하고 있지만, 당시 대한제국 국민 전반에 적용이 가능한 이야기이기도 하다. 그는 이 과정에서 전통적인 통치 질서관에서 볼 수 없었던 정치 개념인 '사회'를 등장시키며, 개별 노동자가 국가와 사회의 일원으로서 공동체의 과업을 자신의 일로 여기고 짊어질 수 있어야 한다고 주장한다. 국가와 군주의 일치, 그리고 이에 대한 인민의 충성과 애국심의 고양이라는 구도는 전통적 유학의 통치론에서는 찾아볼 수 없는, 아마도 메이지 일본에서 습득한 것으로 보이는 새로운 논리의 전개였다.

지금까지 살펴본 바와 같이, 이러한 논의를 국민 만들기의 일환이라는 의미로 파악한다면 납득할 수는 있다. 그러나 노동자가 직업을 갖고 스스로의 힘으로 국가와 사회라는 공동체를 지탱하는 독립적 주체가 되어야 한다는 요청과 동시에 국가와 군주에게 무조건적 충성을 바치는 백성으로서의 의무를 짊어져야 한다고 요구하는 주장은 상충된다. 결국 어떻게 이 두 가지 의무가 동시에 노동자에게 정당하게 부여될 수 있는지에 대해 유길준은 끝내 설명하지 않는다.

《노동야학》제 25에서 제 30까지는 "노동연설"이라는 제목의 연설이 이어지고, 그 직후인 제 31에는 이 "연설에 대하는 답사"가 이어진다. 유길준의 연설에 대한 노동자들의 답변이다.

나는 노동하는 사람이오. 이제 여러 동무의 대표로 선생의 귀중하신 연설에 대하여 감히 답사를 올리오니, 미흡한 말이 있더라도 참고 들어 주시기를 바랍니다. 우리는 노동하는 사람이라 본래 배우지 못해서 지식이 없고 견문이 없기 때문에, 제 재주는 아무것도 없이, 남의 턱만 쳐다보고, 하루 벌어 하루 살면서 동쪽이 밝으면 세상이 그런 줄 알고 지내다가, 홀연히 세계에 변한 형세가 바람 불듯, 물밀듯, 우리 천지를 진동하니, 천만 사물이 다 흔들리는 와중에 우리 노동군은 그 안에서도 그 바람에 불리며, 그물에 밀려서 떨어진 잎새가 돌아갈 바를 얻지 못함이며, 새는 배가 댈 곳을 알지 못함이더니, 다행한 일이오. 오늘 이 자리에서 선생의 고명하신 가르침을 들어 보니, 어두운 밤에 촛불을 얻은 듯 앞길이 분명하니 가슴이 시원하고 기운이 납니다.

우리가 노동은 하지만 우리도 대한제국의 백성이온즉, 백성 되는 의무는 힘써야 할지며, 대황제 폐하의 신하이오니 신하 되는 충성은 다 해야 할지니 그 도리는 다름 아니라, 우리 하는 노릇을 잘하기에 있답니다. **73**

이 답사는 물론 유길준이 상상한 노동자의 반응이다. 노동자의 입을 통해 그가 《노동야학》 독자로 상정하는 노동자가 어떤 사람인지, 그들의 문제를 무엇이라고 보았는지가 단적으로 드러난다. 그의 묘사에 따르면, 무지하고 의존적이며 장기적인 계획도 희망도 없이 그날그날을 버티며 살아가던 노동자가 연설에 감명을 받고 스스로 다짐하기에 이른다. 대한제국의 백성으로서의 의무와 황제 폐하의 신하로서의 충성을 다하기 위해 "우리 하는 노릇"을 잘해야겠다는 각성이 《노동야학》의 가르침을 통해 이루어지기를 바라는 유길준의 기대였다. 그러나 그의 기대가 대한제국에서 이루어지기에 시기는 이미 너무 늦었다.

---

73 유길준(1909), 위의 책, 71~72쪽.

〈부록〉《노동야학 독본》(1908)과 《노동야학》(1909) 목차 대조표

과	《노동야학 독본》	과	《노동야학》	과	《노동야학 독본》	과	《노동야학》
1	人(사람)	1	사람	21	勞動(로동)의 勤勉(근면)	21	勞動의勤勉
2	人(사람)의道理	2	사람의道理	22	勞動(로동)의巨祿(거록)흔事(일)	22	勞動의거룩홈
3	人(사람)의權利	3	사람의權利▲	23	勞動歌(로동가)	23	勞動歌
4	人(사람)의義務	4	사람의義務▲★			24	樹木을심으라
5	人(사람)의資格	5	사람의資格	24	勞動演說(로동연설) 一	25	勞動演說 一
6	人(사람)의職業	6	사람의職業▲	25	勞動演說 二	26	勞動演說 二
7	人(사람)의福祿	7	사람의福祿	26	勞動演說 三	27	勞動演說 三
8	六條歌	8	여섯가지노래	27	勞動演說 四	28	勞動演說 四
9	我身(내몸)	9	내몸	28	勞動演說 五	29	勞動演說 五
10	我家(내집)	10	내집	29	勞動演說 六	30	勞動演說 六
11	吾君(우리님금)	11	우리님금▼	30	演說(연설)에 對ㅎ答辭	31	演說에 대ㅎ는답사
12	我國(우리나라)	12	우리나라★	31	高皇帝(고황뎨)의 子孫되는國民	32	高皇帝의子孫 되는國民
13	愛國歌			32	國民되는義務		
13	父母에게孝ㅎ라			33	친구		
14	食(밥)과衣(옷)과家(집)	14	밥과옷과집	33	道德		36장
15	我活(나사)는노릇	15	나사는노릇	34	사람의自由	34	사람의自由▲
16	力役(힘역사)	16	힘역사	35	나라의法令		
17	勞動(로동)의定業(뎡업)	17	勞動의定業	36	道德★		
18	勞動(로동)의雜業(잡업)	18	勞動의雜業	35	人의相助(셔로도)음	37	사람의셔로도음
19	勞動(로동)의正直(정딕)	19	勞動의正直	36	錢(돈)	38	돈(錢)
20	勞動(로동)의誠實(성실)	20	勞動의誠實	39	時間은財産이라		

〈부록〉《노동야학 독본》(1908)과 《노동야학》(1909) 목차 대조표(계속)

과	《노동야학 독본》	과	《노동야학》	과	《노동야학 독본》	과	《노동야학》
37	儉約	40	儉約ᄒ라▲	44	奮發		
41	貯蓄ᄒ라			45	秩序(질셔)		
38	約束	42	約束을직히라	46	獨立		
39	眞言(참말삼)ᄒ는일	43	참말삼ᄒ는일	47	競爭	44	競爭
40	慈善(자션)			48	競爭演說(경쟁연설)	45	競爭演說
41	淸潔			49	外國사람과交際(교제)ᄒ는事(일)	46	外國사람과 교제ᄒ는일
42	勇氣(용긔)			50	自(스사)로助(도)음	47	스사로도음
43	團合						

▼▲★: 문장 단위 이상의 삭제 · 추가 · 대체가 있었던 장을 표시.

자료: 조윤정(2018), "유길준의 《노동야학 독본》과 《노동야학》 비교 고찰", 〈구보학보〉, 19, 262~263쪽의 대조표를 참고. 배치 등은 수정.

7

유길준의 종교와 국가*

조선의 자유 · 독립을 향한 근본 가르침

이예안 한림대 한림과학원

1. 유길준에게 '종교'란 무엇인가

유길준은 자신의 사상 전개와 실천에서 종교를 어떻게 자리매김하고 있었을까? 유길준에게 '종교란 무엇이었는가'라는 이 문제는 그의 정치, 도덕, 교육 등에 관해 두텁게 축적된 연구들과 비교해 보면 상대적으로 주목받지 못해 온 듯하다.

하지만 유길준의 생애를 조감해 보면 그가 자신의 사상 영위와 실천에서 종교를 중요한 요소로 위치시키고 지속적으로 관심을 두고 있었음을 알 수 있다. 종교에 대한 유길준의 본격적인 관심은 일본

---

* 이 글은 이예안(2020), "유길준의 종교와 국가: 조선의 자유 · 독립을 향한 근본 가르침", 〈한국동양정치사상사연구〉 19(1), 51~88쪽을 수정 · 보완한 것이다.

유학 직후에 저술한 《세계대세론》에서부터 확인할 수 있다. 이 책에서 그는 새로운 근대 세계를 파악하기 위한 주요 개념 중 하나로 종교를 게시하고 조선의 종교로 유교儒敎를 제시한 바 있다. 1

미국 유학을 마칠 무렵 모스Edward Sylvester Morse (1838~1925) 에게 보낸 편지에서는 종교에 대한 이해의 변화를 보이며, 2 《서유견문》에서는 종교의 자유에 관한 논의를 전개했다. 3 일본 망명 생활 끝에는 유일한 종교로서 기독교를 말하기도 했으며, 4 만년 병석에서는 기독교에 위안을 구했다고 전해진다. 5 또한 단군교의 대교정에 추대된 이력도 있다. 6

이처럼 유길준이 일생에 걸쳐 종교에 대해 끊임없이 사유하고 모색했음에도, 이 문제를 집중적으로 다룬 연구는 극히 한정되어 있다. 그 가운데 직접적인 연구로는 이재일의 연구가 있다. 7 그에 따르면, 유길준의 종교관은 초기 유교 중심에서 점차 정교분리와 종교

---

1 유길준(1883), "종교수이", 《세계대세론》; 《유길준 전서》 III, 9~13쪽.
2 "Yu, Kil Chun Originals (1884~1897)", Box 15 folder 11, Edward Sylvester Morse (1838~1925) Papers, Phillips Library, Peabody Essex Museum. 특히, 〔129cc〕, 〔129dd〕 편지.
3 유길준(1895), "4편 인민의 권리", 《서유견문》; 《유길준 전서》 I.
4 유길준(1906), "사경회 취지서"; 《유길준 전서》 II, 392~405쪽. 이 글에서 유길준의 종교 이해를 논할 때 '기독교'는 개신교의 의미로 사용한다.
5 "矩堂居士略史"(1914. 11. 16), 《公道》 1 (2) ; 《유길준 전서》 V, 370쪽.
6 "유길준선생 연보"; 《유길준 전서》 V, 396쪽.
7 이재일(2002), "개화기 유길준의 종교적 인식과 교육적 실천", 〈종교교육학연구〉 15, 283~303쪽; 이재일(2003), "유길준의 종교관 변화과정과 교육개혁론", 한국정신문화연구원 한국학대학원 교육·윤리전공 박사학위논문.

의 자유에 기초한 근대적 종교관으로 변모했다. 만년에는 기독교 신앙을 가지고 종교를 사적 영역으로 이해하고 유교는 도덕주의 관점에서 근대 교육과 연결해 공적 영역으로 이해하면서, 기독교와 유교의 조화를 도모했다.

한편, 유길준의 유교 이해에 대해서는 대부분의 유길준 연구에서 종교로서가 아니라 학문사상으로서의 유교에 주목해 파악해 온 경향이 있다. **8** 또 유길준의 기독교 이해에 관한 연구는 1980년대 말 이광린이 유길준의 영문 서한을 소개하면서 촉발되었으나 후대에 본격적인 연구로 이어지지 못한 듯 보인다. **9** 비교적 최근에 한미라는 유길준의 기독교 신앙에 초점을 맞추고 그에 관한 유길준의 종교

---

8 정용화(1999), "유교와 인권 1: 유길준의 '인민의 권리'론", 〈한국정치학회보〉 33(4), 63~82쪽; 정용화(2000), "유교와 자유주의: 유길준의 자유주의 개념 수용", 〈정치사상연구〉 2, 61~86쪽; 안외순(2006), "유길준의 해외체험과 민주주의의 유교적 수용: 전통과 근대의 융합", 〈한국문화연구〉 11, 157~198쪽; 안외순(2010), "1870~1880년대 유길준의 '근대' 인식: '유교' 및 '전통' 관념과의 관계를 중심으로", 〈동양고전연구〉 40, 307~340쪽; 장인성(2019), "유길준의 문명사회 구상과 스코틀랜드 계몽사상: 유길준, 후쿠자와 유키치, 존 힐 버튼의 사상 연쇄", 〈개념과 소통〉 23, 189~235쪽; 박태욱(2019), "개화기 유학의 실천적 변용과 근대 지향: 《서유견문》에 나타난 유길준의 개화사상을 중심으로", 〈한국학연구〉 69, 107~134쪽 등.

9 이광린(1988), "유길준(兪吉濬)의 영문서한(英文書翰)", 〈동아연구〉 14, 1~29쪽. 이 논문은 유길준의 영문편지의 존재를 처음 소개하면서 그에 대한 한글번역을 실었다. 또한 이광린은 유길준의 영문편지를 공개했다. Kwang-rin Lee(1990), "The Letters of Yu Kil-chun", *Korean Studies* 14(1), University of Hawaii Press, pp. 98~118.

이해를 기독교 구국론으로 설명한 바 있다. 10

이와 같은 연구 상황에서 이재일의 논문은 유길준의 초기 유교 이해를 종교의 관점에서 검토했으며, 또 유길준이 후기에는 유교와 기독교를 각각 공적 영역으로서의 교육과 사적 영역으로서의 종교로 구분하면서도 이 둘의 조화를 추구했다고 지적했다는 점에서 중요하다. 그런데 한편으로는 유길준이 애초에 종교의 의미를 어떻게 이해했는지, 또 어떤 이해에 근거해 유교에서 기독교로 이행했는지에 관해 조금 더 논의할 문제가 남아 있는 듯 보인다. 또한 유길준의 기독교 이해를 사적 영역으로서의 종교로 이해했다고 볼 것인지, 아니면 구국론의 관점에서 이해했다고 볼 것인지의 문제에서 엇갈리는 선행연구 평가도 다시 살펴볼 필요가 있다.

필자는 유길준이 종교 개념을 어떻게 이해했는가를 검토하는 작업이 그의 종교 이해와 변화를 살펴보는 데 유효하다고 생각한다. 유길준의 종교 개념 이해에 주목하는 이유는 무엇보다 1883년 《세계대세론》에서 사용한 '종교'가 당시 조선에서 거의 사용되지 않던 낯선 용어였으며 또한 일본에서도 새로운 용어였기 때문이다. 《세계대세론》의 주요 전거인 《여지지략》에서는 '교법教法'을 소제목으로 하여 세계 각국의 종교를 설명하고 있다. 11 일본에서 '종교'가 널

---

10 한미라(2005), "구당(矩堂) 유길준의 종교관과 기독교 구국론(救國論)에 관한 연구", 〈논문집〉 13, 54~59쪽.
11 內田正雄(1870), "敎法", 《興地誌畧》 1권, 文部省, 31丁裏~34丁裏. 日本國立國會図書館 近代デジタルライブラリー. http://dl.ndl.go.jp/info:ndljp/

리 사용되기 시작한 것은 1880년 무렵이라고 지적된다. **12** 일본 유학 직후의 유길준은 이런 당대 일본의 개념 상황을 의식하며 《세계대세론》에서 그 전거에 따른 '교법'이 아니라 '종교'의 용어로 바꿔 제시했던 것이다.

주의할 점은, 이러한 유길준의 '종교'를 곧장 religion의 번역어로서 근대적 의미로 규정하기보다는, 그의 말과 맥락에 따라 의미를 이해할 필요가 있다는 점이다. 그때 《세계대세론》의 종교 개념이 한자어를 풀어낸 '근본 가르침'의 의미를 강하게 띠고 있었으며, 이런 의미가 이후 유길준의 종교를 둘러싼 사유와 실천을 통해 굳건히 지속되는 가운데 조금씩 변화하는 과정을 확인할 수 있을 것이다. 즉, 유길준의 종교 개념은 당시 일본에서 새롭게 등장한 근대적 종교 개념을 의식하여 제시된 것이 분명하지만, 그에 관한 사유와 실천은 '근본 가르침'의 의미를 중심으로 전개되었음에 주목해야 한다. 또 이러한 종교 개념 이해가 바탕을 이루는 가운데, 미국 유학과 일본 망명 시기를 통해 접한 종교 논의에 영향을 받으면서 다양한 방향성의 종교 이해를 수용하고 전개하는 과정에 주목해 살펴볼 필요가 있다.

유길준의 종교 개념 이해가 '근본 가르침'의 의미로 출발했다는 것

---

pid/761771.

12 이소마에 준이치, 《근대 일본의 종교 담론과 계보: 종교·국가·신도》, 제점숙 역(2016), 논형, 89쪽.

은 정교일치적 세계에서 종교가 국가, 정치, 도덕, 교육 등과 밀접한 관련 속에 자리하고 있었음을 시사한다. 그와 동시에 그의 종교 개념 이해에 중첩적으로 내재된 전통과 근대에 관한 사유가 국가, 정치, 도덕, 교육을 둘러싼 전통과 근대에 관한 사유와 유기적으로 관계 맺고 있었으며, 그런 가운데 유길준의 종교 이해와 실천이 전개되었음을 의미한다. 그리고 그때 변화의 마디마디에는 그가 일본 유학 및 미국 유학 경험을 통해 획득한 종교에 관한 지식이 배경으로 관계하고 있는 것이 확인된다. 이러한 문제를 다음에서 유길준의 종교 개념 이해와 그 변화를 검토하면서 함께 생각해 보자.

2. 정교일치의 세계: '근본 가르침'으로서의 '종교'[13]

종교에 대한 유길준의 관심은 초기 저작 《세계대세론》에서부터 분명하게 제시되어 있다. 이 책에서 '종교'는 '인종', '언어', '정치', '역사', '자유' 등 새로운 개념과 함께, 눈앞에 새롭게 펼쳐진 근대 세계를 파악하고 조선의 나아갈 길을 전망하기 위한 주요 개념으로 게시되었다.[14]

---

13 이 절은 이 책의 "1장 유길준의 세계 이해와 조선의 좌표" 제2절 논의를 이 글의 문제의식에 맞춰 수정한 것이다.

14 《세계대세론》의 목차는 다음과 같다. 인종수이(人種殊異), 종교수이(宗敎殊異), 언어수이(言語殊異), 정치수이(政治殊異), 의식거처수이(衣食居處殊異), 개

'종교'는 메이지 초기 일본에서도 '새로운' 개념이었다. 이소마에 준이치에 의하면, '종교'라는 말은 원래 한역불전漢譯佛典의 조어에 유래하지만 현재 사용되는 '종교' 개념은 religion의 번역어에서 출발한 것으로 봐야 한다.[15] religion에 대한 최초의 일본어 번역어는 1858년 미·일 수호통상조약 때 번역된 '종법宗法', '종지宗旨'였다. 그러나 이후 상당 기간에 걸쳐 '종문宗門', '신교神敎', '종교宗敎', '신도神道', '법교法敎', '교법敎法', '종지宗旨', '교문敎門' 등 다양한 용어가 산발적으로 사용되었다.[16] '종교' 개념이 유통되기 시작한 1880년대 초의 개념 상황을 도쿄기독교청년회 잡지 〈육합잡지六合雜誌〉에서 확인할 수 있다. 이 잡지 창간호부터 연재된 글에서는 '종교' 개념을 다음과 같이 설명하고 있다.

야소교, 회회교[이슬람교], 불교 등과 같이 '교'를 가리킨다. '교' 중의 종파를 말하는 것이 아니다. 그렇다면 왜 '종교'라고 이름 붙였는가 문노니 사람들이 사용하는 말이며 또한 달리 대신할 적당한 명칭이 없기

화수이(開化殊異), 세계역사일반(世界歷史一班), 세계대세일반(世界大勢一班), 자유대략(自由大畧), 지구총설(地球惣說), 경위도사(經緯度事), 주야리(晝夜理), 오대사(五帶事), 사시사(四時事) 등이다. 제목에 사용된 '세계', '대세'부터 시작해 목차에 제시된 개념 대부분이 당시 조선에서 일반적으로 사용되지 않았던 새로운 개념이다.

15 이소마에 준이치, 앞의 책, 제점숙 역(2016), 79쪽.
16 이소마에 준이치, 위의 책, 제점숙 역(2016), 84~89쪽; 渡辺浩(2016), "〈宗敎〉とは何だったのか", 《(增補新裝版) 東アジア王權と思想》, 東京大學出版會, 275쪽.

때문이다. 생각건대 '교'라는 글자는 실로 걸맞지만 단지 '교'라고만 말하면 그 의미가 지나치게 넓어서 그 뜻을 얻기 힘들다. … 이러한 연유로 나는 만족스럽지는 않지만 결국 '종교'라는 말을 선택하게 되었다. 서양어를 아는 사람은 말할 필요도 없이 벌써 떠올렸을 것이다. 종교는 영어로는 '릴리전'이라고 말하고, 불어로는 '르리지온'이라고 말하며, 독일어로는 '레리기온'이라고 말한다. 이들 말은 라틴어에서 나온 것이다. [17]

여기에서 알 수 있는 것은 1880년 무렵 일본에서 '종교'가 기독교, 이슬람교, 불교 등을 포괄적으로 지칭하는 용어 중 하나로 사용되었다는 점, 그러나 확정적이지 않기에 '종교'의 용어를 사용할 때는 그 이유를 설명할 필요가 있었다는 점이다. 또 지식인 사이에서는 그런 '종교'가 라틴어 유래의 religion의 번역어에 해당하는 것으로 공유되어 있었음을 알 수 있다. 이런 개념 상황은 이듬해인 1881년 《철학자휘哲學字彙》에서 religion의 번역어로 '종교'가 실리고, 또 도쿄기독교청년회 초대 회장을 지낸 고자키 히로미치小崎弘道(1856~1938)의 번역서 《종교요론宗教要論》이 출판되면서 확정된 듯 보인다. [18]

---

17 高橋吾郎(1880), "論下宗敎與理學之關涉及其要緊", 〈六合雜誌〉 1(1~4); "宗
    敎·倫理(1)", 《明治前期學術雜誌論文記事集成》 4, 128~129쪽; 星野靖二
    (2012), 《近代日本の宗敎槪念》, 有志舍, 51쪽에서 재인용.

18 和田垣謙三 等 編(1881), 《哲學字彙: 附·淸國音符》, 東京大學三學部; ジュ
    リオス·エイチ·シーレー(1881), 《宗敎要論》, 小崎弘道 譯, 十字屋.

322

이렇게 메이지 일본에서 새롭게 등장하기 시작한 '종교'의 용어를 유길준은 《세계대세론》에서 사용한 것이다. 그는 '종교'를 세계에 존재하는 종교 카테고리를 포괄하는 통칭 개념으로 사용하고 있다. 그리고 그런 종교 개념 아래 세계 각국의 주요 종교로 유교, 불교, 바라문교, 야소구교(즉, 천주교), 신교, 그리스정교, 유대교, 이슬람교를 소개하고, 각 종교가 성행하는 국가를 제시하고 있다.[19] 이런 점에서 유길준은 근대적 종교 개념을 의식하면서 '종교'의 용어를 사용하고 있었다.

그러나 유길준이 '종교'에 담은 의미는 결코 새롭다고만은 볼 수 없다. 그는 종교에 관해 '종교의 수이殊異', 즉 각국에서 종교가 특별하다는 점과, 종교가 국가와의 관계에서 절대적인 의미를 가진다는 점을 전제로 다음과 같이 설명하고 있다.

첫째, 무엇보다 종교는 "정신을 다스린다"는 점에서 중요하다.

종교의 수이는 국가 이해에 관계되는 일이 적지 않다. 대개 인생의 빼어난 이치를 헤아려 보니 정신과 형체, 두 가지를 갖춘 데 있다. 종교는 정신에 속하고 기술은 형체에 속한다. 그러므로 기술로 형체를 관장하고 종교로 정신을 관장하는 것이다. 형체의 관장은 기술을 채용하면 그만이지만, 정신의 관장은 종교의 노예가 되어 종교를 위해 나라를 잊고 가정을 잊기에 이르는 자가 있다. 종교의 수이함이 이와 같으

19 유길준(1883), "종교수이", 앞의 책; 《유길준 전서》 III, 12~13쪽.

니 어찌 국가 이해에 관계가 없다 할 것인가. **20**

그에 따르면, 인생의 2대 요소는 형체와 정신인데 그중 형체를 다스리는 것이 기술이며 정신을 다스리는 것이 종교이다. 특히, 종교는 인민의 정신을 다스린다는 점에서, 자칫 자국 인민이 타국 종교에 따른 결과 그 종교의 노예가 되어 국가와 집안을 멸망케 할 위험성을 가지는 만큼 절대적으로 중요하다. 종교가 각국에서 특별하며 국가 이해에 직결된다고 말한 이유다.

둘째, 따라서 각국에서 종교는 다음과 같은 모습을 가지고 기능해야 한다.

요컨대 각국에 본래 전해 내려오는 종교가 있어 교육을 장려하고 윤기 倫紀를 문란하지 않게 하는 것이다. 이 때문에 각국이 마땅히 오직 본래 있는 종교를 고수하고 타국 종교의 전파를 방어하여 자국 인민으로 하여금 타국 종교의 노예가 되지 않게 해야 한다. 이 일이 어찌 뜻있는 자의 책임이 아닐 것인가. **21**

우선 종교는 각국에 본래적으로 전해 내려온 종교여야 한다. 각국에서는 그런 종교에 따라 교육을 행해야만 윤기를 지킬 수 있다는

---

20 유길준(1883), "종교수이", 위의 책; 《유길준 전서》 III, 9쪽.
21 유길준(1883), "종교수이", 위의 책; 《유길준 전서》 III, 9~10쪽.

것이다. 그 이유는 종교는 그 본질이 권선징악에 있는바, 천·신이 화복을 주관하여 잘못된 행실을 금하고 충효윤리를 권하는 것이기 때문이다. 22 따라서 "뜻있는 자有志者의 책임"은 "본재 종교"를 지켜 내고, "자국 인민"이 "타국의 종교"를 믿은 결과 "타국 종교의 노예"가 되지 않게끔 방어하는 데 있다고 유길준은 설파한다.

유길준은 기본적으로 "나라가 있으면 반드시 그 나라 본래의 종교가 있다"는 이해를 전제로 한다. 설혹 외국에서 전래된 것일지라도 유구한 세월이 지나 그 나라 인민이 믿고 따르는 것이라면 역시 "본국 종교"라 함이 마땅하다고 말한다. 조선의 유교가 중국에 취한 것이며 일본의 불교가 인도에 취한 것이라도 각국에서 뿌리내려 각국의 종교가 되었듯이 말이다. 23

《세계대세론》의 종교 개념은 인민의 정신을 다스리기 위해 고유한 종교로 교육을 행하고 윤기를 바로잡는다는 정교일치적 종교, 즉 '근본 가르침'을 의미한다. 조선에서는 조선의 종교인 유교로 인민의 정신을 다스리고 교육하여 윤기를 바로잡아야 하며, 그렇게 할 때 조선 인민이 타국 종교의 노예 되는 것을 막아 자유·독립을 지킬 수 있다는 것이다.

---

22 유길준(1883), "종교수이", 위의 책; 《유길준 전서》 III, 10쪽.
23 유길준(1883), "종교수이", 위의 책; 《유길준 전서》 III, 10쪽.

3. 종교의 공통 속성의 발견: '신성'과 '도덕'

《세계대세론》에서 보인 유길준의 정교일치적 종교 이해는 1883년 말부터 1885년에 걸친 미국 유학과 모스와의 교류를 계기로 변화하기 시작했다. **24** 우선 확인해 두고 싶은 점은 유길준의 종교 이해가 모스에게 자극받으면서도 독자적인 전개를 보인다는 점이다. 일본에서 다윈의 진화론을 본격 소개한 동물학자로 알려진 모스는 1877년에서 1879년에 걸쳐 도쿄대학에서 반기독교적 진화론 강의를 함으로써 과학적 관점에서 종교를 비합리적인 것으로 비판하는 논의를 촉발했다고 지적된다. **25**

이와 비교해 미국 유학 시기 유길준은 종교와 기독교에 대해 비판적 시선을 보내면서도 그 필요성은 인정하고 있다. 1884년부터 1897년에 걸쳐 유길준이 모스에게 보낸 총 19통의 편지 중에, 유길준의 종교 이해가 잘 드러나 있는 것은 1885년 6월로 추정되는 귀국 선상에서 쓴 편지다. **26**

편지에서는 갑신정변(1884) **27** 실패와 외세로 혼란한 조선의 상황

---

24 유길준의 미국 유학 시절에 관해서는 이광린(1968), "미국 유학시절의 유길준을 찾아서", 〈신동아〉 42, 256~265쪽 참조. 유길준과 모스의 교류에 관해서는 우남숙(2010), "유길준과 에드워드 모스 연구: 사상적 교류를 중심으로", 〈동양정치사상사〉 9(2), 157~185쪽 참조.

25 星野靖二(2012), 앞의 책, 114~115쪽.

26 이광린(1988), 앞의 논문. 이광린은 해설에서 "이 편지는 유길준의 종교관을 살필 수 있는 귀중한 것"(17쪽)이라 했지만 그 이상의 언급은 없다.

을 언급하면서, 자신이 귀국 후 모종의 계획이 있다고 알리고 있다. 그 계획이 무엇인지 분명하게는 설명하지 않았지만, 종교와 관련해 다음 두 가지를 말하고 있다. 우선 유길준은 지금 조선에서는 "어떠한 종교도 도움이 안" 되며 "활동력"을 가지고 "장래를 위한 준비"를 해야 할 때라고 말한다. 그 이유는 이웃 나라들이 힘, 즉 악惡으로 조선을 대하면서 조선에게는 오히려 선善으로 대응하라고 강요하고 있는데, 이런 상황에서는 종교가 무용하다는 것이다. 또 이렇게 악을 선으로 갚으라는 요구는 기독교 국가에서조차 통용되지 않는 일이라고 지적한다. 권력정치의 국제관계에서 종교의 무력함을 지적하는 한편, 기독교 국가 또한 그들 종교의 가르침과 달리 정의를 실천하지 않는다고 비판한 것이다.

그렇지만 다른 한편에서는 인민 통치를 위한 종교, 그리고 이를 잘 수행하는 것으로서 기독교를 다음과 같이 평가한다.

예전에 저는 교수님께 이렇게 말씀드린 적이 있습니다. 기독교는 종교로서 가장 훌륭하기 때문에, 비록 저는 세상의 어떤 종교도 믿지 않지만 우리나라를 위해 이 종교를 우리 국민에게 제안해 우리나라에 도입하고 싶습니다. 그 이유는 기독교 국가의 국민은 결코 자기 정부에 반항하지 않고 항상 평화스러운 생활을 하고 있다고 생각하기 때문이라고 말입니다.

---

27 원문은 "revolution".

이런 말씀을 드린 이후 저는 주로 종교와 관련된 문제를 계속 주시
하면서 의문을 품어 보기도 하고 간간이 책을 읽기도 했습니다. **28**

이 글에 따르면, 유길준은 일찍이 종교로서 기독교를 높이 평가하
고 조선의 종교로 기독교를 고려했다. 기독교 국가의 국민이 정부에
순종적이기에 평화로운 생활을 유지하고 있다고 생각했으며, 그런
점에서 기독교라는 종교가 통치에 유효하다고 판단했기 때문이다.
그리고 이후 종교에 관해 독서와 사색을 거듭해 왔다고 밝히고 있다.
　이 시기 유길준의 종교 이해가 지속과 변화를 동시에 드러내고 있
음을 알 수 있다. 즉, 종교가 인민 통치의 측면에서 요청되는 점은
이전과 다름없이 지속되고 있다. 이렇게 종교가 인민의 정신을 다스
리는 기능으로 이해되는 이상, 종교는 유길준에게 신앙의 대상이 아
니다. 그가 "세상의 어떤 종교도 믿지 않는다"라고 말한 것과도 관련
있을 것이다. 한편, 국제관계의 측면에서는 종교의 한계를 지적하
고 조선에서 유교의 무용함을 말하게 되었다. 무엇보다 결정적인 변
화는 조선의 종교로 유교 대신 기독교를 고려하게 되었다는 점이다.
기독교 국가의 부조리를 꼬집으면서도, 인민 통치의 기능 측면에서

---

28 영어편지 원문은 "Yu, Kil Chun Originals(1884~1897)", Box 15 folder 11,
〔129cc〕, 〔129dd〕, Edward Sylvester Morse(1838~1925) Papers, Phillips
Library, Peabody Essex Museum; Kwang-rin Lee(1990), 앞의 논문, p. 108.
이에 대한 한글번역으로 이광린(1988), 앞의 논문, 16쪽. 인용문의 한글번역은
유길준의 영문편지를 확인하고 이광린의 한글번역을 참고하면서 수정한 것이다.

현실의 기독교 국가의 안정과 평화를 목도하고 기독교를 높이 평가한 것이다. 그리고 조선의 종교로서 기독교를 고려한 것이다. **29** 이러한 변화는 유교 중심의 정교일치적 종교 이해가 균열되기 시작했음을 시사한다.

이러한 유길준의 기독교 이해는 갑신정변을 주도했던 개화당 지도자들의 기독교 이해와 맞닿아 있는 측면이 있다. 임오군란(1882) 직후에 일본에 파견된 박영효, 김옥균, 서광범 등은 체류 기간에 감리교선교회의 로버트 맥클레이Robert S. Maclay, 미국성서공회의 헨리 루미스Henry Loomis, 장로교의 조지 녹스George W. Knox 등 재일 개신교 선교사와 교류했다. 이후 선교사들의 조선 선교에 직간접적으로 도움을 줬으며, 갑신정변 실패 후 일본에 망명했을 때에도 교류를 이어갔다. **30**

망명 시기에 김옥균은 상소문에서 조선 개혁을 위해 산업 장려, 양반 폐지, 인재 등용, 중앙 집권, 학교 설립에 의한 민지 개발 등을 청원하며, "외국의 종교를 도입하여 교화에 도움을 주는 것"을 하나의 방편으로 제시하기에 이른다. **31** 기독교에 의한 조선의 교화를 제

---

29 우남숙(2010), 앞의 논문에서는 유길준이 모스의 영향 아래 "유교문명을 버리고 중국으로부터의 지배를 벗어나려" 했으며(170쪽), 기독교에 대해서는 신앙의 대상은 아니지만 미국 민주주의 정치문화에 대한 공감으로부터 긍정했다고 평가한다 (176~179쪽).

30 백낙준(1993), 《한국개신교사 1832~1910》, 연세대 출판부, 66~95쪽; 류대영 (2011), 《한국 근현대사와 기독교》, 푸른역사, 32~43쪽.

31 "4. 교육에 관한 건의"〔김옥균〕, "I. 근대 교육의 모색", 《한국근대사 기초자료집

안한 것이다.

박영효는 더욱 직접적으로 미국에 의한 조선 선교의 필요성을 다음과 같이 말한 바 있다.

우리 국민이 필요로 하는 것은 교육과 기독교화*christianisation*입니다. 귀국의 선교사와 미션스쿨이 우리 국민을 교육하고 향상시킬 수 있습니다. … 우리나라의 오랜 종교들은 기반이 약하기 때문에 기독교 개종의 문은 활짝 열려 있습니다. … 입법 개혁에 앞서 우선 교육을 시키고 기독교화시키는 것이 필요합니다. 그렇게 함으로써만이 우리가 입헌정부를 수립하고 장차 귀국과 같이 자유스럽고 개화된 나라가 될 것입니다. 32

박영효는 지금 조선 인민에게 급선무는 선교사와 미션스쿨에 의한 교육과 기독교화라고 생각했고, 특히 조선의 기존 종교의 기반이 약하기 때문에 인민의 기독교화가 용이할 것이라고 봤다. 조선 인민의 교육과 기독교화를 이룬 다음에 입헌적 개혁 및 입헌정부의 수립이 가능하며 장차 미국과 같은 자유문명국이 될 수 있다고 한 것이다.

박영효 및 김옥균에게 기독교는 종교 그 자체로서가 아니라 근대화 수단으로 이해되었다고 일반적으로 평가되는데, 33 인민의 교화

2: 개화기의 교육》, 한국사데이터베이스. 해제에 의하면 이 상소문은 1886년 7월 8일 자 〈조야신문〉(朝野新聞) 에 일본어로 게재되었다.

32 F. A. Mckenzie (Reprinted in 1969), *The Tragedy of Korea*, Yonsei University press, pp. 54~55.

를 목적으로 기독교를 요청했다는 점에서 유길준의 기독교 이해와 공통되는 부분이 있다. 다른 점은, 유길준이 조선의 종교로 기독교를 요청하는 근거를 단순히 서양 기독교 국가의 인민 교화나 근대화에 둔 것이 아니라, 종교 자체의 속성에서 찾고 있었다는 점이다. 관련해 유길준은 모스에게 보낸 편지에서 다음과 같이 밝히고 있다.

마침내 놀랍게도 창조, 구원, 심판, 보상, 벌, 심지어 세례, 산상수훈에 이르기까지 2, 3천 년 전 중국이나 인도에 한때 있었던 것임을 깨달았습니다. 또 그중 어떤 것은 신성함이나 도덕에 대한 오랜 요구로 인해 오늘날까지 계속 유지되어 왔으며 이런 것들은 어떤 종교에서도 마찬가지라는 걸 발견했습니다.

그래서 〔조선에〕 기독교가 도입된다면 우리 이교*paganism*를 대체하여 채택될 새로운 것은 말 그대로 없습니다. 왜냐하면 기독교가 도입된다면 그건 단지 옛 사고방식의 반복이며 옛 관습의 갱신에 불과할 뿐이기 때문입니다. **34**

---

33 예를 들어 류대영(2011), 앞의 책, 41~43쪽.

34 "Yu, Kil Chun Originals(1884~1897)", Box 15 folder 11, 〔129cc〕, 〔129dd〕; 이광린(1988), 앞의 논문, 16쪽. 두 번째 단락 원문은 "So I think, as it is, there are not new things to be adopted, for the substitution of our Paganism, because, if introduced, it will merely be a repetition of old fashion idea and renewal of ancient practice." 이에 대한 이광린 번역은 "그렇기 때문에 이교도(異教徒)의 대속제도(代贖制度)를 채용했다는 것은 새로운 일이 아닙니다. 왜냐하면 만약에 소개되었다면 단순히 낡은 형식을 되풀이하는 것뿐만 아니라, 고대(古代)에 실시했던 것에 대한 재판(再版)이 되기 때문입니다." 이에 대해 필자는 유길준

유길준은 기독교에서 말하는 "창조, 구원, 심판, 보상, 벌, 세례, 산상수훈" 등이 고대 중국이나 인도에 공통적으로 있었다는 발견을 통해, 이런 요소가 모든 종교에 공통되는 속성이라고 이해했다. 기독교, 유교, 불교 등 모든 종교는 그런 원시적 속성을 신성이나 도덕으로 삼아 오늘날까지 유지해 왔다는 점에서 상통한다는 것이다. 이렇게 신성 및 도덕 등을 모든 종교의 공통 속성으로 인정한 연후에, 유길준은 각국 종교가 고유하며 불변이라는 이해를 변화시킬 수 있었던 것이다.

이전의 종교 이해가 통치의 입장에서 인민의 정신을 다스리는 기능에 초점을 맞춘 것이었다면, 미국 유학 이후의 그는 한발 더 깊이 들어가 종교 자체의 속성을 고민하고 있다. 그리고 이런 유길준의 이해는 조선의 종교로서 유교를 고수하는 입장을 움직여 기독교를 타진하는 하나의 계기로 작용하고 있다. 또한 이후 종교의 자유에 관한 논의로 이어지는 방향과도 맞물려 있다고 할 것이다.

이 "our paganism", 즉 "우리 (조선의) 이교 = 비기독교"라고 말한 점과 이 인용문의 내용이 바로 앞 단락에서 조선에 기독교 도입을 기대한 내용과 이어진다는 점을 감안하여, 두 번째 단락을 조선의 입장에서 기독교를 받아들이는 경우 새로운 요소를 도입하는 것이 아니라는 뜻으로 해석했다.

4. '종교의 자유'론: '근본 가르침'과의 동거

《서유견문》에는 유길준이 그간 사유해 온 종교에 관한 다양한 이해가 복합적으로 드러나 있다. 우선 주목하고 싶은 점은 종교가 변함없이 국가와의 관계에서 '근본 가르침'으로 이해되고 있다는 점이다.

> 종교란 숭상하는 가르침을 말한다. 천지간 어떤 나라든지 각자 복종하는 종교가 있으니 우리나라가 공맹의 도를 존숭하는 것과 같다. 지금 천하의 종교를 거론해 보면 ⋯. **35**

'종교' 개념을 '숭상하는 가르침'으로 정의하고 세계 각국에 각자 따르는 종교가 있다고 한 점, 조선의 종교로 '공맹의 도'를 언명한 점에서 《세계대세론》의 종교 이해와 다르지 않다. 이런 종교 개념 이해는 《서유견문》의 종교 논의에서 기본 바탕을 이루고 있다.

한편, 《서유견문》의 종교 이해에 제시된 새로운 방향성은 '종교의 자유 및 통의通義'에 관한 논의에서 찾을 수 있다. 관련 논의는 "제4편 인민의 권리"에 집중적으로 전개되어 있는데, 거기에서 유길준은 "인민의 권리", 즉 "자유 및 통의"의 7개 조목으로 ① 신명身命의 자유 및 통의, ② 재산의 자유 및 통의, ③ 영업의 자유 및 통의, ④

---

35 유길준(1895), "13편 태서종교(泰西宗敎)의 내력", 앞의 책; 《유길준 전서》 I, 358쪽.

집회의 자유 및 통의, ⑤ 종교의 자유 및 통의, ⑥ 언사言詞의 자유, ⑦ 명예의 통의를 거론하고 있다.36 그 가운데 '종교의 자유 및 통의'를 다음과 같이 설명한다.

⑤ 종교의 자유 및 통의: 이를 종교의 권리라 말한다. 종교의 자유는 가르치는 바와 근본으로 하는 바에 각자가 일체 마음에 기꺼운 것을 따르고 금지되거나 구속받지 않으며 자유로운 낙원〔樂地〕으로 돌아가는 것을 말한다. 종교의 통의는 귀의하는 사람들을 받아들이고 유지하는 규칙을 세울 시에 국법의 기강에 어긋나지 않는 한 행하는 제반 사무를 자주적으로 장악하게 하고 타인의 조정을 받지 않는 것을 말한다.37

---

36 유길준(1895), "4편 인민의 권리", 위의 책; 《유길준 전서》 I, 136~138쪽. 장인성(2017)에 의하면 "4편 인민의 권리"는 후쿠자와 유키치의 《西洋事情·外編》 "卷之一 人生の通義及び其職分"을 전거로 하는데〔유길준, 《서유견문: 한국 보수주의의 기원에 관한 성찰》, 장인성 역·평설(2017), 아카넷, 26쪽〕, 그 가운데 "종교의 자유 및 통의"의 전거 부분은 뚜렷하게 확인되지 않는다. 이런 상황은 후쿠자와의 기독교·종교 이해가 전반기의 부정적인 입장에서 1884년을 기점으로 점차 완화되어 긍정적으로 변했다는 평가와 관련 있을 것이다〔小泉仰(2011), "福澤諭吉と宗教", 〈イギリス哲學研究〉 34, 5~18쪽〕. 이런 후쿠자와의 기독교·종교 이해를 받아들인다면 후쿠자와의 후반기 저작과 함께 유길준의 기독교·종교 논의를 비교할 필요가 있다. 이렇게 보면 유길준과 후쿠자와의 기독교·종교 이해의 변화가 세세한 결은 다르지만 큰 흐름에서 궤가 겹치는 부분도 감지되어 흥미롭지만, 이에 관한 검토는 이 글의 범위를 넘어선다.
37 유길준(1895), "4편 인민의 권리", 위의 책; 《유길준 전서》 I, 138쪽. '종교의 자유'에 관한 정의는 《西洋事情·二編》 "例言"에 다음과 같은 간단한 설명이 있다. "종교〔宗旨〕의 자유란 어떤 종교든지 사람들이 신앙하는 종교에 귀의케 하는 것이다"(《福澤諭吉 全集》 제1권, 487쪽).

여기에서 유길준은 '종교'를 "가르치는 바와 근본으로 하는 바"라는, 이전과 같은 의미로 설명하면서 이런 종교 가운데 각자의 마음에 기꺼운 것을 따르고 제약 없이 선택해 안심·귀의할 수 있는 권리를 '종교의 자유'라고 말한다. 또 종교단체의 설립 및 유지 규칙으로 국법에 어긋나지 않는 한 자유롭게 운영하며 간섭받지 않을 권리를 '종교의 통의'라 말한다. 이 두 가지가 '종교의 권리'라는 것이다.

이재일은 장석만이 제시한 개항기 종교 개념에 관한 4가지 특성을 언급하면서, 《서유견문》의 종교 이해에는 그 종교 개념들이 섞여 있으며 《세계대세론》에서 국가 중심이었던 종교 이해가 미국 유학 이후 근대적 종교 이해로 변했다고 결론 내린다.[38] 《서유견문》의 종교 이해를 '종교의 자유'에 중심을 두고 보면 '근대적 종교관'으로 설명할 수 있다. 이에 대해 필자는 《서유견문》에 다양한 종교 이해가 내포되어 있으며 또 근대적 종교 이해가 제시되어 있다는 점에 동

---

38 이재일(2003), 앞의 논문, 57~61쪽. 장석만은 개항기 종교 개념의 특성에 관해, 근대성 수용 과정에서 추구되는 "문명의 달성"과 "민족 아이덴티티의 유지"라는 두 가지 기본 축과 그 사이에 생기는 스펙트럼으로 설명한 바 있다. 첫째는 종교가 문명화 방향에 어긋나기 때문에 배제해야 한다는 '반(反) 종교 개념'이다. 둘째는 인간의 종교적 본성과 계몽주의적 합리성의 조화를 전제로 하는 '이신론적 개념'으로, 이때 종교는 사적 영역으로 자리매김되어 신앙의 자유와 정교분리 원칙이 긍정된다. 셋째는 종교를 문명화의 뿌리로 보는 ''문명기호'적 개념'으로, 서구문명의 뿌리로서 기독교가 추구된다. 넷째는 종교의 기능을 문명화보다는 국가 내부의 질서 확립과 인민 통치에서 찾는 '인민 교화적 종교 개념'이다〔장석만(1992), "개항기 한국사회의 '종교'개념형성에 관한 연구", 서울대 종교학 철학 박사학위논문, 39~65쪽〕.

의하지만, 이를 '근대적 종교관'이라 단정하는 것에는 유예가 필요하다고 생각한다. 그 이유는 지금까지 살펴봤듯이, 유길준이 이해한 종교 개념이 국가 통치 및 인민 교화와 불가분한 관계를 가지며 정교일치적 의미를 바탕으로 하고 있기 때문이다. 《서유견문》에서도 종교는 예전부터 내려온 '근본 가르침'의 의미로 반복해서 제시되는 가운데, '인민의 권리'로서 선택해 따르는 자유로 설명되고 있다.

《서유견문》의 종교 이해는 이렇게 다른 방향성을 가진 종교 개념이 부딪히는 가운데 전개되어 있다. 그리고 그런 긴장관계 속에서 종교의 권리에 관한 논의는 제한적으로 전개되어 있다.

종교의 권리 역시 인생과 큰 관계가 있다. 종교란 세상 사람들의 마음과 행동을 관제하고 감화시켜 사람이 세운 큰 도리다. 천하가 지극히 넓으니 세속이 숭상하는 가르침이 하나로 모아지지 않고 각기 문호를 세워 종교의 다름을 만들어 내니 인간 세상의 불행이 이보다 클 수 없다. 그러나 이것도 대중이 신복하는 것이며 저것도 대중이 숭봉崇奉하는 것이니 대중의 기강을 유지하는 데 방도는 같다. 즉, 사람들에게 잘못된 길을 버리고 바른 길로 돌아가라고 권하는 큰 뜻은 역시 대략 같은 기초에 성립한 것이다. 그렇지 않다면 어떻게 대중을 열복悅服시키면서 오랜 세월 영구히 전해 내려올 수 있었겠는가. 이런 까닭에 각자가 자기 마음에 기뻐하고 즐거워하는 종교를 믿고 귀의하며 국법을 공경하고 받드는 때는 그들 마음이 좋아하는 바를 강탈하고 몸이 귀의하는 바를 금지해서는 안 된다. 39

'종교의 권리'의 중요성을 말하기에 앞서 유길준은 종교가 무엇인지 거듭 설명하고 있다. 그에 따르면 "종교는 세상 사람들의 마음과 행동을 관제하고 감화시켜 사람이 세운 큰 도리"다. 또 모든 종교는 "대중의 기강을 유지하는 데 방도가 같"으며 "사람들로 하여금 잘못된 길을 버리고 바른 길로 돌아가라고 권하는 큰 뜻은 역시 대략 같은 기초에 성립한 것이다". 유길준은 '종교'가 대중의 마음과 행동을 다스리고 윤리기강을 바로잡는 큰 도리라고 분명하게 설명하고 있다. 그리고 종교는 기본적으로 세속이 숭상하는 가르침으로서 하나의 종교로 있어야 바람직하다고 본다.

한편, 그와 동시에 유길준은 종교의 다양성을 인정할 수밖에 없는 현실을 직시하고 있다. 하지만 그 이유는 대중이 열복하는 종교가 아니면 국가 기강을 영구히 유지하기 어렵기 때문이라 말한다. 따라서 인민이 국법을 공경하고 받드는 때는 그들이 기꺼이 믿는 종교에 따르게 하는 것이 바람직하며 이를 제약해서는 안 된다는 것이다. '종교의 권리'를 보장할 필요성 또한 각자의 "종교신앙宗教信服"에 정부가 관여하면 민간에 분쟁을 야기할 우려에서 제기된다.[40] 유길준은 기본적으로 종교를 인민 통치의 관점에서 '근본 가르침'의 의미로 파악하되, 다양한 종교가 존재하는 현실을 고려하면서 '종교의

---

39 유길준(1895), "4편 인민의 권리", 앞의 책; 《유길준 전서》 I, 143~144쪽.

40 유길준(1895), "5편 정부(政府)의 치제(治制)", 위의 책; 《유길준 전서》 I, 173~174쪽.

권리'를 논하고 있음을 확인할 수 있다. '종교의 권리' 보장이 개개인
의 신앙의 자유를 중시하는 측면이 아니라, 인민의 기강 유지와 국
가 분란 방지의 관점에서 요청되는 연유다.

더욱이 이러한 관점에서 종교의 권리 보장을 요청하는 논의는 서
구 역사에 의해 보강된다. 유길준은 서구 역사에서 국가가 종교를
차별해 허가하거나 금지한 것은 국가에 이익이 되기는커녕 종교 분
쟁을 야기해 국가 정치에 큰 피해를 끼치며, 그로 인해 멸망한 사례
가 적지 않다고 지적한다. **41** 그렇기에 정부는 종교에 대해 선입견을
버리고 공정한 마음으로 대해야 하며, 그때 종교의 권리 보장이 가
능하다고 주장한다. 그렇지 않다면 국가에 의한 특정 종교의 비호가
편당을 가르게 되며 이는 결국 정치에 무익하다는 것이다. 국가와
정치를 위해 종교의 교전이 윤리기강을 해치지 않고 국법에 위배되
지 않는 한, 그 설립 및 운영의 권리를 보장해야 한다는 주장이다. **42**
종교 지원에 관한 논의 또한 같은 입장에서 전개된다. 유길준은
정부의 주요 세목 가운데 하나로 종교 지원을 두고, **43** 종교가 인민
교화를 가능하게 하여 "치국하는 도에 큰 관계"가 있으므로 마땅히
지원해야 한다고 설명한다. **44** 더욱 주목되는 점은 종교 지원의 기

---

41 유길준(1895), "4편 인민의 권리", 위의 책; 《유길준 전서》 I, 144쪽.
42 유길준(1895), 위의 책, 145쪽.
43 유길준(1895), "8편 정부(政府)의 민세(民稅) 비용(費用) 흐는 사무(事務)", 위
    의 책, 225쪽. "제 1 - 정부지출", "제 2 - 인민교육", "제 3 - 국가운영", "제 4 - 종
    교부지", "제 5 - 빈민구제" 순으로 되어 있다.
44 유길준(1895), 위의 책, 239쪽.

한이 설정되어 있는 점이다.

대개 어떤 종교든지 많은 사람이 믿고 의지하는 것이기에 사람이 해서
안 될 것은 아니다. 필시 존국尊國하는 의기와 애군愛君하는 정성은 저
가르침과 이 가르침 사이에 다름없기에 정부가 너그러운 덕화로 그 의
기와 정성을 거두어 모아야 한다. 나라 사람들이 일제히 교육을 받은
때는 다음 논의로 넘어가, 인민으로 하여금 각자 믿고 의지하는 가르
침에 귀의케 하고 정부는 일절 상관하지 않으며 종교 지원 목적의 세금
징수를 그만둘 수도 있다. 45

종교 지원에 관해 그 기한을 인민의 교육이 충분히 이루어지지 않
은 시기까지로 설정하고 있다. 그 전제에는 모든 종교가 공통적으로
인민의 "존국尊國하는 의기와 애군하는 정성"을 유도하는 것이라는
이해가 깔려 있다. 종교가 인민을 교화하면 정부는 이를 널리 덕화
로써 거두어들이는 것이기에 정부의 종교 지원이 합당하다고 한 것
이다. 그런데 인민 모두가 교육을 받은 이후에는 별도의 논의가 필
요하다고 선을 긋고, 그때가 오면 정부는 종교에 일절 상관하지 않
고 지원을 정지할 수 있다고 말한다.
　즉, 《서유견문》에서 종교는 기본적으로 인민 통치의 관점에서
교화의 역할을 하며 교육을 대리하는 것으로 자리매김되어 있다. 국

45　유길준(1895), "8편 정부의 민세 비용ᄒᆞᄂᆞᆫ 사무", 위의 책; 《유길준 전서》 I, 241쪽.

가와 분리된 사적 영역으로서 종교의 자유는, 교육이 널리 시행된 이후라는 "유예기간이 설정된"46 조건부로 가능함을 의미한다. 《서유견문》에서 종교의 자유를 포함한 종교의 권리 논의는, 정교일치政教一致적 '근본 가르침'이라는 종교 개념과 근대적 종교 개념 사이에 걸쳐 있는 과도기적 논의로 이해해야 할 것이다.

종교가 기본적으로 인민 교화를 통해 '존국'과 '애군' 정신을 함양하는 기능을 담당한다는 점에서, 교황에게 절대적 지위를 부여하는 천주교는 국가에 대한 위협으로 간주된다.

그 가르침을 믿는 자는 교황을 하느님〔上天〕같이 믿고 의지하며 자기의 정부보다 더 두려워하고 자기의 부모보다 더 애모한다. 또 그 가르침을 숭상하는 나라는 다른 나라의 토지와 인민을 그 종교의 형세에 의거해 침탈하려는 음모를 꾸민다. 이는 프랑스가 우리나라와 안남(베트남)에게 한 짓인데 우리나라는 유학의 정대함으로 인해 그 계략이 성공하지 못했고 안남은 오늘날 프랑스에게 예속당하게 된 것이다. 또 중국 사람 중에 천주학에 복종하는 자는 프랑스의 보호를 감수하여 조금도 수치스러워 하는 기색이 없으니 삼가 두려워할 것이 이것이다. 야소교는 그런 폐해가 없다고 한다. 47

---

46 장석만(1992), 앞의 논문, 50~51쪽.
47 유길준(1895), "13편 태서종교의 내력", 앞의 책; 《유길준 전서》 I, 366쪽.

로마 시대 기독교 박해부터 동서 분열의 역사를 서술하면서, 유길준은 천주교도가 교황을 하느님같이 받든 결과 자신의 정부보다 경외하고 부모보다 애모하는 폐해가 극심하다고 비판한다. 게다가 그런 천주교 국가는 종교의 세력으로 타국의 영토와 인민을 침탈하는데, 프랑스가 조선과 베트남에 행한 것이 그것이다. 이에 대해 조선은 "유학의 정대함"으로 물리쳤지만 베트남은 프랑스에 예속되었다. 무엇보다 두려운 것은 중국 인민 가운데 천주학을 따르는 자들이 프랑스의 보호를 기꺼이 받아들이고 조금도 수치로 여기지 않는다는 점이다. 천주교는 국가를 넘어선 곳에 초월적 존재자를 설정하고 있다는 점, 그리고 그 점이 타국에 대한 침략성을 정당화할 뿐 아니라 강한 예속성을 가지고 작동하기에 종국에는 국가 단위를 위협한다는 점에서 철저하게 비판받는다. **48**

주목하고 싶은 부분은, 앞의 글에서 유길준이 천주교 비판 끝에 "야소교는 그런 폐해가 없다고 한다"라고 부연한 문장이다. 이런 이해는 유교 및 불교 이외에는 신구 기독교를 포함한 모든 다른 종교가 조선에 위협이라 제시했던 《세계대세론》의 이해와 차이를 보인다. 그리고 이런 이해는 모스에게 보낸 편지에서, 기독교 국가의 침략성을 비판하면서도 서구 국가가 국민을 잘 통치한 결과 평화를 유지하고 있다고 평가하고 그렇기에 조선의 종교로서 기독교 수용을

---

48 이러한 유길준의 천주교 비판에는 벽사론의 영향이 보인다. 유길준, 앞의 책, 장인성 역·평설(2017), 아카넷, 22쪽.

언급했던 그 이해와 맞닿아 있다. 기독교에 대한 유길준의 공감이 이전에는 편지라는 사적인 글을 통해 비교적 솔직하게 토로되었다면, 구금상태에서 집필한 《서유견문》에서는 최소한의 첨언添言 형식으로 완곡하게 표현되었으리라 추측된다.

유길준은 《서유견문》에서 '종교학'을 "야소교와 천주학의 공부"라고 설명하고 있다. **49** 이는 유길준이 '종교학'을 근대 학문으로서의 "종교학science de religion"이 아니라 "그리스도교의 학문", 즉 신학theology의 의미로 파악한 것이며, 따라서 유길준이 파악한 '종교'를 "유일신 중심의 종교"로 평가할 수 있음을 말해 준다. **50** 유길준은 《서유견문》에서 정교일치적 종교 개념 이해와 종교의 자유 및 통의를 둘러싼 논의 사이에 기독교에 대한 해석의 여지를 열어 두고 있다. 그에게 기독교는 어떤 의미였을까? 다음에서 살펴보자.

---

49 유길준(1895), "13편 학업(學業) ᄒᆞᄂᆞᆫ 조목(條目)", 앞의 책; 《유길준 전서》 I, 376쪽.
50 장석만(1992), 앞의 논문, 66쪽.

5. '영혼의 교도'로서의 기독교

1) "사경회 취지서"의 배경

1896년 이후 일본에 망명 중이던 유길준은, 일본육사에 유학한 사관들 및 오세창 등과 규합해 대한제국 내정 개혁을 목적으로 쿠데타를 기도한 건이 발각되어 1902년 6월 일본 정부에 의해 하하지마母島 및 하치조지마八丈島에 유배되었다.[51] 유배에서 풀려난 것은 1906년 3월, 그 사이 러일전쟁이 끝났고 일본에 의한 식민지배는 가속화되는 중이었다. 이후 1907년 8월 귀국하기까지 약 1년 반 동안의 유길준의 행적에 관해서는, "메이지 39년(1906) 3월 1일 내지 거주를 허가 받아 〔도쿄〕 입경 이래 각지를 유력遊歷, 휘호揮毫에 종사함"으로 기록되어 있어 비교적 조용히 지낸 것으로 알려져 왔다.[52]

그런데 유길준의 인맥에 관한 최근 연구에서 이 시기 유길준이 일본 각지를 다니며 정치적·경제적 활동을 도모한 대략이 지적되었다.[53] 우선 주목되는 점은 유길준이, 1904년 9월 발족된 동아청년

---

51 이광린(1989), "일본 망명시절의 유길준", 《개화파와 개화사상 연구》, 일조각, 196~213쪽; 윤병희(2015), "일본 망명시절 유길준의 쿠데타 음모사건", 《유길준연구》, 국학자료원, 231~260쪽.

52 "(明治) 39년(1906) 3월 1일 內地居住를 許可받아 入京爾來 各地를 遊歷, 揮毫에 從事함", 原敬文書硏究會 編(1987), "韓國亡命者 經歷"(明治 39년 12월), 《原敬關係文書》 8권 書類篇 5, 日本放送出版文化協會; 이광린(1989), 위의 책, 212쪽에서 재인용.

회 및 일한동지회와 관계가 있었다는 점이다. 주도 인물 가운데 저
널리스트 이시카와 야스지로石川安次郎, 보통선거운동에 관여했던 나
카무라 다하치로中村太八郎 등과 박영효, 유길준이 만난 기록이 있
다.[54] 또 하나 주목되는 점은 유길준이 손병희, 오세창 및 동학교단
파견 유학생들과 관계가 있었다는 것이다.[55] 하지만 유길준과 동학
교단과의 관계 및 종교 관련 인맥은 그 이상 언급되어 있지 않다. 다
만, 이러한 인적 네트워크 분석으로부터는 이 시기 유길준이 정치,
경제, 종교 등 다방면에 걸친 인물과 접촉하면서 활동하고 있었음을
알 수 있다.

이 시기 유길준의 종교 이해를 직접적으로 알려 주는 거의 유일한
자료는 1906년 작성된 "사경회査經會 취지서"다. 같은 해 8월 김정식
이 재일 한국기독교청년회의 설립을 맞아 초대 총무로 파견되어 다

---

53 마스타니 유이치, "유길준의 인맥에 대한 연구", 최덕수 편(2018), 《유길준의 지
  (知)-인(人), 상상과 경험의 근대》, 고려대 출판문화원, 358~407쪽.

54 마스타니 유이치, "유길준의 인맥에 대한 연구", 최덕수 편(2018), 위의 책, 378
  ~380쪽. 통감부 문서 경시청 보고서에 의하면, 박영효와 유길준은 이시카와 및
  나카무라를 통해 귀국을 도모했던 것으로 보인다. 또한 동아청년회는 "청한(淸
  韓)의 진보·발달·지도를 목적으로 함"이라고 설명되어 있다. 나카무라 다하치
  로에 대해서는 1895년 사회주의 고취를 위한 보통선거운동을 했으며 1904년 동아
  청년회를 조직, 1905년 국가사회당을 조직했다고 기록되어 있다. 발신자 外務大
  臣 子爵 林董, (26) "朴泳孝 歸韓에 관한 警視廳 報告書 送付", 발신일 1907.
  6. 13, "一一. 警察事務執行及朴泳孝關係書類", 《통감부 문서》 3권, 한국사데
  이터베이스.

55 마스타니 유이치, "유길준의 인맥에 대한 연구", 최덕수 편(2018), 위의 책, 380
  ~381쪽.

양한 사업을 펼치는 가운데 사경회가 설립되었다. **56** 사경회는 1890
년 언더우드Horace Grant Underwood (1859~1916) 에 의해 신학교육과 조
사助事 파송을 목적으로 한 교육 과정으로 시작되었으며, 이듬해 장
로교선교회 본부가 성경공부 원칙안을 제정해 각 지역 선교부에 보
내면서 평신도 교육프로그램으로 정착했다. 1904년 선교회 보고에
의하면 당시 한국 기독교인 전체의 60%가 사경회에 참가했을 정도
로 확대되었다. **57** 이런 배경에서 재일 한국기독교청년회에서 사경
회를 개최했으며, 그 개최 취지서를 유길준이 집필한 것이다.

유길준이 "사경회 취지서"를 집필한 것은 김정식의 권유에 의한
것으로 보인다. 김정식은 1902년 쿠데타 계획에서 새로운 정부를
구성할 주요 인물로 거론되었다는 점으로 보아, 유길준과 긴밀한 관
계였으리라 추측된다. **58**

주목하고 싶은 문제는 이 시기 유길준에게 종교와 기독교가 어떤
의미였는가 하는 점이다. 아쉽게도 유길준과 재일 한국기독교청년

---

56 "김정식 씨는 원래 유지의 사(有志之士) 다. 일본 도쿄에 먼저 가 한국 유학생을
위해 사경회를 설립하고 두 달을 권면하는 중인데 …", "畿湖易明", 〈대한매일신
보〉(1906. 12. 29).

57 기독교문사 편집부(1992), "사경회", 《기독교백과사전: 단권》, 기독교문사, 805
쪽.

58 〈고종실록〉 44권, 1904년 3월 11일 자; 윤병희(2015), 앞의 책, 235쪽 참조. 정
부 조각 구성원으로는 김윤식, 한규설, 민영환, 민영준, 이윤용, 김가진, 이완용,
권재형, 한창수, 박승봉, 홍재기, 김정식, 유성준, 윤치호, 서상집, 신해영, 박
재순이 거론되었다.

회 간의 관계를 논하는 자료는 더 이상 찾지 못했다. 따라서 당시 한국의 기독교 상황 및 가족들의 기독교 신앙과 유길준의 접점을 확인하는 것으로 유길준의 기독교 이해를 우회적으로나마 살펴보고자 한다.

우선, 정동구락부, 독립협회, 황성기독교청년회를 관통하는 기독교 정신과 유길준의 관계를 되짚어 볼 필요가 있다. 전택부에 의하면, 황성기독교청년회 운동은 독립협회 운동을 계승한 것이며 더 거슬러 올라가 1894년 설립된 정동구락부에서 출발한 것으로 평가되는데, 이 정동구락부에 유길준은 참여했다. 또한 유길준은 정동구락부 시절 서재필이 〈독립신문〉 발간을 계획할 때 정부 보조금을 준비하기도 했다. **59** 하지만 1896년 유길준이 일본으로 망명함으로써 이들 단체와의 직접적인 연결고리는 끊어진 듯 보인다.

주목되는 점은, 황성기독교청년회 운동에 유길준이 "간접적으로" 가담했으며 "또는 그 자제들이 가담했다"는 전택부의 지적이다. **60** 동생 유성준이 1902년 옥중에서 이승만, 김정식, 이상재 등과 함께 기독교 신자가 되었으며, 1904년 출옥 후에 종로 연동교회에서 세례를 받은 사실은 잘 알려져 있다. **61** 아들 유억겸 또한 배재학당 및 중앙기독교청년회 학관 중등과, 일본 도시샤중학교同志社中學校 등 기

---

59 전택부(1994), 《한국 기독교 청년회 운동사》, 범우사, 53~54쪽.
60 전택부(1994), 위의 책, 82쪽.
61 전택부(1994), 위의 책, 78~80쪽.

독교 학교를 거쳤으며, 도쿄 제국대학 졸업 후 귀국해 연희전문학교 교수를 지내면서 조선중앙기독교청년회에서 활동했다.[62]

새로 알게 된 사실은 《연동蓮洞교회 세례교인 명부》를 확인한 결과 "유길준 쳐"라는 기록이 있다는 것이다.[63] 1904년 세례를 받은 것으로 되어 있다. 유길준의 이름은 찾을 수 없었다. 연동교회에서 유길준 아내는 유길준의 동생 유성준과 같은 해에 세례를 받은 것이다. 유길준 처의 세례에 유길준의 영향은 없었을까? 이 점은 더 검토할 필요가 있지만, 기독교를 접한 후 신앙 및 세례로 이어지기까지 걸리는 일반적 시간을 고려하면, 유길준의 처가 기독교에 관여한 시점은 1904년 이전으로 보는 것이 합당할 것이다. 또 지금까지 살펴봤듯 1885년 이후 기독교·종교에 대한 유길준의 이해를 고려하면, 유길준의 기독교 이해와 가족들의 기독교 신앙을 완전히 분리해 생각할 수는 없지 않을까 생각된다.

이렇게 보면 1906년 시점의 유길준의 기독교 이해는 오랜 시간에 걸친 종교에 관한 사유를 바탕으로 전개된 결과이며, 또 가족의 기독교 신앙과의 관련 속에서 생각해 볼 필요가 있다. "사경회 취지서"는 이런 배경에서 집필된 것이라고 생각할 수 있다. 구체적인 내용을 다음에서 살펴보자.

---

62 전택부(1994), 위의 책, 271쪽 이하.

63 연동교회 편(2001), 《연동교회 세례교인명부: 1896~1911》, 연동교회, 24쪽.

2) "사경회 취지서"의 내용

"사경회 취지서"의 직접적인 목적은 제목에서 추측할 수 있듯 사경회의 개최 취지를 선포하는 데 있다. 따라서 이 글은 기독교의 우월성을 찬미하고 전지전능한 신을 찬양하며 이를 더욱 잘 체현하기 위해 사경회를 개최한다는 내용을 담고 있다. 여기에서 우선 확인할 수 있는 것은 유길준이 기독교 신도를 향해 기독교와 성경을 설득력 있게 말할 적절한 인물로 추대되었다는 점이다. 글에서도 기독교 및 종교에 대한 유길준의 고민과 사유의 깊이가 엿보인다.

"사경회 취지서"는 내용상 크게 두 부분으로 나눌 수 있다. 전반부는 종교로서 기독교의 탁월함을 찬미하는 내용이며, 후반부는 국가의 자유·독립을 위해 기독교를 요청하는 내용이다. 우선 전반부를 살펴보자. 유길준은 이 글을 다음과 같은 말로 시작하고 있다.

> 하늘이 사람을 만드시매 영혼을 부여하시고 사랑으로 보듬어 기르시
> 며 선으로 인도하시니 이로써 하늘과 사람이 서로 어우러질 때 영혼은
> 오롯이 교통하는 무지개다리이며 감응하는 전선電線이니라. **64**

첫머리에서 유길준은, 하늘이 사람을 만들고 영혼을 부여해 사랑으로 기르고 선으로 유도하는 존재라는 점을 게시한다. 유길준이 기

---

64 유길준(1906), 앞의 글; 《유길준 전서》 II, 393쪽.

독교에 기대한 두 요소는 바로 초월적 존재자로서의 하늘, 즉 신의 존재와 그런 신과 사람을 이어 주는 '무지개다리'로서의 '영혼'이라는 관념이다. 영혼을 통해 신은 사람을 사랑으로 기르고 선으로 유도하며 그에 대해 인간은 감응한다는 것이다.

그리고 이런 점에서 세계에는 중국의 공자, 인도의 붓다, 아라비아의 무함마드 등 성인이 가르침을 세워 권선징악의 대도를 펼친 다양한 종문宗門이 있지만 그것만으로는 충분하지 않다고 말한다. 이들과 비교해 기독교는 다음과 같은 것이다.

전능 유일한 신이 묵시하여 드러내시는 바, 즉 청결 무구하고 광통 자재하신 하늘과 사람이 서로 소통하는 영혼의 교도에 이르러서는 우리가 감히 말하건대, 오직 우리 구세주의 가르침에만 있다 하노라.[65]

기독교에는 "전능 유일한 신"이 존재하며 그런 "우리 구세주의 가르침"(我救主의 敎)에 의해서만 "영혼靈魂의 교도敎導"가 가능하다는 것이다. 더 나아가 유길준은 구세주의 가르침이 특별함을 강조하기 위해 공자의 가르침과 선명하게 대비시켜 제시한다. "공자의 가르침을 우리 구세주의 종지와 비교하면 도덕의 의의"에서는 상통하는 점이 있다고 하면서도, 각각의 가르침은 다음과 같이 결정적으로 다른 것이라고 설명한다.

---

65 유길준(1906), 위의 글; 《유길준 전서》 II, 396쪽.

그러나 공자는 정치도덕의 성뽀이요, 우리 구세주는 종교도덕의 신神
이다. … 우리 구세주는 우주 만세를 일시하시어 일체 인류의 죄구를
구제하기 위해 박애 지선한 종지를 세우신 것이다. 그리하여 공자교는
현세 인사에 관한 도덕이니 인사교人事敎이며 종교가 아니다. 우리 구
세주의 가르침은 신과 인간을 통하는 만세 도덕이니, 즉 생민 이래로
전만세 후만세 대일통 종교大─統 宗敎이니라. **66**

유길준에 따르면, 공자는 "정치도덕의 성뽀"이다. 그런 "공자교"
는 현세 인사에 관한 도덕으로 "인사교人事敎"이며 "종교"가 아니다.
이와 달리 구세주는 "종교도덕의 신神"으로 널리 인류를 구원하기 위
해 종지를 세웠다. 그런 "우리 구세주의 가르침"이야말로 신과 인간
을 소통하고 현세와 내세를 관통하는 "만세도덕"으로 "대일통 종교"
라는 것이다.

그는 이렇게 공자교와 예수교가 각각 관계하는 영역과 주목적이
다름을 설명한 다음, 그럼에도 공자를 믿는 자와 예수를 믿는 자가
잘 모르고 상호 비방하여 불화가 극에 달한 현 상황을 탄식한다. 이
에 대한 유길준의 답은, "단지 바라건대 우리 동포는 인사교로는 공
자를 송독誦讀해도 종교상으로는 천신 아래 귀의해 구세주 야소를 신
앙할지어다"로 요약된다. **67** 현세 인간사의 도덕에 관해서는 공자의

---

66 유길준(1906), 위의 글;《유길준 전서》Ⅱ, 397쪽.
67 유길준(1906), 위의 글;《유길준 전서》Ⅱ, 399쪽.

가르침을 따르고, 종교상으로는 구세주 예수를 신앙해야 함을 설파한 것이다.

이로부터는 유길준의 종교 개념 이해가 기독교 이해와 연동하면서 결정적으로 변화했음을 알 수 있다. 한편으로는 신이 "영혼의 교도"를 한다고 말한 점에서, 여기서 제시된 '종교'의 의미 역시 — 더욱 근본적인 — '근본 가르침'으로 이해할 수 있다. 하지만 다른 한편으로는 그런 '종교'의 원천을 유교의 성인 대신 구세주 예수에게서 찾음으로써 종교의 속성으로 초월성超越性을 요청하게 되었다는 점에서 달라졌다.

이전 모스에게 보낸 편지에서는 모든 종교의 공통 속성으로 신성성과 도덕성을 언급한 바 있다. 신성성과 도덕성은 유교와 기독교에 공통적이라고 이해되었다. 이와 비교해 여기에서는 구세주 예수라는 신적 존재를 종교의 원천으로 설정함으로써 진정한 종교의 속성으로 신성성과 도덕성을 넘어 초월성을 더하여 말하고 있는 것이다. 그리고 그런 구세주에 의한 영혼의 구원을 말하고 있는 것이다. 유교가 '종교' 아닌 '인사교teaching'이며, 기독교만이 '종교religion'로 정의되는 연유다.

여기에서 하나 더 확인하고 싶은 점은, 이러한 유길준의 논의에서 고자키 히로미치의 《정교신론政敎新論》(1886)과 상응하는 논의가 보인다는 점이다. 고자키는 도쿄기독교청년회 초대 회장을 비롯해 도시샤 총장, 일본조합기독교회 회장, 일본기독교회연맹 회장 등을 지낸 근대 일본을 대표하는 목사·신학자 중 한 명이다. "사경회 취지서"와의 관련 논점을 간단하게 정리하면 다음과 같다.

첫째, 고자키는 중국으로부터 유교가 일본 및 조선에 들어와 "정치도덕"으로 기능해 정치자유를 억압한 결과, 국가의 개명을 비롯한 여러 방면에 폐해가 발생했다고 비판한다. **68** 유교는 "현세의 종교", "도덕교"에 관련된 것으로 제한적으로 자리매김된다. **69** 따라서 국가 사회의 문명 발달을 추진하기 위해서는 "종교도덕"이 필요한데, 이에 적합한 종교가 바로 기독교라고 주창한다. **70** 이러한 내용은 "사경회 취지서"의 "정치도덕"과 "종교도덕" 개념 및 논의와 직결된다.

둘째, 고자키는 종교진화론의 관점에서 개명 이전의 유교에서 점진적으로 기독교를 향한다고 말한다. 유교주의의 구일본을 탈피해 기독교를 취함으로써 신일본을 지향해야 한다는 말이다. **71** 이와 비교하면 "사경회 취지서"는 유교에 대한 기독교의 우월성을 설파한 점은 같지만 유교를 구시대의 것으로 배제하는 것이 아니라, 공자교와 기독교 각각이 정치와 종교라는 다른 영역을 담당해야 한다고 봤다는 점에서 차이가 있다.

셋째, 고자키는 기독교가 유교와 달리 정교분리를 원칙으로 한다고 말했지만, "국가 내부의 생명에서 '교'와 '정'은 불가분한 원리"에

---

68 小崎弘道(1886), 《政教新論》, 警醒社. 이 글에서는 《政教新論: 増補2版》(1888)을 사용했다. "第二章 我國政教の思想", 《政教新論》, 9쪽 이하 참조.

69 小崎弘道(1886), "第三章 儒教の性質", 위의 책, 21쪽 및 37쪽 참조.

70 小崎弘道(1886), "第七章 宗教道德の必要(一)", "第八章 宗教道德の必要(二)", 위의 책, 57~76쪽.

71 小崎弘道(1886), "第九章 儒教と基督教", 위의 책, 77~86쪽 참조.

있으며 기독교는 "만세의 기초"라고 설명한다. 72 국가에서 정치와 종교는 원초적으로 긴밀한 관계를 가진다는 것이다. 73 이로부터 "우리나라 문명을 기독교라는 반석 위에 놓고 종교와 정치를 자재로 운동시키면 국운의 장구한 진보는 확실하다"라는 주장이 나온다. 74 기독교는 종교와 정치를 포함한 국가 문명의 기반으로 제시되어 있다. 그렇기에 기독교 중심의 "종교도덕"은 "국가의 원기, 생명"이며, 진정한 종교란 최종적으로 "사회를 결합하고 정체를 견고하게 만들어, 국가를 견고"하게 하는 것이라 제시된다. 75 이러한 고자키의 논의는 이후 살펴볼 "사경회 취지서"의 후반부 내용과 관련된다.

"사경회 취지서" 후반부는 기독교와 국가의 관계를 집중적으로 다루고 있다. 우선, 유길준은 세계에 있는 기독교 국가를 둘러보라고 가리킨다. 그에 따르면 기독교 국가의 국민은 모두 자유와 독립을 향유하고 있다. 그것은 "우리 구세주의 만세 탁월하신 대화도덕大化道德이 하늘이 내려 준 사람의 영혼을 계발 진작"하여 사람으로서의 권리, 의무, 광영, 복록, 가치를 스스로 알게 하기 때문이다. 그리고 그런 깨달음이 인간의 기상을 드높이기 때문이다.

---

72 小崎弘道(1886), "第十三章　教會と政府", 위의 책, 115쪽 이하 참조.
73 그가 말하는 정교분리는 기독교 우위의 정교분리를 의미한다. 즉, 천황 및 고위 정치인이 기독교 정신으로 자신을 구원하고 또 정치를 하되 정권은 교회에 간섭하지 말 것을 주장한다. 小崎弘道(1886), "第十三章　教會と政府", 위의 책, 123~124쪽 참조.
74 小崎弘道(1886), "第十四章　一己人と社會(結論)", 위의 책, 124~125쪽 참조.
75 小崎弘道(1886), "第七章　宗教道德の必要(一)", 위의 책, 60쪽 이하 참조.

그 의지의 고상 불기不羈함과 그 기개의 확건 불굴함이 찢기고 부서지는 참화를 만나든 불에 타고 물에 빠지는 고난을 당하든 명이 길든 짧든 하나의 굽은 육신은 차라리 죽을지언정 만세 불멸하는 영혼은 독립을 잃은 노예의 모욕을 받지 않고 자유를 빼앗긴 속박과 능핍을 받지 않음으로써 그러하다. 76

유길준은 기독교 국가의 국민의 기상을 불사불굴의 정신과 불멸의 영혼으로 칭양한다. 이를 통해 환난을 극복해야 하며, 설사 육신이 죽더라도 만세 불멸의 영혼은 독립과 자유를 누려 노예 되는 모욕을 당하지 않는다는 것이다.

그렇다면 이를 가능하게 하는 방도는 무엇인가? 유길준에 따르면, 기독교 위에 "사회의 근저"를 수립하여 "사회의 다수인이 이 종교의 진의를 확신하고 굳게 지키"는 것이 필요하다. 그때 "수렴해 감화된 도덕성령이 국가를 향해 발휘"하니 간결한 정치, 공정한 법률, 충의로운 군비가 갖추어져 국가의 "만세토록 흔들리지 않는 기초"를 세울 수 있기 때문이라 설파한다. 그리고 다시 유길준은 바람직한 종교로서 기독교를 "사람의 영혼을 수양하고 이끌기"에 족하여 "국민의 풍기"를 향상시키며 "구원하는 도덕"을 갖춘 것이라고 요약한다. 이에 반해, 미개한 원시 신앙들은 국가 패망의 원인이 되는바, 이렇게 "종교와 국가의 관계"가 중차대하다고 재차 강조한다. 77

---

76 유길준(1906), 앞의 글; 《유길준 전서》 II, 400~401쪽.

이러한 유길준의 기독교 이해를 다시 고자키와 비교해 보자. 고자키는 기독교를 국가의 기초로 삼아 그 위에 종교와 정치를 연계해 운용하면서 국가의 문명을 목적으로 할 것을 말했다. 이와 비교하면 유길준은 기독교를 우선 사회의 기초로 삼을 것을 말한다. 그리고 그 위에 정치 영역을 배제하고 종교로써 영혼의 구원을 통한 국가의 자유와 독립을 지향하고 있다. 그리고 그때 기독교는 사회의 근간으로 기능하며 개인의 영혼을 단결시켜 국가의 자유와 독립을 위해 죽음을 무릅쓰게 만드는 것으로 요청되고 있다. 이 지점에서 종교 개념은 유길준의 기독교 이해와 연동하면서 구세주에 의한 '영혼의 교도'인 동시에 '사회'를 통해 구성원을 횡으로 묶어 내는 의미를 갖는다.

이제 마지막으로 "우리 국민의 사회"를 보라고 유길준은 촉구한다. 불교는 옛적에 쇠퇴했고 공자교는 종교가 아닌바, 종교의 부재로 인해 개인의 습속이 비루해지고 사회의 기강이 해이해져 오늘날 국가가 구제할 수 없는 대치욕을 당하게 되었다.[78]

그러므로 우리 친애하는 동포 형제자매를 제휴하여 우리 구세주의 종문에 함께 귀의할지어다. 그리하여 박애 지선한 도덕의 감화로 의지할 곳 없던 영혼을 구제하고 수련해, 청신하고 순정하며 의롭고 숭엄하며 의열하고 독실한 기백과 역량으로 국가의 기운을 만회하며 사회의 퇴

---

77 유길준(1906), 위의 글; 《유길준 전서》 Ⅱ, 402쪽.
78 유길준(1906), 위의 글; 《유길준 전서》 Ⅱ, 403쪽.

폐를 교정하기를 하느님에게 기도하여 맹세하고 소원을 빌지어다. **79**

지금 우리 국민이 해야 할 일은 다 함께 기독교에 귀의해, 구세주의 도덕의 감화로 영혼을 구제하고 수련해 기백과 역량을 기르는 일이다. 그럼으로써 국가의 기운을 만회하고 사회의 퇴폐를 교정하는 일이다. 사경회는 이러한 구세주의 뜻을 더욱 잘 알기 위해 설립한 것인바, "동호하는 영혼의 단결일치로 만세의 대사대업을 달성"하자고 요청한다.

유길준이 기독교에 기대한 것은 초월적 신에 의한 영혼의 교도와 구원, 그리하여 불멸의 영혼에 대한 믿음과 불사불굴의 정신을 이끌어 내는 것이었다. 그리고 그런 개개인의 영혼을 사회 단위에서 단결 일치시키는 구심점으로서의 기능이었다. 그럼으로써 국가의 자유·독립을 달성하고자 한 것이다. 이렇게 기독교에 조국의 미래를 기대한 유길준은 다음과 같은 전도의 말로 이 글을 맺는다.

"귀의할지어다, 오직 우리 천부에게. 신봉할지어다, 오직 우리 구세주 예수의 종교를."**80**

---

79 유길준(1906), 위의 글; 《유길준 전서》 II, 403쪽.
80 유길준(1906), 위의 글; 《유길준 전서》 II, 404~405쪽.

6. 통합의 기술 또는 구원의 신앙

유길준에게 종교는 줄곧 '근본 가르침'의 의미를 가지며, 구성원의 정신을 다스리고 통합을 이끌어 내 조선의 자유·독립을 가능하게 하는 결정적 요소로 자리하고 있었다. 1883년 《세계대세론》에서는 조선의 위정자가 고유의 종교인 유교로써 인민의 정신을 다스려야 하며, 그렇게 할 때 조선 인민이 타국 종교의 노예 되는 것을 막아 국가를 지킬 수 있다고 언명했다. 그로부터 약 2년 남짓 지난 1885년 모스에게 보낸 편지에서 조선의 종교로 유교 대신 기독교를 타진하고자 한 것도 미국에서 기독교가 통치와 교화의 기능을 훌륭하게 완수하고 문명의 성취를 가능하게 했다는 판단이 작용했기 때문이다.

조선의 종교를 요청할 때 1883년 유교에서 1885년 기독교로의 급격한 변화는, 정세상으로는 각각 임오군란과 갑신정변 직후라는 국가의 위기 상황을 맞고 유길준 자신은 일본 유학과 미국 유학을 차례로 경험하면서 모색한 결과라고 할 수 있다. 이러한 변화는 내재적으로는 유길준이 종교에 관한 오랜 사유 끝에 모든 종교에 신성성과 도덕성이라는 공통된 속성이 있다고 발견함으로써 촉발된 것으로 이해할 수 있다. 흥미로운 점은 종교의 공통 속성에 관한 발견이, 조선에서 유교를 대체할 정교일치적 종교로서 기독교를 위치시키는 것을 가능하게 하는 동시에, 유교 중심의 정교일치에서 한발 벗어나 제한적이나마 종교의 자유를 논할 여지를 열었다는 점이다. 《서유견문》에서는 '종교'가 '근본 가르침'으로 거듭 정의되며 국가와 긴밀한 관계에서 설명되는 가운데, 조건부의 형태이지만 종교의 자유가 제시되어 있다.

그러나 십여 년의 일본 망명 시기를 보내고 그 끝자락에 서 있던 1906년 유길준이 더 이상 종교의 자유를 논하는 일은 없었다. 그는 절체절명의 조국을 바라보며 유일한 종교로 기독교를 요청하기에 이르렀다. '종교'는 국가 통치와 인민 교화를 목적으로 하는 유교적 '근본 가르침'에서 기독교적 신에 의한 '영혼의 교도'로 변화했다. 하지만 '구세주의 가르침'에 따라 영혼의 구원을 믿고 죽음을 불사하며 영혼의 일치단결로써 국가의 자유와 독립을 위해 싸우자고 한 점에서, 이 시기 유길준에게 '종교'는 유교적 근본 가르침보다 더욱 근본적인 가르침을 의미하고 있었다고 할 것이다. 기독교를 통해 불굴의 기상과 불사불멸의 정신을 추동하며, 기독교를 사회의 기초로 삼아 국민이 연대해 싸울 것, 그 끝에 조국의 자유·독립이 있다고 유길준은 기대한 것이다.

유길준의 종교 개념 이해를 통해 그의 종교 이해를 검토한 작업으로부터는 그에게 종교와 국가가 불가분의 관계로 사유되었다는 점뿐 아니라, 요청되는 종교가 유교에서 기독교로 변화할 때의 그 논리 또한 확인할 수 있었다. 그때 유길준의 기독교 요청은 통상의 종교진화론자처럼 유교를 구시대의 종교로 간주하는 것이 아니라, 오히려 기독교를 유교와 같은 차원에 놓고 신성성, 도덕성이라는 원시성을 종교의 공통 속성으로 지적함으로써 가능했다. 기독교는 근대 서양문명의 정신이지만, 그 정신은 고대의 가르침으로서 유교와 다를 바 없다고 본 것이다.

이에 더해 유길준은 기독교만의 속성으로 초월성을 인식하기에 이르렀다. 기독교는 고대의 가르침으로서 유교와 상통하면서도, 초월성을 겸비함으로써 그 가르침을 더욱 강력한 것으로 제시할 수 있는 종교로 이해되었다고 할 수 있다. 그런 이해로부터, 유교가 후퇴하고 기독교가 요청될 때 정치도덕과 구별된 종교도덕이 제시되었지만, '수신제가치국평천하'라는 유교적 덕목은 기독교에서 개인의 도덕, 사회의 도덕성령, 구세주의 대화도덕大化道德으로 변환되면서 국가를 향해 여전히 작동하고 있다.

이렇게 기독교가 유교의 업그레이드된 버전으로 이해되면서 개인의 영혼과 국가의 자유·독립에 관한 구원이 추구될 때, 엄밀한 의미의 정교분리는 불가능해진다. 유길준이 《세계대세론》에서 유교 중심의 정교일치를 지향했다면, "사경회 취지서"에서는 기독교를 유일한 종교로 명시하고 정치 영역은 유교에 위임해 비켜 가면서도 기독교와 사회 영역의 관계를 강조했고, 결과적으로 사회를 매개로 종교와 국가의 관계는 오히려 더욱 생생하게 부각된 듯 보인다. 국가는 존재하되 주체적인 정치가 압제된 시기에 종교는 사회를 통해 국가·정치에 접속 가능케 하는 것으로 요청되었다고 할 수 있다. 우회적으로 또는 사회적 차원에서 정교일치를 지향한 것이라 이해할 수도 있겠다. 이 시기 유길준에게 종교, 즉 기독교는 이처럼 사적 영역과 공적 영역을 관통하면서 통합의 기능과 구원의 신앙이 만나는 지점에 위치하는 것이었다.

기독교를 통해 불사불멸의 영혼을 국가의 자유·독립을 향해 추동하고자 한 유길준의 자세는, 그가 직간접적으로 관여했다고 평가되는 황성기독교청년회의 방향성과 겹쳐 볼 수 있다. **81** 황성기독교청년회에서는 사경회 참여를 독려하는 1905년의 광고문에서 다음과 같이 설파한다. "군졸이 된 자가 적국을 이기려면 병기를 연습하여 민첩하게 사용해야 한다. 지금 우리 기독교도는 모두 십자군의 병사요, 신구 양 성경은 백연철로 만든 검봉이다. 저 마적을 복멸하고자 하건대 성경의 깊은 뜻을 연구하지 않는다면 병기를 연습하지 않은 군졸과 무엇이 다르랴."**82** 기독교도와 성경을 십자군과 백연검봉에 빗대며 마적을 무찌르자는 내용은 단순한 비유에 그치지 않는다. 훗날 김교신은 김정식과 우치무라 간조의 교우를 회상하면서 이들이 공통적으로 "무武"의 기질과 "백부장의 단순한 신앙"을 가지고 "기독교의 남성적 부분"을 발현했으며, 공권력의 핍박에 대해서는 "의협義俠의 열"로 대항했다고 서술한 바 있다. **83** 이러한 진취성, 더 나아가 호전성은 유길준이 기독교를 통해 추구하고자 했던 정신과 닮아 있다.

한편, 유길준은 1907년 흥사단 설립을 계기로, 이전 시기라면 종교에 의한 인민 교화와 통치를 요청했던 입장을 바꾸어 이제 "보통

81 전택부(1994), 앞의 책, 82쪽.
82 〈皇城新聞〉(1905. 2. 13), "敎會通牒".
83 김교신(金敎臣, 1937), "故金貞植先生", 《聖書朝鮮》, 聖書朝鮮社, 98쪽.

교육으로 국민을 도양導養해 사士의 근기를 정"하고자 한다. **84** 종교에 의한 인민 교화 대신 근대적 교육을 통한 국민 양성을 요청하게 된 것이다. 이듬해의 글 "시대사상"에서는 주나라 이전을 도덕정치 시대라고 부르고 공자, 석가, 예수 세 성인의 사상 또한 당대의 요구에 부응해 나온 것이라고 말한다. 예수를 공자, 석가와 나란히 고대 도덕정치 시대의 시대정신을 드러내는 '성인聖人'으로 위치시키면서, 성인의 가르침을 도덕으로 삼아 정치를 하던 시대는 과거의 일이라고 지적한 것이다.

법령정치 시대를 맞이한 지금, 그리고 앞으로의 기술정치 시대에도 도덕사상은 여전히 중요하지만 "사회에 보편적인 것으로 개인의 교육에 맡겨 두면 충분하다"라고 말한다. **85** 종교적 교화를 대체해 근대적 교육이 요청됨에 따라 도덕사상은 사적 영역으로 위치하는 것이 바람직하다고 이해된 것이다.

그렇다면 이 시기의 유길준은 종교를 어떻게 이해했고 또 실천하고자 했을까? 여기서 다시 "사경회 취지서"에서 요청한 정신을 상기하면서 "흥사단興士團 취지서"를 읽어 보자. "국운의 만회와 국세의 진흥"을 이루려면 기관의 설립과 협력이 필요한바, 이에 인민의 교육으로 "전국의 사풍士風을 흥기"하여 지식과 도덕을 확산시키고 끊임없이 거듭나 국가 부강을 이루고자 흥사단을 조직하노라고 유길

---

84 유길준(1907), "흥사단취지서"; 《유길준 전서》 II, 364쪽.
85 유길준(1908), "시대사상"; 《유길준 전서》 IV, 284~285쪽.

준은 선포한다. 사람이 배우면 모두 사士다, 국민을 모두 사士로 만든다, 국가를 위해 일하려면 사회조직이 필요하다, 전국적으로 사풍士風을 일으킴으로써 국가의 부강을 목표로 한다 — 이러한 흥사단의 방향성은, 구원 신앙에 의한 불사불멸의 영혼의 믿음과 그런 영혼의 일치단결을 사회의 토대로 삼아 국가의 자유·독립을 회복하고자 한 "사경회 취지서"의 지향점과 통하는 부분이 있다.

유길준은 흥사단을 초종교적 교육기관으로 표방했지만, 통감부는 흥사단을 "정치상 야심이 있는 인물의 집단"이자 "대한협회원과 기독교파가 다수를 점"한다고 파악하고 감시 대상으로 삼았다. 86 또한, 흥사단은 원래 기독교 학교가 아님에도 기독교 자제가 많이 다니기 때문에 기도를 올리는데 "국권회복의 기도"를 하고 "국권회복에 관한 연설"을 해서 "배일사상을 고취"했다고 기록되어 있다. 87 흥사단의 정신과 활동을 유길준의 기독교 이해와 겹쳐 보는 것도 가능할 것이며, 또한 만년의 유길준과 기독교의 접점이 예상보다 넓고 지속적이었을 것이라는 추정도 가능할 것이다.

그런데 만년의 유길준에게 종교는 여전히 모색 대상이기도 했던 듯하다. 《노동야학 독본》에서는 '육조가六條歌'의 제목 아래 "어화어화 됴흘시라 하나님의 놉흔 됴화 이 만물을 나여시니 하나님"으로

---

86 (210) "京城 政界의 현 정세", 1909. 3. 22, "1. 헌병대 기밀보고", 《통감부 문서》 6권, 한국사데이터베이스.

87 (22) "기독교에 관한 松井 경무국장의 조사 보고", 1910. 2. 16, "二四. 統監上京中往復書類", 《통감부 문서》 10권, 한국사데이터베이스.

시작하는 노래가 있다. 하나님이 만물을 창생하시고 그 가운데 뛰어난 사람을 창조하셨으니, 우리 사람은 도리, 권리, 의무, 자격, 직업, 복록을 행하고 누리자는 내용이다.[88] 노동자를 대상으로 한 이 책의 내용을 당시 하층민 중심으로 전파된 기독교에 기대어 말하는 것이 더욱 설득력 있다고 유길준은 판단한 것일까. 기독교 창조신의 존재와 유교적 덕목이 기묘하게 결합된 가운데 교화의 내용이 제시되어 있다.

더 나아가 1911년 유길준은 단군교檀君教의 대교정으로 추대되기도 했다. 이 해는 흥사단이 해체된 해이기도 하다. 식민통치기가 시작된 그때, 단군을 시조로 교정일치를 표방하는 종교에 관여한 것은 유길준의 종교 이해가 여전히 통합의 기술과 구원의 신앙에 걸쳐 있었음을 말해 주는 듯하다. 만년의 병석에서는 조양에 전념하며 "또 신명을 안락하게 하기 위해 종교에 귀의하고 병중에 아들, 조카딸에게 명하여 《신약성서》를 읽으라 하여 누워" 들었다고 하며, 이 무렵 유길준이 세례를 받았다고 전해진다.[89] 마지막 순간 유길준이 기독교·종교에 기대한 것은 영혼의 구원이었을까, 여전한 숙원인 조선의 자유·독립이었을까?

---

88 유길준(1908), 《노동야학 독본》; 《유길준 전서》 II, 363~367쪽.
89 "矩堂居士略史"; 《유길준 전서》 V, 370쪽; 유동준(1993), 《유길준전》(兪吉濬傳), 일조각, 307쪽.

8

'직분' 개념으로 보는 유길준의 주권의 원천*

후쿠자와 유키치와의 비교를 통해

이혜경 서울대 인문학연구원

1. 유길준에게 '권리'와 '의무'는 어떤 것이었나

'국민주권'은 '근대'를 알리는 중요한 지표이다. 국민주권 실현의 큰
줄기는 인간이 인간으로서 천부적으로 갖는 자연권, 즉 평등주의적
권리를 인정하는 데서 시작했다. 한자문화권에서 번역된 여러 근대
용어 가운데 '권리' 개념은 특히 낯선 개념이었기 때문에 번역하기
어려웠다고 전해진다. 번역하기 어려웠기 때문인지, 현재 정착된
'권리'權利는 '올바르기 때문에 정당한 요구'라는 'right'의 뜻 가운데

---

* 이 글은 이혜경(2020), "'직분' 개념으로 보는 유길준의 주권의 원천: 후쿠자와
유키치와의 비교를 통해", 〈동양철학연구〉 101, 129~164쪽을 수정·보완한 것
이다.

'올바름'의 의미는 반영되지 않은 번역어이다.1

근대 유럽문명을 소개한 후쿠자와 유키치의 《서양사정》은 체임버스출판사판 《정치경제학》2을 저본으로 삼아 편저한 책이었다. 후쿠자와는 《정치경제학》의 "Individual Rights and Duties"라는 장3을 "인생의 통의通義 및 그 직분職分"4으로 번역해 실었다. 즉, 'rights'와 'duties'를 '통의'와 '직분'으로 번역했다.

가장 이른 시기에 조선-한국에 서양 근대문명을 소개한 유길준의 《서유견문》5은 후쿠자와의 책들을 참고로 해서 만들어졌다. 특히, 《西洋事情》6의 많은 부분은 거의 그대로 번역했다.7 그리하여 자

---

1 'right'의 의미에 관해서는 김현철(2000), "권리에 대한 법철학적 연구: 권리 개념의 재구성을 중심으로", 서울대 법학과 박사학위논문, 28~31쪽 참조.

2 Anonymous(John Hill Burton)(1852), *Political Economy for Use in Schools and for Private Instruction*, William and Robert Chambers.

3 Anonymous(John Hill Burton)(1852), 위의 책, p. 3.

4 福澤諭吉(1868), 《西洋事情・外編》; 《福澤諭吉 全集》1권, 392쪽.

5 유길준에 의하면, 1882년 일본에 간 이듬해에 책의 구상이 시작되었으며, 1889년 탈고했다. 국내에서 출간하지 못하고, 1895년 후쿠자와의 도움으로 1천 부를 출간하였다. 유길준(1895), "西遊見聞 序", 《서유견문》, 1~6쪽. 이 글에서 사용한 《서유견문》은 《유길준 전서》 I.

6 본문에서 《西洋事情》과 《서유견문》이 비교 대상으로 나란히 언급되는 일이 많으므로, 두 책이 시각적으로도 선명하게 구별되도록, 각각 《西洋事情》, 《서유견문》으로 표기한다.

7 유길준이 후쿠자와의 책을 어느 정도 차용했는지를 다룬 선행연구에 관해서는 서명일(2017), "《서유견문》 19~20편의 전거와 유길준의 번역"(〈한국사학보〉 68, 93~128쪽)의 각주 4에서 정리한 것을 참조하라. 서명일에 의하면, 연구 초기에는 《西洋事情》을 번역한 부분이 《서유견문》의 70%를 차지한다는 주장도 있었으나, 최근에는 약 3분의 1 정도로 보고 있다.

유와 권리 등 자유주의적인 것으로 이해되는 후쿠자와의 노선을 그대로 수용한 것처럼 보여, 유길준 또한 자유주의의 수용자로 평가되기도 했다. **8** 자유주의자로 특정하지는 않지만, 유길준이 국민과 근대 국가의 창출로 귀결되는 근대화의 과정에서 선구적이고 핵심적인 역할을 했다는 평가는 일반적으로 공유된다. **9** 근대성을 평가하는 이러한 서술들이 보편적 근대성을 전제하고 한국의 근대사에서도 근대성의 핵심을 찾으려는 시각에서 이루어졌다면, 근래에는 유길준이 갖는 유학적 성격을 조명하는 연구들이 이어지는데, 이는 '다양한 근대'를 전제하고 한국 근대의 특수한 성격을 유학에서 찾으려는 의도를 갖는다. **10**

유길준이 조선-한국에 '문명'을 소개해 준 사람임은 분명하다. 특히, '국민'이 중요한 역할을 하는 정치체제가 세계의 대세임을 알리

---

8 姜在彦(1971), "近代朝鮮における自由民權思想の形成: 1880年代を中心として", 〈思想〉 570; 정용화(2000), "유교와 자유주의: 유길준의 자유주의 개념 수용", 〈정치사상연구〉 2, 61~86쪽.

9 대표적으로 정용화(2004), 《문명의 정치사상: 유길준과 근대한국》, 문학과지성사; 쓰키아시 다쓰히코(2009), "개화사상의 구조: 유길준 《서유견문》(西遊見聞)의 문명론적 입헌군주제론", 《조선의 개화사상과 내셔널리즘》, 최덕수 역(2014), 열린책들.

10 안외순(2006), "유길준의 해외체험과 민주주의의 유교적 수용: 전통과 근대의 융합", 〈한국문화연구〉 11, 157~197쪽; 장인성(2019), "유길준의 문명사회 구상과 스코틀랜드 계몽사상: 유길준, 후쿠자와 유키치, 존 힐 버튼의 사상연쇄", 〈개념과 소통〉 23, 189~235쪽; 박태옥(2019), "개화기 유학의 실천적 변용과 근대 지향: 《서유견문》에 나타난 유길준의 개화사상을 중심으로", 〈한국학연구〉 69, 107~134쪽.

고, 인민 각자가 그러한 정치를 감당할 수 있는 방향으로 나아가야 한다고 생각한 것도 분명하다. 그러나 동시에 유길준에게는 '문명'의 추구나 '국민'의 창출과 배치되는 언설도 많다. 또한 '문명개화'와 관련한 유길준의 공로를 평가하게 했던 많은 구절이 후쿠자와를 번역한 것과 변별되지 않은 상태에서 논의되어 왔다는 문제도 있다.

설사 서구 근대문명이 단일한 것이라 하더라도, 그것을 수용하여 지금에 이른 현대의 국가들이 같은 성격의 사회를 운영하고 있지 않은 이유는 수용 초기부터 달랐던 환경에 있을 것이다. 후쿠자와를 번역한 부분과 유길준 자신의 의견을 구별하는 일과 함께, 유길준이 소개한 근대사상을 영역별로 세밀하게 분류해 보는 방법이 필요한 시점이라고 생각한다.[11] 그것이 서구 근대에서 온 것인지, 또는 유학적 성격에서 온 것인지 판별하는 것에서 나아가, 그러한 요소가 어떤 성격의 한국적 '문명', 어떤 성격의 '국민'을 만들었는지 검토가 필요하다.

그러한 문제의식에서 이 장은 유길준의 특정한 개념 사용에 유의해 후쿠자와와의 차이점에 주목하고, 동시에 유길준이 소개한 근대 정치사상의 핵심 개념에 주목함으로써, 유길준의 정치사상이 갖는

---

11 이 점에서 후쿠자와의 《西洋事情》와 유길준의 《서유견문》의 내용 비교를 통해, 양자의 사유양식의 차이를 찾으려고 시도한 쓰키아시 다쓰히코(2009)의 앞의 책, 89~129쪽은 주목되는 연구이다. 쓰키아시는 비교의 결과로, 후쿠자와는 개인의 욕망 추구가 부로 이어진다는 점을 경제의 논리로 설명하는데 유길준은 도덕과 규범으로 설명한다는 점을 지적한다.

더욱 구체적인 특징을 찾아보고자 한다. 이 글은 그러한 특징 가운데, 후쿠자와의 책에서 '통의通義'와 나란히 거론되는 '직분職分' 개념이 유길준에 의해 사용될 때의 특이성을 포착함으로써, 유길준이 '주권主權'에 관해 가졌던 생각을 해명하고자 한다.

지금까지 유길준의 '직분' 개념에 본격적으로 주목한 연구는 없는 것으로 확인되나, 유길준의 '통의' 혹은 '권리' 개념은 중요한 연구 주제였다. 전봉덕은 유길준이 정치적으로는 한계를 세우고 타협했지만, 개인의 권리와 자유, 자유평등을 기초로 하는 서구의 법사상을 수용했다고 평가한다. 12 김봉진은 후쿠자와가 인권, 민권보다 법, 권력을 우선하는 방향으로 변화한 반면, 유길준은 법, 권력보다 자연권을 우선하는 입장이었다고 평한다. 13 전봉덕과 김봉진은 유길준과 전통과의 관계를 평가하는 시각이 다르지만, 유길준이 천부인권을 인정했다는 데는 동의한다. 정용화 역시 유길준이 인민의 권리를 보장하고 나라의 권리가 존중되는 새로운 정치체제로의 변혁을 추구했다고 평가한다. 14 김영작은 유길준의 노선을 인민의 계몽에 의한 점진적 개량주의라고 규정하면서 민중의 혁명성을 부정했다고 비판하지만, 계몽에 의해 인민의 자유와 권리를 확립하려 했다는 점은 인정한다. 15

---

12 전봉덕(1981), "서유견문과 유길준의 법사상", 《한국근대법사상사》, 박영사.
13 김봉진(2009), "서구 '권리' 관념의 수용과 변용: 유길준과 후쿠자와 유키치의 비교 고찰", 〈동방학지〉 145, 65~104쪽.
14 정용화(2004), 앞의 책.

유길준은 조선이 근대로 이행하는 데 중요한 역할을 한 사람이다. 특히, 아시아에서 근대 이행의 문제는 위로부터의 개혁이었고 그 때문에 정치 영역에서의 개혁이 핵심이었으므로, 16 근대 이행의 영역에서 그 공로가 인정된다면 정치 영역에서의 개혁을 인정하는 것으로 이어졌다. 선행연구들처럼 유길준이 자유와 권리를 핵심으로 하는 근대 정치체제의 도입에 공이 있다고 평가하는 것은 그 점에서 당연한 흐름이었다.

그런데 당연시되어 온 그러한 평가는 더욱 깊은 고찰을 방해하는 것으로 작동했다고 생각된다. 실제로 유길준이 천부인권을 인정하고 그에 바탕을 둔 주권재민을 주장했다는 평가의 근거로 동원된 것은 후쿠자와의 글을 그대로 옮긴 부분들이었다. 유길준이 유럽 근대의 정치체제를 학습하면서 실제로 구상했던 것은 무엇이었는지, 후쿠자와와 구별되는 그의 특징을 변별해야 할 필요가 있다. 후쿠자와가 천부인권을 인정했다고 해도, 그것이 유길준 역시 그러하다는 것

---

15 김영작(1989), 《한말 내셔널리즘 연구: 사상과 현실》, 청계연구소.

16 중국의 근대화 과정을 천착해 온 리저허우는 유학에 기초해서 형성되어 온 중국의 '문화심리구조'가 현대에도 여전히 강고한 것으로 작동하여, 경제보다 정치를 중시하고 정치에 도덕주의를 요구한다고 분석한다. 다시 말해, 공에 헌신하는 것을 도덕이라고 생각하는 도덕주의의 영향으로 개인주의가 말살되고, 경제발전을 통해 공산주의를 이룩하려고 노력하는 대신 도덕적인 성현의 등장을 기대한다고 비판한다. 리저허우의 이러한 비판은 조선과 조선 이후, 즉 현대 한국에도 어느 정도 적용된다고 생각한다. 리저허우의 주장은 李澤厚(1989), "試談馬克思主義在中國", 《當代思潮與中國智慧》, 臺灣 風雲時代出版公司 참조.

을 보증하는 것은 아니기 때문이다. 이 글은 후쿠자와를 비교를 위한 배경으로 두고[17] 지금까지 주목된 적 없던 유길준의 '직분' 사용의 용례를 검토하는 방식으로, 유길준이 근대 정치체제, 특히 인민주권에 관해 어떤 생각을 갖고 있었는지 파악하고자 한다.

후쿠자와는 '통의', 즉 권리와 '직분'을 자주 나란히 논의했다. '직분', 즉 의무는 평등한 천부의 권리를 인정함으로써 발생하는, 사회 안에서의 배려와 책임을 담는 용어였다. '권리와 의무'의 동행은 천부인권을 인정하고 주권재민의 주장으로 이어질 바탕이 되는 것이었다. 후쿠자와는 그러한 내용을 《西洋事情》 안에서, 특히 "인민의 통의와 그 직분"이라는 표제어 아래서 논의했다. 그런데 그 내용을 거의 그대로 옮긴 《서유견문》 안의 장章에서 그 표제어는 "국민의 권리"로 바뀐다. 즉, '직분'은 표제에서 사라진다. 그런데 표제에서 없어진 것 치고 '직분'은 《서유견문》 안에서 자주 등장한다. [18]

'권리'와 달리 '의무'의 함의는 유가문화권 안의 사람들에게 친근한 것이었다. [19] '직분'이라는 개념은 일본이나 조선에서 그 이전부터

---

17 후쿠자와 역시 유럽의 책을 많은 부분 그대로 옮겨온 사람으로서, 그의 책에 담긴 내용이 모두 그의 사상이라고 판단할 수는 없다. 또한 실천을 포함해 사상의 일관성이라는 관점에서 봤을 때도 후쿠자와에 관한 평은 복잡해진다. 그러나 이 글에서는 후쿠자와의 사상보다 유길준이 읽은 후쿠자와의 책, 특히 초기 계몽주의 서적 자체에 방점을 둔다.

18 색인에 따르면 78회 등장한다. 이한섭 외 편(2000), 《서유견문 어휘색인》(西遊見聞 語彙索引), 박이정, 616쪽.

19 최병조(2018), "법률관계를 고찰하는 양대 관점: 의무중심적 고찰과 권리중심적

사용되던 용어였다. '의무'라는 조어가 만들어지고 정착되기 전까지 '직분'이라는 번역어를 사용하면서, 한자어 '직분'이 본래 가졌던 함의에 새로운 내용이 보태졌을 것이다. 후쿠자와는 영어를 번역한 사람으로서 서양 문화권에서 'duty'가 갖는 본래 의미를 알고 있었겠지만, 번역된 '직분'만을 본 유길준은 종래의 의미에 더 깊게 매여 있었으리라 짐작된다. 즉, 후쿠자와와 유길준은 똑같은 한자어 '직분'을 다르게 이해했을 가능성이 크다.

'권리'는 현대 한국인에게도 여전히 분명한 개념이 아니라고 한다.[20] 이 글은 그 권리 개념이 초기 수용될 때의 굴곡이 오히려 상대적으로 친숙하게 느껴졌던 '직분'을 통해 드러났음을 포착하고, '직분'에 대한 이해의 굴절이 당시 조선이나 유길준에게 가장 첨예한 주제였던 '주권'의 이해에 어떻게 반영되는지 검토하고자 한다. 이를 통해 유길준이 생각한 '문명'이 구체적으로 어떤 것인지, 그가 창출하고자 한 '국민'은 어떤 성격을 갖는지 해명할 수 있기를 기대한다.

고찰", 〈서울대학교 法學〉 59(1), 119~158쪽은 조선시대 법이 의무중심적이었음을 논하고, 법치를 지키기 위해서는 권리중심이 되어야 한다고 주장한다.

20 김주영(2016), "헌법상 '권리' 개념에 대한 일고찰: 법개념에 대한 일상언어분석적 시도", 〈세계헌법연구〉 22(1), 77~106쪽은 현대 한국의 헌법을 분석하고 한국에서 여전히 '권리' 개념이 명확하지 않다고 지적한다.

2. 한자어 '직분' 개념의 근대 이전 용례

한자어 '직분'은 고대 중국에서부터 사용되던 용어이다. 추상적인 책임의 의미로 사용되기도 했지만, 구체적인 '관직'의 직무라는 의미로도 사용됐다. '직분'이 등장하는 오래된 문건 중 가장 유명한 것은 제갈량諸葛亮의 "전출사표前出師表"이다. 제갈량은 위魏와 싸우러 가면서 유비劉備의 아들 유선劉禪에게 한의 왕실을 부흥시키고 옛 도읍으로 돌아가는 것이 유비에게 보답하고 유선에게 충성하는 자신의 "직분"이라고 말했다. 21 이때는 — 개인적 보은인지, 더욱 포괄적 의리에 따른 것인지는 분명하지 않지만 — 스스로 부여한 '책임'의 의미로 읽힌다.

성리학에 이르면 '직분'은 우주의 조화에 참여하는 각각의 역할이라는 형이상학적 의미를 갖는다. 주희는 《대학》을 고대 '태학太學'에서 가르치던 것이었다고 소개하면서, 다음과 같은 설명을 붙였다.

하늘이 생민을 낸 이래로 인의예지의 본성을 부여하지 않은 적이 없다. 그러나 기질의 품부稟賦가 고르지 않아서, 모두가 그 본성이 가진 것을 온전하게 할 수 있는 것은 아니다. 그래서 그 사이에서 총명예지하여 그 본성을 온전히 다할 수 있는 자가 있으면, 하늘은 반드시 명을

---

21 "以復興漢室, 還于舊都, 此臣所以報先帝, 而忠陛下之職分也", '前出師表', 〈諸葛亮傳〉, 《三國志》35권.

내려 억조 생민의 임금이 되고 스승이 되게 하여, 다스리고 가르쳐서 그 본성을 회복하도록 한다. … 배우는 자들은 모두 그 본성에 본디 나넘이 있다는 것과 직분이 마땅히 해야 할 바를 알아서, 각자 그 힘을 다하지 않은 적이 없었다. 22

성리학의 집대성자인 주희는 하늘이 사람에게 인의예지를 본성으로 부여했다는 형이상학을 구축했다. 인간은 누구나 인의예지를 갖춘 본성을 부여받아 태어나는데, 기질의 차이 때문에 현실에서 갖는 본성은 온전한 것이 아닐 뿐만 아니라 각자 다르다. 인간은 기질의 차이로 생긴 특수한 본성에 상응하는 직분을 갖게 되고, 그 직분을 다하는 노력 속에서 우주의 평화에 기여한다. '직분'은 사람이 각자 이 세상에서 해야 할 일이라는 의미를 가지므로, 모든 인간을 포괄하며 특정한 직종을 의미하지 않는다.

그런데 실제로 '직분'은 주로 "임금이 되고 스승이 되는" 사람에게만 주어진 것으로 사용되었다. 특히, 하늘을 대신해 백성을 보살피는 직분을 부여받은 임금, 그리고 임금이 그 일을 하기 위해 꾸린 정부 안의 관리에게 허용된 용어였다. 즉, 공적인 일에 종사하는 사람에게 허용된 용어였다. 가령, 임금 측근의 신하와 외부의 일을 하는 신하를 구분해야 한다는 의미로 "내신內臣과 외사外事의 직분이 각기 다르니 반드시 관을 넘보는 원천을 막고 지위를 벗어나는 기미를 끊

---

22 朱熹, "大學章句序", 《大學》.

어 버려야 한다"**23**라고 하는 문장에는 담당하는 일이 정해진 관리의
의미가 잘 드러나 있다.

조선이나 일본에서 사용되던 '직분'은 기본적으로는 이와 같은 중
국발 한자어였다. 즉, 추상적 책임이라는 의미거나 관직에 주어진
권한과 의무라는 의미였다.

그런데 일본에서는 에도 시대 정치질서에서 이른바 '직분론'이라
는 담론이 전개된다. 이 배경에는 도쿠가와 정치체제에서 행정관으
로 변모한 무사계급을 자리매김해야 한다는 요구와 봉건적 질서 아
래 천시되었던 상업이 중요한 산업으로 등장함으로써 이를 적극적
으로 긍정해야 한다는 요구가 있었다. 야마가 소코山鹿素行(1622~
1685)는 무사계급을 농공상을 도덕적으로 지도할 존재로 자리매김
했으며, 이시다 바이간石田梅岩(1685~1744)은 상인과 무사 사이에
귀천의 차별이 없다고 웅변했다. 직분론은 사농공상 각각의 사회적
존재 의의를 인정하는 것으로 귀결되는데, 이는 바쿠한 지배질서를
정당화하면서 질서유지를 위해 피지배 인민을 동원하는 지배 이데
올로기로 작동하는 한편, 사회적으로 성장하던 조닌町人을 비롯한
서민층의 사상적 자각을 반영하는 것이기도 했다. **24**

17세기 중반에 이르면 대부분의 백성이 '이에'〔家〕를 단위로 경

---

23 "內臣外事, 職分各殊, 切在塞侵官之源, 絶出位之漸", 司馬光, "唐紀五十六",
　　《自治通鑑》, 240권.
24 佐久間正, "職分論", 《日本思想史辭典》, 子安宜邦 監修(2001), ペリカン社.

x

영되는 '가업'에 소속되어 '가직家職'에 종사하게 된다. 이에 호응하여, 각각 가직에 충실하여 직분을 다하면 누구라도 도덕적인 사람이 되어 좋은 세상에 기여한다는 '가업 도덕론'이 등장한다. 이는 정치적·사회적 불평등을 전제하면서도 도덕적 평등을 인정해 주는 것이었다. 25 에도 시대 후기에 이르면 직분을 다하여 가업·가직에 종사하는 것이 천황에 충성하는 것이라는 가직家職봉공론奉公論도 등장했다. 26 이처럼 일본에서는 후쿠자와 이전에 이미, 사회 구성원 대부분에게 '직분'이 있으며 자신의 직분을 이행하는 것은 도덕적이라는 관념이 널리 퍼져 있었다.

조선의 경우, '직분職分'이 《조선왕조실록》에 677건, 현존 《승정원일기》에 1,770건, 《한국문집총간》에는 1,550건이 보인다. '직분'을 포함한 문장 가운데 가장 많이 보이는 단어군은 "자식의 직분으로 하는 일"[人子職分之事], "직분으로 마땅히 해야 할 일"[職分當爲] 등과 같이 일반적 의무를 나타내는 말이거나, "직분 안의 일"[職分內事]이나 "신하 된 자의 직분으로 당연한 일"[臣子職分之當然]과 같이 구체적 관직과 관련된 일을 가리키고 있다.

500년 동안 성리학을 통치원리로 해온 조선에서 '직분'의 함의와 그 사용이 앞서 본 주희의 사용 범위를 넘지 않는다고 짐작된다.

---

25 와타나베 히로시(2010), 《일본 정치사상사: 17~19세기》, 김선희·박홍규 역 (2017), 고려대 출판문화원, 79~94쪽.

26 佐久間正, "職分", 《日本思想史辭典》, 石毛忠·今泉淑夫·笠井昌昭·原島 正·三橋健 代表編者(2009), 山川出版社.

즉, 원리적으로든 현실적으로든 '공직公職'의 의미로 사용된 것으로 보인다. **27**

실학자로 분류되는 유수원柳壽垣(1694~1755)은 사농공상의 분업을 분명하게 실시하는 정책이 필요하다고 주장했다. 그의 비판에 의하면, 재덕과 상관없이 문벌 때문에 선비가 되고 공직으로 진출하여 납세의 의무에서 벗어나는 사람이 있으므로, 나라 안의 모든 백성이 양반 되기에 골몰하며 생산 의욕은 저하되고 있었다. 문벌주의가 나라의 생산성을 저하시키고 있었던 것이다. 그는 사농공상의 귀천 차이를 부정하지는 않으면서, 사농공상이 모두 응시하여 능력 있는 사람을 공직에 뽑고, 농공상 각각의 사회적 의미를 인정하여 노동을 장려하는 정책을 실시하자고 주장했다. 그는 농공상에 대해, '분分'과 '직職'이라는 단어를 사용해 그들의 정당한 노동을 인정하고 장려하려는 의지를 표현했다. **28**

소론에 속하는 불우한 학자였던 유수원의 이러한 문제의식은 당시 선비를 제외한 나머지 직업군에 대한 사회적 존중이 심각하게 결

---

27 한편, '공직'(公職)이라는 단어는 《조선왕조실록》에 4건, 《승정원일기》에 13건, 《한국문집총간》에는 379건 등장한다.

28 유수원의 '직분'에 관해서는 김인규(2009), "유수원(柳壽垣)의 직분주의(職分主義) 신분제 개혁론: '사민분업'(四民分業)과 '사민일치'(四民一致)를 중심으로", 〈동방학〉16, 287~315쪽 참조. 김인규는 유수원이 '직분'이라는 말을 사용하여 신분제를 비판하고 '직분주의'를 제시했다고 주장한다. 여기에서 김인규는 직분주의를 능력주의의 의미로 사용하는 듯하다. '직분', '직분주의'라는 용어를 유수원이 직접 사용한 것은 아니다.

여되어 있었음을 간접적으로 보여 준다. 유수원이 비판하는 이러한 상황은 구한말까지 별다른 변화 없이 이어진 것으로 보인다.

일본에서나 조선에서나 통용되던 '직분'의 바탕은 각자의 할 일이 면서 도덕적인 것이라는 의미까지 충족한다는 점에서, 성리학적인 것으로 생각된다. 성리학은 원리상으로는 모든 인간에게 직분을 허 용했다. 그러나 현실에서 우주적 조화에 기여하는 의미 있는 역할은 윤리적 노력에 몰두하며 정치적 활동이 가능했던 일부분에게만 허 용된 것이었다. 일본에서는 그러한 직분이 에도 시대에 이미 농공상 의 가업에 종사하는 사람들에게 허용되었다. 조선에서는 그러한 문 제의식은 제기되었지만, 사회의 일반적인 상황으로 진행되지는 않 았다.

일본에서 '직분'이 '사'뿐만 아니라 '농공상'에게도 해당하는 것이 었다는 사정 때문에, 후쿠자와는 duty를 '직분'으로 번역했을 것이 라 짐작한다.

3. 후쿠자와의 "인생의 통의와 직분"

《西洋事情·外編》"인생의 통의 및 그 직분"은 다음으로 시작한다.

하늘에서 사람에게 생명을 주고 또 이와 함께 그 생명을 보호할 수 있 는 재주와 힘을 주었다. 그런데 만약 사람이 부여한 재주와 힘을 활용할 때 심신의 자유를 얻지 못하면 재주와 힘 모두를 쓸 수 없다. 그래서 세계의 어떤 나라, 어떤 인종을 불문하고, 사람들 스스로 신체를 자유롭게 하는 것은 천도天道의 법칙이다. 즉, 사람이 그 사람의 사람인 것은 천하가 천하의 천하라고 하는 것과 마찬가지이다.[29] 살면서 속박당하는 일 없이, 하늘에서 받은 자주자유의 통의通義는 팔 수도 없고 살 수도 없다. 사람으로서 그 행위를 바르게 하여 타인의 방해를 받지 않는 것은 국법으로도 그 자유를 빼앗을 수 없다.[30]

후쿠자와가 '통의'로 번역한 "자주자유"의 권리는 인종이나 국적을 불문하고 누구나 갖는 것이고 누구에게도 양도될 수 없는 그 사람 고유의 것이다. 즉, 천부인권天賦人權이다. "그 행위를 바르게 하"는 한 그것은 "국법"도 초월한다.

'직분'은 기본적으로 천부적으로 갖게 된 통의通義를 실현하는 의무를 일컫는다. "일신의 통의는 천하의 모든 사람이 각자 실현해야 할 이치이다. 대개 이것을 사람 사이에서 마땅히 힘써야 할 직분이라고 칭한다."[31] 그런데 혼자 살지 않는 한, 통의를 실현하는 직분을

---

29 "천하가 천하의 천하"라는 말은 다음에서 유래한다. "利天下者天下啓之, 害天下者天下閉之. 天下者非一人之天下, 乃天下之天下也", '發啓', 〈武韜〉, 《六韜》.

30 福澤諭吉(1868), "人生ノ通義及ヒ其職分", 앞의 책 1권; 《福澤諭吉 全集》 1권, 392쪽.

31 福澤諭吉(1870), "人間の通義", 《西洋事情・二編》 1권; 《福澤諭吉 全集》 1권, 494쪽.

다하기 위해서는 사회 안에서의 조정이 필요하다.

사람들 각자 통의를 마음껏 누려서 천성을 속박당하는 일이 없다면, 또한 그 직분에 힘써야 한다. 이를 비유하면, 가업을 운영하고 세금을 내는 것과 같다. 스스로 먹고사는 일을 해결하고 또 가족을 위해서도 제공하여 타인에게 신세를 지지 않도록 마음먹는 일은 사람 된 자의 직분이다. 세상의 법률은 내 신체를 보호하고 내 통의를 실현시키므로, 신중하게 법률을 존중하지 않을 수 없다. 이 역시 사람 된 자의 직분이다. 만약 사람으로서 스스로 의식주를 해결할 줄 모르고 타인의 골칫거리가 되고, 단지 자신의 자유만 찾고 자신의 통의만 실현하려 한다면, 이는 다른 사람의 공을 훔치는 것이다. **32**

통의가 영리활동이라면 직분은 세금이라는 비유로 그 관계를 설명한다. 법률의 시행은 통의의 실현을 위한 것이므로 법률을 지키는 것이 직분이라고도 설명한다. 나의 자유와 통의만 실현하려 하고 직분을 다하지 못한다면 다른 사람의 공을 훔치는 것이라고도 말한다. 이러한 관계에 대한 더욱 분명한 설명은 《西洋事情》과 출간연도가 가까운 《학문의 권장》에서 찾을 수 있다.

---

32 福澤諭吉(1868), "人生の通義及ひ其職分", 앞의 책 1권; 《福澤諭吉 全集》1권, 393쪽.

'초편' 머리에서 "사람은 모두 같은 지위로 태어나 상하의 구별이 없어 자유자재"라고 말했다. 지금 그 뜻을 더 설명해 보자. 사람이 태어나는 것은 하늘이 하는 일로, 인력으로 할 수 있는 일이 아니다. 이 사람들이 서로 경애하여 각자 직분을 다하여 서로 방해하지 않는 것은 동류의 인간으로서 함께 같은 하늘 아래 같이 살며 함께 천지 사이의 존재이기 때문이다. 비유하자면 한 가족 내에서 형제가 서로 화목한 것은 같은 집의 형제로서 한 부모에게서 태어나 함께하는 것이 큰 인륜인 것과 같다.[33]

같은 부모에게서 태어난 형제는 부모의 사랑 속에서 서로를 배려하며 성장한다. 하늘로부터 같은 통의를 받은 사람들은 마치 형제처럼, 타인의 통의도 자신의 통의인 듯 누리게 해줘야 한다. 서로의 통의를 누릴 수 있도록, 전체의 통의를 실현할 방법을 찾고 실천하는 것이 직분이다. 천부의 통의를 갖는 인간은 모두 평등하기에, 평등하게 통의를 실현할 직분을 갖는다.[34] 즉, 자신의 통의를 실현하려고 하는 만큼 타인의 통의를 실현할 수 있도록 노력하는 것이 직분에 포함된다.

후쿠자와는 '통의' 또는 '권리 통의'가 사람이 사람으로서 갖는 생

33 福澤諭吉(1872~1976), "二編 人は同等なること", 《學問のすすめ》;《福澤諭吉 全集》3권, 37쪽.

34 福澤諭吉(1872~1976), "二編 人は同等なること", 위의 책;《福澤諭吉全集》3권, 37쪽.

명, 재산, 명예 등의 천부의 기본권임을 분명하게 확인하고[35] 그것이 불평등한 현실과 다른 차원이라는 것도 반복해 설명한다. "사람이 태어나서 재주 있는 사람과 그렇지 않은 사람이 있고 때로는 귀천, 빈부, 지우, 강약의 차이가 현격하다"는 것은 분명하다. 그러나 그러한 차이가 생명을 보존하고 자유를 추구하고 재산을 소유할 수 있는 통의를 방해하지는 않는다고 강조한다.[36] 귀천, 빈부, 지우, 강약의 차이는 천부적으로 정해진 것이 아니며 사람의 노력으로 바꾸는 것이다.[37]

부자, 강자, 지자라고 그보다 못한 사람의 권리를 침해할 수 없다. 후쿠자와는 "상하귀천의 명분"에 대해, 유학자들이 수천 년 동안 떠들어 대서 큰 것이 작은 것을 제압하고 강한 것이 약한 것을 억압하는 풍속이 생기기도 했지만[38] 일본은 "왕제개혁", 즉 메이지유신 이래 사농공상 사민의 지위를 동등하게 하는 기틀이 정해졌다고 말한다. 앞으로 일본 인민이 태어나면서 몸에 갖추는 것은 그러한 지위가 아니라, "그 사람의 재주와 덕 그리고 거처 등에 의한 지위"가 있을 뿐이라고 후쿠자와는 덧붙인다.[39]

---

35 福澤諭吉(1872~1976), 위의 책; 《福澤諭吉 全集》 3권, 38쪽.
36 福澤諭吉(1868), "人生の通義及ひ其職分", 앞의 책 1권; 《福澤諭吉 全集》 1권, 392쪽.
37 福澤諭吉(1872~1976), "三編 國は同等なること", 앞의 책; 《福澤諭吉 全集》 3권, 43쪽.
38 福澤諭吉(1872~1976), "八編 わが心をもって他人の身を制すべからず", 위의 책; 《福澤諭吉 全集》 3권, 80쪽.

후쿠자와는 '명분名分'과 '직분'을 구분해야 한다고 강조한다. "명분이란 허식의 명목"이며, 허명이기 때문에 "무용한 것"이다. 이 명분 자리에 '직분'을 대신 넣어야 한다는 것이 후쿠자와의 주장이다. 직분은 '허명'과 대비되어 '실질'〔實〕이다. 무용하지 않은 것이라는 의미의 '실'이다. **40** '명분'이 '상하귀천'이라는 '이름'〔虛名〕으로 나뉘는〔分〕 것이라면, '직분'을 나눈 '직'이란 무엇인가? 앞서 말한 직분은 천부인권을 가진 인간으로서 갖는 직분이다. '인민의 직분'을 설명하는 후쿠자와의 다음의 글을 보면 '직분'에도 여러 층위가 있다. '인민의 직분'은 '정부'와 상대한 '인민'으로서 갖는 '직분'으로, 후쿠자와는 이 직분을 특히 중요하게 다뤘다.

본래 인민과 정부의 관계는 동일체였던 것이 그 직분을 구별해서, 정부는 인민의 대리가 되어 법을 세우고, 인민은 이 법을 반드시 지키겠다고 굳게 약속한다. 예를 들어 지금 일본 나라 안에 메이지 연호를 쓰는 자는 정부의 법을 따르겠다고 조약을 맺은 인민이다. 그러므로 일단 국법으로 정해지면 설사 인민 개인에게 불리한 것이더라도 그것이 개혁될 때까지는 바꿀 수 없다. **41**

39 福澤諭吉(1872~1976), "初編", 위의 책; 《福澤諭吉全集》 3권, 32쪽.
40 福澤諭吉(1872~1976), "十一編 名分をもって偽君子を生ずるの論", 위의 책; 《福澤諭吉 全集》 3권, 100쪽.
41 福澤諭吉(1872~1976), "二編 人は同等なること", 위의 책; 《福澤諭吉 全集》 3권, 40쪽.

인민과 정부가 동일체였다는 것은 무슨 의미인가? 정부와 인민은 "강약의 차이"는 있지만 "권리"의 차이는 없다고 한다. 이 둘은 "편리"를 위해 약속을 맺고, 각자 담당을 나눠 가진 사이일 뿐이다. 담당을 나눠 가졌다는 의미에서 직분일 뿐이다.[42] 그렇다고 한다면, "나라 전체의 면목에 관계되는 일에 이르면, 인민의 직분으로서 정부에게만 나라를 맡기고 옆에서 방관만 할 이치는 없다."[43]

통의가 인간으로서 갖는 천부의 자유권이라면, '인민의 직분'은 그 자유권을 지키기 위해 국가를 세우고, 자유권을 지키기 위해 정부와 분담한 몫이다. 분담했지만 궁극적으로 자유권을 지키는 일에는 모두 책임이 있다. 인민은 자유권을 지키기 위해 정부가 세운 법을 지키겠다는 약속을 했고, 그것을 위반했을 때는 정해진 처벌을 받는다. 정부가 약속된 직분을 지키지 않을 때 인민은 정부를 문책하고 교체할 수 있다.[44]

그렇게 보면 통의나 직분은 타인과 관련을 맺지 않을 때와 맺을 때, 그 내용이 조금씩 달라진다. 타인과 관련이 없다는 의미에서 후쿠자와가 붙인 '무계無係의 통의'와 '무계의 직분'은 천부적 자연권이다. 무계의 직분 가운데는 타인이나 법률이 관여할 수 없는 것도 있다. 즉, 자신의 신체와 생명을 지키는 일을 소홀히 하더라도, 이를

42 福澤諭吉(1872~1976), 위의 책;《福澤諭吉 全集》3권, 39쪽.

43 福澤諭吉(1872~1976), 위의 책;《福澤諭吉 全集》3권, 40쪽.

44 福澤諭吉(1872~1976), "二編", "四編", 위의 책;《福澤諭吉 全集》3권, 40~41, 53쪽.

법률로 제어할 수 없는 경우이다. **45** 정부를 만들고 타인의 통의를 배려하면서 보장되는 통의는 '유계有係의 통의'이다. 유계의 통의와 유계의 직분은 통상 법률로 정해진 권리와 의무가 된다.

문자상으로 '직분'은 '나눠 가진 임무'라는 의미이다. 그런데 나눠 갖는 데도 여러 층차가 있다. 인류라는 큰 집단으로서 나눠 가진 직분에서부터 정부에 상대한 민간인으로서 나눠 가진 직분, 그리고 사회 안에서 가령 병약하여 불행한 사람을 돕는 "건강하고 평안한 사람의 직분"**46**도 있다. '대통령'처럼 구체적인 직책으로 주어진 '직분'도 있다. **47**

통의와 직분, 권리와 의무에 대한 이와 같은 후쿠자와의 해석과 이해가 일본의 현실에 그대로 적용되고 실현되었는지는 별개의 문제로, 여기에서는 유길준이 읽은 것이 이러한 내용이라는 점이 중요하다. 이를 읽고 이와 다른 내용을 자신의 언어로 발화한 것은 유길준의 고유한 이해와 생각이라고 판단할 수 있을 것이다.

---

45 福澤諭吉(1870), "人間の通義", 앞의 책 1권; 《福澤諭吉 全集》 1권, 493~496쪽.
46 福澤諭吉(1868), "人生の通義及ひ其職分", 앞의 책 1권; 《福澤諭吉 全集》 1권, 393쪽.
47 福澤諭吉(1866), "(亞米利加合衆國) 政治", 《西洋事情・初編》 2권; 《福澤諭吉 全集》 1권, 330쪽. 《西洋事情・初編》에서 미국 독립선언서를 '亞米利加13州 獨立の檄文'의 제목으로 번역해 실었는데, 여기에서는 'duty'를 '직장'(職掌)으로 번역했다(《福澤諭吉 全集》, 1권, 323쪽). '대통령의 duty'도 '大統領の職掌'으로 되어 있다.

4. 유길준의 권리, 그리고 직분

《西洋事情·外編》에는 "인민의 통의와 그 직분" 항목이 있고, 《西洋事情·二編》에는 "사람 사이의 통의"〔人間の通義〕 항목이 있다. 《학문의 권장》에는 "국민의 직분을 논함"이라는 항목이 있다. 《서유견문》에서 내용상으로 이들과 관련되는 항목은 "인민의 권리"라는 하나의 항목이다. 즉, 《서유견문》에는 '직분'을 표제어로 한 항목이 없다.

다음은 《西洋事情》의 "인생의 통의와 그 직분"을 저본으로 하여 옮겨 놓은 것으로 생각되는, 《서유견문》의 "인민의 권리" 부분이다.

인민의 권리는 자유와 통의를 이른다. 자유와 통의를 풀이하자면, 자유는 마음이 좋아하는 대로 따라서, 어떤 일이든 막다른 곳에서 꺾이고 막히는 생각이 없는 것을 말한다. 그러나 결코 마음대로 방탕하다는 뜻은 아니며 법도 없이 방자하게 행동하는 것도 아니다. 또 타인의 사정을 돌아보지 않고 자기의 이욕만을 채운다는 뜻도 아니다. 국가의 법률을 존중하여 지키고, 정직한 도리를 스스로 지녀서, 자신이 마땅히 행할 인간 세상의 직분으로 타인을 방해하지도 말고 타인의 방해도 받지 않고, 하려는 바를 자유롭게 하는 권리이다. 통의는 한마디로 하면 마땅한 정리正理이다. … 모든 일과 물건에 대해, 마땅한 도에 따라 고유한 법도〔常經〕를 잃지 않고 걸맞은 직분을 스스로 지키는 것이 통의의 권리이다. **48**

이에 상응하는 《西洋事情》의 "인민의 통의와 그 직분"은 앞 절 머리에서 인용했다. 후쿠자와는 'right'의 번역어로 '통의'뿐 아니라 '권의權義', '권리權理', '권리통의權理通義' 등을 혼용했는데, 유길준은 '권리權利'를 사용했다. 그리고 그 '권리' 아래에 '자유'와 '통의'를 나란히 세운다. 유길준은 자유와 통의를 나열함으로써 '권리權利'에는 들어 있지 않은 '올바름'의 의미를 '통의'를 통해 표현하고자 한 듯하다. 자유는 국가의 법률을 지키며 직분 안에서 갖는 권리이고, 통의는 고유한 법도에 따라 상응하는 직분을 지키는 권리라고 나누어 설명한다. 자유와 통의의 다른 점은 각각 "국가의 법률", "고유한 법도"와 연결된다는 점이다. 실정법과 자연법의 차이로 해석해도 될 것이다.

후쿠자와는 나라의 법률이 국민에게 "바른 도리"〔正理〕를 권하려는 뜻이 있다면, 그에 앞서 '바른 도리'가 무엇인지 파악하는 것이 중요하다고 하면서, 바른 도리란 "통의"라고 말한다.**49** 즉, 법률이란 통의를 실현하기 위한 실정법이다.

한편, 유길준이 옮겨 놓은 후쿠자와의 설명에 의하면, 통의는 '일신一身의 통의'와 '물건의 통의'로 나눌 수 있고, '일신의 통의'에는 "무계와 유계의 구별이 있다". "무계의 통의란 단지 한 사람의 몸에 속할 뿐, 다른 관계는 없는 일신을 말한다. 유계의 통의란 세속에

48 유길준(1895), "4편 인민의 권리", 앞의 책; 《유길준 전서》 I, 129쪽.
49 福澤諭吉(1870), "人間の通義", 앞의 책 1권; 《福澤諭吉 全集》 1권, 493쪽.

거해서 세상 사람과 섞여 서로 관계하는 바의 통의를 말한다."[50]

일신의 통의 가운데서도 앞의 인용문에서 유길준이 '자유의 권리'로 든 예시는 '유계의 통의'에 해당한다. 이러한 자유는 "교제하는 도에 의해 받는 혜택과 이익이 크"기 때문에 "이를 얻기 위해 천부한 일신의 자유를 포기하는 일이 없으면 안 되"[51]는 것이다. 즉, 실정법에 의해 제한되고 실현되는 자유이다.

그렇다면 유길준이 '통의'로 표현한 것은 이 '자유'와 다른가? 앞의 인용문에서 생략한 부분은 유길준이 제시한 '통의'의 예시들이다. 앞서 생략했던 부분을 인용해 본다.

통의는 한마디로 당연한 정리이다. 몇 가지 예를 들면, 관직에 임하는 자는 그 책임을 행하는 데 상응하는 직권을 보유함이 마땅한 정리이며, 가택을 가진 자가 주인의 명실을 갖추고 자기의 물건이라 칭하는 것 또한 당연한 정리이다. 타인에게 돈을 빌려 준 자가 그 약속대로 이자를 청구하는 것과 타인에게 밭을 임대한 자가 그 수확의 분배를 요구하는 것 또한 마땅한 정리이다. 모든 일과 물건에 마땅한 도를 따라 고유한 법도〔常經〕를 잃지 않고 걸맞은 직분을 스스로 지키는 것이 통의의 권리이다.[52]

---

50 福澤諭吉(1870), 위의 책; 《福澤諭吉 全集》 1권, 494쪽.
51 유길준(1895), "4편 인민의 권리", 앞의 책; 《유길준 전서》 I, 131~132쪽.
52 유길준(1895), "4편 인민의 권리", 위의 책; 《유길준 전서》 I, 129쪽.

유길준이 든 예시 가운데, 자기 물건에 대한 권리는 후쿠자와가 "물건의 통의"라고 부르는 재산에 대한 소유권,**53** 즉 천부의 권리이다. 그러나 관직자가 직책에 따른 권한과 임무를 갖는 것은 천부의 권리라고 할 수 없다. 유길준이 '권리' 아래 '자유'와 '통의'를 나란히 세우면서 분류하려고 했던 것이 무엇인지는 분명하지 않으나,**54** '천부의 권리'에 대한 이해가 명확하지 않았기 때문이라는 것도 하나의 이유가 될 것이다. 그렇기 때문에 후쿠자와가 천부의 권리로 분류한 소유권과 인위적 약속에 의한 권리인 직책의 권리를 모두 '통의' 안에서 논의한 것이다.

후쿠자와나 유길준 모두의 경우, 이 부분은 '통의'에 대해 설명하는 부분이면서 동시에 '직분'에 대해 설명하는 부분이기도 하다. 그런데 유길준은 '직분'에 대해서는 따로 지면을 할애해 설명하지 않고, 앞서와 같은 예시를 들며 "고유한 법도"에 따라 "걸맞은 직분"을 지키는 것이 '통의'라고 설명한다. '직분'에 대해서는 정면으로 설명하지 않을 뿐 아니라, 통의와 얽혀 피할 수 없는 직분의 등장에 대해서도 앞에서처럼 구체적인 직업 혹은 직책이 갖는 '직분'을 예로 들어 설명한다.

---

53 福澤諭吉(1870), "人間の通義", 앞의 책 1권; 《福澤諭吉 全集》 1권, 501쪽.
54 전봉덕은 유길준이 '권리' 개념을 명석하게 이해하지 못해 '권리'와 '통의'를 혼동했을 것이라고 하는데〔전봉덕(1981), 앞의 책, 215쪽〕 유길준의 유학적 경향을 강조하려는 쓰키아시는 "유길준에게 '통의'는 right의 번역어가 아니라 독자적 의미를 갖는다"라고 말한다〔쓰키아시 다쓰히코(2009), 앞의 책, 100쪽〕.

유길준은 왜 '통의'를 다루면서 '직분'은 정면으로 다루지 않는 것
인가? 그럼으로써 유길준이 빼놓은 것은 무엇인가? 앞서 언급했듯
'통의'에는 '물건의 통의'와 '일신의 통의'가 있다. 즉, 각각 생명을 지
키고 자유로울 수 있는 권리와 재산을 소유하고 처분할 수 있는 천부
의 권리이다. 이 가운데 유길준은 '일신의 통의'를 생략한 것이다.

후쿠자와는 "일신의 통의"를 실현하는 것을 "사람 사이에서 마땅
히 힘써야 할 직분"55이라고 말한다. 그 직분에 대해서 유길준은 언
급하지 않는다. "각자 통의를 마음껏 누려 천성을 속박당하는 일이
없다면", 힘써야 할 "사람 된 자의" "그 직분"56 말이다. 그것은 사회
에서 어떤 직책, 어떤 직업을 갖기 이전에 자연인으로서 갖는 통의,
즉 천부의 권리 때문에 생기는 직분이다. 후쿠자와는 그 직분을 한
부모에게서 태어난 형제처럼 같은 하늘 아래 사는 "동류의 인간으로
서" "서로 방해하지 않"기 위해 다해야 할 것이라고 설명한다. 57 이
러한 직분, 즉 일신의 직분은 천부의 일신의 통의를 인정해야 그 뒤
에 따라 나오는 것이다. 유길준에게서는 그러한 직분에 대한 언급을
찾을 수가 없다. 천부의 일신의 통의와 관련된 직분을 이야기할 자
리에서 관직에 따르는 직분을 이야기하는 이유는 무엇일까? 일신의

---

55 福澤諭吉(1870), "人間の通義", 앞의 책 1권;《福澤諭吉 全集》1권, 494쪽.

56 福澤諭吉(1868), "人生の通義及ひ其職分", 앞의 책 1권;《福澤諭吉 全集》1
    권, 393쪽.

57 福澤諭吉(1872), "二編 人は同等なること",《學問のすすめ》;《福澤諭吉 全
    集》3권, 37쪽.

통의와 그에 따른 일신의 직분을 생략한 유길준은 그 아래 층위인 '인민의 직분'에 대해서는 언급하는가?

유길준은 '통의'를 "사람이 천부한 것"으로 "천하 사람 누구라도" "실현할 수 있는 정리"라는 후쿠자와의 말**58**을 옮기기도 한다. **59** 그러나 옮기는 것은 상대적으로 깊은 반성 없이도 할 수 있는 일이다. 생략하는 것을 넘어 바꾸는 일은 저본에 대한 거부와 새로운 내용의 창출 등의 과정을 거쳐야 하는 일이다. 유길준의 변경은 어떤 사유를 표현한 것인가?

5. 나라의 권리와 정부의 직분: 인민의 직분은 어디로?

《西洋事情》과 《서유견문》에는 각각 "정부의 직분" 항목이 있다. 그런데 《西洋事情》에는 없는 "방국邦國의 권리"라는 항목이 《서유견문》에는 있다. 다음은 그 앞부분이다.

한 나라를 비유하면 한 가문과 같아서 그 가문의 사무는 그 가문이 스스로 주관해 다른 가문의 간섭을 불허한다. 또 한 사람과 같아서 그 사람의 행동거지는 그 사람이 자유롭게 하여 타인의 지휘를 받지 않는 것

---

58 福澤諭吉(1870), "人間の通義", 앞의 책 1권; 《福澤諭吉 全集》1권, 494쪽.
59 유길준(1895), "4편 인민의 권리", 앞의 책; 《유길준 전서》I, 129~130쪽.

과 같다. 방국의 권리도 그러하다. **60**

유길준은 한 나라가 독립적이어야 하는 것이 한 가문, 한 사람이
그러한 것과 같다고 이야기한다. 그런데 나라가 독립해야 하는 정당
성은 어디에서 오는가? 현실적으로 강국에 의해 침략당하는 일이 비
일비재한 상황에서, 독립의 권리를 주장할 수 있는 근원은 어디에
있는가? 다음은 후쿠자와의 《학문의 권장》 안의 "나라의 동등"이라
는 표제 아래의 글이다.

사람이기만 하다면, 부자든 가난뱅이든, 강자든 약자든, 인민이든 정
부든, 그 권의權義는 다르지 않다는 것을 제 2편에서 논했다〔원주: 제
2편에서 '권리통의權理通義'라고 쓴 것의 약자를 여기에서 '권의'라고 쓰며,
양쪽 다 'right'에 해당한다〕. 지금 그 뜻을 넓혀 나라와 나라 사이의 관
계에 대해 논해 본다. 나라는 사람이 모인 것으로 일본국은 일본인이
모인 것이며 영국은 영국인이 모인 것이다. 일본인도 영국인도 동등
하게 천지 사이의 사람이라면 서로 그 권의를 방해할 수 있는 이치는
없다. 한 사람이 한 사람에게 해를 입혀도 되는 이치는 없고, 두 사람
이 두 사람에게 해를 입혀도 되는 이치도 없다. 백만 인이어도 천만
인이어도 마찬가지로, 사물의 도리는 사람 수의 다수에 의해 변하지
않는다. **61**

---

60 유길준(1895), "3편 방국의 권리", 위의 책; 《유길준 전서》 I, 105쪽.

이에 의하면, 나라는 평등한 천부인권을 가진 한 사람 한 사람이 모여 구성된 단체이다. 나라가 자유독립해야 하는 이유는 그 나라의 구성원인 인민이 자유독립의 권리를 갖고 있기 때문이다. 나라는 인위적인 구성체일 뿐, 그 자체가 권리를 갖는 존재가 아니다.

그러므로 후쿠자와에 의하면 국가 "제도의 목적은 사람의 강약지우에 관계없이 각자 생명을 보호하고 사유재산을 보호하는 것을 취지로 한다."[62] 권리의 유일한 원천은 사람 각자가 가진 천부의 자유권이며, 나라와 정부가 권리를 갖는다면 천부의 자유권을 가진 인민이 자신의 자유권을 편리하게 보호하기 위해 정부를 만들어 자신의 권리를 위임했기 때문이다.

정부가 가진 권리는 인민에게서 나왔으므로 그 권리를 지킬 의무, 즉 '직분' 역시 인민에게 근원이 있다. 후쿠자와는 다음과 같이 말한다.

사람으로서 이 나라에 거주하며 그 정부 아래 서 있으면 스스로 정부에 대해 해야만 할 직분이 있는 이치가 있다. 그런데 세상 사람들이 아직 이 이치를 잘 몰라서, 어떤 사람은 망령되게 정부의 직분만을 의론하고 내가 이에 대해 갚아야 할 직분이 있는 이치는 스스로 돌아본 적이 없어 걸핏하면 방탕에 빠지는 자가 적지 않으니, 죄인이라고 할 수 있다. 정부에 과실이 있으면, 이를 개정해야 할 방책을 숙고하여 평온하

---

61 福澤諭吉(1872), "三編 國は同等なること", 앞의 책; 《福澤諭吉 全集》 3권, 42쪽.
62 福澤諭吉(1868), "政府の本を論ず", 앞의 책 1권; 《福澤諭吉 全集》 1권, 416쪽.

게 처치하기 위해 힘을 다하는 것은 나라 안 사람들의 마땅히 해야 할
직분이다. **63**

정부의 권리도 정부의 직분도 모두 인민이 위임했기 때문에 성립
했지만, 그대로 정부의 일이 되어 인민이 방임해서는 안 된다. 위임
했더라도 지속적으로 정부를 감독하고 교정할 '인민의 직분'은 그대
로 있다. 즉, 자신의 통의를 실현할 직분이다.

자연인으로서 갖는 천부의 권리를 현실적으로 누리고 지키는 방법
으로 사람들이 고안해 낸 것은 국가이다. 후쿠자와는 인민이 스스로
의 권리를 보존할 방법으로 만들어낸 정부를 마주한 인민 전체의 '직
분'을 때로는 '인민의 직분'으로, 때로는 '국민의 직분'으로 부른다.

사람이 각자 스스로의 사덕私德을 닦지 않는다면, 가령 의회〔衆庶會
議〕의 법을 시행해도 한 나라의 공법을 시행할 수 없다. 나라 안의
사람은 일반적으로 공평한 편리를 도모한다는 취지를 우선 스스로 이
해하고, 그 뒤에 그 취지를 시행할 수 있는 인물을 선거로 뽑아 여러
사람의 대리로서 의정의 직을 맡겨야 한다. 이것이 바로 국민의 직분
이다. **64**

---

63 福澤諭吉(1868), "政府の種類", 위의 책 2권; 《福澤諭吉 全集》1권, 423~424쪽.
64 福澤諭吉(1868), "政府の種類", 위의 책 2권; 《福澤諭吉 全集》1권, 423쪽.

각자 자신의 권리를 자각하고 그 권리를 가장 잘 실현할 수 있는 방법 그리고 적절한 대리인을 찾는 일 등, 이러한 일을 잘하기 위해서는 각자 노력해야 한다. 여기에서는 그 개인의 능력이 '사덕'으로 표현되었지만, 그 사덕 안에는 자신의 권리를 자각하고, 사태를 파악하고, 추이를 예견하고, 타인의 역량을 판단할 수 있는 능력이 포함되리라 짐작한다. 모두 대의민주주의를 시행하는 주권재민의 국가에서 유권자가 가져야 할 미덕을 가리킨다. 이 모든 것을 후쿠자와는 '국민의 직분'이라고 부른다. "정부를 세우고 법률을 만드는 가장 큰일은 인민이 스스로 그 몸을 지키고 자유롭게 처세하도록 하는 데 있다."**65** 그러므로 '정부의 직분'이란 구성원이 각자 독립적인 생활을 영위할 수 있도록 하는 데 있다. **66**

그렇다면 유길준에게 '방국의 권리'는 어디에서 기원하는가? 또한 정부와 마주한 집단으로서 '인민'이 갖는 '직분'을 어떤 것으로 규정하는가?

한 나라의 주권은 형세의 강약과 기원의 선악과 토지의 대소와 인민의 다과를 불문하고, 내외관계의 진정한 모습에 의거하여 단정한다. 천하의 어느 나라든지 다른 나라가 똑같이 갖는 권리를 침범하지 않을 때, 독립하여 스스로 지키는 기초로 주권의 권리를 스스로 행하는 것

---

65 福澤諭吉(1870), "人間の通義", 앞의 책 1권; 《福澤諭吉全集》 1권, 496쪽.
66 福澤諭吉(1868), "政府の種類", 앞의 책 2권; 《福澤諭吉全集》 1권, 440쪽.

이다. 각 나라의 권리는 서로 관련된 직분의 동일한 모습에 따라 덕행과 습관의 제한을 세운다. 이처럼 각 나라에 귀속하는 권리는 나라가 나라 되는 도리를 위해 현재 가장 긴요한 요체이므로, 이를 근본을 세우는 권리라고 한다. **67**

"주권"을 "단정하는" "내외관계"의 "모습"이란 유길준이 꼽은 나라가 갖는 권리 두 가지, 즉 "국내용"과 "외교용"**68**을 가리키며, 그 두 가지를 제대로 행사하는지 여부가 '주권'으로 성립하는지 여부를 단정하는 조건이라고 유길준은 말한다. 그 주권을 가진 나라끼리 "서로 관련된 직분의 동일한 모습에 따라 덕행과 습관의 제한을 세운다"고 하는 것은 주권을 가진 나라 사이에서 직분의 공통부분을 추출해 규범을 만든다는 것으로 해석된다. 즉, 이 인용문은 나라의 권리와 직분에 대해 설명하고 있다.

그런데 이러한 설명은 후쿠자와가 인민의 통의와 직분을 설명하는 문장에서, 주어의 자리에 인민 대신 방국을 넣은 것이다. 유길준의 다음의 글 역시 주어가 '나라'이다.

존재는 가지런하지 않으므로 사람들의 강약과 빈부는 필연적으로 차이가 난다. 그래도 각자 자기 가문의 문호를 세워 평등한 지위를 지키

---

67 유길준(1895), "3편 방국의 권리", 앞의 책; 《유길준 전서》 I, 105~106쪽.
68 유길준(1895), "3편 방국의 권리", 위의 책; 《유길준 전서》 I, 105쪽.

는 것은 국법의 공도로 사람의 권리를 보호하기 때문이다. 방국의 교제도 공법으로 조정하고 통제하여 천지에서 치우치지 않는 정리로 한결같이 보는 도를 시행하니, 큰 나라도 한 나라고 작은 나라도 한 나라다. 나라 위에 나라 없고 나라 아래 나라도 없다. 한 나라가 나라가 되는 권리는 피차 동등한 지위로 조금의 차도 없다. [69]

"나라 위에 나라 없고 나라 아래 나라도 없다"는 말은 후쿠자와 유키치가 《학문의 권장》 첫머리에서 천부의 권리를 염두에 두고 "사람 위에 사람 없고 사람 아래 사람 없다"고 말한 것의 변형이다. 유길준은 나라의 권리를 논하는 맥락에서 "권리는 천연의 정리正理"[70]라고도 말한다. 유길준이 '나라의 권리'의 원천을 인민의 권리에 두지 않는다는 것은 분명하다. 그에게 나라의 권리란 천부의 권리였기 때문이다.

나라의 권리가 인민에게서 위임받은 것이 아니라면, 정부의 직분은 어떻게 생긴 것인가? "방국의 권리"에서 유길준은 다음과 같이 말한다.

방국은 일족의 인민이 한곳의 산천에 할거하여 정부를 건설하고 타방의 관할을 받지 않는 것이다. 그러므로 그 나라의 최상위를 점하는 자

69 유길준(1895), 위의 책; 《유길준 전서》 I, 108쪽.
70 유길준(1895), 위의 책; 《유길준 전서》 I, 111쪽.

는 군주이며, 대권을 잡는 자도 군주이다. 인민은 군주를 모시며〔服事〕 정부를 좇아 따르며〔承順〕 한 나라의 체모를 지키고 만백성의 안녕을 유지한다.[71]

후쿠자와에게서 본 바로는, 인민으로서 갖는 직분은 인민으로서 갖는 권리가 전제될 때 발생하는 것이다. 유길준은 '일신의 통의', 즉 천부인권을 지키는 '인생의 직분'에 대해서도 이야기하지 않을 뿐 아니라, 정부와 마주한 인민 전체의 '직분', 즉 '인민의 직분'에 대해서도 언급하지 않는다. 그에게 군주는 인민의 통의를 전제하지 않고도 권리를 갖는 존재이다.

그는 후쿠자와가 권리의 원천으로서 천부인권을 이야기하는 수사를, 국가를 주어로 하여 사용한다. 그러므로 그가 주장하는 '방국의 권리'는 이론적으로 어떻게 성립하는지 분명하지 않다. 그 안에서 "최상위를 점하며" 군주가 갖는 "대권"의 원천이 무엇인지도 분명하지 않다. 이전의 유교국가라면, '천명'에 의해 왕권이 성립했을 것이다.

---

[71] 유길준(1895), 위의 책; 《유길준 전서》 I, 105쪽.

6. 직업군의 직분들: 사농공상의 직분

인간으로서 갖는 존엄성을 보장하기 위한 권리는 국가 성립 이전에 존재하지만, 의무는 국가의 목적과 관련하여 객관적 법질서에 근거를 두기 때문에, 권리와 의무가 반드시 상응하는 것은 아니라고 한다. 그러나 기본권을 지키기 위해 개인은 국가에 편입되고 그럼으로써 의무도 부여되니, 기본적으로 기본권과 기본의무는 밀접하게 연관될 수밖에 없다. **72** 의무에 일대일 대응하는 권리를 반드시 찾을 수 있는 것이 아니라고 하더라도, 적어도 근대의 국민국가라면 주어진 의무의 배경에는 국가가 제공할 권리에 대한 보장이 있어야 한다. 국가의 의사를 최종적으로 결정하는 권력, 즉 주권의 소재를 국민에게 두었을 때는 그러해야 한다.

앞에서도 언급했듯 의무에도 층차가 있다. 유길준은 인간으로서 갖는 직분, 정부와 마주한 인민으로서 갖는 직분을 이야기하지 않지만, 사농공상의 직분에 대해서는 적극적으로 이야기한다. 후쿠자와 역시 다음과 같이 사농공상의 직분에 대해 이야기했다.

문명은 인간의 약속이며, 그렇기 때문에 이를 실현하는 것은 본래 인간의 목적이다. 그것을 실현하는 데 각자 직분이 없을 수 없다. 정부

---

72 기본권과 기본의무에 관해서는 홍성방(2009), "국민의 기본의무: 독일에서의 논의를 중심으로", 〈공법연구〉 34(4-1), 309~336쪽 참조

는 사물의 순서를 관장해 현재의 처치를 시행하고, 학자는 앞뒤에 주
의해 미래를 도모하고, 공인과 상인은 사적인 생업을 영위해 저절로
나라의 부를 이루는 등, 각자의 직職을 나눠서 문명의 한 국면에 힘쓰
는 것이다. 73

공인과 상인은 각자 사적인 생업에 종사해 사적인 이윤을 얻는 것
이 결과적으로 나라를 위하는 것이 되고 문명을 이루는 것이 된다는
것이다. 선비〔士〕, 즉 학자에게는 어느 시대나 어느 사회나 특별한
역할이 기대된다. 후쿠자와는 학자에게 현재를 이해하고 미래를 도
모하는 역할을 기대한다. 그러나 학자의 직분이 특별하다고 해도,
학자 역시 학자로서 사적으로 일을 하는 것은74 공인이나 상인과 다
르지 않다. 후쿠자와는 "서양 여러 나라의 역사자료를 보면, 상업과
공업의 길은 하나같이 정부가 열어간 것이 아니다. 그 근본은 모두
중등 지위에 있는 학자의 생각으로 만들어진 것일 뿐"이라며 학자를
문명에서 가장 중요한 인물군으로 평가하면서도, "증기기관을 발명
한 와트"나 "철도를 고안한 스티븐슨" 등의 학자는 정부와 상관없이
사적으로 자신의 지력을 사용한 것이라고 강조한다. 75

---

73 福澤諭吉(1875), "第四章 一國人民の智德を論ず", 《文明論之槪略》 2권; 《福
澤諭吉 全集》 4권, 67쪽.
74 福澤諭吉(1872), "四編 學者の職分を論ず", 앞의 책; 《福澤諭吉 全集》 3권,
53쪽.
75 福澤諭吉(1872), "五編", 위의 책; 《福澤諭吉 全集》 3권, 60쪽.

유길준은 각자의 생업에 대해 "부모가 있으면 봉양하는 것이 자식의 직職이며, 처자가 있으면 먹여 살리는 것이 가장의 책責이니, 이는 어떤 방도를 따르든지 세상 사람에게 같은 직책"이라며[76] 기본적으로 모든 생업을 인정한다. 그 가운데 유길준 역시 학자의 역할을 강조한다.

학자의 직분은 나라를 교화하고 이끄는 큰 책임을 자임하여 수많은 일에 문명의 기풍을 일으키며, 편리한 문호를 열어 조금이라도 타국에 뒤처지는 것이 있으면 저잣거리에서 종아리를 맞는 것 같은 부끄러움으로 주야 연구하여 타인보다 뛰어나 이길〔優勝〕 길을 경영하는 것이다.[77]

학자가 앞장서서 문명의 기풍을 열어야 한다는 기대는 후쿠자와와 다르지 않다. 그런데 후쿠자와는 학자가 그런 일을 하는 것은 사적인 일이라고 분명히 한 데 비해, 유길준은 국가 간 '우승열패'의 경쟁을 염두에 두고 학자가 그 경쟁에 기여해야 한다고 요구한다. 실제로 이 인용문은 "애국하는 충성"이라는 소제목 아래의 글이다.[78] 유길준은 학자뿐 아니라 농공상 역시 "애국하는 충성"이 직분

---

76 유길준(1895), "14편 商賈의大道", 앞의 책; 《유길준 전서》 I, 386쪽.
77 유길준(1895), "12편 愛國ᄒᆞ는忠誠", 위의 책; 《유길준 전서》 I, 329~330쪽.
78 유길준(1895), 위의 책; 《유길준 전서》 I, 323~334쪽.

을 수행하는 가장 큰 동력이라고 서술한다. 그런데 조선에만 그렇게 요구할 뿐 아니라, 그러한 상황이 외국에서도 일반적인 상황이라고 생각한다.

다른 나라 사람이 자기 나라를 사랑하는 여러 가지 일은 칭찬할 만한 것이 많다. 대개 애국심은 인민이 교화를 입을수록 지성에서 나온다. 그러므로 정부는 인민을 교회敎誨하는 데 종사하여 마음을 다하고 힘을 다하여 큰 비용을 아까워하지 않고, 나라의 인민 되는 자는 어떤 일, 어떤 물건이든지 그 나라를 위한다면 삶과 죽음을 돌아보지 않는다. 관직에 있는 자와 학문에 힘쓰는 자는 자연히 그 뜻이 나라를 위하는 한 가지에서 벗어나지 않고, 농업을 하는 자도 나라를 위하고, 상업을 하는 자도 나라를 위하고, 물품을 제조하는 자도 마찬가지이다. [79]

정부는 인민을 가르치고〔敎誨〕, 인민은 그가 학자든 관리든 농공상 종사자든, 각자의 일이 뜻하는 바는 "나라를 위하는 한 가지"에서 벗어나지 않는다는 그림은 적어도 근대 유럽의 국민국가의 모습은 아니다. 정부의 임무가 인민을 가르치는 역할을 한다는 점에서 유교국가와 비슷하지만, 인민이 지향하는 것이 우애로운 인仁의 세상이 아니라 "나라를 위하고", 그 나라가 앞서 언급했듯이 다른 나라와 우열을 다투는 나라라면, 그러한 경쟁구도는 유교국가의 구상이 아니다.

---

[79] 유길준(1895), "12편 愛國ᄒᄂᆫ忠誠", 위의 책; 《유길준 전서》I, 324~325쪽.

유길준은 특히 근대 국가체제에서 상업의 중요성을 인정하고, 나라 안 재화를 유통시키고 나라 간 물품을 교역하는 상인의 직분은 "정부의 사무를 돕"고 나라 간 "화친의 교제에 협조"하는 것이라고 평가한다. 그런데 상인이 그 직분을 다할 수 없으면 "국가와 인민에게 해를 주는 일이 적지 않"으므로, "상인의 업을 자기 개인의 사물로 보지 말고 전국의 공본公本된 관계로 생각해야 한다"[80]고 말한다. 나아가 상인이 "일신의 사욕으로" 무역하면서 신뢰를 잃거나 하는 폐단이 생기는 것을 "일신의 사욕으로 전 나라의 대체를 손상하는 것은 그 직분으로 해서는 안 될 일"[81]이라 말하며 상인의 직분에서 "일신의 사욕"을 배제한다.

관직자나 학자뿐 아니라 농공상 모두에게 가장 중요한 마음가짐으로 '애국심'을 요구하는 유길준은 그 애국심이 천성에서 나온 "직분"이라고 말한다.

공직자는 인군의 명령으로 국가의 정령을 행할 따름이므로 타인보다 권력이 중하고 지위가 높다고 할 수 있다. 그러나 다른 사람이 권위가 미치지 못함으로 애국하는 충성까지 미치지 못할 이유는 없다. 실상은 정령政令을 행하는 자도 그 나라 사람이요, 정령을 받는 자도 그 나라 사람이다. 그러므로 군부君父의 신자臣子라는 점에서는 피아의 분별이

---

80 유길준(1895), "14편 商賈의大道", 위의 책; 《유길준 전서》 I, 387쪽.

81 유길준(1895), "12편 愛國ᄒ는忠誠", 위의 책; 《유길준 전서》 I, 327쪽.

없으니, 신하와 아들 되는 도리에 군주와 아버지가 맡는 직분이 없다고 해서 그 충의를 다하지 못하는 것이 어찌 가하리오. 그러므로 애국하는 충성은 빈부와 귀천이 없으니, 천성이 품부한 자연스러운 직분이다. [82]

자유를 누려야 하는 기본권이 아니라 "애국하는 충성"이 모두 평등하게 타고난 천성이며 실현해야 할 "직분"이라고 말한다. 의무를 본성으로 규정함으로써 의무의 수행을 도덕적 실천으로 유도하는 것은 유학의 구도이다. 다만, 이 의무가 보편을 지향하는 덕성이 아니라 배타를 전제하는 애국심인 것은 유학의 시대적 적응 혹은 시대적 왜곡이라 할 만한 현상이다.

즉, 유길준의 '직분'은 통의 혹은 권리에 상응하는 그 의무가 아니다. 민족주의적 지향이 끼어든 것만 빼면 이전의 직분, 즉 공동체의 선을 향해 공동체 안에서 주어진 역할에 충실해야 하는 그 직분으로 보인다.

7. 유길준의 문명의 길

유길준은 "자유와 통의의 권리는 온 천하 억조 인민이 함께 갖고 향유하는 것이니, 각자 일신의 권리는 그 생명과 함께 생겨나서, 자유

---

82 유길준(1895), "12편 愛國호는忠誠", 위의 책; 《유길준 전서》I, 331쪽.

독립하는 정신으로 무리한 속박을 받지 않고 불공정한 방해를 받지 않는다"[83]고 천부인권을 인정하는 글도 옮긴다. 또한 인민의 사적인 일에 정부가 끼어들 수 없다는 말도 옮긴다. 잘 알려져 있듯이 유길준은 "임금과 백성이 함께 다스리는" 입헌군주제가 "가장 아름다운 제도"라고 평가했다. 이러한 언설들이 유길준에게 조선에서 가장 먼저 근대적 정치체제를 수용한 사람이라는 평가를 가져다주었다.

그러나 유길준은 정치체제는 각 나라마다 "인민의 풍속과 국가의 상황"에 맞아야 하기 때문에 "급한 소견으로 헛된 이치를 숭상하고 실정에 어두워서 바꾸자는 의론을 제창"할 생각은 없다고 밝힌다.[84] 즉, 그는 조선의 현 상태대로 국왕제를 유지해야 한다고 생각했다. 그리고 다음의 인용문에서처럼 법률 제정의 권한은 왕에게 있다고 분명하게 말한다.

경쟁을 조종하고 습속을 제재해서 서로 침범할 수 없는 경계를 분명하게 정하고 서로 빼앗을 수 없는 조목을 엄격하게 세우고 윤리와 기강을 바르게 하고 풍속을 바로잡는 것은 필부의 사적인 힘〔私力〕으로 할 수 없는 것이고 반드시 일반 사람〔公衆〕이 함께 존중하는 자이어야 하므로, 법률의 권한은 왕에게 있다. 왕이 이 권한을 가지는 것은 인민이 스스로 지키기 불가능한 대권을 합해 보호하는 도와 이끄는 정치를 하

---

83 유길준(1895), "4편 인민의 권리", 위의 책; 《유길준 전서》 I, 129~130쪽.

84 유길준(1895), "6편 정부의 직분", 위의 책; 《유길준 전서》 I, 171쪽.

기 위한 것이다. **85**

    왕이 가진 "법률의 권한"은 "조목을 엄격하게 세우"는 데다 "풍속을 바로잡은 것"까지 포괄하는바, 법률 제정과 법률 시행을 아우른다. 유길준은 "왕이 이 권한을 가지는 것은 인민이 스스로 지키기 불가능한 대권을 합해 보호하는 도"에 의한 것이라고 말한다. 그러나 유길준이 인민에게 "대권"이 있다고 인정한 글은 찾아볼 수 없다.
    후쿠자와는 《문명론의 개략》에서 다음과 같이 말한다.

    허심 평상의 마음으로 천리에 비춰 생각하면, 반드시 〔군신 간의〕 약속은 우연에서 나온 것임을 알게 된다. 이미 우연임을 알았다면, 그다음에는 그 약속이 편리한가 여부를 논해야 한다. 사물에 관해 편리 여부를 논의할 수 있다면, 그것은 고치고 바꿀 수 있다는 증거이다. 고칠 수 있고 바꿀 수 있는 것은 천리가 아니다. 그러므로 아들이 아버지가 될 수 없고 아내가 남편이 될 수 없듯 부자부부 사이는 바꾸기 어렵지만, 임금은 바뀌어 신하가 될 수 있다. 탕무湯武의 방벌放伐이 이것이다. 혹은 군신이 같은 자리에 앉아 어깨를 나란히 할 수도 있다. 우리나라의 폐번치현廢藩置縣이 이것이다. 그러므로 이로 본다면 군주정치도 바꿀 수 없는 것이 아니다. 바꿀 수 있는가 여부의 요체는 그것이 문명에 편리한가, 불편한가를 보는 데 있을 뿐이다. **86**

---

85 유길준(1895), "10편 法律의公道", 위의 책; 《유길준 전서》 I, 283쪽.

유길준도 이 길이 문명의 길이라는 것은 알고 있었다. 그러나 그는 자신과 조선은 아직 이 길에서 뒤에 있다고 생각한 것 같다. 후쿠자와가 주권의 근원으로서 개인이 갖는 천부인권을 설명했던 수사를, 유길준은 국가의 권리를 설명하는 수사로 가져왔다. 다른 나라에 대해 독립적 주권을 갖는다고 주장하는 유길준의 나라에서 주권은 국왕에게 있었다. 왕이 법 제정의 권한을 단독으로 갖는다면, 나라 안에서 최고권한을 갖는 것은 법이 아니라 국왕이다. 왕권론자 유길준에게 가장 중요한 일은 국가의 독립이었을 것이다. 인민이 그 왕권에 이의를 제기한다든지, 그 주권의 지분을 주장한다든지 하는 길은 열려 있지 않은 것으로 보인다.

그렇다면 인민의 위상은 이전에 비해 달라진 것이 있는가? 유길준이 말하는 '직분'은 무엇이었을까? 유길준의 직분은 권리에 상응하는 그 직분은 아니었다. 권리 개념은 유길준에게 여전히 낯선 개념이었던 것으로 생각된다. 그가 '농공상'의 직분을 이야기할 때 염두에 두었던 것은 유학적 세계에서의 '사'의 직분이었던 것으로 생각된다. 그 사士가 관직에 있든, 재야에 있든, 그들의 몸과 마음은 한결같이 공公을 향해 있었다. 농공상에게 일어난 변화는 이전에는 공에의 헌신이라는 의무에서 제외되었던 농공상에게도 그 의무가 부과된 정도가 아닐까. 다만 이전에 그 공은 존재 전체를 포괄하는 공

---

86 福澤諭吉(1875), "第三章 文明の本旨を論ず", 앞의 책 1권; 《福澤諭吉 全集》 4권, 45쪽.

이었으나, 이제는 '나라'라는 테두리 지어진 단체로 향하는 것으로 바뀌었다는 것은 달라진 점이었다.

우리는 유길준에게 인민주권을 인정하고 입헌군주제를 수용했어야 한다고 요구할 권리가 없고, 그가 그렇게 하지 않았다고 비난할 권리도 없다. 다만 유길준이 근대 국가를 설계하고 국민의 창출을 꿈꿨다고 쉽게 평가해서도 안 된다고 생각한다. 최소한 《서유견문》에서 확인하자면, 쉽게 평가할 수 없다고 생각한다. 그렇게 평가하는 것은 여전히 우리에게 '권리'의 개념이 모호하기 때문일지도 모른다. 유길준에게 '권리' 개념은 현대의 우리보다 더욱 낯선 것이었다고 생각된다. 그가 받아들인 '근대 국가'가 어떤 성격의 것이고, 그 근대 국가의 핵심은 무엇이었는지 파악하는 것이, 그 시절 유길준의 노력을 의미 있는 것으로 만드는 길일 수도 있다.

유길준 연보*

1856년 10월 24일, 서울 계동에서 유진수와 한산 이씨의 차남으로 출생.

1866년 9월, 병인양요로 일가가 경기도 광주로 이주.

1869년 광주 피란지에서 서울로 돌아와 도정都正을 지낸 바 있는
        외조 이경종에게 수학.

1870년 경주 김씨와 결혼.

1872년 백거 유만주 문하에서 수학.

1873년 이 시기를 전후해 박규수 만남.

1874년 과거공부 단념. 11월, 부인 경주 김씨와 사별.

1877년 "과문폐론" 집필.

1880년 충주 이씨와 재혼.

1881년 1월, 어윤중의 수행원으로 신사유람단에 참가하여 방일.
        6월, 유학생으로 후쿠자와 유키치의 게이오 의숙義塾에 입학.
        도진샤同人社에 입학한 윤치호와 함께 한국 최초의
        일본 유학생이 됨.

1882년 12월, 임오군란으로 학업 중단. 수신사 박영효 일행과 귀국.

1883년 2월, 통리교섭통상사무아문의 주사로 임명.
        한성판윤 박영효의 요청으로 신문 간행을 추진.

---

*   양력 기준. 《유길준 전서》 V의 "유길준선생연보"를 기초로 하고, 일부 첨가했다.

4월, 주사 사퇴. 신문 간행 추진 중단.

상반기, 《세계대세론》, "경쟁론" 집필(추정).

7월, 견미사절의 수행원으로 미국행.

11월, 미국 매사추세츠 세일럼Salem 피바디Peabody 박물관장
모스 박사의 지도를 받음. 한국 최초의 미국 유학생.

1884년 9월, 매사추세츠 바이필드Byfield 소재의 더머 아카데미Governor
Dummer Academy 입학.

12월, 갑신정변 발발 소식을 신문을 통해 접하고 학업 중단,
귀국길에 오름.

1885년 12월, 약 1년간에 걸쳐 유럽 각지를 유람하고 귀국.

개화당 관련 혐의로 포도대장 한규설 집에 연금.

이 시기 전후로 "중립론" 저술.

1887년 백록동 취운정翠雲亭으로 옮겨 유폐. 《서유견문》 저술 시작.

1888년 "국권" 집필(추정).

1889년 3월, 《서유견문》 원고 완성.

1890년 "답청사조회" 저술.

1892년 11월, 7년 동안의 유폐 생활 해제.

서울성 밖으로 나가는 것은 금지되었음.

1894년 6월, 통리교섭통상사무아문 주사로 복임.

통리교섭통상사무아문 참의와 군국기무처 회의원으로 임명.

이어 동 부승지, 형조참의, 예조참의 거침.

7월, 의정부도헌에 임명.

10월, 보빙대사 의화군과 일본 시찰.

1895년 4월, 내각총서에 임명. 《서유견문》 도쿄 고준샤交詢社에서 간행.

5월, 내무협판으로 승진.

10월, 의주관찰사로 임명되었으나 며칠 내로 내무협판에 복임.

11월, 내무대신으로 승진.

1896년	2월, 고종의 아관파천으로 갑오·을미개혁 중단. 일본으로 망명.
1899년	어용선魚瑢善을 명목상 번역자로 내세워 《波蘭末年戰史》 간행.
1902년	6월, 일본육군사관학교를 졸업하고 귀국하는 청년장교들과 결탁해 정부 개조를 위한 쿠데타 계획을 세웠으나 발각되어 일본 정부에 의해 오가사와라제도小笠原諸島 하하지마母島로 강제 압송. 이 사건으로 본국에서 동생 성준 구금.
1903년	여름 유배지를 하치조지마八丈島로 이전.
1904년	동생 성준과 유길준 처, 종로 연동교회에서 세례 받음.
1906년	3월, 내지 거주를 허가 받아 도쿄 입경 및 일본 각지 유력遊歷. 10~11월 초, 재일 한국기독교청년회의 사경회 설립을 기하여 "사경회 취지서" 집필.
1907년	1~4월, 저서 《대한문전》이 〈소년한반도〉에 일부 게재. 3월, 역서 《정치학》이 〈만세보〉에 일부 게재. 8월, 순종황제로부터 은유恩宥를 받아 11년 6개월간의 일본 망명 생활을 청산하고 귀국. 10월, 궁내부특진관宮內府特進官에 임명되었으나, 사직 상소와 함께 "평화광복책平和光復策"을 상주. 11월, 흥사단을 설립하고 부단장이 됨. 융희학교 설립. 12월, 대동학회 강사에 임명.
1908년	1월, 《대한문전》 원고가 최광옥崔光玉을 저자 명의로 간행됨. 3월, 노동야학회·노동회 고문. 4월, 한성위생회 평의원. 5월, 《프로이센 프리드리히 대왕 7년전사》 간행. 6월, 《영국·프랑스·러시아·터키 제국諸國의 크리미아전사》 간행. 7월, 《노동야학 독본 제일》 간행. 9월, 한자통일회 조직 및 취지서 발표. 흥사단에 측량과 설치.

11월, 한성부민회 조직하여 회장이 됨.

대한산림협회 명예회원으로 선출.

12월, 사립흥인학교 평의장으로 추대. 교육구락부 총무.

1909년　1월, 공업연구회 찬성원. 《노동야학 일》 간행.

2월, 대한측량총관회 평의장으로 추대. 《대한문전》이 유길준 자신을 저자 명의로 간행됨.

3월, 경성상업회의소 고문.

10월, 대한의사총회 찬성장贊成長.

11월, 대한수상총회소 고문. 대한흥업회 찬성장.

1910년　2월, 경성고아원장 취임.

3월, 국민경제회 회장.

10월, 조선귀족령에 의해 남작이 내려졌으나 거부하고 반환.

1911년　5월, 단군교에서 대교정으로 추대.

9월, 경성부민회 해산.

11월, 중앙학회 고문.

1913년　7월, 조선무역주식회사 설립발기인.

9월, 조선한방의사회 회장.

11월, 중앙학교 교장으로 선임. 사립조산부양성소 소장.

1914년　2월, 중앙학교 교장 사임하고 고문이 됨.

4월, 숙환인 신장염을 앓다 노량진 소호정에서 9월 30일 사망.

찾아보기(용어)

찾아보기(인물)

저자소개

이혜경

서울대 독어독문학과를 졸업했다. 같은 대학원에서 동양철학 전공으로 석·박사 과정을 수료한 뒤, 일본 교토대에서 중국근대사상사에 관한 논문으로 박사학위를 받았다. 현재 서울대 인문학연구원 부교수이다. 동아시아의 근대화 과정에서 일어난 윤리관의 변화에 관심을 두고 있다. 대표 논저로 《천하관과 근대화론: 양계초를 중심으로》(2002), 《역사 속에 살아 있는 중국 사상》(번역, 2003), 《송명유학사상사》(공역, 2005), 《량치차오: 문명과 유학에 얽힌 애증의 서사》(2007), 《맹자, 진정한 보수주의자의 길》(2008), 《맹자사설》(번역, 2011), 《신민설》(번역, 2014), 《황종희가 꿈꾸는 도덕정치: 연대와 성장의 민주주의》(2017) 등이 있다.

김태진

서울대 외교학과에서 박사학위를 받았으며, 일본 도쿄대 총합문화연구과 외국인 연구원, 서울대 일본연구소 HK연구교수 등을 거쳤다. 현재 동국대 일본학과에 재직 중이다. 정치사상 전공으로, 근대 일본의 신체정치 담론 분석을 중심으로 근대 동아시아의 정치서사를 연구하는 작업을 진행 중이다. 대표 논저로 《근대 동아시아의 신체정치: 일본의 바디폴리틱 구성과 동아시아》(2016), 《근대 담론의 형성과 지식장의 전환》(공저, 2017), 《계몽의 기획과 신체》(공저, 2019), 《전후의 탈각과 민주주의의 탈주》(공저, 2020) 등이 있다.

이새봄

일본 도쿄대 총합문화연구과에서 박사학위를 받았다. 연세대·서울대에 출강
했으며, 현재 연세대 국학연구원 HK연구교수로 재직 중이다. 근대 일본의 정
치사상과 역사를 동아시아 및 서양과의 관계 속에서 바라보고자 한다. 특히,
'문명개화'를 둘러싼 메이지 초기 지식인의 논의와 그 후속 세대 논자들의 문제
의식 사이의 공통점과 차이를 규명하는 작업을 진행 중이다. 대표 논저로 "'문
명개화'와 《메이로쿠(明六) 잡지》"(2019), 《〈自由〉を求めた儒者: 中村正
直の理想と現實》(2020) 등이 있다.

이예안

일본 도쿄대에서 박사학위를 받았으며, 한림대 한림과학원 HK (조) 교수로 재
직 중이다. 근대 서양의 정치사회적 개념과 사상이 19세기 후반에서 20세기
전반에 걸쳐 일본을 경유해 한국에 번역·수용된 문제에 관심을 두고 공부하
고 있다. 대표 논저로 《사고를 열다: 분단된 세계 속에서》(번역, 2015), 《번
역과 문화의 지평》(공저, 2015), 《근대번역과 동아시아》(공저, 2015), 《동
아시아 예술담론의 계보》(공저, 2016), 《음빙실자유서》(공역, 2017), 《비
교와 연동으로 본 19세기 동아시아》(공저, 2020) 등이 있다.

최정훈

서울대 자유전공학부에서 서양사학 및 외교학 학사학위를 받았으며, 서울대 대학원 정치외교학부에서 외교학 석사학위를 받았다. 2016~2019년 공군사관학교 군사학과에서 강의했으며, 현재 미국 하버드대 동아시아지역학 석사과정에 재학 중이다. 19~20세기 일본의 대중 출판사와 아마추어 역사가가 유럽·아메리카의 역사 지식을 일본과 한국의 사상 세계에 확산시키는 데 수행한 역할에 중점을 두고 사상사·북 히스토리 연구를 진행하고 있다. 대표 논저로 "메이지 전기 국가이성과 반(反) 국가이성"(2016), "구가 가쓰난(陸羯南)의 균세(均勢) 담론에서의 반(反) 국가이성"(2017), "후쿠자와 유키치와 존 힐 버튼의 지적 조우"(2019) 등이 있다.